ECONOMICS & MANAGEMENT

教育部经济管理类主干课程教材

审计系列

System Auditing

制度审计

主编 郑石桥

中国人民大学出版社
· 北京 ·

前　言

从技术逻辑来说，审计就是对特定事项与既定标准之间的一致性获取证据并发表意见，这里的特定事项就是审计主题。总体上，审计主题包括财务信息、业务信息、特定行为、特定制度，审计就是围绕这四类主题与既定标准之间的一致性收集证据并发表意见。基于这四类审计主题，分别形成了财务审计、绩效审计、合规审计、制度审计，本书聚焦制度审计。

制度审计的典型代表是内部控制审计。内部控制是制度的一种。从一般意义来说，制度是人们必须遵守的秩序和规则，是得到某种结果或实现某种目标的过程规范。当制度由一个特定的微观组织自己建立且适用于该特定组织时，称为微观制度；当制度由一定的国家机关制定，并适用于许多微观组织时，就是宏观制度。制度是实现目标的基础，制度的持续可靠是持续可靠地实现目标的基础，而制度审计是制度持续可靠的保障机制，是制度缺陷的纠错机制。本书包括四类制度：一是内部控制，包括风险管理、组织治理；二是有认证的各类管理体系；三是信息化的过程或流程，也就是信息系统；四是宏观制度，包括法律法规和公共政策。上述四类制度中，前三类属于微观制度。

基于以上对制度的认识，结合多年的相关教学经验，我主编了本教材。本书的具体内容安排及编写分工如下：第 1 章“制度审计概述”，郑石桥教授；第 2 章“内部控制监视基本框架”，郑石桥教授；第 3 章“内部控制当事人自我评估”，郑石桥教授；第 4 章“组织内部的内部控制独立评价”，郑石桥教授；第 5 章“内部控制审计”，郑石桥教授；第 6 章“质量管理体系审核”，周敏李博士；第 7 章“环境管理体系审核”，李兆东副教授；第 8 章“职业健康安全管理体系审核”，杨婧博士；第 9 章“信息系统审计”，张文秀副教授；第 10 章“宏观制度审计”，郑石桥教授。

本书以编写者多年的相关教学经验为基础，借鉴国外制度审计理论和实务，扎根于中国制度审计理论研究和实务探索，对制度审计原理做了系统介绍。

本书可作为制度审计或内部控制审计课程的大学教材，也可以作为实际工作人员学习制度审计及内部控制审计原理的读物。

制度审计涉及的面较广，本书对制度审计原理及相关知识的介绍只是体现了我们对制度审计的理解，这种理解如有不当之处，敬请读者指正。

郑石桥

于南京老山

目　录

第 1 章　制度审计概述 …… 1
第 1 节　制度的本质 …… 3
第 2 节　制度审计体系 …… 8
第 3 节　制度审计的方法论 …… 18
本章小结 …… 20
第 2 章　内部控制监视基本框架 …… 22
第 1 节　内部控制监视需求和内部控制监视本质 …… 23
第 2 节　内部控制监视目标和内部控制监视客体 …… 33
第 3 节　内部控制监视内容和内部控制监视主体 …… 41
第 4 节　内部控制监视方法和内部控制监视环境 …… 50
本章小结 …… 59
第 3 章　内部控制当事人自我评估 …… 62
第 1 节　内部控制自我评估概述 …… 64
第 2 节　内部控制自我评估方法 …… 72
第 3 节　内部控制自我评估成果及其应用 …… 82
第 4 节　内部控制自我评估实施中的注意事项及可能的陷阱 …… 85
第 5 节　内部控制自我评估案例 …… 88
本章小结 …… 92
第 4 章　组织内部的内部控制独立评价 …… 94
第 1 节　内部控制评价概述 …… 98
第 2 节　内部控制有效性评价 …… 102
第 3 节　内部控制综合评价 …… 109
第 4 节　行政事业单位内部控制报告管理制度 …… 114
第 5 节　内部控制评价若干重要问题 …… 117
第 6 节　内部控制评价案例 …… 120
本章小结 …… 127
第 5 章　内部控制审计 …… 129
第 1 节　内部控制审计概述 …… 130

第 2 节 计划审计工作 …… 138
第 3 节 实施审计工作 …… 143
第 4 节 内部控制缺陷认定 …… 148
第 5 节 完成审计工作 …… 154
第 6 节 出具审计报告 …… 155
第 7 节 内部控制审计若干重要问题 …… 159
第 8 节 内部控制审计案例 …… 160
本章小结 …… 162
第 6 章 质量管理体系审核 …… 164
第 1 节 质量管理体系审核概述 …… 166
第 2 节 质量管理体系内部审核 …… 184
第 3 节 质量管理体系外部审核 …… 196
本章小结 …… 208
第 7 章 环境管理体系审核 …… 210
第 1 节 环境管理体系认证概述 …… 212
第 2 节 环境管理体系 …… 218
第 3 节 环境管理体系审核 …… 230
本章小结 …… 238
第 8 章 职业健康安全管理体系审核 …… 240
第 1 节 职业健康安全管理体系认证概述 …… 242
第 2 节 职业健康安全管理体系内部审核 …… 245
第 3 节 职业健康安全管理体系外部审核 …… 259
本章小结 …… 262
第 9 章 信息系统审计 …… 263
第 1 节 信息系统审计概述 …… 264
第 2 节 信息系统审计的准则与规范 …… 266
第 3 节 信息系统审计的内容 …… 270
第 4 节 信息系统审计的技术方法 …… 277
第 5 节 信息系统审计案例 …… 279
第 6 节 大数据时代信息系统审计的挑战与机遇 …… 283
本章小结 …… 287
第 10 章 宏观制度审计 …… 289
第 1 节 法律法规缺陷评估 …… 291
第 2 节 公共政策缺陷评估 …… 295
本章小结 …… 299

参考文献 …… 300

第1章

制度审计概述

学习目标

1. 了解制度的本质
2. 了解制度审计体系
3. 了解制度审计的方法论

引导案例

制度的缺陷及其优化——三个故事

（一）分粥的故事

由七人组成一个小团体共同生活，其中每个人都是平凡且平等的，没有什么凶险祸害之心，但不免自私自利，他们想用非暴力的方式，通过制定制度来解决每天的吃饭问题——分食一锅粥，但并没有称量用具和有刻度的容器。大家试验了不同的方法，发挥聪明才智、多次博弈后形成了日益完善的制度。大体说来主要有以下五种方法：

方法一：指定一个人负责分粥。很快大家发现，这个人为自己分的粥最多，于是又换了一个人，结果总是主持分粥的人碗里的粥最多最稠。这正是权力导致腐败，绝对的权力导致绝对的腐败。

方法二：大家轮流主持分粥，每人一天。这样等于承认了个人有为自己多分粥的权力，同时给予了每个人为自己多分粥的机会。虽然看起来平等了，但是每个人在一周中只有一天吃得饱而且有剩余，其余六天都挨饿。大家认为这种方式导致了资源浪费。

方法三：大家选举一个信得过的人主持分粥。一开始这位大家信得过的人还能基本公平，但不久后他就开始为自己和给他溜须拍马的人多分。

方法四：选举出一个分粥委员会和一个监督委员会，形成监督和制约机制。公平基本上做到了，可是由于监督委员会常提出多种议案，分粥委员会又据理力争，等分粥完毕时，粥早就凉了。

方法五：每个人轮流值日分粥，分粥的那个人要最后一个领粥。令人惊奇的是，在这种制度下，七个人的粥每次都是一样多，就像用科学仪器量过一样。每个主持分粥的人都认识到，如果七个人的粥量不相同，他确定无疑将享有那份最少的。

（二）船主为何会变好？

在17—18世纪，英国的许多犯人被流放到澳大利亚，私营船主接受政府的委托运送犯人。刚开始，英国政府按上船时犯人的数量向船主付费。船主为了牟取暴利，克扣犯人的食物，甚至把犯人活活扔下海，运送途中犯人的死亡率最高时达到94%。后来英国政府改变了付款的制度，按活着在澳大利亚下船的犯人数量付费。结果是船主们想尽办法让更多的犯人活着到达目的地，犯人的死亡率最低时降到1%。

船主还是那些船主，为什么他们一开始偷奸耍滑，后来却循规蹈矩，犯人饿了给饭吃，犯人渴了给水喝，甚至聘请了随船医生呢？并非他们的本性有什么变化，而是制度的改变导致他们的行为发生变化。可以设想，如果规定在到岸港口验收点人时，犯人必须身体健康，体重下降者不得列入政府付费范围，相信船主们在途中一定会将犯人们照顾得无微不至，极尽人道主义之责任，这就是制度创新的魅力所在。

（三）降落伞质检问题

这是发生在第二次世界大战中期，美国空军和降落伞制造商之间的真实故事。当时，降落伞的安全性能不够好。在制造商的努力下，合格品率已经提升到99.9%，但军方要求产品的合格品率必须达到100%。对此，制造商不以为然。它们认为，没有必要再改进，能够达到这个程度已接近完美。它们一再强调，任何产品都不可能达到100%合格，除非出现奇迹。

不妨想想，99.9%的合格品率意味着每一千个伞兵中，就会有一个人因为产品质量问题在跳伞时送命，这显然会影响伞兵的士气。

后来，军方改变检查产品质量的方法，决定从制造商前一周交货的降落伞中随机挑出一个，让制造商的负责人穿上从飞机上跳下。实施这个方法后，奇迹出现了：不合格品率立刻变成了零。

一开始制造商们还老是强调难处，为什么后来制度一改，制造商们再也不讨价还价，“乖乖地”自动绞尽脑汁做好产品呢？主要原因在于前一种制度还没有最大限度地涉及制造商们的自身利益，以致制造商们对千分之一的不合格品率感受不深，甚至认为这是正常的，对伞兵每千人必死一人的现象表现漠然，毫无人道主义。后来制度一改，让老板们自己先当一回“伞兵”，先体验一下成为“千分之一”的感受，结果产品品质史上的奇迹出现了。相信这一定是老板们“夜不能寐”“废寝忘食”之结果。老板们甘于如此的原因很值得我们深思。

思考问题：三个故事中，原来的制度都存在缺陷，后来都得到了优化。那么，制度是如何得到优化的？

制度是人类理性的设计，是有规则的法治与恣意的人治之间的界碑，既是人类自我约束的枷锁，也是标志自律、妥协、宽容和尊严等文明理念的花环。程序化的生存方式使人类学会了自律和宽容，也学会了妥协和选择。在利益纷争的人类社会，善待制度堪称一种明智且实用的生存理念，善待制度是人类对文明的庄严承诺。与其笃信人性的神话，不如青睐制度的价值；与其盲目推崇虚幻的道德教条，不如选择现实的制度设计。任何组织，要实现组织目标，并高效有序运行，都离不开制度。然而，要让制度的力量持续可靠地发挥，制度本身必须是持续可靠的。那么，制度如何才能持续可靠呢？一个重要措施就是制度审计，通过制度审计来鉴证制度是否存在缺陷，并推动整改，以实现制度的持续改进。本章对制度审计做概要性的介绍，主要内容包括：制度的本质、制度审计体系、制度审计的方法论。

第 1 节　制度的本质

汉语中的“制”有节制、限制的意思，“度”有尺度、标准的意思，这两个字结合起来，表明制度是节制人们行为的尺度。然而，仔细探究发现，制度并不是这样简单。本节从五个角度来阐释制度的本质：一是制度的核心内涵；二是制度的特征；三是制度文明；四是制度管理；五是制度思维。

一、制度的核心内涵

政治学家认为，制度是人们必须遵守的秩序和规则。从内容上说，制度的存在取决于它在指导和评价人类社会活动中所起的实际作用。从形式上说，制度可分为内在制度和外在制度。内在制度是由人类群体内在经验演化而成的规则，包括各种习惯、习俗、礼仪、道德、意识形态等。外在制度是人们设计出来并强加于组织和成员的规则，它必须由权威机构建立并施行。

社会学家认为，制度是社会公认的比较复杂且有系统的行为规则，是维系团体生活和人类关系的法则和社会行为模式，是在特定的社会活动领域中比较稳定和正式的社会规范体系。制度不仅包括正式的、成文的、理性化的形式，还包括风俗、习惯、道德、文化、价值观念等非正式的、不成文的、非系统化的表现形式。

制度经济学家对制度的定义主要是从产权、交易成本等角度出发的，不同的制度经济学家持有不同的观点：

制度经济学开山鼻祖凡勃伦认为，制度是一种自然习俗，由于被习惯化和被人们广泛接受，这种习俗已经成为一种公理化和必不可少的东西。它在生理学中的对应物，类似于各种习惯性的上瘾。制度实质上就是个人或社会对某些关系或某些作用的一般思维习惯，今天的制度，也就是当前公认的某种生活方式。也就是说，制度必须随着环境的变化而变化，是适应生存竞争和淘汰过程的结果。

制度经济学的另一位大师康芒斯认为，制度是集体行动控制个体行动。集体行动的范围很广泛，从无组织的习俗到有组织的运营机构，如家庭、公司、工会、中央银行及政府或国家。一般而言，集体行动在无组织的习惯中比在有组织的团体中还要更普遍。进一步讲，集体行动常同所谓的工作规则密不可分，工作规则告诉个人能够、应该、必须做（或不做）什么。

制度经济学大师诺斯认为，制度是社会的游戏规则，是为决定人们的相互关系而人为设定的一些制约，它构成了人们在政治、社会或经济方面发生交换的激励结构，通过向人们提供日常生活的结构来减少不确定性。从实际效果看，制度定义的是社会特别是经济的激励结构。

综合以上论述，制度有如下核心内涵：

（1）制度是一种行为规则和活动空间、范围。它不仅约束人们的行为，还为人们提供可以自由活动的空间。也就是说，制度不仅告诉人们不能、禁止和如何做什么，同时也告诉人们能且可以自由选择地去做什么，这两种作用是同等重要的，不能厚此薄彼，只顾其一。

（2）制度是一系列权利和义务或责任的集合。这从另一个角度界定了制度的行为约束和活动空间的双重作用。制度安排的核心就是确定各类人的不同权利及与之相对称的义务，权利的实质就是规定人们的行为规则和活动空间，义务则是行使权利后的约束与责任。无权利，人们将不承担义务，无义务，人们将滥用权利，两者均导致制度的毁灭。

（3）广义而言，制度不仅是正式的、理性化的、系统化的、成文的行为规范，同时也是非正式的、非理性化的、非系统化的、不成文的行为规范，如道德、观念、习惯、风俗等。成文的制度只是名义上的，运行中的制度才是实际的，两者并不等同，有时相去甚远，名实完全不符。现实中已颁布的法律条文与其实际的执行常常偏离即是例证。

二、制度的特征

从上述关于制度的定义可以看出，并没有一个能够令人信服、让大家都能接受的制度定义，似乎“公说公有理，婆说婆有理”，莫衷一是。但是，这些定义均反映了某些带有普遍性的东西，这些东西就是制度的特征或品质。一般来说，制度至少应体现这样几点特征或品质：

（1）习惯性。无论是正式规则还是非正式规则都具有习惯性特点，都是历史的沉淀。非正式规则的习俗是历史沉淀，正式规则多少也具有历史重复性特点，先有重复性，然后被固定下来。某种规则最初被某些人发现有利可图，之后被坚持下来，接着被更多的人接受，最后成为一种习惯，作为历史沉淀物保留下来。

（2）确定性。制度告诉人们能干什么、不能干什么，给人类行为划定了边界。也正是因为具有这样的特点，制度才能为人类行为提供稳定的预期。一个有效的规则必须从两个方面看都是确定的：必须是可知的、透明的；必须能够为未来提供可靠的指导。由于制度具有确定性，一般人都能够清晰地把握制度的信号，知道违反制度的后果，并且对自己行为的影响是清楚的。

（3）公平性。公平性是指同样的行为遵循同样的规定。制度对所有人都是适用的，不会区别对待，没有歧视性。正如哈耶克所说，制度适用于已知和未知的环境和人员。任何制度都有它的适用范围，在这个范围内所有成员、所有组织都应当遵守。除极端特殊情况外，制度不应有区别对待的现象。公平性还说明没有人能够凌驾于制度之上，每个人在制度面前都是平等的。如果根据一个人的地位来决定其对制度的遵守程度，这肯定将被认为是不公平的。制度的公平性如果遭到破坏，就意味着制度本身被破坏。

（4）稳定性。事物处于不间断的变化中，这种变化是连续的，并常常呈现出相对稳定的状态。因此，制度也应保持其连续性、稳定性，特别是上下层次、前后时序要保持连续性和稳定性。不稳定的制度是思想、政治不成熟的标志。在人治的条件下，制度脆弱多变，而法治则有助于克服人治的随意性、片面性和局限性。当然，要求制度完全不变是不可能的，也是不应该的，但制度的基本走向不能变，只能不断修订、充实、完善、配套。

（5）权威性。制度的权威性是指制度对于特定的制度执行者和制度对象具有强制约束力，不管人们是否愿意都必须执行，不能随意违反，否则就要受到处罚。如果把制度设计过分寄希望于人们的自觉自愿，而不注重提高制度的权威性，就不能不说是在制度建设上陷入了误区。

三、制度文明

对制度进行价值判断，即判断什么样的制度是进步的、好的、优越的，则进入了制度文明的境界。文明，是指与落后、愚昧、野蛮相对的状态。制度文明，也可以称为文明的制度，是指合理的，进步的，科学的，合乎人类经济与社会发展规律的，有生命力的，人民群众向往、追求、拥护的制度。一般来说，制度文明的基本规定性有以下几个方面：

（1）文明的制度必须是各种资源配置最优的制度。这里的资源泛指一切对人类经济与社会发展起作用的要素，资源配置最优的基本原则是人尽其才、物尽其用、财尽其力、地尽其利等，使对人类经济与社会发展的各项要素的配置与组合达到投入最少、产出最多、效率最高。

（2）文明的制度必须是能够对人工作激励最大的制度。也就是说，文明的制度必须能够最大限度地调动人工作的积极性、主动性、创造性，它必须促使人自觉自愿地工作，而不是被迫工作；它必须能够激励这一制度下的绝大多数人而不是极少数人；它必须能够促使人长期而不是暂时地受到激励；它必须能够促使各个阶层，而不仅仅是某个阶层特别是享有权力的阶层，积极地行动起来，以自己的最大能力投入各自的本职工作，并在各自的本职工作中取得最优异的成绩。

（3）文明的制度必须是人所享有的权力、利益、责任最明晰的制度。也就是说，文明的制度必须是人各自所享有的权力、利益、责任边界最明确，相互之间发生的侵权夺利纠纷最少，互相推诿的可能性最低的制度。同时，文明的制度也是人所享有的自主权、获得的相应利益、承担的相应责任最大的制度。

(4) 文明的制度必须是最有利于人身心健康的制度。也就是说，文明的制度必须能够保证人受到的压抑最低、受到的约束最少，人的性格变异最少，最愿意、最能够使人言行坦率且诚实的制度。

(5) 文明的制度必须是各种信息传递最优的制度。也就是说，文明的制度的信息传递不仅有纵向的，更重要的是，还有更大量的横向信息传递；文明的制度是信息传递最迅速、最便捷、最大量、最真实、成本最低廉、渠道最广泛、覆盖面最大的制度。

(6) 文明的制度必须是整合程度最高的制度。也就是说，文明的制度是法制最健全、最有序的制度；是能够使千百万人从各自利益出发进行各种活动的结果，最终导引到最能够促使社会公共利益增加，最能够迅速促进经济与社会发展，最能够迅速增强综合国力并提升国际竞争力，最能够使社会稳定、协调、有序发展的制度。

(7) 文明的制度必须是对人所享有的各种权力监督最完善、最有力的制度。也就是说，在文明的制度之下，不存在任何一种不受监督的特权，这种监督不仅针对一般人的权利，更重要的是监督权力拥有者所享有的各项权力，因为权力拥有者享有的权力具有以权力制造权力的自我膨胀机制。

(8) 文明的制度必须是具有经常性的调整、改革、更新功能的制度。也就是说，在文明的制度之下，制度改革不再是一时的任务或一时的运动，而是一项经常性的活动，这种活动随着经济与社会的发展，随时随地依法有序进行，只有具备这样的功能的制度才是有生命力的制度。

(9) 文明的制度必须是以理性化的、成文的、显性的、正式的制度为主导的制度，而不是主要依靠偶然的典型、拔高的模范、历史传统、社会习俗、道德、社会心理的制度。

(10) 文明的制度必须是贯彻最有力、最彻底的制度。也就是说，文明的制度是在其贯彻执行过程中，所发生的因人而异、因时而异、因地而异、因权而异的现象最少的制度；文明的制度是少数人（如某些权力享有者）操纵、随意更改、滥用可能性最低且机会最少的制度。

(11) 文明的制度必须是成本最低的制度。这些成本既包括本不应该支出的贪污腐败耗费，也包括虽然应该支出，但必须使其保持在合理的最低限度内的费用。

(12) 文明的制度必须是能够使在这个制度下的人受益最大、最明显、最迅速的制度。也就是说，它是使在这个制度下的人的利益损失最少的制度，是人最向往的制度。

(13) 文明的制度必须是开放程度最高的制度。这里的开放不仅指有形的、物质方面的开放，也包括无形的、精神文化方面的高度开放。

(14) 文明的制度是将效率与公平兼顾得最好的制度。既能保证效率的最大化又不失公平，或者既能实现公平又不失效率。

四、制度管理

管理制度包括组织的各种章程、条例、守则、规程、程序、标准等，这些规章制度是在国家法之下的“单位法”，是企业的“土政策”。制度管理是一种管理态势，是指根据这些成文的规章制度进行的程式化管理。制度管理是西方机器大生产的产物，在很大程度上体现了人类的文明和理性，例如，当世界上首次出现汽车装配流水线的时候，这种严格的管理和高效率的生产，简直就是人类文明和进步的象征。但是，由于当时的制度管理倾向于“见物不见人”，忽视了员工的主体地位，因此为人本管理留下了极大的发展空间。

在人本管理理论提出之前，制度管理在管理领域一直占主导地位，管理者手中的秘密武器就是健全企业的规章制度，即使是人本管理盛行的今天，优秀企业仍然通过制度管理来取得成功。以麦当劳为例，它实行的是特许经营，并形成了一整套制度管理模式。几百页的操作手册提供了严格的标准，其中包括食物搭配、烹饪程序、店堂布置，甚至是员工着装。在麦当劳，食品的制作完全是标准化的：一磅肉的脂肪含量、小面包的宽度、每一个汉堡包中的洋葱含量等都有规定；每种食品的制作时间同样有明确的规定，而且食品生产后的存放时间也有详细的规定，超过规定时间，所有的食品都将被扔掉；等等。所有这些标准都要严格执行，并有严密的监督体制，每家分店都有审查员，公司有不定期的暗访调查，发现不符合规定的坚决查处。这一整套严密的操作规程使得消费者能在世界各地同样熟悉洁净的麦当劳餐厅里吃到相同质量、口味的食品，享受到同样周到的服务。

麦当劳的例子表明，制度管理有如下鲜明特征：(1) 制度管理的基础是组织的权威，它依靠的主要是组织制度和职责权力，管理者的作用主要在于命令、监督与控制，对被管理者强调服从；(2) 制度管理对人的约束是刚性的，制度面前人人平等；(3) 制度管理体现管理的规范性、有序性、纪律性、严密性，事前有计划，事中有监控，事后有反馈，这种程式化管理不因人员变动而失效。

制度管理的主要好处包括：(1) 组织有严密的规章制度可以使生产指挥、经营决策、监督与执行各循其章，相互制约，职责分明。可以避免决策、处理问题的随意性，可以营造公平、公正、公开的环境，有利于组织的稳定和人心的安定。(2) 规章制度的严格执行，便于协调员工个体之间以及员工与组织之间的关系，同时也训练了员工严格、守时、守则的职业精神，这种精神是商业文明和以市场交易为基础的分工协作体系不可缺少的支柱。(3) 制度管理制定了一定的工作标准，对员工工作绩效进行了量化，极大地方便了考核。

制度管理的弊端也很明显，主要包括：(1) 环境不断变化，制度一旦确立就相对稳定，往往是制度与变化的环境不相适应，显得保守，如不及时修订，就会成为发展的障碍；(2) 制度忽视了人的个性，忽视了时间、地点和事物的差异性，从某种意义上讲成了约束人的条条框框，如果一味地强调制度，可能不利于创新或抑制了创新；(3) 制度管理往往将员工置于消极的被管理状态，只承认程序本身的严格与精确，客观上否定了员工的独立人格。

现在提倡人本管理，并不是说可以忽视制度管理，也不是用人本管理来替代制度管理，而是强调二者的功能互补。制度管理是人本管理的前提和基础，完全没有规章制度约束的组织必然是无序的、混乱的，人本管理也必然丧失其立足点。人本管理则是制度管理的升华，如果在管理中只会用规章制度管、卡、压，肯定是行不通的，要减少员工漠不关心、依附和顺从的感觉，真正调动工作积极性，最终只能依赖人本管理。只有把二者有机结合起来，刚柔相济，才能使它们相得益彰。

五、制度思维

制度思维就是从制度的角度来思考、分析、对待和处理问题的一种思维习惯、思维方法、思维定式、思维模式。制度思维是世界上最高级的思维，制度智慧是人类拥有的最高智慧，这说明了制度思维的复杂性。制度思维意味着制度既是游戏变得可能的前提条件，又被每一次的游戏重新诠释和不断界定，因此，有规则与无规则、前提性规则与后果性规则之间维持着一种动态的边际平衡关系。制度思维不仅要充分考虑行动与互动的预期后果，还要分析和考察行动与互动的非预期后果。制度思维看重大框架，而把那些由粗到细、由大到小的细化工作留给人与人之间持续的博弈过程。

制度思维的缺乏是致命的，因为这意味着合作与集体行动的不可能，意味着各种资源获得充分利用和有效整合的不可能，进而意味着总体有效和持续发展的不可能。

制度思维的重要性在于，它不仅致力于让每一个个体变得强大有力，更致力于使特定的群体在整体上变得强大有力，它的目标是形成一种由协作而来的集体力。如果说这里面存在智慧，那么它不是一种个人的智慧，不是“我”比“他”高明的智慧，而是“我们”比“他们”高明的那种智慧。如果我们有良好的制度思维，那么我们将获得的就不只是个人的聪明与智慧，更是集体的聪明与智慧，是合作与协作的智慧。正是在制度思维之下，利用制度智慧，那些追求自身利益的人才会遵循和服从“集体行动的逻辑”，也正是由于制度思维的普遍化，才创造出一个“聪明人的世界”。

第2节　制度审计体系

关于制度的作用，有位哲人曾经指出：“制度好可以使坏人无法任意横行，制度不好可以使好人无法充分做好事，甚至会使其走向反面。”那么，怎样才能避免“制度不好”而做到“制度好”呢？这个问题的解决涉及许多内容，制度审计是其中的重要路径。本节阐释制度审计的本质，分析特定制度成为审计主题的条件，并在此基础上介绍制度审计体系。

一、制度审计的本质

制度的类型很多，相应地，制度审计也有多种形态，并且各有特性。不过，制度审计都是对制度是否存在缺陷的判断，都是制度优化的手段，所以具有共性。同时，制度审计也是一种审计，制度审计的本质离不开审计的本质，是在审计本质的基础上显现制度主题审计的特征。

（一）审计的本质

审计是以系统方法从行为和信息两个角度，独立鉴证经管责任中的代理问题和次优问题，并将结果传达给利益相关者的制度安排。这一概念是高度概括的，核心内涵是各种审计的共性，可从以下几方面进行解析：

（1）审计源于经管责任，虽然委托代理关系下不一定有审计，但是审计离不开委托代理关系，正是需要鉴证经管责任的履行情况，才产生了审计。

（2）审计内容是经管责任中的代理问题和次优问题。虽然审计要鉴证经管责任的履行情况，但是这种鉴证带有明显的倾向性，主要关注经管责任履行过程中是否存在由自利而产生的代理问题以及由有限理性而产生的次优问题。代理问题源于自利，是故意而为，而次优问题源于有限理性，是非故意而为，在某些情形下，难以区分故意和非故意。代理问题和次优问题涉及行为和信息两个方面，信息可以区分为财务信息和非财务信息，行为可以区分为具体行为和约束该具体行为的制度，所以，审计主题有四类：财务信息、业务信息、特定行为、特定制度。审计就是围绕这四类主题来开展的，形成财务审计、绩效审计、合规审计和制度审计。

（3）审计是有系统方法的制度安排。也就是说，审计是一种制度安排，这种制度安排包含审计自身的系统方法。

（4）审计具有独立性。经管责任涉及多个方面，审计不参与其所鉴证的经管责任之履行，与经管责任本身没有利益关联，具有独立性。也正是由于这种独立性，审计才具有客观性。

显然，制度审计属于审计，其本质不能离开上述审计本质，但是会更加凸显制度审计独有的特征。

（二）制度审计的本质

制度审计有多种形式，但基于审计的本质，各种制度审计的共性本质可以概括如下：制度审计是以系统方法从制度角度独立鉴证经管责任中的缺陷制度并将结果传达给利益相关者的制度安排。

这一概念也是高度概括的，其核心内涵是各种制度审计的共性，可从以下几方面进行理解：

（1）制度审计离不开经管责任。经管责任是在委托代理关系中形成的代理人对委托人的责任，主要原则是最大善意行事。然而，由于人性自利和有限理性，再加上信息不对称、激励不相容、环境不确定性等因素的存在，代理人完全有可能出现代理问题或次优问题，从而代理人甚至是委托人所建立和执行的制度可能存在缺陷，这些缺陷可能对经管责任的履行具有负面影响。所以，需要对制度是否存在缺陷进行鉴证。

(2) 制度审计的审计主题是制度。任何审计都有审计主题，从技术逻辑来说，审计就是围绕审计主题获取证据，并对审计主题与既定标准之间的相符程度发表意见。制度审计的审计主题是特定制度，它与特定行为、财务信息、业务信息这些审计主题相并列，并在审计的各个基本方面呈现自己的特征，其审计目标、审计取证模式、审计意见类型、审计成果应用、审计责任等都不同于其他主题，也正是因为如此，制度审计才能成为审计学的子学科，制度审计业务才能成为独立的审计业务类型。当然，这并非否定涵盖多种审计主题的综合性审计业务的必要性。

(3) 制度审计的核心内容是鉴证制度缺陷。制度缺陷对经管责任的履行存在负面影响，"制度不好可以使好人无法充分做好事，甚至会使其走向反面"，为了更好地履行经管责任，必须通过制度审计来发现这些缺陷，如果不能发现缺陷，当然无从弥补这些缺陷。与此相关的一个问题是：制度审计是否要关注制度优势呢？从理论上说，制度审计当然既要发现制度优势，也要发现制度缺陷，然而根据最大善意原则，建立和实施好的制度应该是代理人及委托人应尽的职责，而制度缺陷则是代理人及委托人应该改进之处，所以制度审计的核心内容被定位为发现制度缺陷，而不是发现制度优势。

(4) 制度审计是一种有系统方法的制度安排。制度审计要取得良好的效果，本身必须由可靠的过程来保障，一般来说，各种制度审计的方法论基础都是过程方法论，通过持续可靠的过程来确保持续可靠地得到某种结果，而持续可靠的过程则基于持续改进。

(5) 制度审计结果要传达给利益相关者。制度审计的直接目的是发现制度缺陷，最终目的是弥补制度缺陷，而无论是内部审计师还是外部审计师，都是独立的鉴证者，不能或无力直接对缺陷制度进行整改。为此，必须将制度鉴证结果报告给有力量实施或推动实施整改的利益相关者。同时，制度的利益相关者当然会关心是否存在制度缺陷，制度审计报告将鉴证结果传达给这些利益相关者，满足他们的信息需求。

(三) 过程导向绩效审计的实质是制度审计

有一种流传甚广的观点认为，绩效审计有多种模式，其中的一种模式是过程导向绩效审计，它以绩效产生过程为审计主题，目标是评价为实现绩效的一个或多个所做事情的方式是否充分，如果有可能，提供改进方法的具体说明。目标可以是评价已制定程序的充分性、实际执行情况，或二者兼顾。表 1-1 是过程导向绩效审计的一个例子。

表 1-1 过程导向绩效审计示例

目标	确定各县级机构是否都能按 A 机构的程序规定检测各自资助的水井提供的井水是否适合饮用，如果不适合，确定有哪些后果，需要采取哪些行动。
审计策略	抽取 34 个县的井水检测程序进行核查。
结论	大部分县级机构没有执行 A 机构关于井水检测的关键程序——每四年检测一次。这些机构对于接近污染区的井水采取补充检测，以期在井水变得不适合饮用之前及时发现问题。对检测的时间间隔需要进行重点检查。
标准	A 机构的政策目标是农场井水适合人类饮用，符合环境保护部门的标准。 A 机构要求每四年对井水进行一次检测，以确定其是否符合环境保护部门的标准。
状况	对于 A 机构关于为符合环境保护部门的标准而每四年对井水进行一次检测的程序要求，大约有 56%的县级机构执行了补充检测。在 34 个样本中，我们发现有 19 个县级机构除了执行每四年对井水进行一次检测的程序外，还对接近污染区的井水进行了更频繁的检测。其他 15 个县级机构严格执行了每四年对井水进行一次检测的程序。 19 个县级机构称，以前年度它们在每四年对井水进行一次检测的过程中发现井水接近污染区时，就开始增加检测次数，并为此增加额外的预算。另外 15 个县级机构称它们知道偶尔会检测出井水受到污染，但不知道应该进行更频繁的检测。
后果	A 机构记录显示，在四年的间隔期内，一些井水可能被污染，造成人类饮用不安全。同时，"不安全的井水"这样的说法不易改变，妨碍了 A 机构资产的变现。补充检测增加了 A 机构的成本。
原因	潜在原因：A 机构管理层意识到了不同县级机构在检测程序应用上的差异，但是没有监督检测结果，也不清楚其后果。
建议	A 机构负责人应该修订程序中关于时间间隔的规定，以便在井水被污染之前发现问题，并监督检测结果，复核进一步行动的需要。

从本质上来说，过程导向绩效审计的审计主题是绩效产生过程，也就是制度，这与其他各类绩效审计模式有很大的不同。在结果导向绩效审计模式下，寻找绩效差异原因时，可能追踪到绩效产生过程，但是此时对绩效产生过程的追踪是寻找绩效结果的差异原因，并不对绩效产生过程本身发表意见。所以，过程导向绩效审计模式下对绩效产生过程的关注，与结果导向绩效审计模式下对绩效产生过程的关注有很大的不同，过程导向绩效审计在本质上是制度审计。当然，制度是绩效的影响因素，正是由于制度与绩效之间的这种关系，在许多情形下，制度审计和绩效审计要结合起来，按综合审计的思路来开展审计项目。

二、特定制度成为审计主题的条件

制度作为人类行为的规则，其外延极其丰富，制度审计通过鉴证和整改制度缺陷，以确保制度持续可靠，那么是否所有的制度都可以纳入审计范围呢？这里的关键问题是：哪些制度可以成为审计主题？

美国会计学会发布的《基本审计概念委员会报告》(Report of the Committee on Basic Auditing Concepts) 规定了审计主题的三个条件：一是该主题能够演绎出

定量且可验证的认定；二是该主题有恰当的记录；三是对于该主题相关的既定标准能达成共识。《中国注册会计师鉴证业务基本准则》规定，适当的鉴证对象应当同时具备下列条件：鉴证对象可以识别；不同的组织或人员对鉴证对象按照既定标准进行评价或计量的结果合理一致；注册会计师能够收集与鉴证对象有关的信息，获取充分、适当的证据，以支持其提出适当的鉴证结论。

上述两个文献对审计主题的条件要求有较大的共性，也存在一些差异，但都是以财务信息为背景，并且发表合理保证审计意见。现实中，审计主题已经多样化，所以需要从更广阔的视野来认识特定事项成为审计主题的条件。一项制度要成为审计主题，纳入审计范围，必须同时具备四个条件：涉及经管责任的履行；具有真实审计需求；具备可审计的特征；具备审计能力。

（一）涉及经管责任的履行

如前所述，经管责任是因为资源的委托代理关系而形成的代理人对委托人承担的责任。由于人性自利及有限理性，在信息不对称、激励不相容、环境不确定的条件下，代理人在履行经管责任时，可能偏离委托人的期望，从而出现代理问题/次优问题。审计是应对代理问题/次优问题的机制之一，其主要功能是鉴证代理人在履行经管责任时是否存在代理问题/次优问题。所以，特定事项如果与代理人履行其经管责任无关，则该特定事项就不属于审计主题的范围，只有与经管责任履行相关的事项才有可能成为审计关注的特定事项，才有可能成为审计主题。

就制度来说，与经管责任履行无关的制度不能成为审计主题，成为审计主题的只能是与经管责任有关的各种制度。例如，对于企业来说，有多个层级的委托代理关系、形成多层级的经管责任并与各层级经管责任履行相关的制度都可以纳入审计范围，公共组织也基本如此。公众遵守的社会习俗或规则不是基于委托代理关系形成的，与经管责任无关，因此这些社会习俗或规则不能纳入审计范围。

（二）具有真实审计需求

一般来说，审计需求源于抑制经管责任履行中的代理问题/次优问题的需要。但是，在某些情形下，即使代理人在经管责任履行中存在代理问题/次优问题，委托人也不一定有审计需求，也就是说，委托人并不需要审计机制来鉴证代理人是否存在代理问题/次优问题，其中的原因是什么呢？主要有两个：一是委托人并不介意代理人存在的代理问题/次优问题，在这种情形下，当然也就不需要审计机制来鉴证代理人是否存在代理问题/次优问题；二是委托人自己在日常工作中就知道何处存在代理问题/次优问题，当然也就不需要专门的审计机制来鉴证这些问题了。所以，影响代理人履行经管责任的代理问题/次优问题，只有存在真实的审计需求时，才有可能成为审计主题。

就制度审计来说也是如此。一些影响经管责任履行的制度即使存在缺陷，如果没有审计需求，也不一定会纳入审计范围。现实生活中，一些国有组织管理混乱，制度缺陷很多，但是这些组织并没有制度审计需求，其中的重要原因之一就是这些组织的终极委托人及各级代理人（同时也是下级代理人的委托人）缺乏完善制度的动力和压力；一些小型组织的制度存在缺陷，这些组织的管理层本身也知道这些缺陷，无须专门的审计机构来发现这些缺陷，所以也没有制度审计需求。所以总体来说，真实的制度审计需求是制度成为审计主题的前提。

（三）具备可审计的特征

影响代理人履行经管责任并且委托人有真实审计需求的代理问题/次优问题也不一定都能成为审计主题，其中的重要条件之一是这些代埋问题/次优问题具有可审计的特征。美国的《基本审计概念委员会报告》及《中国注册会计师鉴证业务基本准则》都对可审计的特征进行了规定，而且这些条件可以放宽，具体分析如表 1－2 和表 1－3 所示。

表 1－2　《基本审计概念委员会报告》规定的审计主题的三个条件分析

规定的条件	对该条件的分析
该主题能够演绎出定量且可验证的认定	该主题需要演绎出审计命题或审计具体目标，但不一定需要定量，定性也是可行的，例如，制度作为审计主题，能够演绎出定性命题，所以该条件要放宽
该主题有恰当的记录	有恰当的记录，可以采用命题论证型取证模式，发表合理保证审计意见；没有恰当的记录，可以采用事实发现型取证模式，发表有限保证审计意见，所以该条件要放宽
对于该主题相关的既定标准能达成共识	达成共识的范围应该是审计人员与审计成果的使用者或审计委托人，所以该条件要明晰具体范围

表 1－3　《中国注册会计师鉴证业务基本准则》规定的鉴证对象应当具备的条件分析

规定的条件	对该条件的分析
鉴证对象可以识别	这个条件是不言而喻的，无实质性意义
不同的组织或人员对鉴证对象按照既定标准进行评价或计量的结果合理一致	这个条件事实上就是美国会计学会（1972 年）的“对于该主题相关的既定标准能达成共识”
注册会计师能够收集与鉴证对象有关的信息，获取充分、适当的证据，以支持其提出适当的鉴证结论	这个条件有两方面的含义：一是美国会计学会（1972 年）的“该主题有恰当的记录”；二是具备审计能力

综合上述分析，从具备可审计的特征这个条件来说，影响代理人履行经管责任并且委托人有真实审计需求的代理问题/次优问题具备以下条件时可能成为审计主题：能演绎出可定量或定性的审计命题或审计具体目标；具有一定的记录或审计载体；对于该主题相关的既定标准能与审计成果的使用者或审计委托人达成共识。

就制度审计来说，特定制度的具备可审计的特征包括以下三个方面：首先，该制度要能演绎出可定量化或定性化的审计命题或审计具体目标，一般来说主要是定性的审计命题，具体审计目标通常分为设计健全性和执行符合性，前者是指制度文本的相关规定要能解决其拟解决的问题，或者说，能保障制度目标的达成，后者是指按制度设计的要求来执行相关的制度设计。一般来说，所有的制度都具备上述特征。其次，该制度需要具有一定的记录或审计载体，没有记录或审计载体的制度是无法搞清楚其设计及执行的真实状况的，从而无法纳入审计范围。最后，要能找到制度缺陷的判断标准，也就说，对于该制度应该是什么样，审计人员能否与制度审计成果的使用者或审计委托人达成共识，没有这种共识就谈不上判断制度是否存在缺陷。对于许多制度，这点可能难以达到，也正是因为如此，许多制度并未纳入审计范围。

（四）具备审计能力

影响代理人履行经管责任并且委托人有真实审计需求，同时还具备可审计的特征的代理问题/次优问题，只是潜在的审计主题，要成为现实的审计主题，还需具备一个条件，就是审计职业界具备对该主题进行审计的能力。如果审计职业界不具备审计能力，则当然无法围绕该主题获取审计证据，进而也就无法对该主题发表意见。所以，具备审计能力是特定事项成为审计主题的必要条件之一。

就制度审计来说，审计职业界目前对许多微观制度已经具备审计能力，但是还缺乏用系统方法对一些宏观制度进行审计的能力。所以，目前的制度审计主要是微观制度审计，宏观制度审计较少，政策评估可能是少数的宏观制度审计之一。当然，审计能力是不断发展的，对于目前没有审计能力的制度，如果在以后拥有了审计能力，那么将来纳入制度审计的微观制度和宏观制度会越来越多。

以上分析了特定制度纳入制度审计的四个条件，必须强调的是，上述四个条件必须同时具备，缺少其中任何一个条件的特定制度都不可能纳入制度审计。当同时具备上述四个条件时，该特定制度就会纳入制度审计范围，其逻辑过程如图1－1所

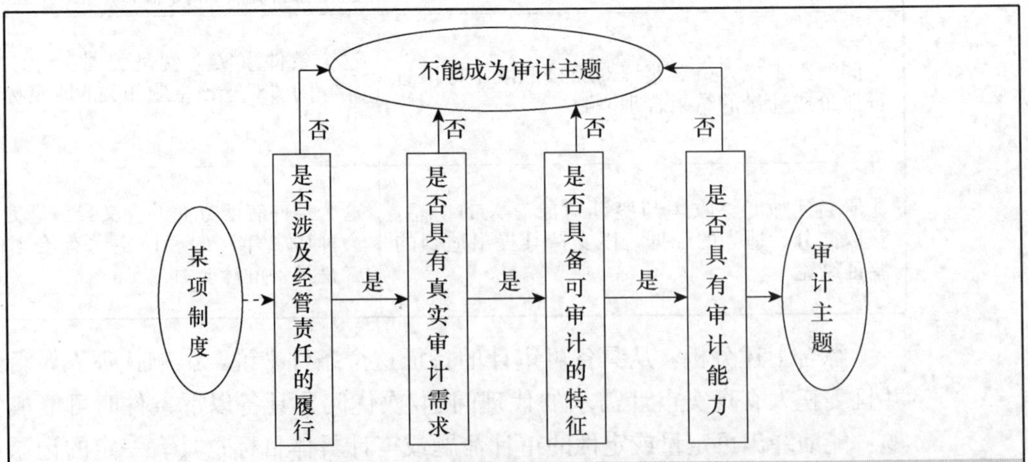

图1－1　某项制度成为审计主题的条件

示：首先是该特定制度是否涉及经管责任的履行；然后是是否具有真实审计需求；在此基础上，还需要具备可审计的特征，并具有审计能力。

三、制度审计体系

以上分析了特定制度纳入制度审计范围的条件，那么根据这些条件，哪些制度可以纳入制度审计范围呢？下面分别从宏观和微观两个角度来阐述。

（一）微观制度审计

前面已经指出，不同的学科对制度有不同的认识，这里的微观制度是一个特定的微观组织（不包括家庭和个人）自己建立且适用于该特定组织的制度，企业、党政机构、非营利组织都属于微观组织。目前，已经纳入制度审计的微观制度包括三种类型。

1. 内部控制、风险、治理审计

各种形式的内部控制监视（包括各种类型的内部控制评估、评价、审核、审计、检查等）有悠久的历史。在制度基础审计模式下，内部控制已经成为审计关注的事项。目前，内部控制监视已经形成较完备的体系，包括内部监视和外部监视。内部监视分为当事人的内部控制自我评估和内部独立部门开展的内部控制评价；外部监视分为会计师事务所审计和政府审计机关审计。总体来说，内部控制监视的基本情况如表 1－4 所示。

表 1－4　　内部控制监视基本情况

项目		审计主体			
		内部控制当事人	组织内部独立部门	民间审计	政府审计
审计客体	国有企业	√	√	√	√
	私营企业	√	√	√	
	公共组织	√	√	√	√

√表示有这种情形。

除了内部控制监视外，一些组织还开展风险管理审计和组织治理审计，当然，在实际开展这些活动时，不一定使用“审计”这个词汇，但是实质上与审计具有同一性。就风险管理审计来说，中国内部审计协会曾经颁布《内部审计具体准则第 16 号——风险管理审计》。就组织治理审计来说，一些权威机构提出了公司治理评价系统，国外最早的公司治理评价系统是 1998 年标准普尔（Standard & Poor's）的公司治理服务系统。标准普尔以《经济合作与发展组织公司治理准则》、美国加利福尼亚州公务员退休基金（California Public Employees' Retirement System，CalPERS）等提出的公司治理原则以及国际公认的对公司治理要求较高的指引、规则制定评价指标体系，把公司治理评价分为国家评分与公司评分两部分。前者主要评估一个公司所处的外部环境，侧重于关注宏观层面上的外部力量如何影响一个公司治理的质量，侧重于外部治理机制，从法律基础、监管、信息披露制度以及市场基础四个方面予以考核；后者则主要分析公司管理层、董事会、股东及相关者互动的有效性，主要集中于内部治理结构和运作，侧重于内部治理机制，包括所有权结构及其影响、金融相关者关系、财务透明与信息披露、董事会的结构与运作四个维度的评价内容。此外，比较有名的还有戴米诺公司治理评价体系、里昂证券（亚洲）公司治理评价体系。

不少文献将内部控制、风险管理和治理过程并列，认为它们是可以相互独立的审计内容。我们认为，这三者不是并列关系，理由如下：

（1）风险管理与内部控制的关系不是并列的。1994 年版的 COSO 报告（由美国国会反对虚假财务报告委员会的发起组织委员会发布）名称是《内部控制——整体框架》，确定的内部控制要素有五个——控制环境、风险评估、控制活动、信息与沟通、监视，2004 年版的 COSO 报告名称是《企业风险管理——整合框架》，确定的风险管理要素是八个——控制环境、目标确定、风险识别、风险分析、风险应对策略、控制活动、信息与沟通、监视。内部控制框架和企业风险管理框架似乎有区别，前者是五要素，后者是八要素。但是仔细看，后者实际上是将 1994 年版的风险评估分解为目标确定、风险识别、风险分析、风险应对策略，原来的一个现在分解为四个，当然就从五要素变成八要素了，其实质内容并没有显著变化。2013 年版的 COSO 报告又恢复为内部控制整体框架，也是五要素。所以，内部控制整体框架和企业风险管理整体框架并无实质性区别。

（2）治理与内部控制的关系也较为复杂。在各种版本的 COSO 报告中，都将组织治理作为控制环境的构成内容，也就是说，组织治理是内部控制的组成部分。也有人认为，组织治理区分为内部治理和外部治理，整个内部控制都属于内部治理，所以内部控制是治理的组成部分。无论谁包括谁，二者都不是并列关系。

基于以上分析，由于内部控制、风险管理和治理过程并不是并列关系，而是相互包含关系，所以，本书将上述三种制度审计合并，称为内部控制监视。

2. 管理体系认证

管理体系认证是指一个组织通过一个第三方机构对该组织的管理体系进行第三方评价，该第三方机构必须是独立的。例如，质量管理体系认证、环境管理体系认证、职业健康安全管理体系认证、社会责任管理体系认证、危险物品进程管理系统要求、汽车工业质量管理体系认证、食品卫生安全管理体系认证、医疗器械质量管理体系认证，都属于管理体系认证，其中，质量管理体系认证、环境管理体系认证、职业健康安全管理体系认证称为三大认证体系。尽管各种认证都有自己的特色，但其共同理念是过程，是结果的保障，要想持续可靠地获得某种结果或实现某种目标，必须为这个结果或目标建立持续可靠的过程，而过程的持续改进是过程持续可靠的基础，过程的持续改进要依赖审核，这里的审核在本质上类似于审计。很显然，为某种结果或目标而建立的持续可靠的过程属于制度，所以针对这个过程的审核属于制度审计的范畴。由于管理体系认证的具体类型较多，本书主要介绍质量管理体系认证、环境管理体系认证、职业健康安全管理体系认证这三大认证体系。

3. 信息系统审计

信息系统（information system）是由计算机硬件、网络和通信设备、计算机软件、信息资源、信息用户和规章制度组成的以处理信息流为目的的人机一体化系统，是信息的收集、传递、存储、加工、维护和使用的方法和平台。所以从某种意义上说，信息系统是业务流程、风险管理、治理等制度的物理化。信息系统审计是一个通过系统方法，对信息系统是否能够保护资产的安全、维护数据的完整、使使用单位的目标得以有效实现、使组织的资源得到高效使用等方面作出判断的过程。由于信息系统可以视同物理化的制度，所以信息系统审计也属于制度审计的范畴。

（二）宏观制度审计

制度是人们必须遵守的秩序和规则。由特定的微观组织自己建立且适用于该特定组织的制度，称为微观制度，而由一定的国家机关制定，且适用于许多微观组织的制度，就是宏观制度。根据对宏观制度的这个界定，其包括的范围非常广泛，但是，目前具备审计条件的客观制度只有两类：一是法律法规；二是公共政策。

法律法规指国家的法律、行政法规、司法解释、地方法规、地方规章、部门规章、其他规范性文件以及对法律法规的修改和补充。这里的法律指全国人民代表大会及其常务委员会制定的规范性文件，法规则主要指行政法规、地方性法规、自治法规及经济特区法规等。由于立法技术及法律环境的变化，法律法规可能存在缺陷，并需要一个纠偏机制，以弥补这些缺陷。为此，不少国家建立了立法后评估制度，我国也不例外，《中华人民共和国立法法》确立了立法后评估的原则，一些地方立法机关还颁布了立法后评估的办法。立法后评估包括的内容较多，从制度审计的视角来看，政府审计机关在审计实践中，不仅可以依据法律法规开展工作，还可以对法律法规是否存在缺陷进行评价。所以，法律法规本身成为审计的对象，法律法规也成为宏观制度审计的内容之一。

公共政策是公共权力机关经由政治过程所选择和制定的为解决公共问题、达成公共目标以实现公共利益的方案，其作用是规范和指导有关机构、团体或个人的行动，其表达形式包括法案、行政规定或命令、国家领导人口头或书面的指示、政府规划等。公共政策作为对社会利益的权威性分配，集中反映了社会利益，从而决定了公共政策必须反映大多数人的利益才能使其具有合法性。公共政策是有关机构、团体或个人在行动中必须遵守的，所以在很大程度上具有法律法规的性质，也属于宏观制度。由于利益驱动或环境因素等，公共政策本身可能存在缺陷，公共政策各要素之间也可能不协调，所以需要一种针对公共政策缺陷的纠偏机制，为此，不少国家建立了公共政策后评估制度，我国的一些政府机构就建立了这种制度。从制度审计的视角来看，政府审计机关在审计实践中，不仅可以将公共政策作为审计依据或检查公共政策是否得到执行，还可以对公共政策本身是否存在缺陷进行评价。所以，公共政策本身成为审计的对象，公共政策也就成为宏观制度审计的内容之一。

需要说明的是，从宏观制度审计视角提出的法律法规缺陷评价和公共政策缺陷评价，都是事后评价，属于后评估的范畴，并不是指在立法过程中或公共政策的制定过程中对法律法规或公共政策的评估，这种职能通常不属于审计机关。另外，立法后评估和公共政策后评估，本身包括许多内容，制度审计只是其后评估内容的一部分，不能将全部后评估都视同宏观制度审计。

以上阐述的微观制度审计和宏观制度审计，归纳起来如表 1－5 所示，这也是本书要介绍的制度审计的内容。

表 1－5　　制度审计体系

项目			审计主体			
			内部控制当事人	组织内部独立部门	民间机构	政府审计
制度类型	微观制度	内部控制自我评估	√			
		内部控制独立评价		√		
		内部控制审计			√	√
		质量管理体系审核	√	√	√	
		环境管理体系审核	√	√	√	
		职业健康安全管理体系审核	√	√	√	
		信息系统审计	√	√	√	
	宏观制度	法律法规缺陷评估				√
		公共政策缺陷评估				√

√表示有这种情形。

第 3 节　制度审计的方法论

制度审计有多种类型，但是不同类型的制度审计有共同的方法论基础——过程方法论，本节介绍这种方法论的相关内容。

一、过程方法论的基本思想

过程方法论认为，过程是结果的保障，为了持续可靠地实现某种目标，必须建立一个获得这种目标的过程，没有持续可靠的过程，就不可能持续可靠地实现目标。所以，过程方法关注过程，通过识别过程的缺陷，实现过程的持续改进，进而为目标的达成奠定基础。持续改进就是通过对过程实现持续、动态循环改进，不断提高目标达成程度，通过识别关键过程、重点过程，以及关键过程、重点过程的后续开发和持续改进，促进以目标为关注焦点和提高目标的达成程度。过程的策划、控制与改进是过程管理的基本环节。

总体来说，过程方法论强调两个核心内容。一是过程是目标的保障，没有持续可靠的过程，就不可能持续可靠地实现目标。每个制度都是为了实现特定目标而制定的，制度就是实现目标的过程，要持续可靠地实现制度目标，制度本身必须是持续可靠的。二是持续改进是实现过程持续可靠的基础。过程既然是实现目标的保障，这个过程本身就必须是持续可靠的，过程持续可靠的实现路径是过程的持续改进，也就是不断地对过程进行评估，并促使其优化。制度作为一个过程要持续可靠，必须持续改进，而各种形式的制度缺陷评价能及时地发现制度缺陷，并促使其改进，从而奠定制度持续改进的基础。

二、过程持续改进的手段——PDCA 循环

过程持续改进是基于过程策划、控制与改进这样的过程管理的基本环节，具体体现为 PDCA 循环。PDCA 循环是过程管理循环，是用于“医治”过程弊端的一种循环，其核心思想是持续改进。PDCA 四个英文字母所代表的意义如下：P（Plan）——计划，包括目标的确定以及活动计划的制订；D（Do）——执行，就是具体运作，实现计划中的内容；C（Check）——检查，就是总结执行计划的结果，分清哪些对了、哪些错了，明确效果，找出问题；A（Act）——行动（或处理），对总结检查的结果进行处理，肯定成功的经验，并予以标准化，便于在以后的工作中遵循，也要总结失败的教训，以免重现。对于没有解决的问题，应提给下一个 PDCA 循环去解决，从而不断形成后续的 PDCA 循环。PDCA 循环的上述含义如图 1－2 和图 1－3 所示。

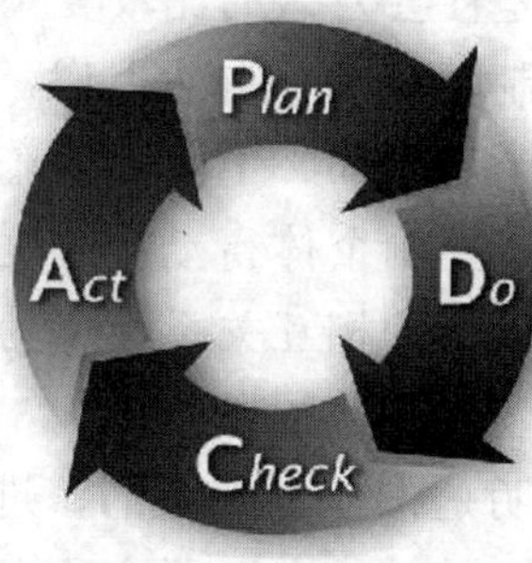

图 1－2　单个 PDCA 循环

图 1－2 展示的是单个 PDCA 循环过程，由计划、执行、检查和行动（或处理）组成一个管理改进过程，而图 1－3 展示的是多个 PDCA 循环过程，并且后一个 PDCA 循环的水平要高于前一个 PDCA 循环，显示了持续改进的思想。

从制度审计角度来说，制度设计是计划阶段，制度执行是执行阶段，而制度审计是检查阶段，对制度审计所查出的制度缺陷进行整改是行动或处理阶段。所以，制度审计是制度过程 PDCA 循环不可缺少的一个环节，没有制度审计，就难以发现制度缺陷，也就难以有制度改进，制度就不可能得到持续改进。当

然，这里的制度审计包括组织本身对制度的审计，也包括组织外部机构对制度的审计。

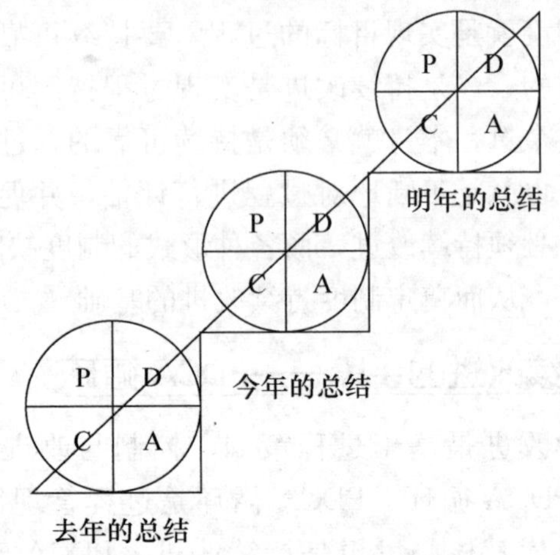

图 1-3 多个 PDCA 循环

本章小结

本章对制度审计做了概要性的介绍，主要内容包括：制度的本质、制度审计体系、制度审计的方法论。政治学家认为，制度是人们必须遵守的秩序和规则。社会学家认为，制度是社会公认的比较复杂且有系统的行为规则。制度经济学开山鼻祖凡勃伦认为，制度是一种自然习俗，由于被习惯化和被人们广泛接受，这种习俗已经成为一种公理化和必不可少的东西。制度经济学的另一位大师康芒斯认为，制度是集体行动控制个体行动。制度经济学大师诺斯认为，制度是社会的游戏规则，是为决定人们的相互关系而人为设定的一些制约，它构成了人们在政治、社会或经济方面发生交换的激励结构，通过向人们提供日常生活的结构来减少不确定性。制度文明是指一种合理的、进步的、科学的，合乎人类经济与社会发展规律的，有生命力的，为人民群众所向往、追求、拥护的制度。制度管理是一种管理态势，是指根据成文的规章制度进行的程式化管理。制度思维就是从制度的角度来思考、分析、对待和处理问题的一种思维习惯、思维方法、思维定式、思维模式。制度审计是以系统方法从制度角度独立鉴证经管责任中的缺陷制度并将结果传达给利益相关者的制度安排。过程导向绩效审计是制度审计。特定制度要成为审计主题，纳入审计范围，必须同时具备四个条件：涉及经管责任的履行、具有真实审计需求、具备可审计的特征、具备审计能力。制度审计包括微观制度审计和宏观制度审计，前者包括内部控制自我评估、内部控制独立评价、内部控制外部审计、各种管理体系认证、信息系统审计，后者包括法律法规缺陷评估、公共政策缺陷评估。制度审计的方法论基础是过程方法论，实现方式是 PDCA 循环。

复习思考题

1. 不同的学科对制度有哪些观点？
2. 制度有哪些特征？
3. 什么是制度文明？
4. 什么是制度管理？
5. 什么是制度思维？
6. 什么是制度审计？
7. 为什么说过程导向绩效审计是制度审计？
8. 特定制度要成为审计主题必须具备哪些条件？
9. 微观制度审计包括哪些类型？
10. 宏观制度审计包括哪些类型？
11. 制度审计的方法论是什么？

第2章

内部控制监视基本框架

学习目标

1. 了解内部控制监视需求
2. 了解内部控制监视本质
3. 了解内部控制监视目标
4. 了解内部控制监视客体
5. 了解内部控制监视内容
6. 了解内部控制监视主体
7. 了解内部控制监视方法
8. 了解内部控制监视环境

引导案例

美国国会通过《萨班斯-奥克斯利法案》

2002年7月25日，美国国会通过了《萨班斯-奥克斯利法案》(也称《2002年公众公司会计改革和投资者保护法案》，以下简称《法案》)。2002年7月30日，《法案》经美国总统布什签署后正式成为法律并生效。该法案是针对美国有史以来最大的能源交易商——安然公司的造假事件，以及其后接连发生的施乐、世通等大公司会计造假案而制定的。根据安然事件反映出来的严重问题以及经济发展水平和社会环境的巨大变化，《法案》不仅对《1933年证券法》和《1934年证券交易法》这两部证券监管的重要法律做了修改和补充，而且对会计行业的监督、审计独立性、财务信息披露、公司责任、证券分析师行为、证券交易委员会的权力和责任等诸多方面做了新的规定。这些新规定要求管理层报告公司财务报告内部控制，并要求外部审计师核实管理层的内部控制报告的准确性。

《法案》第 302 节要求首席执行官和首席财务官就他们的内部控制系统进行报告，并在提交给美国证券交易委员会的财务报表上签字，因此，这部法律迫使高层管理人员确保其内部控制系统的适当性。《法案》第 404 节要求公司：(1) 陈述管理层建立和保持适当的内部控制结构和财务报告程序的责任；(2) 在上市公司的财务年度末，对内部控制结构和财务报告程序的效果进行评估。《法案》的第 404 节以及第 103 节，指导公众公司会计监督委员会（Public Company Accounting Oversight Board，PCAOB）制定用以管理外部审计师的核实工作，并就管理层对内部控制的有效性的评估进行报告的行业标准。

思考问题：(1)《法案》涉及内部控制监视的基本问题有哪些？(2)《法案》是如何就这些基本问题做出规定的？

内部控制是实现既定目标的一个过程，首先是识别风险，然后是应对识别出的风险。然而，内部控制目标要持续可靠地实现，内部控制作为一个过程本身必须是持续可靠的。内部控制作为一个过程如何才能做到持续可靠呢？主要的保障措施是对内部控制进行监视，以鉴证内部控制是否存在缺陷，并推动整改，实现内部控制的持续改进。本章阐释内部控制监视的基本问题，形成内部控制监视基本框架，包括：内部控制监视需求、内部控制监视本质、内部控制监视目标、内部控制监视客体、内部控制监视内容、内部控制监视主体、内部控制监视方法、内部控制监视环境。需要说明的是，内部控制监视和内部控制鉴证具有实质上的同一性，本章在同等意义上使用它们。

第 1 节　内部控制监视需求和内部控制监视本质

本节关注内部控制监视的两个基本问题：一是为什么需要内部控制监视？二是什么是内部控制监视？对前者的阐释形成内部控制监视需求理论，对后者的阐释形成内部控制监视本质理论。

一、内部控制监视需求

内部控制监视就是对内部是否存在缺陷的评价，包括内部鉴证（包括内部控制自我评估和内部控制评价）和外部鉴证（也称内部控制审计）。目前，内部控制监视已经成为民间审计、内部审计和政府审计的重要业务。然而，内部控制监视的需求因素是什么呢？也就是说，为什么需要内部控制监视？关于内部控制监视的需求因素，需要回答三个基本问题：第一，为什么需要内部控制？第二，为什么需要内部控制监视？第三，内部控制监视为什么出现多样化？对于第一个问题，一般来说，内部控制基于风险防范的需要，而风险又源于环境不确定性和人性假设，所以环境不确定性和人性假设是内部控制的引致因素。对于第二个问题，一般来说，正是由于内部控制可能存在缺陷，不能达到其预定目标，所以需要对内部控制进行鉴证，而环境不确定性和人性假设又是内部控制缺陷的引致因素。因此总体来说，可以从环境不确定性和人性假设两个因素出发，解释为什么需要内部控制，为什么需要内部控制监视。对于第三个问题，主要是因为委托代理关系不同，从而出现不同的内部控制监视需求。上述框架如图 2-1 所示，实线部分涉及第一个基本问题，虚线部分涉及第二个和第三个基本问题。

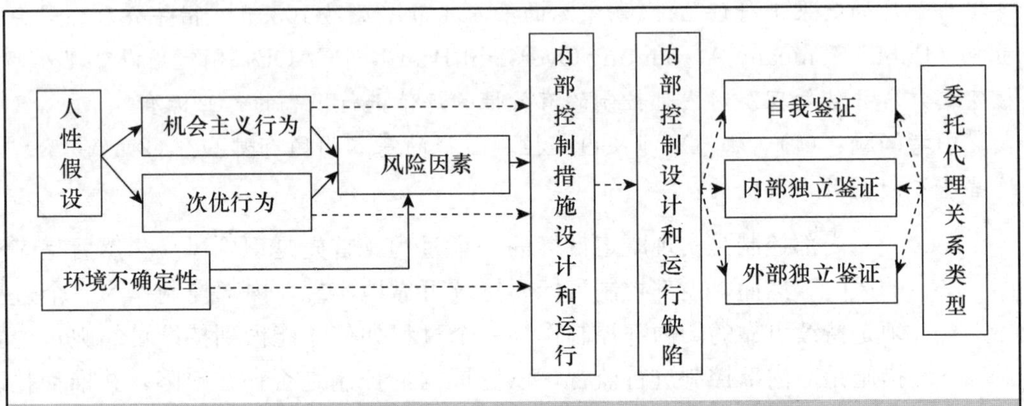

图 2-1 环境不确定性、人性假设和内部控制监视

（一）为什么需要内部控制?

2013 年版的 COSO 报告《企业内部控制——整体框架》指出，内部控制是一套由董事会、管理层及其他人员实施的程序，以合理确保有关运营、报告以及合规的目标得以实现。

2008 年，财政部等五部委颁布的《企业内部控制基本规范》指出，内部控制是由企业董事会、监事会、经理层和全体员工实施的旨在实现控制目标的过程。内部控制的目标是合理保证企业经营管理合法合规、资产安全、财务报告及相关信息真实完整，提高经营效率和效果，促进企业实现发展战略。

2012 年，财政部颁布的《行政事业单位内部控制规范（试行）》指出，内部控制是指单位为实现控制目标，通过制定制度、实施措施和执行程序，对经济活动的风险进行防范和管控。单位内部控制的目标主要包括：合理保证单位经济活动合法合规，资产安全和使用有效，财务信息真实完整，有效防范舞弊和预防腐败，提高公共服务的效率和效果。

上述三个内部控制方面的权威规范，虽然表述不同，但有共同的内核：内部控制是组织内部为实现特定目标而建立的一个系统，这个系统为特定目标的达成提供支持或保证。为什么需要建立这样一个系统来支持或保证目标的达成？原因是目标的达成存在不确定性，这些不确定性称为风险，所以内部控制是通过防范风险以支持或保证目标的达成。为什么会产生不确定性？原因是存在一些因素影响目标的达成，这些因素称为风险因素，所以内部控制首先要评估风险因素，包括识别风险因素、分析风险因素、确定风险应对策略，在此基础上，建立控制措施来应对这些风险因素。如果风险因素评估没有差错，应对这些风险因素的措施也是有效的，则风险因素对内部控制目标的影响就能得到有效抑制，从而内部控制目标的达成能得到支持或保证。

如此看来，内部控制的逻辑起点和关键是风险因素评估。那么，有哪些风险因素呢？2013 年版的 COSO 报告《企业内部控制——整体框架》及我国的《行政事业单位内部控制规范（试行）》并未对风险因素进行分类，《企业内部控制基本规范》将风险因素分为内部因素和外部因素，内部因素包括人力资源因素、管理因素、自主创新因素、财务因素、安全环保因素、其他内部因素，外部因素包括经济因素、法律因素、社会因素、科学技术因素、自然环境因素、其他外部因素。

上述这些因素为什么会对内部控制目标的达成产生负面影响？根本的原因有两个：一是环境不确定性；二是人性假设。

先来看环境不确定性。任何组织在确定其内部控制目标时，都会对影响内部控制目标的内部环境因素和外部环境因素有所评估，并以评估为基础来决定内部控制目标。在内部控制目标达成过程中，如果上述这些环境因素按预期的情况变化，则这些因素对内部控制目标的影响也会在预期之内。然而，上述这些环境因素完全可能与设定内部控制目标时的评估不一样（称为环境差异），从而出现环境不确定性或环境差异，这些环境不确定性或环境差异对内部控制目标的达成造成非预期的影响，从而使得设定的内部控制目标之达成具有不确定性。环境不确定性或环境差异的产生有两个原因：一是设定内部控制目标时对环境因素的评估存在遗漏，一部分重要的环境因素没有包括进来；二是对环境因素的变动估计错误，环境因素的实际变动与估计的可能变动有重大差异。从某种意义上说，内部控制目标是因变量，而环境因素是自变量，根据对自变量的估计，设定因变量的目标，如果自变量不变，则因变量也不变，从而内部控制目标能达成；如果自变量发生了非预期变化，则因变量显然也会发生相应的偏离，从而使内部控制目标的达成出现偏离。为此，需要建立内部控制系统，识别和评估这些环境因素的变化，并采取有效的控制措施。

再来看人性假设。如果说环境不确定性主要是影响内部控制目标达成的物的因素（当然，物离不开人的影响），那么人性假设则是影响内部控制目标达成的人的因素。人性假设是关于人性的设定，历史上出现过多种人性假设，例如人性恶、人性善假设，经济人、社会人、复杂人假设，等等。我们认为，人性假设应该是现实生活中正常人在正常情形下表现出来的人性，这里有两个关键因素：一是正常人，也就是普通人，而不是社会中的特殊群众；二是在正常情形下，而不是在特殊情形下。根据这两个限定条件，一般来说，人性主要有两个方面：一是自利；二是有限理性。所谓自利是指人会计算，有创造性，能寻求自身利益最大化，表现为经济人。人自利并不一定会损害他人利益，相反，有可能会增进他人利益。但是，自利也可能会带来对他人利益的损害。每个人由于自利的本能，在一定的条件下可能出现机会主义行为，此时的自利就可能损害他人的利益。有限理性（bounded rationality）认为人的行为是有意识的理性，而这种理性是有限的，因为人并不能在任何情形下都做出最优选择。由于人是有限理性的，所以人可能出现次优行为或次优问题。特别需要说明的是，次优行为不同于次优选择，后者是指没有做出最优选择，而前者是指即使在当前的环境下也没有做出最适宜的选择，还存在改进潜力，其优秀程度低于次优选择。

那么，人性假设如何影响内部控制目标之达成呢？

先来看自利方面。人的自利可能产生机会主义倾向（也称为代理问题），人如果有了机会主义倾向，就会偏离组织目标，甚至以牺牲组织目标为代价来追求个人目标，从而形成风险因素或影响组织目标达成。有机会主义倾向的人可能从两个路径形成风险因素或影响内部控制目标之达成：一是采取逆向行为，直接实施一些与控制目标要求相背离的行为，从而形成风险因素；二是卸责，主要是不作为，从而使得风险因素没有得到有效抑制。以《企业内部控制基本规范》确定的目标为例，内部控制的目标是合理保证企业经营管理合法合规、资产安全、财务报告及相关信息真实完整，提高经营效率和效果，促进企业实现发展战略。就合法合规目标来说，有机会主义倾向的人为了自己的利益可能会违规，这是逆向行为；也可能对违规行为控制不力，从而使得违规行为泛滥，合规合法目标难以达成，这是卸责。就资产安全目标来说，有机会主义倾向的人可能会挥霍组织资源以满足自己的需要，甚至采取舞弊行为来非法占有组织的资产，这是逆向行为；或者对相关资产的安全性不在意，任凭不安全因素存在，这是卸责。就财务报告及相关信息真实完整目标来说，有机会主义倾向的人为了自己的利益可能会弄虚作假，这是逆向行为；也可能对信息的真实完整性控制不力，这是卸责。就经营目标和战略目标来说，即使是有机会主义倾向的人，一般也不会有意出现逆向行为，而主要是卸责，表现为不努力工作，没有付出足够的精力和时间来实现这些目标。

再来看有限理性如何影响内部控制目标之达成。有限理性对内部控制目标达成产生影响的主要路径是次优行为，也就是人的非故意行为导致错误或失误，从而形成了风险因素或影响内部控制目标的达成。以《企业内部控制基本规范》确定的目标为例，就合法合规目标来说，由于个人不知道相关法律法规或错误地理解相关法律法规，可能出现违规行为；就资产安全目标来说，人的非故意行为可能造成财产的损失浪费，或者出于非故意原因让他人从本人负责的工作中获取非法利益；就财务报告及相关信息真实完整目标来说，个人出于非故意原因，出现信息计算或加工的错误或遗漏，或者出于非故意原因让他人的弄虚作假行为得逞；就经营目标和战略目标来说，个人出于非故意原因，可能出现不当行为，从而对经营目标和战略目标产生负面影响，或者出于非故意原因，使得他人损害本组织经营目标和战略目标的行为得以实施。

以上分析了环境不确定性、人性假说、风险、内部控制之间的关系，总体来说，有如下结论：环境不确定性或环境差异对内部控制目标的达成可造成非预期的影响，从而使得设定的内部控制目标之达成具有不确定性；人性的自利会产生机会主义行为，表现为逆向行为和卸责，通过机会主义行为形成风险因素或影响内部控制目标之达成；人性的有限理性会产生次优行为，出现非故意的错误或失误，从而形成风险因素或影响内部控制目标的达成。为了应对上述风险因素对内部控制目标的影响，需要建立内部控制系统。

（二）为什么需要内部控制监视？

以上讨论了内部控制的需求因素。然而，内部控制系统能否真的为控制目标的达成提供支持或保证呢？答案是不一定！原因是内部控制可能存在缺陷，由于内部控制缺陷的存在，其功能发挥受到限制，从而不能为内部控制目标的达成提供支持或保证。根据美国《管理层内部控制评价解释性指南》和《第5号审计准则——与财务报表审计相结合的财务报告内部控制审计》以及我国的《企业内部控制评价指引》和《企业内部控制审计指引》，内部控制缺陷分为设计缺陷和执行缺陷，前者主要是指内部控制的结构和程序不完整，遗漏了一些必要的控制，或者控制设计不合理，从而导致即使按照控制设计执行了，也无法达到控制的目标；后者则是指一项控制虽然设计合理，但没有得到有效的执行，或者执行控制的员工没有得到合理的授权或没有相关资质，从而导致控制不能得到有效的执行。根据内部控制缺陷对控制目标达成的影响程度，内部控制缺陷分为重大缺陷、重要缺陷和一般缺陷。当存在重大缺陷时，内部控制目标存在现实或潜在的重大偏离，内部控制整体无效；当存在重要缺陷时，内部控制目标存在现实或潜在的重要偏离，虽然内部控制整体仍然有效，但是在某些方面可能是无效的；当存在一般缺陷时，内部控制目标会出现一些现实或潜在的偏离，这些偏离不具有重大性或重要性，内部控制存在需要改善的瑕疵。

那么，为什么会存在内部控制缺陷呢？我们认为，内部控制缺陷同样源于环境不确定性和人性假设，其基本情况如表2-1所示。

表2-1　环境不确定性、人性假设和内部控制缺陷

项目			缺陷类型	
			设计缺陷	执行缺陷
缺陷原因	人性假设	自利	√	√
		有限理性	√	√
	环境不确定性		√	√

√表示有这种情形。

下面具体分析缺陷原因如何引致缺陷。先来看自利与内部控制缺陷。自利主要表现为有意行为，自利人在设计内部控制时，一方面，可能故意将一些对自己有利的风险因素不予评估，或者是不设计控制措施，或者是设计的控制措施不足以应对这种风险；另一方面，自利人在设计内部控制时可能卸责，不认真进行内部控制评价和控制措施设计，从而使得风险评估和控制措施设计都存在缺陷。自利还会影响内部控制执行，自利人在执行内部控制时可能有选择性地执行，凡是对自己有利的内部控制措施就执行，对自己不利的内部控制措施就不执行或执行不力；自利人还可能为了自己的利益凌驾于内部控制之上，使得内部控制形同虚设；自利人在执行内部控制时还可能卸责，从而使得内部控制不能得到有效执行。

有限理性主要表现为非故意行为，其产生内部控制缺陷的路径与自利相似。一方面，有限理性人可能出于非故意原因，遗漏一些重要的风险因素，或者是设计的控制措施不足以应对其将面对的风险，这些都表现为风险暴露超过风险容忍度，并在此基础上产生了内部控制设计缺陷。另一方面，有限理性人在执行内部控制时，可能出于非故意原因，未能有效地执行内部控制，从而造成风险控制未能达成预定目标，产生内部控制执行缺陷。

环境不确定性会影响内部控制设计和执行。一方面，一般来说，风险评估和风险应对措施之设计都是以一定的环境条件为基础的，如果环境条件发生变化，则风险也可能发生变化，或者是风险应对措施需要加以调整或改变。如果以不变应万变，则这种内部控制就难以达成目标。所以，环境不确定性的存在可能使得原来设计的内部控制难以适应新的环境，从而使得内部控制出现设计缺陷。另一方面，内部控制的执行也需要一定的环境条件，如果环境条件发生变化，则内部控制可能难以有效执行，从而出现内部控制执行缺陷。例如，信息技术在内部控制中得到广泛应用，但是，如果执行这种信息技术内部控制的人员发生变化，新来的人对相关信息技术不了解，则这种内部控制措施的有效执行就可能存在问题。

正是自利、有限理性、环境不确定性等因素的存在，使得内部控制可能存在缺陷，而这些缺陷的存在意味着内部控制目标可能出现重大、重要和一般性的偏离，这就损害了内部控制目标利益相关者的利益。这些利益相关者为了维护自己的利益，产生了鉴证内部控制缺陷的需求，由此需要通过内部控制监视，及时发现内部控制缺陷并使之得到弥补，进而为内部控制目标之达成奠定更加可靠的基础。

以上分析了自利、有限理性、环境不确定性、内部控制缺陷、内部控制监视之间的关系。总体来说，结论如下：自利、有限理性、环境不确定性可能引致内部控制设计缺陷和执行缺陷，这些缺陷的存在可能损害内部控制目标利益相关者的利益，这些利益相关者为了维护自己的利益，产生了鉴证内部控制缺陷的需求，以通过内部控制监视，及时地发现内部控制缺陷并使之得到弥补，从而为内部控制目标之达成奠定更加可靠的基础。

（三）内部控制监视为什么出现多样化?

虽然内部控制缺陷损害了利益相关者的利益，导致内部控制监视需求，但在现实中，内部控制监视出现了多样化，表现为两个方面：一方面，在许多情形下，并没有出现内部控制监视；另一方面，内部控制监视出现了多种类型。原因是什么呢?

首先，我们分析没有内部控制监视的情形。根据本章前面的分析，内部控制缺陷源于自利、有限理性和环境不确定性，一般来说，这些因素是普遍存在的，所以内部控制缺陷具有普遍性，只是程度不同而已。由于内部控制缺陷具有普遍性，所以内部控制缺陷对内部控制目标利益相关者的不利影响也具有普遍性。某些情形下没有内部控制监视，并不是这些情形下的内部控制不存在缺陷，而是存在内部控制缺陷，但是利益相关者没有内部控制监视的需求。原因是什么呢？有两个方面：第一，内部控制监视是需要成本的，在某些情形下，内部控制监视可能不符合成本效益原则，出于对成本效益的考虑，利益相关者选择不进行内部控制监视；第二，利益相关者不介意内部控制缺陷可能造成的利益损害，如果某组织的利益相关者对本组织的利益不是很关注，或者是本组织的利益多寡与利益相关者的关联度较弱，则利益相关者本身可能不会关注这个组织的目标达成情况，当然也不会介意支持或保证该组织目标达成的内部控制是否存在缺陷。

其次，我们分析内部控制监视类型多样化的情形。现实中，内部控制监视有多种类型，内部鉴证包括自我鉴证和独立鉴证，外部鉴证是独立鉴证，分为注册会计师鉴证和政府审计鉴证。内部控制监视类型多样化的原因是什么呢？从根本上来说，内部控制监视类型多样化的原因是委托代理关系的多样化和人性假设。一方面，不同类型的委托代理关系产生不同的内部控制目标利益相关者，从而产生不同的内部控制监视需求，并需要不同的内部控制监视主体来实施；另一方面，自利和有限理性也会导致不同鉴证主体实施的内部控制监视的利弊，从而需要不同内部控制监视的组合。下面具体分析委托代理关系、人性假设和内部控制监视类型多样化的关系。

一些文献将内部控制内部鉴证等同于内部控制自我鉴证，从严格意义上说，这是不正确的。内部控制内部鉴证可分为自我鉴证和内部独立鉴证两种情形。自我鉴证是内部控制当事人对自己实施的内部控制所进行的鉴证（也称为内部控制自我评估（Control Self-Assessment，CSA）），而本组织内部与所鉴证内部控制无关的部门对内部控制所实施的鉴证是内部独立鉴证。例如，财务部门对本部门内部控制的鉴证是自我鉴证，而审计部门对财务部门的内部控制的鉴证是内部独立鉴证。从内部控制监视需求角度来看，有两个基本问题需要回答：第一，为什么需要内部鉴证？第二，为什么自我鉴证和内部独立鉴证并存？

关于为什么需要内部鉴证，任何组织内部都存在委托代理关系，委托人和代理人之间存在激励不相容、信息不对称的情况，再加上组织环境存在不确定性，自利的代理人完全有条件偏离委托人的期望，出现机会主义倾向，实施机会主义行为，为了应对代理人的机会主义行为，委托人会推动建立一整套治理机制，内部控制是其中的重要内容。所以，内部控制是委托人抑制代理人机会主义行为，保障其利益不受损害的制度设计。正是基于此，委托人当然会关注内部控制是否存在缺陷，从而有内部控制监视需求。另外，即使代理人没有实施机会主义行为，但是代理人是具有有限理性的，这种有限理性可能带来内部控制设计缺陷或执行缺陷，从而损害委托人的利益。所以，即使基于代理人的有限理性，委托人甚至是代理人本身也会产生内部控制监视需求。

为什么自我鉴证和内部独立鉴证并存？自我鉴证与内部独立鉴证相比，由于对所鉴证的内部控制非常熟悉，所以最有可能发现内部控制存在的缺陷，并且有利于后续整改。但是，如果内部控制缺陷是对当事人有利的缺陷或者报告这种缺陷给当事人带来负面影响，出于自利的原因，当事人可能不报告、不整改这种内部控制缺陷。所以，自我鉴证不具有独立性，且可能存在利益冲突，故不能完全依赖自我鉴证，必须在自我鉴证的基础上再实施内部独立鉴证。

以上分析了内部鉴证需求及其多样化的原因，下面分析外部鉴证需求及其多样化的原因。这里有两个基本问题需要回答：第一，为什么需要外部鉴证？第二，外部鉴证为什么区分为政府审计鉴证和注册会计师鉴证？

本章前面的分析指出，内部控制监视源于内部控制利益相关者保护其利益的需求，内部控制外部鉴证需求源于组织的外部利益相关者。一般来说，任何组织都存在外部利益相关者，组织内部控制目标的达成状况会影响这些外部利益相关者的利益，所以基于自己的利益，这些外部利益相关者会有内部控制监视需求。但是，为什么不能直接依赖内部鉴证的结论呢？原因是内部鉴证受组织管理层控制，而外部利益相关者和组织管理层是委托代理关系，激励不相容、信息不对称，再加上组织环境存在不确定性，且管理层作为代理人同样可能出现机会主义行为，从而使得其提供的内部控制监视报告虚假。正是在这种背景下，不受组织管理层控制的外部独立机构所提供的内部控制监视恰好满足了外部利益相关者的需要。

关于外部鉴证为什么区分为政府审计鉴证和注册会计师鉴证，原因是委托代理关系不同。一般来说，任何组织都要使用一定的资源，而资源的来源无非两种渠道：一是来源于公共资源，个人不要求回报的供资也类似于公共资源，这种情形下形成的组织就是公共组织；二是来源于私人，这种情形下形成的组织就是私营组织。当然，有些组织的资源同时来源于两种渠道，此时，以何种渠道为主，该组织就属于何种类型。无论是私营组织还是公共组织，其直接供资者与该组织的管理层都形成委托代理关系，直接供资者是委托人，该组织的管理层是代理人。委托人基于对自身利益的保护，希望对其供资的组织之内部控制进行鉴证。对于特定的组织来说，对该组织的内部控制进行鉴证有两种选择：一是委托人自己建立专门机构来实施内部控制监视；二是从市场上购买该种鉴证服务。不同的组织有不同的选择，对于私营组织来说，由于该组织的委托人共同供资的对象只有该组织，如果建立一个专门机构来实施内部控制监视，可能不符合成本效益原则。相反，直接从市场上购买具有专业水平的注册会计师的服务来实施内部控制监视的成本会低于自己建立专门的机构。所以，私营组织的外部利益相关者主要聘请注册会计师实施内部控制的外部鉴证。公共组织的供资者则不同，其作为委托人或供资者可能为许多公共组织提供了资源，此时，自己建立一个专门机构来对这些公共组织的内部控制进行鉴证，是符合成本效益原则的。而且，如果这个专门机构主要从事对公共组织的内部控制监视，则可以发展出专业优势，从而更加凸显效率效果。所以，政府审计机构鉴证公共组织的内部控制就出现了。

以上分析了委托代理关系、人性假设和内部控制监视类型多样化的关系，总体来说，有如下结论：由于成本效益原则制约或利益相关者不介意内部控制缺陷造成的利益损害，一些组织没有内部控制监视；内部控制是委托人抑制代理人机会主义行为、保障其利益不受损害的制度设计，同时，代理人的有限理性也可能带来内部控制缺陷，所以在委托代理关系下，基于代理人的自利和有限理性，委托人甚至代理人会产生内部控制监视需求。委托代理关系可以分为内部委托代理关系和外部委托代理关系，从而出现了内部鉴证和外部鉴证。外部鉴证有两种选择，委托人或者自己建立机构，或者从市场上聘请相关专业人员。出于对成本效益的考虑，公营组织的委托人建立了政府审计机构来实施内部控制监视，而私营组织的委托人则从市场上聘请注册会计师来实施内部控制监视。

二、基于审计一般本质的内部控制监视本质

内部控制监视虽然区分为多种形态，并且各有个性，但都是对内部控制有效性的判断，所以应该具有共性；同时，内部控制监视属于广义的审计，内部控制监视本质离不开审计一般本质，是在审计一般本质的基础上，显现制度主题审计的特征。所以，内部控制监视本质要以审计的一般本质为基础，显现各种内部控制监视的共性。

（一）审计的一般本质

关于审计的一般本质的研究很多，主要观点有查账论、系统过程论、经济监督论和免疫系统论。上述这些观点都或多或少地具有某种类型审计的特征：查账论带有财务信息审计的特征；系统过程论带有民间审计和财务信息审计的特征；而经济监督论和免疫系统论则带有政府审计的特征。有鉴于此，需要从各种审计的共性来认识审计的一般本质。我们认为，审计是以系统方法从行为和信息两个角度独立鉴证经管责任中的代理问题和次优问题并将结果传达给利益相关者的制度安排。

这一概念是高度概括的，核心内容是各种审计的共性，可从以下几方面进行解析：

（1）审计源于经管责任，虽然委托代理关系下不一定有审计，但是审计离不开委托代理关系，正是需要鉴证经管责任的履行情况，才产生了审计。

（2）审计内容是经管责任中的代理问题和次优问题。虽然审计要鉴证经管责任履行情况，但是这种鉴证带有明显的倾向性，主要关注经管责任履行过程中是否存在由自利而产生的代理问题以及由有限理性而产生的次优问题。代理问题和次优问题涉及行为和信息两个方面。代理问题源于自利，是故意而为，而次优问题源于有限理性，是非故意而为，在某些情形下，故意和非故意难以区分。所以，根据它们的问题领域，审计主题区分为财务信息、业务信息、特定行为、特定制度四类，财务信息和业务信息可以合并为信息，特定行为和特定制度可以合并为行为。审计就是围绕上述四类主题开展的。

（3）审计是有系统方法的制度安排。审计是一种制度安排，这种制度安排中包含审计自身的系统方法。

（4）审计具有独立性。经管责任涉及多个方面，审计不参与其鉴证的经管责任之履行，与经管责任本身没有利益关联，具有独立性。也正是由于这种独立性，审计才具有客观性。

很显然，内部控制监视属于制度审计，其本质不能离开上述审计本质，但是会更加凸显制度审计独有的特征。

（二）内部控制监视本质

我们将内部控制评价、内部控制审核、内部控制鉴证三者合并，称为内部控制监视，在此基础上，以审计的一般本质为基础，将内部控制监视的共性本质概括如下：内部控制监视是以系统方法从制度角度独立鉴证经管责任中的缺陷制度并将结果传达给利益相关者的制度安排。这一概念是高度概括的，其核心内容是各种内部控制监视的共性，可从以下几方面进行解析：

（1）内部控制监视离不开经管责任。经管责任是在委托代理关系中形成的代理人对委托人的责任，主要原则是最大善意行事。然而，由于人性假设，再加上信息不对称、激励不相容、环境不确定性等，代理人完全有可能出现代理问题或次优问题，从而代理人所建立和执行的内部控制体系可能存在缺陷，这些缺陷的存在当然会对经管责任的履行产生负面影响。所以，需要对内部控制进行鉴证。

（2）鉴证主题是制度。内部控制监视属于广义的审计，任何审计都有审计主题，从技术逻辑来说，审计就是围绕审计主题获取证据，并对审计主题与既定标准之间的相符程度发表意见。内部控制监视主题是内部控制制度，属于特定制度主题，与特定行为主题、财务信息主题、业务信息主题相并列。因为是制度主题，所以其审计取证模式、审计意见类型、审计责任都不同于其他主题。有一种观点认为，内部控制监视可以定性为基于责任方认定的业务，而责任方认定的是业务信息，所以，内部控制监视主题可能是业务信息。这种观点似是而非，因为即使内部控制监视作为基于责任方认定的业务，审计师还是需要获取证据来搞清楚内部控制的真实状况，审计主题仍然离不开内部控制制度。当然，在这种情形下，管理层内部控制评价意见也是鉴证主题，属于业务信息。内部控制监视主题属于双重审计主题，并不否定特定制度主题。

（3）内部控制监视的核心内容是鉴证缺陷制度。由于制度缺陷对经管责任的履行具有负面影响，所以为了更好地履行经管责任，必须通过内部控制监视来发现这些缺陷，如果不能发现缺陷，当然无从弥补这些缺陷。与此相关的一个问题是：内部控制监视是否要关注运行良好的内部控制？从理论上说，内部控制监视当然既要发现内部控制优势，也要发现内部控制缺陷。然而，根据最大善意原则，建立和实施好的内部控制应该是代理人应尽的职责，而内部控制缺陷则是代理人应该改进之处。所以，内部控制监视的核心内容定位为发现制度缺陷，而不是发现制度优势。

（4）内部控制监视是一种有系统方法的制度安排。内部控制监视要取得良好的效果，必须有可靠的过程来保障，这种可靠的过程是以系统方法为基础的制度安排，主要体现在三个层面上：第一，取证模式。这是系统方法的灵魂，统帅鉴证程序的组合，例如，“从上到下风险导向”是目前内部控制监视的主流取证模式。第二，鉴证步骤。这是内部控制监视各项工作的逻辑安排，并不是杂乱无章的，各项工作按一定的逻辑关系顺序展开，例如，《企业内部控制评价指引》规定，管理层内部控制评价应该遵循以下步骤：制定评价工作方案，组成评价工作组，实施现场测试，认定控制缺陷，汇总评价结果，编报评价报告。第三，鉴证程序。也就是内部控制监视各步骤的具体操作技术，例如，《企业内部控制评价指引》规定，内部控制评价工作组实施现场测试时，可以综合运用个别访谈、调查问卷、专题讨论、穿行测试、实地查验、抽样和比较分析等方法。

（5）内部控制监视结果要传达给利益相关者。内部控制监视的直接目的是发现制度缺陷，最终目的是弥补制度缺陷，而无论是内部审计师还是外部审计师，都是独立的鉴证者，不能或无力直接对缺陷制度进行整改。为此，必须将鉴证结果报告给有力量实施或推动实施整改的利益相关者。另外，鉴证客体的外部利益相关者，当然会关心鉴证客体是否存在制度缺陷，通过内部控制监视报告这种形式，将鉴证结果传达给这些利益相关者，满足了他们的信息需求。

第 2 节　内部控制监视目标和内部控制监视客体

本节关注内部控制监视的两个基本问题：一是希望内部控制监视得到什么结果；二是对谁进行鉴证。对前者的回答是内部控制监视目标理论，对后者的回答是内部控制监视客体理论。

一、内部控制监视目标

（一）内部控制监视目标体系

内部控制监视属于广义的审计，类似于审计目标，内部控制监视目标就是相关方希望通过内部控制监视得到的结果。很显然，这种结果至少包括：第一，内部控制监视的利益相关者希望得到的结果，例如，委托代理关系中的委托人、代理人、投资人、政府监管部门等利益相关者希望通过内部控制监视得到的结果；第二，鉴证者希望通过内部控制监视得到的结果。

从逻辑上来说，利益相关者的鉴证目标是鉴证者鉴证目标的基础，前者类似于顾客需求，后者类似于产品供给，没有顾客需求，就没有产品供给。同时，鉴证产品供给要满足鉴证产品需求，不能满足鉴证需求的鉴证产品是没有生命力的。所以，从某种意义上说，鉴证产品需求是基础性的，具有终极意义，是内部控制监视的终极目标；而鉴证产品供给是回应性的，是为适应鉴证需求而产生的，决定鉴证产品内容、鉴证产品定位和鉴证产品种类，是内部控制监视的直接目标。总体来说，直接目标决定鉴证产品，而终极目标是鉴证产品消费之后的结果。

根据内部控制监视的发展状况，一般来说，内部控制评价、内部控制审核、内部控制鉴证是主要的内部控制监视类型，每种监视类型都有利益相关者和鉴证者，所以都有终极目标和直接目标，组合起来，大致如表2-2所示，形成内部控制监视目标体系。

表2-2 内部控制监视目标体系

项目		鉴证目标	
		利益相关者的鉴证目标（终极目标）	鉴证者的鉴证目标（直接目标）
内部控制监视类型	内部控制评价	√	√
	内部控制审核	√	√
	内部控制鉴证	√	√

√表示有这种目标。

（二）内部控制评价目标体系：终极目标

内部控制评价是各个组织的管理层主持的对本组织内部控制的评价，这种评价希望达到什么结果呢？

这里的利益相关者主要包括三方面：外部利益相关者、管理层、内部单位负责人。他们各有其鉴证目标。

从外部利益相关者来说，内部控制缺陷会影响管理层履行其经管责任，为外部利益相关者的利益带来负面影响。为此，外部利益相关者有抑制内部控制缺陷的需求，其中的一个重要渠道，就是希望管理层自己能对本组织的内部控制进行评价，发现制度缺陷，及时进行整改。

从管理层来说，内部控制评价区分为组织层面内部控制和内部单位内部控制。由于管理层本身的有限理性，组织层面内部控制的设计和执行可能存在缺陷，通过对这个层面的内部控制监视，可以发现这些缺陷，从而有利于管理层更好地履行其经管责任。组织内部的各单位是管理层领导的下属单位，其负责人是管理层的代理人，由于有限理性、自利，再加上环境不确定性、信息不对称、激励不相容等因素的存在，内部单位的内部控制可能存在有意或无意的缺陷，这种缺陷会对管理层履行其经管责任不利，管理层当然希望能及时地发现和整改这些内部控制缺陷。

从内部单位负责人来说，他是管理层的代理人，如果他要最大善意地履行其经管责任，则完全有动力通过内部控制评价来发现内部控制缺陷。即使他领导的内部单位没有内部控制缺陷，通过内部控制评价也能表明这种情形，从某种意义上，这是一种信号传递，会增加管理层对其的信任。

以上只是就一般情形而言，如果管理层或内部单位负责人自利而使得内部控制存在缺陷，且这种缺陷有利于管理层或内部单位负责人，则他们会抵制内部控制评价。另外，管理层或内部单位负责人如果对本组织的内部控制高度自信，可能也会认为内部控制评价不符合成本效益原则且没有价值。

总体上，从利益相关者来说，内部控制评价的终极目标是抑制制度缺陷。

（三）内部控制评价目标体系：直接目标

内部评价机构希望通过内部控制评价得到什么结果呢？前已述及，直接目标是终极目标的基础，直接目标为终极目标提供鉴证产品，终极目标是使用鉴证产品之后产生的效果。那么，内部控制评价要提供什么样的产品才能满足利益相关者抑制制度缺陷的需求呢？这需要从产品内容、产品定位和产品种类三个维度来考虑，其大致情形如表 2-3 所示。

表 2-3　　内部控制评价产品系列

产品定位		产品种类	产品内容	
			合规性	合理性（有效性）
建设性评价	批判性评价	评价报告	✓	✓
		评价决定	✓	✓
	评价建议		✓	✓
	评价整改报告		✓	✓

✓表示可以有这种情形。

下面对表 2-3 中的内部控制评价产品系列作进一步的阐述。

（1）内部控制评价产品内容。内部控制评价可以从两个维度展开。第一，评价内部控制的合理性，也就是内部控制能达到其拟达到的目标，同时还符合成本效益原则，如果在符合成本效益原则的前提下能达成其拟达成的目标，则这种内部控制就是有效的，否则就是存在缺陷的。这里的控制缺陷包括两方面的含义：其一，不能达成其拟达成的目标；其二，虽然能达成其拟达成的目标，但是不符合成本效益原则。总体来说，内部控制合理性与内部控制有效性是从不同角度对内部控制状况的描述，合理性更加关注内部控制过程，有效性更加关注内部控制结果，而过程是结果的基础，所以内部控制合理性和有效性异曲同工，它们的对立面是内部控制缺陷。第二，评价内部控制的合规性。内部控制的建立和实施要遵守组织外部相关的法律法规制度，如果违背了这些法律法规制度，则内部控制制度本身就是不合规的，这种制度的有效性或合理性当然就无从谈起。内部控制评价属于内部审计职责，所以内部控制评价产品内容类似于审计目标的合规性和效益性（更恰当地说，这里的效益性应该是合理性，但是一般来说，审计的直接目标通常界定为真实性、合法性和效益性）。

（2）内部控制评价产品定位。内部控制评价产品定位有两种选择：一是批判性评价；二是建设性评价。批判性评价定位主要关注两个问题：一是揭示内部控制缺陷；二是根据制度缺陷的责任程度，对责任人进行处理处罚。上述两个问题解决之后，相关责任人得到了处理处罚，但是制度缺陷依然可能存在。为此，建设性评价就产生了。建设性评价就是在批判性评价的基础上，再做进一步的工作：第一，提出制度缺陷完善建议；第二，推动对制度缺陷产生的原因进行整改；第三，跟踪整改结果，切实了解整改情况，并在此基础上提出整改报告。理论上，内部控制评价产品定位可以选择批判性定位或建设性定位，但是一般来说，为了实现内部控制评价的终极目标，评价者需要选择建设性定位。

(3) 内部控制评价产品种类。从产品种类来说，内部控制评价产品包括评价报告、评价决定、评价建议和评价整改报告。评价报告的主要信息包括内部控制是否存在缺陷、存在何种缺陷、缺陷产生的原因、缺陷的责任人，评价决定主要是对内部控制缺陷责任单位和责任人的处理处罚决定，评价建议是对存在缺陷的内部控制制度进行优化的建议，评价整改报告是对制度缺陷整改情况的报告。上述对内部控制评价产品种类的选择依赖于内部控制评价产品定位，一般来说，如果是批判性产品定位，内部控制评价产品主要是评价报告和评价决定；而在建设性产品定位下，评价建议和评价整改报告则都有用武之地。

总体上，从内部控制评价者来说，内部控制评价的目标是通过评价产品内容、产品定位和产品种类来满足利益相关者抑制制度缺陷的需求，产品内容包括内部控制有效性和合规性，产品定位包括批判性定位和建设性定位，产品种类包括评价报告、评价决定、评价建议和评价整改报告。

(四) 内部控制监视或审核目标体系：终极目标

内部控制监视和内部控制审核都是外部独立机构实施的，前者是合理保证，后者是有限保证，所以本章将二者合并起来分析。利益相关者希望通过内部控制监视或审核得到什么结果呢？这里的利益相关者包括外部利益相关者和内部利益相关者，各类利益相关者都有自己的期望。

先来看外部利益相关者。投资者或供资者是第一类外部利益相关者，他们投资或供资给某组织，成为该组织的委托人，与该组织的管理层形成委托代理关系，而由于作为代理人的管理层的自利或有限理性，再加上环境不确定性、激励不相容、信息不对称，该组织的内部控制完全可能存在缺陷。该组织的内部控制是实现该组织目标的制度保障，如果该组织的内部控制存在缺陷，则该组织的目标的达成就失去制度保障。所以，投资者或供资者为了实现其投资或供资目标，有动力抑制该组织的内部控制缺陷，通过外部机构对该组织的内部控制进行审计或审核，鉴证其是否存在内部控制缺陷，是其中的重要手段。

除了投资者或供资者是外部利益相关者外，政府监管机构也是外部利益相关者或是外部利益相关者的代表。一方面，监管机构出于保护投资者或供资者的利益，希望该组织的内部控制是有效的；另一方面，监管机构还希望该组织能依法运行，而内部控制的一个重要目标就是为该组织的依法运行提供合理保证。把上述两方面结合起来看，监管机构完全有动力抑制该组织的内部控制缺陷，而通过外部机构对该组织的内部控制进行审计或审核是其中的重要路径。

对于内部控制监视或审核来说，内部利益相关者是该组织的管理层。一方面，由于有限理性，该组织的管理层设计和执行的内部控制可能存在缺陷，而这种缺陷会影响其最大善意履行经管责任，所以管理层可能有动力通过外部机构来抑制内部控制缺陷，而外部机构鉴证内部控制是否存在缺陷是重要的手段。另一方面，如果管理层认为内部控制不存在缺陷，通过外部机构的鉴证，会将这种结果传递给外部利益相关者，从而有利于增加管理层自身及其所在组织的信誉和美誉，所以管理层并不排斥内部控制监视或审核。当然，管理层也可能由于对组织的内部控制过度自信或由于自利动机，排斥内部控制监视或审核。

总体来说，外部和内部利益相关者都有动力通过外部机构对内部控制进行鉴证，发现并整改内部控制缺陷，内部控制监视或审核的终极目标是抑制制度缺陷。

（五）内部控制监视或审核目标体系：直接目标

外部审计师在内部控制监视或审核中的目标称为直接目标，那么，外部审计师希望通过内部控制监视或审核得到什么结果呢？总体来说，就是提供令利益相关者满意的审计或审核产品。这需要从产品内容、产品定位和产品种类三个维度来考虑，其大致情形如表2-4所示。

表2-4　内部控制监视或审核产品系列

<table>
<tr><th colspan="2" rowspan="2">产品定位</th><th rowspan="2">产品种类</th><th colspan="2">产品内容</th></tr>
<tr><th>合规性</th><th>合理性（有效性）</th></tr>
<tr><td rowspan="4">建设性审计或审核</td><td rowspan="2">批判性审计或审核</td><td>审计或审核报告</td><td>✓</td><td>✓</td></tr>
<tr><td>审计或审核决定</td><td>✓</td><td>✓</td></tr>
<tr><td colspan="2">审计或审核建议</td><td>✓</td><td>✓</td></tr>
<tr><td colspan="2">审计或审核整改报告</td><td>✓</td><td>✓</td></tr>
</table>

✓表示可以有这种情形。

下面对表2-4中的内部控制监视或审核产品系列做进一步的阐述。

（1）内部控制监视或审核产品内容。关于内部控制状况，外部审计师给利益相关者提供了哪些信息呢？一般来说，包括两方面的信息：第一，由于内部控制缺陷的存在会影响利益相关者的利益，所以利益相关者首先需要了解内部控制是否存在缺陷，也就是说，内部控制能否为其拟实现的目标提供合理的基础，这类目标称为合理性或有效性目标；第二，如果内部控制本身违背相关法律法规，也可能会损害利益相关者的利益，所以利益相关者需要了解内部控制是否违法违规，这类目标称为合规性目标。

（2）内部控制监视或审核产品定位。内部控制监视或审核产品定位有两种选择：一是批判性评价；二是建设性评价。批判性评价定位下，外部审计师主要揭示内部控制缺陷。建设性评价是在批判性评价的基础上，提出制度缺陷完善建议，跟踪整改结果，并在此基础上提出整改报告。理论上，内部控制监视或审核产品定位可以选择批判性定位或建设性定位。但是，外部审计师类型会影响其内部控制监视或审核产品定位。一般来说，政府审计机关通常会选择建设性定位，民间审计组织则要根据合约的规定来确定定位，通常情形下，民间审计组织会选择批判性定位，即使选择了建设性定位，跟踪整改结果并在此基础上提出整改报告的可能性也不大。

（3）内部控制监视或审核产品种类。从产品种类来说，内部控制监视或审核产品包括审计或审核报告、审计或审核建议和审计或审核整改报告。审计或审核报告的主要信息包括内部控制是否存在缺陷、存在何种缺陷、缺陷产生的原因，审计或审核建议是对存在缺陷的内部控制制度进行优化的建议，审计或审核整改报告是对制度缺陷整改情况的报告。上述对内部控制监视或审核产品种类的选择依赖内部控制监视或审核产品定位。一般来说，如果是批判性产品定位，内部控制监视或审核产品主要是审计或审核报告；而在建设性产品定位下，审计或审核建议和审计或审核整改报告都有用武之地。

总体上，从外部审计师来说，内部控制监视或审核的目标是通过内部控制监视或审核产品内容、产品定位和产品种类来满足利益相关者抑制制度缺陷的需求，产品内容包括内部控制有效性和合规性，产品定位包括批判性定位和建设性定位，产品种类包括审计或审核报告、审计或审核建议和审计或审核整改报告。

二、内部控制监视客体

内部控制监视客体涉及鉴证对象，也就是对谁的内部控制进行鉴证。例如，上市公司可以作为内部控制监视客体，行政单位可以作为内部控制监视客体，某公司的某项业务相关的内部控制也可以作为独立的内部控制监视客体，甚至是一个重要的岗位也可以作为内部控制监视客体。那么，内部控制监视客体的选择是否具有规律性呢？究竟按什么原则来选择内部控制监视客体呢？

内部控制监视客体事实上是内部控制的建立者和实施者，也就是内部控制主体。然而，内部控制主体可以有不同的层级，例如，公司整体是一个内部控制主体，公司内部的一个部门是一个内部控制主体，某部门的一个岗位也是一个内部控制主体。内部控制监视选择的理论框架所要回答的是如何选择内部控制监视客体，主要涉及两个问题：一是内部控制监视客体的可能情形；二是在这些可能情形中，哪些情形存在内部控制监视的可能性。前者涉及内部控制体系具有完整性的可能情形，后者涉及从多种可能情形中选择内部控制监视客体的原则——成本效益原则。

（一）可能的内部控制监视客体——内部控制体系具有完整性的可能情形

要对客体的内部控制进行鉴证，一个基础性的条件是该客体存在一个完整的内部控制体系，如果没有完整的内部控制体系，内部控制监视就无法得出有意义的结论。例如，对内部制衡机制进行鉴证，如果不能确定具体范围，该制衡机制则可能难以确定控制目标，进而就难以确定控制客体，当然也就难以对有效性发表意见。一般来说，完整的内部控制系统有四个要素：控制目标、控制主体、控制客体、控制措施。控制目标涉及希望通过内部控制得到的结果，例如，财产安全、业务经济合规合法、信息真实完整、经营效率效果好等都是控制目标。控制主体表明由谁来控制，也就是控制的实施者。控制客体表明对什么进行控制，是内部措施的直接标的物，一般来说，业务经营活动、资产、信息甚至人都是内部控制的客体。控制措施包括两个方面：一是风险评估；二是风险应对。这里的风险是影响内部控制目标达成的负面因素，要达成控制目标，首先要找到这个因素并对其进行评估，在此基础上，再用一些措施来应对或控制这些因素，通过这个过程，内部控制目标就有可能达成。上述四个要素组成一个具有实施功能的内部控制系统（郑石桥等，2013）。

从纵向看，任何一个组织的不同层级都可能具有完整的内部控制系统。整个组织具有完整的内部控制系统，组织内部的单位也具有完整的内部控制系统，甚至一些重要的岗位也具有完整的内部控制系统。从横向看，针对不同类型事项的内部控制也可能具有完整性，例如，会计控制、统计控制、营销内部控制、人力资源内部控制、资产内部控制、资金内部控制等，其本身都具有完整性。所以，内部控制可以从空间范围和内容范围两个维度来认知，完整的内部控制存在多种情形，如表 2-5 所示。

表 2-5　内部控制具有完整性的情形

项目		空间范围				
		同类单位	特定单位	特定单位的某内部机构	特定事项	特定人
内容范围	全部内部控制	A1√	A2√	A3√	A4√	A5√
	部分内部控制	B1√	B2√	B3√	B4√	B5√

√表示这种情形下的内部控制系统具有完整性。

从空间范围来说，内部控制监视客体有多种情形。同类单位可以作为内部控制监视客体，例如，科研经费管理制度可以将所有的高等学校作为内部控制监视客体；特定单位可以作为内部控制监视客体，例如，内部审计部门进行内部控制评价，可以将本单位这个整体作为内部控制监视客体；特定单位的某内部机构可以作为内部控制监视客体，例如，内部审计部门选择某内部机构，对该内部机构的内部控制进行评估；特定事项相关的内部控制可以作为内部控制监视客体，例如，采购内部控制可以独立作为内部控制监视客体，工程项目内部控制也可能成为独立的内部控制监视客体；特定人相关的内部控制也可以作为内部控制监视客体，例如，领导干部经济责任审计所主管的领域、内部控制状况也是其履行经济管理责任的重要内容。

从内容范围来说，在特定的空间范围内部，可以选择该空间范围内的全部内部控制进行鉴证，例如，内部审计部门对子公司的内部控制进行鉴证，可以对该子公司的全部内部控制进行鉴证；也可以选择该空间范围内的部分内部控制进行鉴证，例如，外部审计师对上市公司的内部控制监视主要关注财务报告内部控制，而不是全部内部控制。

（二）现实的内部控制监视客体——符合成本效益原则的鉴证客体

表 2-5 显示出许多情形下的内部控制系统都具有完整性。那么，是否要对所有情形的内部控制进行鉴证呢？回答是否定的，只有符合成本效益原则的鉴证客体，才会成为内部控制监视客体。

这里的成本效益原则，就是通过内部控制监视获得的收益大于内部控制监视的成本。对于某些内部控制监视客体来说，只有鉴证收益大于鉴证成本，这种客体才有可能成为现实的内部控制鉴证客体。

这里的成本效益至少涉及三种主体：内部控制监视委托人、内部控制监视主体、内部控制监视客体。这里的相关成本效益究竟是站在谁的立场上考虑的？

上述三种主体的情形有较大的差异。对于内部控制监视主体来说，内部控制监视委托人要么通过预算的方式为其配置资源，要么通过付费的方式为其提供财务资源，正常情形下，内部控制监视主体通过不同方式获得的收益会大于鉴证成本。所以，内部控制监视主体不涉及成本效益。

内部控制监视委托人和内部控制监视客体的地位不同，二者之间存在委托代理关系。内部控制监视客体是代理人，而内部控制监视委托人是委托人，在这种关系中，委托人一般处于主导地位，可以决定是否对代理人的内部控制进行鉴证，由于代理人所领导组织的最终利益会影响委托人的利益，所以委托人在权衡利弊得失时，会在较大程度上将代理人领导组织的整体利益也考虑进去。从内部控制监视来说，委托人的成本效益更具全局性，并且处于主导地位。所以，在成本效益涉及的三种主体中，委托人立场的成本效益是选择内部控制监视客体的基准。

委托人立场的内部控制监视成本效益受哪些因素影响呢？先来看鉴证成本。内部控制监视成本包括两个方面：一是委托人直接发生的成本，包括在委托人为内部控制监视主体配置资源及鉴证过程中，围绕委托人发生的相关成本；二是围绕内部控制监视客体发生的相关成本，包括在内部控制监视主体上的支出、鉴证过程中围绕该客体直接发生的支出。由于鉴证客体所领导组织的最终利益与鉴证委托人相关，所以委托人会将上述两方面的成本都考虑进去。一般来说，内部控制监视成本与所鉴证的内部控制本身的特征相关，内部控制越复杂，内部控制监视主体所需要付出的资源就越多，并且发生鉴证错误的可能性也越大，从而鉴证风险也越大。由于这些原因，内部控制监视客体需要内部控制监视委托人提供的资源也就越多。内部控制的复杂性影响鉴证风险，同时，对内部控制监视法律责任的规定也会影响鉴证风险，法律责任规定越严格，内部控制监视风险也就越大。为了应对这种增大的风险，一方面，内部控制监视主体可能会做大量的细致工作，从而增加鉴证成本；另一方面，为了应对增加的鉴证风险，鉴证主体可能要求增加报酬，以匹配其为增加的风险承担的责任。所以总体来说，内部控制复杂程度及内部控制监视法律责任会影响内部控制监视成本，内部控制越复杂、鉴证法律责任越大，内部控制监视成本越高。

再来看内部控制监视收益。内部控制监视收益主要来源于避免内部控制缺陷所带来的损失，正是由于内部控制监视发现了内部控制缺陷，从而避免了这种缺陷可能带来的潜在损失，所以，内部控制监视收益来源于避免的内部控制缺陷带来的潜在损失，这种潜在损失越大，内部控制监视收益也越大。

内部控制缺陷的潜在损失受哪些因素影响呢？主要有两个因素：一是内部控制缺陷的严重程度；二是内部控制缺陷的影响广度。内部控制缺陷一般区分为重大缺陷、重要缺陷和一般缺陷，缺陷越严重，对于特定的利益相关者来说，该缺陷带来的潜在损失就越大。所以，内部控制缺陷越严重，若及时发现了该缺陷，能挽回的潜在损失就越大，从而内部控制监视收益也就越大。内部控制缺陷的影响广度是指特定内部控制缺陷一旦发生，可能涉及利益相关者，涉及的利益相关者越多，其影响广度就越大，进而这种内部控制缺陷的潜在损失也就扩大。所以，内部控制影响广度越大，若及时发现了该缺陷，能挽回的潜在损失就越大，从而内部控制监视收益也就越大。

综合上述内部控制监视成本和收益，围绕基于成本效益原则的内部控制监视客体选择有如下结论：内部控制复杂程度及内部控制监视法律责任会影响内部控制监视成本，内部控制越复杂，鉴证法律责任越大，内部控制监视成本越高；内部控制缺陷严重程度和影响广度影响内部控制监视收益，内部控制缺陷越严重、影响广度越大，通过鉴证发现该缺陷所能挽回的潜在损失就越大，从而内部控制监视收益也就越大。

第 3 节　内部控制监视内容和内部控制监视主体

本节关注内部控制监视的两个基本问题：一是鉴证什么？二是谁来鉴证？对前者的阐释形成内部控制监视内容理论，对后者的阐释形成内部控制监视主体理论。

一、内部控制监视内容

内部控制监视内容主要涉及鉴证内容，本节首先分析内部控制监视内容的选择原则，然后应用这些原则来分析内部控制监视内容的几种可能性，明确内部控制监视内容是内部控制缺陷性，最终在此基础上，分析内部控制缺陷性的含义。

（一）内部控制监视内容的选择原则

内部控制监视内容有多种：内部控制效率性、内部控制可靠性、内部控制有效性。内部控制监视内容的选择应该基于两项原则：一是服从内部控制监视目标；二是可鉴证性。

先看第一项原则。内部控制监视内容和内部控制监视目标相互影响。一方面，内部控制监视内容会影响内部控制监视目标之达成；另一方面，内部控制监视内容是为内部控制监视目标服务的，一定的内部控制监视目标要求与之相适应的内部控制监视内容。综合来说，内部控制监视内容服从于内部控制监视目标。内部控制监视目标是一个体系，相关主体包括利益相关者和鉴证者，前者的目标是终极目标，后者的目标是直接目标。从业务类型来说，内部控制监视包括内部控制评价、内部控制鉴证和内部控制审核，这三类鉴证有不同的利益相关者和鉴证者，从而有不同的终极目标和直接目标。关于内部控制评价，从利益相关者来说，终极目标是抑制制度缺陷；从评价者来说，直接目标是通过评价产品来满足利益相关者抑制制度缺陷的需求。关于内部控制监视或审核，从利益相关者来说，终极目标是抑制制度缺陷；从外部审计师来说，直接目标是通过内部控制监视或审核产品满足利益相关者抑制制度缺陷的需求。内部控制监视内容应该围绕上述内部控制监视目标来确定。

再看第二项原则。内部控制监视内容需要具有可鉴证性，如果对选择的内部控制监视内容无法进行鉴证，则无法得出鉴证结果。如果非要以这种内容为基础来进行鉴证，可能会出现内容变换，即鉴证结果所对应的内容并不是拟鉴证的内容。例如，一些实证研究文献会研究内部控制缺陷的影响因素，对于内部控制缺陷这个变量，用政府监管部门的处理处罚计量，用这种方法计量出来的内部控制缺陷，显然不是严格意义上的内部控制缺陷，只是已经受到监管部门处理处罚的内部控制缺陷，而没有受到监管部门处理处罚的内部控制缺陷并未包括在这种计量过程中，这显然是内部控制缺陷的变换。

（二）内部控制监视内容的几种可能性

关于内部控制监视内容，根据现有文献归纳，大致有三种情形：内部控制效率性、内部控制可靠性、内部控制有效性。现在分别分析它们作为内部控制监视内容的可行性。

一些文献认为，内部控制的核心是内部控制效率性，所以，内部控制监视内容应该是内部控制效率。有人认为，内部控制效率是内部控制在设计和执行过程中所表现出来的控制成效的集合，与有效性（effectiveness）相比，效率（efficiency）概念更适用于内部控制评价，内部控制评价应该以效率概念为核心来建立自己的理论体系和开发相应的评价工具，因为效率是一个量的比较概念，以此为基础进行内部控制的效果评价，可以提高评价的准确性，增加评价结论的信息含量。还有人认为，内部控制有效性通过内部控制效率实现，一方面可以通过延缓或阻止内控熵增来实现，另一方面可以通过增加内部控制系统整体的负熵值来实现。

我们认为，以效率性来鉴证内部控制是不合适的。效率性是指组织经营活动过程中投入资源与产出成果之间的对比关系，如果要鉴证内部控制效率性，就要搞清楚内部控制的投入资源和产出成果。第一，内部控制效率性难以鉴证。对于内部控制来说，无论是投入资源，还是产出成果，都很难确定。由于内部控制与组织的管理体系融为一体，许多情形下，无法区分哪些是内部控制，哪些不是。由于很难区分内部控制与管理体系，所以也就很难区分内部控制的投入资源和产出成果。一些实证研究文献将管理成本作为内部控制成本，这显然扩大了内部控制的范围，但是要将管理成本区分为内部控制成本和非内部控制成本是难以做到的。第二，即使在某些情形下能计量内部控制投入资源和产出成果，按投入产出对比关系来评价内部控制也是不合适的。一般来说，内部控制投入存在边际效益递减效应，当一个单位的内部控制较差时，较少的投入也会有较大的产出；而当一个组织的内部控制达到一定程度时，内部控制投入的边际产出会降低，从而投入产出比也会下降。投入产出比只能反映内部控制水平不同阶段的投入产出情况，而不能反映内部控制的整体水平，因为内部控制整体水平是内部控制累计投入的结果，而不仅仅是增加投入的结果。第三，内部控制效率性与内部控制监视目标有一定的距离。尽管内部控制监视目标可以从不同的主体来考虑，但是总体来说，内部控制监视目标是通过发现制度缺陷来抑制制度缺陷。所以，中心问题是内部控制缺陷，而不是内部控制效率。基于以上原因，我们认为以效率性来鉴证内部控制是不合适的。

一些文献认为，内部控制监视的核心问题是内部控制可靠性（reliability）。内部控制可靠性评估一方面可以为优化内部控制设计提供基础，另一方面可以用于审计程序设计，了解内部控制的可靠程度，为实质性测试设计提供基础。还有一些文献研究了内部控制可靠性的判断或模拟模型。

我们认为，以可靠性来评价鉴证内部控制也是不合适的，原因有两个方面。第一，可靠性难以鉴证。可靠性是在一定时间内、一定条件下，系统无故障地执行指定功能的能力或可能性，可通过可靠度、失效率、平均无故障间隔等来评价可靠性。就内部控制来说，其可靠度、失效率、平均无故障间隔是从不同的角度来描述内部控制可靠性的，且这些变量都难以计量。以资产安全目标为例，内部控制维护资产安全的功能是否具有可靠性，可以从维护资产安全的可靠度、失效率、平均无故障间隔等角度来计量。无论从何种角度来计量，前提条件都是知道资产安全的真实状况，如果不知道资产安全的真实状况，可靠度、失效率、平均无故障间隔就无法计量。从现实来说，资产安全的真实状况可能无从知晓，人们只能知晓已经发现的资产不安全事项，对于未发现的资产不安全事项是无法知晓的。例如，某人的贪污行为在未被发现前他人是不知晓的，他人只有发现后才知道该人有这种行为，如果该人的这种行为一直未被发现，则他人一直不知道该人有这种行为。很显然，我们不能将“不知道”作为“未发生”。第二，鉴证内部控制可靠性与内部控制监视目标有一定的偏离。内部控制监视目标是通过发现内部控制缺陷来抑制内部控制缺陷，主要关注的是内部控制缺陷，而不是内部控制可靠性。

关于内部控制监视内容，主流观点认为，内部控制监视内容是内部控制有效性或效果性，内部控制相关权威文献持这种观点，大量的学术文献也持这种观点。

从权威文献来说，国外的权威文献，例如《内部控制——整体框架》(1994

年，2013年)、《企业风险管理——整合框架》以及最高审计机关国际组织和美国审计总署的文献，都使用了“internal control effectiveness”（内部控制有效性），并且认为需要用内部控制目标达成程度来判断内部控制有效性。国内相关的权威文献也是如此，《企业内部控制评价指引》第二条规定，内部控制评价是指企业董事会或类似权力机构对内部控制的有效性进行全面评价、形成评价结论、出具评价报告的过程。《企业内部控制审计指引》第二条规定，内部控制审计是指会计师事务所接受委托，对特定基准日内部控制设计与运行的有效性进行审计。

从学术文献来说，很多文献涉及内部控制有效性的内涵和计量。关于内部控制的内涵，有结果观和过程观两种观点。多数学术文献认为，内部控制的有效性是指内部控制为相关目标的实现提供的保证程度或水平，这属于结果观。但是，也有一些文献从过程观来认识内部控制有效性。有人认为，内部控制有效性是以持续监督为基础，完成内部控制制度计划和达到计划结果的程度，以PDCA循环理论为基础，内部控制有效性包括内部控制设计、内部控制执行、内部控制检查和内部控制改进四个方面。内部控制有效性包括两个方面：一是内部控制制度本身的有效性；二是在执行过程中的有效性。

关于内部控制有效性计量有计量模型和计量指标两种情形。一些文献提出了内部控制有效性计量模式：有人提出，用 the time of detection（TD）、the time that the damage caused by the event is fixed（TF）、the time limit after which（TW）来测量内部控制有效性；也有人提出，利用横轴表示实体内部控制重要的目标、纵轴表示内部控制五个可靠性水平的二维法来评价内部控制有效性。关于内部控制有效性计量指标，一些实证研究文献使用不同的变量来计量内部控制有效性，主要有四种思路：一是通过分析业务流程，找出每个关键控制点，对每一控制点的主要控制措施的有效性进行测试，根据测试结果对整体内部控制有效性进行评价；二是以内部控制要素为评价对象，对内部控制要素是否存在以及运行效果进行评价；三是围绕内部控制目标实现程度，根据目标选取评价指标，建立综合评价指标；四是将自愿披露的内部控制缺陷和审计师对内部控制报告的审核意见等作为内部控制有效性的评价指标。

那么，内部控制有效性是否适合作为内部控制监视内容呢？我们认为，尽管许多内部控制权威文献和学术文献持这种观点，但是内部控制有效性还是不宜作为内部控制监视内容，原因如下：

第一，关于内部控制有效性的过程观，未能提出计量方法，事实上，不能只用内部控制过程来计量内部控制有效性，因为过程毕竟是为结果服务的，同时，结果可能还会受到一些过程之外的因素的影响。

第二，各种实证研究提出的内部控制有效性计量指标，只是根据文章涉及主题及数据的可得性来提出替代变量，这些变量可能涉及内部控制有效性的某些方面，并不能从整体上替代内部控制有效性。

第三，内部控制有效性是难以鉴证的。因为效果性或有效性是指系统实际取得成果与预期取得成果之间的对比关系，主要关注的是既定目标的实现程度。根据这个定义，要鉴证内部控制有效性，必须有两个前提条件：一是搞清楚内部控制各项目标的预期情况；二是搞清楚内部控制各项目标的真实情况。只有搞清楚这两方面的情况之后，将内部控制目标的真实情况与预期情况进行比较，才可以确定目标达成情况。然而，这两方面的情况能否搞清楚呢？由于目标的预期情况是预告设定的，所以预先给各项内部控制目标设定一个目标值是不存在困难的。问题是，如果要搞清楚这些目标的真实达成状况，就不一定可行了。

以我国的内部控制权威规范为例，《企业内部控制基本规范》第三条规定，内部控制的目标是合理保证企业经营管理合法合规、资产安全、财务报告及相关信息真实完整，提高经营效率和效果，促进企业实现发展战略。《行政事业单位内部控制规范（试行）》第四条规定，单位内部控制的目标主要包括：合理保证单位经济活动合法合规、资产安全和使用有效、财务信息真实完整，有效防范舞弊和预防腐败，提高公共服务的效率和效果。上述目标中，经营效率和效果、发展战略、公共服务的效率和效果都可能体现为一些量化指标，且这些指标是可以根据一些数据计算出来的，所以对于这些目标来说，可以通过内部控制目标的达成状况与目标值之间的比较来确定相关内部控制的有效性。但是，要特别注意的是，这些目标除了受内部控制系统的影响，还受许多外部因素的影响，在某些情形下，这些外部因素甚至成为主要因素，所以通过这些目标的达成状况来判断内部控制有效性是存在问题的。经营管理或经济活动合法合规、资产安全和使用有效、财务报告及相关信息真实完整、有效防范舞弊和预防腐败，这些目标的真实状况可能是难以知晓的，反映这些目标达成状况的前提是了解有多少偏离目标的“已经发生的偏离事项”，且不能将“已经发现的偏离事项”作为“已经发生的偏离事项”。通常情形下，人们只知道“已经发现的偏离事项”，而不知道究竟有多少“已经发生的偏离事项”。例如，某内部单位统计信息虚假情况，这显然影响了信息真实完整目标，但是，如果弄虚作假行为没有被发现，则其对信息真实完整目标的影响就无法计量。

综合上述三方面的原因，我们认为，内部控制有效性不宜作为内部控制监视内容。

根据本章前面的分析，按照服从内部控制监视目标和可鉴证性两个原则，内部控制效率性、内部控制可靠性、内部控制有效性都不适合作为内部控制监视内容。那么，内部控制监视内容是什么呢？我们认为，内部控制监视内容是内部控制缺陷性（deficiency）。理由如下：第一，内部控制缺陷性与内部控制监视目标具有良好的对应关系。内部控制监视目标就是通过发现内部控制缺陷来抑制内部控制缺陷，将内部控制监视内容确定为内部控制缺陷性，直接服务于内部控制监视目标。第二，内部控制缺陷性具有可鉴证性。基本思路是寻找内部控制过程中的缺陷，分析这些缺陷对内部控制目标已发生或潜在的影响程度，确定缺陷严重程度，在此基础上对内部控制的整体有效性形成结论。关于内部控制缺陷的鉴证思路相关内容较多，这里不再展开讨论。随后内容将展开分析内部控制缺陷和缺陷性的含义。

（三）内部控制缺陷和缺陷性的含义

从功能上来看，内部控制为其目标提供适宜的保证程度，如果没有达到拟提供的保证程度，就会出现内部控制目标偏离，这种偏离就是内部控制缺陷。那么，内部控制为什么不能为目标达成提供其拟提供的保证程度呢？也就是说，为什么会出现内部控制目标偏离呢？原因是没有有效地抑制对内部控制目标产生负面影响的风险因素，也就是说，存在超过容忍度的风险暴露。所以，从这个意义上说，内部控制缺陷也就是超过容忍度的风险暴露（risk exposure）。从内部控制目标偏离角度来认知内部控制缺陷是结果视角，从风险暴露角度来认知内部控制缺陷是过程视角，二者具有因果关系，正是因为有超过容忍度的风险暴露，内部控制目标才会偏离。但是，二者之间的关系并不是简单的线性关系，而是复杂的非线性关系，主要体现在以下两个方面：

第一，风险暴露对目标偏离的影响有或有性（contingency）和时滞性。虽然风险因素会影响内部控制目标之达成，但是这种影响呈现或有性，只是一种可能，并不一定会发生，即使发生，也不是时时刻刻都发生，所以风险暴露造成内部控制目标偏离具有或有性。也正是因为如此，已经存在的内部控制缺陷，可能表明有超过容忍度的风险暴露。但是，如果风险因素没有真正发生，则这种风险暴露对内部控制目标偏离只形成潜在影响，虽然当期没有发生，但是也许会在今后发生，这种影响具有时滞性。正是因为风险暴露对目标偏离的影响有或有性和时滞性，鉴证内部控制缺陷不能只考虑已经发生的目标偏离，还要考虑风险暴露可能造成的潜在偏离。

第二，风险暴露之外的因素也可能影响内部控制目标偏离。内部控制目标有多种类型，总体来说，可以分为合规合法性目标、资产安全性目标、信息真实完整性目标、业务经营目标、战略目标。对于前三个目标，内部控制要为其提供合理保证，而对于业务经营目标和战略目标，内部控制不能为其提供合理保证。原因是前三个目标受内部控制之外的因素影响较少，其达成与否主要由内部控制来决定，而业务经营目标和战略目标除了受内部控制的影响之外，还受两类因素的影响：一是受组织内部的管理控制系统的影响；二是受外部因素的影响。某些情形下，管理控制系统和外部因素的影响可能大于内部控制系统的影响。正是由于这个原因，业务经营目标和战略目标的偏离不一定是内部控制有缺陷所致。所以，对于不同的内部控制目标，其目标偏离的原因不同，风险暴露的作用也不同，不能简单地根据目标偏离来判断内部控制缺陷。正是由于这个原因，在判断内部控制缺陷时，对于不同的内部控制目标要有不同的偏离容忍度，业务经营目标和战略目标的偏离容忍度要高些。

以上分析了内部控制缺陷，那么什么是内部控制缺陷性呢？内部控制缺陷性是指内部控制缺陷所造成的内部控制目标偏离程度，也就是内部控制缺陷程度。由于不同组织的规模不同，对于内部控制缺陷，不能只从规模上认知，还要从程度上认知，既要知道其总体规模，又要知道其对目标的影响程度，二者结合起来，才能对内部控制缺陷及其整体状况有全面的认知。所以，对内部控制整体的鉴证意见，要以缺陷性为基础来形成。

另外，为了进一步认清内部控制缺陷性，还需要分析内部控制有效性和内部控制缺陷性的关系。一般来说，内部控制有效性是以内部控制目标达成程度来衡量，如果内部控制提供了其拟提供的保证程度，则认为内部控制是有效的。内部控制缺陷性恰恰是内部控制目标偏离程度，如果偏离程度超出了可容忍范围，则认为内部控制是存在缺陷的。内部控制有效性和缺陷性之间的关系如图 2－2 所示。

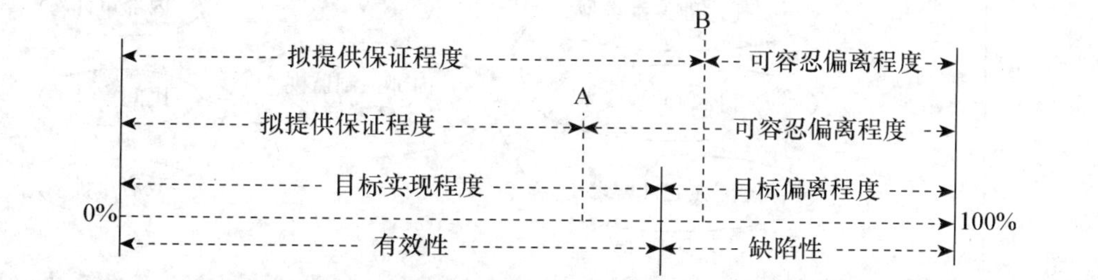

图 2－2　内部控制有效性与缺陷性的关系

图 2－2 中，横线表示内部控制目标的达成程度在 0～100％这个区间，已经达成的内部控制目标就是有效性，而未能达成的内部控制目标就是缺陷性。对于内部控制的鉴证意见，要依赖点 A 的位置而定，点 A 表示拟达成的内部控制目标，就是拟提供的保证程度，对应着拟容忍的最大偏离程度。如果点 A 位于图中所示位置，即表示实际偏离程度小于可容忍偏离程度，或者是实际提供的保证程度高于拟提供的保证程度，则内部控制是有效的程度。如果点 A 向右位移，越过有效性和缺陷性的分界线至点 B，即实际偏离程度大于可容忍偏离程度，或者是实际提供的保证程度低于拟提供的保证程度，则内部控制是存在缺陷的。

虽然内部控制有效性和缺陷性是互补关系，但并不能说内部控制监视内容选择有效性或缺陷性都是可以的，由于无法知道某些内部控制目标的真实达成状况，所以有效性不具有可鉴证性。相反，内部控制缺陷性具有可鉴证性，所以可以通过缺陷性来鉴证内部控制有效性，100％减去内部控制缺陷性就是有效性。所以，对内部控制整体有效性形成意见，并不意味着内部控制监视内容是内部控制有效性，而是应通过鉴证内部控制缺陷性，并根据内部控制有效性和缺陷性的关系，得出有效性，鉴证内容还是内部控制缺陷性。

二、内部控制监视主体

现实生活中，内部控制监视有多种鉴证主体，内部审计、民间审计和政府审计都有内部控制监视业务，其中的原因是什么？我们认为，基本原因包括三个方面：一是委托代理关系的类型不同；二是内部控制监视交易的特征不同所决定的交易成本；三是鉴证独立性。从委托代理关系类型来说，可以区分为公共部门委托代理关系和私营部门委托代理关系，不同的审计主体在不同的委托代理关系中对内部控制进行鉴证。从交易特征来说，内部控制监视在不同情形下具有不同的特征，主要表现为资产专用性和交易经常性两个维度，不同的交易特征会影响交易成本，从而影响内部控制监视者的选择。从鉴证独立性来说，鉴证者必须独立于被鉴证者，从而区分为外部鉴证主体和内部鉴证主体。正是由于委托代理关系的多种类型、交易特征和鉴证独立性的要求，内部控制监视主体呈现多样化。上述三方面对鉴证主体多样化的影响大致如图2-3所示。

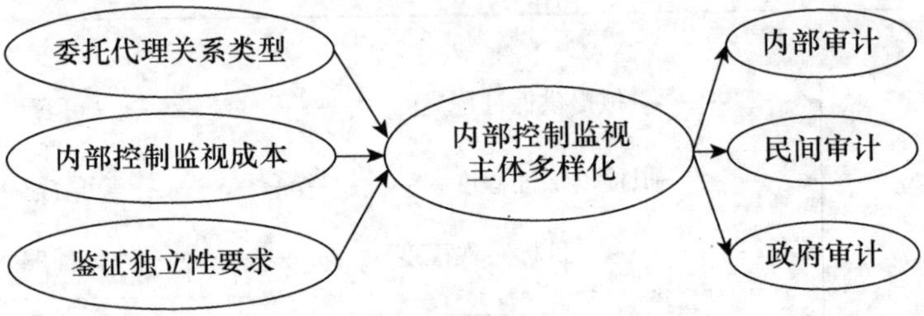

图2-3 内部控制监视主体多样化研究框架

(一) 委托代理关系类型与内部控制监视主体多样化

委托代理关系是指一种鲜明或隐含的契约，根据这个契约，一个或多个行为主体（委托人）为另外一些行为主体（代理人）提供资源，并要求这些代理人为委托人提供服务，同时，根据代理人提供服务的数量和质量支付相应的报酬。委托代理关系是人类社会的基本政治经济关系，由于部门类型不同，委托人在组织外部或组织内部具有多种形态，大致情形如表2-6所示。

表2-6 委托代理关系类型

项目		委托人在组织内部或外部	
		组织外部	组织内部
部门类型	公共部门	√	√
	私营部门	√	√
	第三部门	√	√

√表示有这种情形。

表2-6显示，委托代理关系有六种类型，在每种委托代理关系中，内部控制都是治理代理问题和次优问题的重要制度设计，都可能存在鉴证需求。然而，不同类型的委托代理关系下，内部控制监视者可能存在差异。

对于公共部门来说，当委托人在组织外部时，委托人关注公共部门的内部控制，有内部控制监视需求。然而，由谁来鉴证呢？一般来说，委托人有两种选择：一是由自己的审计机关来实施内部控制监视，这就产生了政府审计机关的内部控制监视；二是从市场上购买内部控制监视服务，这就产生了民间审计机构实施的内部控制监视，也称为政府审计业务外包。究竟是由政府审计机关来鉴证内部控制，还是从市场上购买这种鉴证服务？这取决于内部控制监视业务的交易成本，交易成本是由交易特征决定的，对此将于随后的内容中展开分析。当委托人在组织内部时，委托人同样有两种选择：一是建立自己的审计机构来实施内部控制监视，这就产生了内部审计机构的内部控制监视；二是从市场上购买内部控制监视服务，这就产生了民间审计机构实施的内部控制监视，也称为内部控制监视业务外包。对于组织内部的委托人来说，选择建立内部审计机构还是业务外包，同样是由鉴证业务的交易成本决定的。

对于私营部门来说，当委托人在组织外部时，由于私营机构的委托人一般不会共同出资建立很多机构，所以基于对交易成本的考虑，外部委托人通常会从市场上购买内部控制监视服务，民间审计机构是主要的提供者。当委托人在组织内部时，委托人同样有两种选择：一是建立自己的审计机构来实施内部控制监视，这就产生了内部审计机构的内部控制监视；二是从市场上购买内部控制监视服务，这就产生了内部控制监视业务外包，鉴证主体是民间审计机构。对于组织内部的委托人来说，选择建立内部审计机构还是业务外包，同样是由鉴证业务的交易成本决定的。

对于第三部门来说，它具有公共部门的特征，机构的资源提供者通常不会建立很多的第三部门机构，所以基于对交易成本的考虑，外部委托人通常不会建立自己的审计机构，而会从市场上购买内部控制监视服务，这就产生了民间审计机构的内部控制监视。当然，在某些情形下，第三部门的供资者或委托人由于不对其供资的机构进行监管，所以不关注特定第三部门机构的内部控制。在这种情形下，政府作为公共服务的提供者，有责任对这类第三部门机构进行鉴证，这就可能产生政府审计机关对第三部门机构的内部控制进行鉴证的情况。至于第三部门机构的内部委托人，对其下属的内部控制可能存在鉴证需求，在这种情形下，选择建立专门的内部审计还是从市场上购买鉴证服务，是由交易成本决定的。

所以总体来说，不同部门的内部控制监视主体可能不同，外部委托人和内部委托人的内部控制监视需求可能由不同的主体来实施，正是委托代理关系的多样化，在一定程度上导致了内部控制监视主体的多样化。

（二）内部控制监视成本与内部控制监视主体多样化

委托人选择建立自己的审计机构还是从外部购买民间审计的内部控制监视服务，交易成本是一个重要影响因素，何种运行方式的交易成本低就选择何种方式。内部控制监视作为一种交易，其交易成本主要由交易运行结构决定，交易运行结构是由交易特征决定的（郑石桥，2015）。对于交易特征可以从多个维度来分析。从内部控制监视主体选择来说，相关的交易特征是资产专用性和交易经常性。资产专用性是指内部控制监视针对该组织的专门化知识。一般来说，任何组织的内部控制都是适应本组织的风险特征和控制环境而建立的，所以都具有一定的资产专用性，但是，不同组织的内部控制也存在一定的共性，著名的COSO内部控制框架就是这种共性的体现。所以，从资产专用性来说，一般情形下，内部控制由于既有共性也有个性，不能对内部控制监视主体的选择造成决定性影响。交易经常性是具有特定性的内部控制监视业务量的大小。如果经常性的内部控制监视业务量较少，则委托人一般不宜建立自己的审计机构，私营部门和第三部门的外部委托人就属于这种情形，规模较小的组织内部委托人购买民间审计机构的内部控制监视业务也属于这种情形；如果经常性的内部控制监视业务量较多，则委托人可以考虑建立自己的审计机构来实施内部控制监视，公共部门的委托人建立政府审计机关、具有一定规模的组织内部委托人建立自己的内部审计机构，都属于这种情形。

总体来说，内部控制监视被视作一类交易，由交易特征所决定的交易成本不同，使得这种交易的运行方式多样化，进而使得内部控制监视主体多样化。

（三）内部控制鉴证独立性与内部控制监视主体多样化

除了委托代理关系类型和内部控制监视成本影响监视主体多样化之外，内部控制鉴证独立性也影响监视主体多样化。显然，当委托人在组织外部时，由于内部审计机构是该组织管理层的下属，所以外部委托人不能依赖内部审计机构的内部控制监视结果，而需要由外部机构来实施内部控制监视，这就产生了外部主体实施的内部控制监视。对于一些大型组织来说，上一层级的管理者作为委托人，需要了解下一层级单位的内部控制状况，不能依赖下一层级的内部审计机构所提供的内部控制监视结果，因为这种鉴证不具有独立性，这就出现了组织内部的多层级的内部控制监视主体。

总体来说，正是内部控制鉴证独立性的要求，使得内部控制监视主体多样化。

第 4 节 内部控制监视方法和内部控制监视环境

本节关注内部控制监视的两个基本问题：一是如何鉴证；二是审计环境对内部控制监视有什么影响。对前者的阐释形成内部控制监视方法理论，对后者的阐释形成内部控制监视环境理论。

一、内部控制监视方法

内部控制监视的鉴证主题是约束具体行为的制度，鉴证目标是制度的合规性和合理性。在既定的鉴证目标和鉴证主题下，内部控制监视取证模式涉及三个主要问题：第一，确定鉴证标的，也就是鉴证实施的直接标的物的确定；第二，针对特定的鉴证标的，回答具体的鉴证目标是什么，也就是确定针对特定鉴证标的的鉴证命题；第三，证明每一个具体的鉴证命题，也就是确定和实施鉴证程序。

（一）内部控制监视取证：鉴证标的

鉴证标的是鉴证实施的直接标的物，也就是鉴证的靶子。内部控制监视的鉴证主题是约束行为的制度，其鉴证标的是制度的再分类。一般来说，制度可以分为两类：一类是对所有具体行为都有约束力的制度，一般称为整体层面的制度；二是针对特定具体行为的制度，一般称为业务层面的制度。

对于整体层面的制度，其鉴证标的应该是制度要素，也就是制度界定的主要事项，一般以制度章节为划分标准。例如，公司章程是一种整体层面的制度，对股东会、董事会、监事会、经理层的权责分别进行界定，股东会、董事会、监事会、经理层都可以单独作为鉴证标的。

对于业务层面的制度，一般会按业务类型来组织，所以通常以业务流程中的关键环节作为鉴证标的。例如，预算制度一般会规范预算编制、预算执行、预算调整、决算等环节，这些环节可以单独作为鉴证标的。

当然，在某些情形下，如果制度体系较为庞大，上述鉴证标的可以进行多层级的划分，一直划分到具有相对清晰的鉴证总体和鉴证个体时，才能得到可实施的鉴证标的。如果对鉴证标的的划分过于粗略，则鉴证总体中包含的鉴证个体可能具有较大的差异，这会影响鉴证载体的选择，也会影响鉴证程序的有效实施。

鉴证标的确定之后，围绕每个标的还要确定鉴证总体和鉴证个体。制度标的个体，也就是鉴证个体，是该制度标的约束的每个特定行为，而全部特定行为之集合，形成该内部控制监视标的之鉴证总体。特别要注意的是，鉴证总体和鉴证个体是以标的为对象确定的，不同的标的不宜混合起来形成鉴证总体，每个内部控制监视标的都要形成自己的鉴证总体和鉴证个体。例如，预算执行制度和预算调整制度约束不同的预算行为，需要分别形成鉴证标的来判断其合规性和合理性，如果将二者混合起来形成一个鉴证标的，不同属性的预算执行行为就在一个总体中，不利于内部控制监视的有效开展。

鉴证总体和鉴证个体确定之后，还需要进一步确定鉴证载体。鉴证载体是关于鉴证个体的记载或记忆，它们是鉴证活动的直接实施对象，表现为资料、实物和人。一般来说，制度标的载体有四种形式：一是书面的规章制度，这些规章制度表明制度设计情形；二是制度相关的实物措施，这是实施制度的实物手段，例如，内部控制措施中的实物控制手段就属于这种情形；三是制度执行过程中形成的相关记录，表明制度执行情况及其效果，包括制度评估记录和报告；四是相关人员的制度相关记忆，包括对制度的设计健全性和执行符合性的看法或记忆。一般来说，来源于不同载体的鉴证证据的证明力不同。

一般来说，鉴证载体分为三种情形：一是有系统载体且有原始记录支持；二是有系统载体但无原始记录支持；三是无系统记录。对于一般的被鉴证单位来说，制度管理已经达到一定的程度，各种形式的内部控制监视载体组合起来，应该能形成一个有系统且有原始记录支持的载体。

（二）内部控制监视取证：鉴证命题

鉴证命题是可以定义并观察的现象，是鉴证目标在鉴证标的上的落实，也就是针对特定的鉴证标的需要获取证据来证明的事项，也称为具体鉴证目标。

内部控制监视的鉴证目标是制度合规性和合理性，也可分解为合规性、健全性和遵循性。合规性指制度是符合既定标准的（这里的既定标准主要是外部机构颁布的相关法律法规及规章），如果存在不符合既定标准的制度，则该命题是伪命题；健全性指制度是合理的，不存在重大缺陷，如果存在重大缺陷，则该命题是伪命题；遵循性指制度得到了有效的执行，在执行中不存在重大缺陷，如果执行中存在重大缺陷，则该命题是伪命题。

上述各项鉴证目标落实到具体的鉴证标的，就形成了该鉴证标的需要获取鉴证证据来证明的事项，也就是该鉴证标的需要鉴证证据来验证的鉴证命题。如果某个命题获取了相应的鉴证证据，则该命题就得到了证明，如果某鉴证标的的全部鉴证命题都得到了证明，则该鉴证标的就得到了鉴证。如果某鉴证主题的全部鉴证标的都得到了鉴证，则该鉴证主题的鉴证目标就达到了。

（三）内部控制监视取证：鉴证程序

鉴证程序就是从鉴证载体中为每个鉴证命题获取鉴证证据的技术方法。鉴证程序的实际实施对象是鉴证载体，由于鉴证载体不同，鉴证程序的选择也不同。前已叙及，一般来说，对于内部控制监视，应该能形成一个有系统且有原始记录支持的载体。在这种情形下，鉴证取证一般采用命题论证型鉴证取证模式，鉴证取证过程一般包括两个步骤：风险评估、制度测试。初看起来，鉴证程序与风险导向模式下的会计报表审计程序类似。但是，就实质内容来看，二者存在较大差异。

1. 风险评估

这里的风险是制度风险，也就是制度不能达到目标的可能性，例如内部控制无效的可能性。一般来说，制度要达到目标，需要具有两个属性：一是合规性，也就是符合外部权威机构颁布的相关法律法规和规章；二是合理性，也就是制度不存在显著的缺陷或瑕疵，也称为有效性。制度风险的产生，要么是因为制度明显违反外部权威机构颁布的相关法律法规和规章，要么是因为制度存在显著的缺陷或瑕疵。所以，制度风险就是制度违规及存在缺陷或瑕疵的可能性。

风险评估是以一定的审计风险模型为基础，对相关风险进行评价。目前，还没有关于内部控制监视的鉴证风险模型的研究，内部控制监视风险模型有少数文献涉及。有人认为，内部控制监视是审计财务报告的生成过程，而财务审计是审计内部控制过程的产出，所以二者应该有不同的风险模型。他们认为，内部控制监视风险是内部控制中的重大缺陷，而审计人员未能发现，这一风险可以分解为固有风险、控制设计和执行风险、控制运行效果风险。有人借鉴上述文献，提出了财务报告内部控制监视风险模型，有人也提出了类似的内部控制监视风险模型。受上述文献的启发，本节提出内部控制监视风险模型如式（2－1）所示：

$$IAR=IR\times IDIR\times IDR \tag{2-1}$$

式（2－1）中，IAR（Internal Control Attestation Risk）为内部控制监视风险，是对内部控制监视发表错误鉴证意见的可能性，主要是指当制度存在重大缺陷（包括违规，下同）时，鉴证意见认为不存在重大缺陷；IR（Inherent Risk）为固有风险，是在没有制度的情形下，制度目标不能达成的可能性；IDIR（Institution Design and Implementation Risk）为制度不能达成目标的可能性，也就是制度存在重大缺陷的可能性，事实上，也是制度失败的可能性；IDR（Institution Detection Risk）为制度测试风险，是指审计人员不能发现已经存在的重大制度缺陷的可能性。

需要说明的是，这里沿用财务报表审计风险模型采用的乘数方式，正如有人指出，财务报表审计风险模型本身不是乘数关系，而只是将乘数方式作为观念的指导，内部控制监视风险模型各要素也不是乘数关系，只是以乘数方式表示，并作为概念框架。

根据内部控制监视风险模型，内部控制监视的风险评估要做四项工作。第一，确定内部控制监视风险（IAR），也就是选择可接受的内部控制监视风险水平。一般来说，依赖内部控制监视结果的利益相关者越多，制度越重要，可接受的内部控制监视风险水平就越低。第二，评估固有风险（IR），也就是评估在没有制度的情形下，制度目标不能达成的可能性。第三，评估制度失败风险（IDIR），也就是评估制度设计及执行是否存在重大缺陷。第四，根据上述各步骤的结果，确定可容忍的制度测试风险（IDR）。在上述风险评估中，可以将固有风险和制度失败风险合并评估。

上述风险评估要在两个层面开展：一是整体层面，就是以制度整体作为评估对象进行风险评估，这个层面的风险评估主要用于鉴证总体计划或鉴证策略的制订；二是鉴证标的层面，就是以每个鉴证标的为对象进行风险评估，这个层面的风险评估主要用于针对鉴证标的的鉴证方案或具体鉴证计划的制订。

2. 制度测试

制度测试是以鉴证标的层面的风险评估为基础，为每个鉴证标的确定具体鉴证方案并实施。这里的制度测试，类似于风险导向财务报表审计中的控制测试，鉴证方案主要涉及针对特定鉴证标的的鉴证程序的性质、时间和范围。内部控制鉴证程序的性质，主要是指选择来进行控制测试的鉴证程序类型，主要考虑因素是可容忍的制度测试风险和鉴证载体的具体情形；内部控制鉴证程序的时间，主要是指鉴证程序的实施时间及鉴证证据所涵盖的时期，主要考虑因素是可容忍的制度测试风险及制度的实施特征；内部控制鉴证程序的范围，主要是指鉴证样本的规模，主要考虑因素是可容忍的制度测试风险。

一般来说，由于有系统化的鉴证载体且有原始记录支持，在实施所有的鉴证程序之后，能够获得充分适当的鉴证证据，以支持发表合理保证鉴证意见。但是，由于内部控制监视中对于缺陷的判断涉及大量的主观判断，鉴证人、被鉴证单位及利益相关者对缺陷标准的认识可能不同，从而鉴证意见的可接受程度会受到影响。

归纳起来，在有系统化的鉴证载体且有原始记录支持的背景下，内部控制监视的鉴证取证逻辑框架如图 2-4 所示。

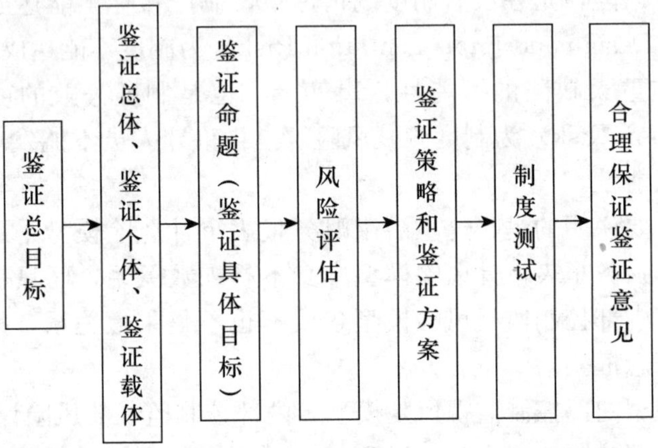

图 2-4 内部控制鉴证取证模式的逻辑框架

二、组织治理状况、制度审计和审计效率效果

（一）概念界定

审计效率不同于审计效果，审计效果是审计产生的最终结果，也就是审计目标的达成程度，而审计效率是审计本身的投入产出比率。例如，在审计质量不变的前提下，如果完成特定审计项目的时间、资源等减少，则审计效率就提高；相反，如果时间、资源等增加，则审计效率就降低。审计效果则不同，它体现的是审计目标的达成程度，达成程度高，审计效果就好，否则审计效果就不好。例如，通过多年的审计，查出的违规问题越来越多，这只能说审计产出越来越多，但不能说审计效果越来越好，这就是审计失灵。

审计效率和审计效果有密切的关系，一般来说，审计效率是审计效果的基础，缺乏一定的审计效率，难以达到较好的审计效果。相反，有好的审计效率，不一定能有好的审计效果，因为审计效率类似审计机构本身生产审计产品的投入产出关系，而审计效果是在审计机构的推动下，利益相关者消费审计产品之后产生的效果，利益相关者是否消费审计产品、如何消费审计产品、审计产品是否存在期望差等都是审计机构难以控制的。所以，一般来说，审计效率主要受审计机构和被审计单位的相关因素影响，而审计效果还受委托人等利益相关者的影响，对于审计机构来说，其控制审计效果的能力要大大低于其控制审计效率的能力。

基于此，本节区分审计效率和审计效果，研究被审计单位的组织治理状况及审计机构选择的审计路径如何影响审计效率和审计效果。

（二）组织治理状况和审计路径的组合情形

无论是何种审计，其共同的要求都是在控制审计风险的前提下提高审计效率效果。为了将审计风险降到可接受的程度，在不同的审计路径下，消费的审计资源不同，审计效率效果也不同，所以选对审计路径是提高审计效率效果的基础。影响审计效率效果的因素有很多，例如审计人员专业水平、被审计单位合作态度、审计目标等。本节关注被审计单位的组织治理状况和审计路径对审计效率效果的联合影响，不同的组织治理状况下，选择适宜的审计路径是提高审计效率效果的前提，如果选择的审计路径与该组织的治理状况不匹配，则可能降低审计效率效果。组织治理状况、审计路径和审计效率效果的大致关系如图 2－5 所示。

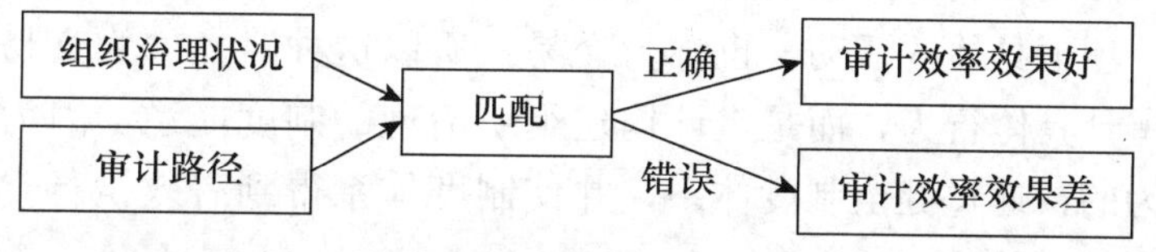

图 2－5　组织治理状况、审计路径和审计效率效果

治理不同于管理，更不同于统治，它不只依赖于自上而下的行政权威，还依靠相关主体的互动。全球治理委员会于 1995 年对治理有如下界定：治理是经营管理事务的诸多方式的总和。它是使相互冲突或不同的利益得以调和并且采取联合行动的持续过程，它有四个特征：治理不是一套规则条例，也不是一种活动，而是一个过程；治理的建立不以支配为基础，而以调和为基础；治理同时涉及公私部门；治理并不意味着一种正式制度，但有赖于持续的相互作用。

组织就是一个机构，我国称为单位，组织治理就是该机构的利益相关者为协调相关主体利益，达成系统目的所采取的契约、指导、控制等所有方法措施制度化的过程。组织治理的最终目的是实现组织目标，它主要表现为一套制度体系，包括正式制度，也包括一些非正式制度。这些制度通过规范该组织内部的各项具体行为来为组织目标之达成提供制度保障，组织各利益相关者的各种具体行为都要遵守该制度体系的要求，所以制度体系和具体行为是一枚硬币的两面，具体行为是组织达成目标的一切作为或不作为，而制度体系是实施这些具体行为时必须遵守的规范。一般来说，如果制度体系是适宜的，则按这些制度体系来实施具体行为是组织目标达成的基础，如果违背这些制度体系，则组织目标难以达成。

制度体系通过两个路径为组织目标之达成奠定基础：一是为具体行为选择适宜的方法，为实施具体行为的高效率奠定基础；二是抑制不适宜的具体行为，也就是抑制缺陷行为（包括违规行为、瑕疵行为），这为风险防范奠定基础。防范风险和提高效率具有异曲同工之妙，风险防范做好了，对目标达成有负面影响的因素也就被抑制了，低效率行为也就难以发生，效率自然就提高了。另外，如果实施各种行为都提高了效率，则说明违规行为、瑕疵行为减少，风险自然也就降低。

组织治理状况就是组织治理体系对效率的保障作用发挥状况以及对缺陷行为的抑制程度，也称为组织治理有效性，可以区分为有效程度高和有效程度低两种情形。有效程度高是指效率得到有效保证、风险得到有效防范，显然，组织目标的达成程度也较高；有效程度低是指效率没有得到有效保证、风险没有得到有效防范，显然，组织目标的达成程度也较低。

审计的最终目标是抑制缺陷行为，通过揭示缺陷行为、推进缺陷行为处理和相关治理的完善，使缺陷行为得到有效抑制，从而促进组织目标的达成。审计目标的实现有两个路径：一是直接审计具体行为，直接揭示缺陷行为，对缺陷行为进行处理处罚，并推进相关体制、机制和制度的优化，由于具体行为就是组织内部一项项具体的活动，也称为交易，所以这种路径称为交易审计路径；二是不直接审计具体行为，而是审计构建组织治理的制度体系，因为制度体系是约束具体行为的，通过健全制度体系，并使制度体系得到有效执行，同样能达到约束缺陷行为的目的。

交易审计路径是直接以揭示缺陷行为为目的的路径，其直接审计目的是揭示缺陷行为。由于现代任何机构的内部控制都有一定的水准，所以即使是交易审计路径，也不能完全脱离内部控制，也需要对被审计单位的内部控制进行一定的了解和评价，并在此基础上实施实质性程序，包括实质性分析程序和细节测试。通过实质性程序，发表并报告缺陷行为，通过对缺陷行为责任人的处理处罚和推进缺陷行为相关制度的整改来达到抑制缺陷行为的目的，其审计效率表现为发现和报告缺陷行为及缺陷制度，而审计效果表现为缺陷行为抑制程度。

制度路径是直接以揭示制度缺陷为目的的路径，其直接审计目的是揭示制度缺陷。为此，需要了解被审计单位的内部控制，对所选择的一些内部控制进行控制测试，通过控制测试发现和报告内部控制缺陷，并在此基础上推进内部控制缺陷的整改来优化内部控制，进而抑制缺陷行为，其审计效率表现为发现和报告缺陷行为及缺陷制度，而审计效果表现为缺陷行为抑制程度。上述两个路径的大致逻辑步骤如图 2－6 所示。然而，何种路径的审计效率效果更好？

显然，上述两种路径的目标相同，但是由于路径不同，审计取证模式不同，审计效率效果也不同。当然，影响审计效率效果的因素很多，本节关注的是组织治理状况和审计路径联合起来对审计效率效果有何影响。根据前面分析的组织治理状况及审计路径，二者的组合情形如表 2－7 所示。由于组织治理状况和审计路径的联合审计，表 2－7 所示的四种情形各自的审计效率和审计效果会有不同。

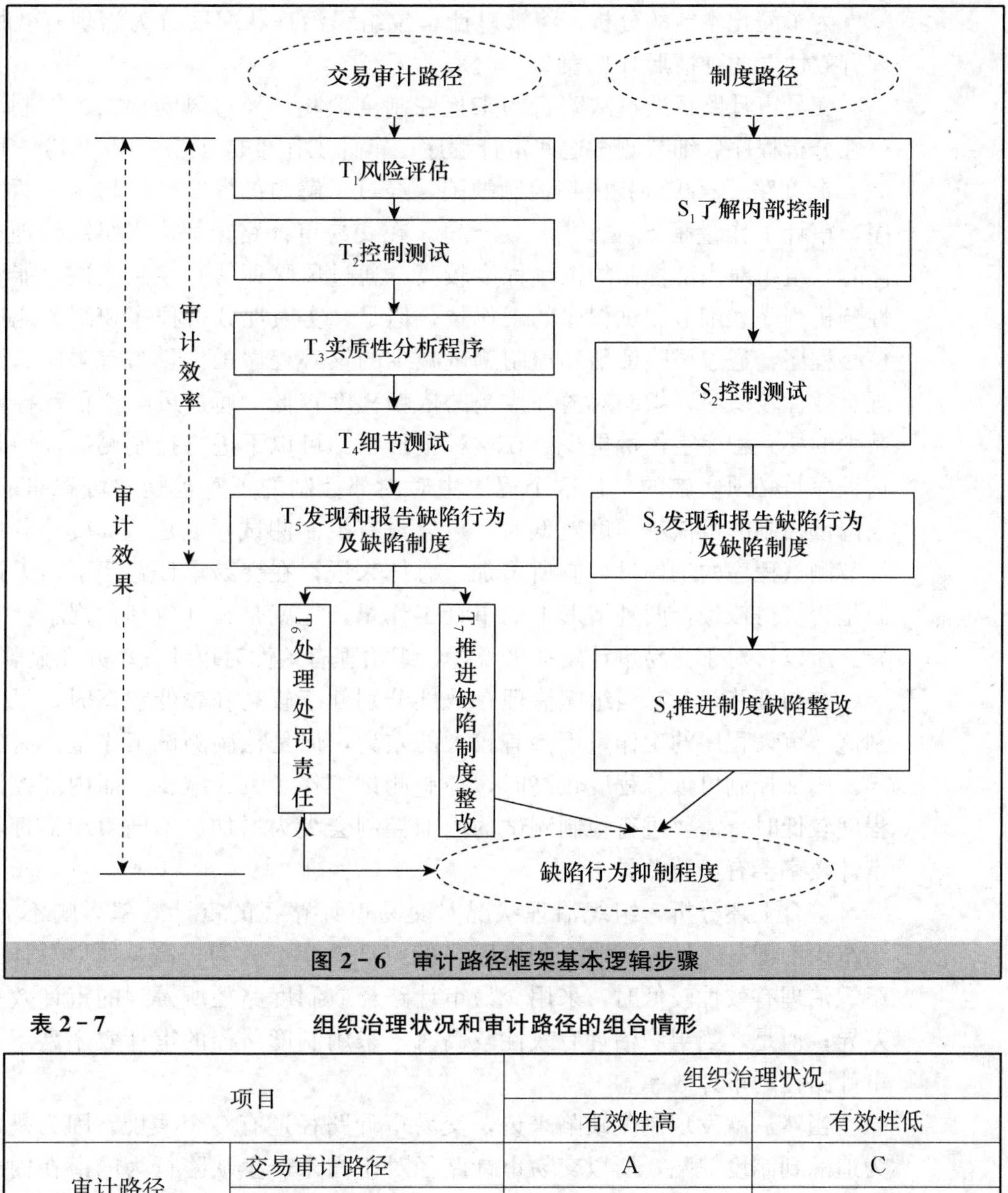

图 2-6　审计路径框架基本逻辑步骤

表 2-7　组织治理状况和审计路径的组合情形

项目		组织治理状况	
		有效性高	有效性低
审计路径	交易审计路径	A	C
	制度路径	B	D

（三）组织治理状况与审计路径对审计效率的联合影响

以图形的面积大小概约地表示审计效率，面积越大，审计效率越低。根据图 2-6，交易审计路径的审计效率（$T_{效率}$）$=T_1+T_2+T_3+T_4+T_5$，制度路径的审计效率（$S_{效率}$）$=S_1+S_2+S_3$。如果 $S_{效率}<T_{效率}$，则制度审计效率低于交易审计效率；如果 $S_{效率}>T_{效率}$，则制度审计效率高于交易审计效率。那么，这个不等式究竟会出现何种情形？如果只是纯粹讨论这两种路径对审计效率的影响，可能无法得出正确的结论，还需要联系被审计单位的组织治理状况来分析它们的联合影响。

为了简化本节的分析，将被审计单位组织治理状况区分为治理有效性高和治理有效性低两种情形（见表 2－7）。

交易审计路径通过缺陷行为来追踪制度缺陷，经过风险评估、控制测试、实质性分析程序、细节测试这些审计程序，审计工作量是 $T_{效率}=T_1+T_2+T_3+T_4+T_5$。制度路径直接寻找内部控制缺陷，经过了解内部控制、控制测试两个审计程序，审计工作量是 $S_{效率}=S_1+S_2+S_3$。在交易审计路径下，当组织治理有效性较高时，组织对内部控制的依赖程度较高，通过风险评估和控制测试，能减少实质性分析程序和细节测试程序的工作量，但是，实质性分析程序和细节测试程序是核心程序，通过风险评估和控制测试减少的核心程序工作量是有限的。当组织治理有效性较低时，组织对内部控制的依赖程度较低，通过风险评估和控制测试所减少的核心程序工作量更少。在这种情形下，可以不进行控制测试，但是风险评估程序是必须实施的，且这个程序中对内部控制的了解也是不可省略的。所以，当内部控制的可依赖程度较低时，可以没有控制测试，但是，实质性分析程序和细节测试程序的工作量会有所增加。总体来说，在交易审计路径下，无论内部控制是否值得依赖，两种情形下的审计工作量，也就是审计效率，都不会有显著差异。所以，对于交易审计路径来说，组织治理有效性对审计效率并无显著影响。

在制度路径下，当组织治理有效性分别处于较高和较低状态时，了解内部控制这一审计程序的工作量不会有较大的差异，但是控制测试工作量会有较大的差异。内部控制可依赖程度较高时，控制测试工作量大为减少；而内部控制可依赖程度较低时，需要进行控制测试的内部控制会大为增加。不同组织治理状况下的审计效率会有显著差异。

综合上述分析，组织治理状况对交易审计路径的审计效率影响不大，但是，当组织治理有效性较高时，制度路径的审计效率会大为提高。所以总体来说，当组织治理有效性较低时，采用交易审计路径或制度路径所得到的审计效率无显著差异；但是，当组织治理有效性较高时，采用制度路径的审计效率高于采用交易审计路径的审计效率。

当然，就发现制度缺陷来说，交易审计路径还有一个瑕疵。因为是从缺陷行为追踪到制度缺陷，所以交易审计路径对于尚未产生缺陷行为的潜在内部控制缺陷来说可能难以发现，这会影响交易审计路径的审计效率。

（四）组织治理状况与审计路径对审计效果的联合影响

以图形的面积大小概约地表示审计效果，面积越大，审计效果越好。制度路径的审计效果（$S_{效果}$）$=S_4$，交易审计路径的审计效果（$T_{效果}$）$=T_6+T_7$。如果 $S_{效果}<T_{效果}$，则说明交易审计路径的审计效果好于制度路径的审计效果；如果 $S_{效果}>T_{效果}$，则说明制度路径的审计效果好于交易审计路径的审计效果。问题的关键是：何种情形下会出现何种不等式？如果只是纯粹讨论这两种路径对审计效果的影响，可能无法得出正确的结论，还需要联系被审计单位的组织治理状况来分析它们的联合影响。为了方便分析，将被审计单位组织治理状况区分为治理有效性高和治理有效性低两种情形（见表2-7）。

审计效率是审计效果的前提，在发现和报告内部控制缺陷的基础上，需要有一些后续行动，才能达到抑制缺陷行为的目的，这就是审计效果。在组织治理有效性较低时，内部控制的建立和实施都存在困难，所以需要有较大的推动力才能使得内部控制缺陷得到整改。在交易审计路径下，一方面对缺陷行为责任人进行处理处罚，另一方面对缺陷制度进行整改，对责任人的处理处罚有助于推进缺陷制度整改。在制度路径下，一般不存在对责任人的处理处罚，而只是整改缺陷制度，其力度当然会小于交易审计路径下的双管齐下。所以，当组织治理有效性较低时，在缺陷制度整改方面，交易审计路径可能优于制度路径，也就是说，前者的审计效果可能好于后者。当组织治理有效性较高时，内部控制的建立和实施都不存在困难，即使没有对责任人的处理处罚，内部控制整改也能有效进行，此时，不同路径的审计效果可能无显著差异。

综上所述，在审计效率既定的前提下，当组织治理有效性较低时，交易审计路径的审计效果可能好于制度路径；而当组织治理有效性较高时，不同审计路径的审计效果可能无显著差异。

本章小结

本章聚焦内部控制监视的基本问题，包括内部控制监视需求、内部控制监视本质、内部控制监视目标、内部控制监视客体、内部控制监视内容、内部控制监视主体、内部控制监视方法、内部控制监视环境。

关于内部控制监视的需求因素，需要回答三个基本问题：第一，为什么需要内部控制？第二，为什么需要内部控制监视？第三，内部控制监视为什么出现多样化？本章以环境不确定性和人性假设为基础，系统解答了这三个基本问题。环境不确定性、自利、有限理性导致了风险，为了应对风险，产生了内部控制；同样，由于环境不确定性、自利、有限理性，内部控制可能出现设计缺陷和执行缺陷，为此，利益相关者需要对内部控制进行鉴证，以及时发现并弥补内部控制缺陷；由于委托代理关系多样化、代理人的自利和有限理性，同时考虑成本效益原则，内部控制监视出现了多样化。

内部控制监视包括内部控制评价、内部控制审核、内部控制鉴证多种类型，不同类型具有各自的特性，然而它们也具有共性，这种共性就是内部控制监视的本质，表述为：内部控制监视是以系统方法从制度角度独立鉴证经管责任中的缺陷制度并将结果传达给利益相关者的制度安排。

内部控制监视目标是一个体系。从相关主体来说，包括利益相关者和鉴证者，前者的目标是终极目标，后者的目标是直接目标。从业务类型来说，内部控制监视包括内部控制评价、内部控制鉴证和内部控制审核，这三类鉴证有不同的利益相关者和鉴证者，从而有不同的终极目标和直接目标。关于内部控制评价，从利益相关者来说，终极目标是抑制制度缺陷；从评价者来说，直接目标是通过评价产品来满足利益相关者抑制制度缺陷的需求。关于内部控制监视或审核，从利益相关者来说，终极目标是抑制制度缺陷；从外部审计师来说，直接目标是通过内部控制监视或审核产品满足利益相关者抑制制度缺陷的需求。

可能的内部控制监视客体需要具有完整的内部控制系统，包括控制目标、控制主体、控制客体、控制措施；而可能的内部控制监视客体要成为现实的鉴证客体，需要符合基于委托人立场的成本效益原则。内部控制复杂程度及内部控制监视法律责任影响内部控制监视成本，内部控制越复杂，鉴证法律责任越大，内部控制监视成本越高；内部控制缺陷严重程度和影响广度影响内部控制监视收益，内部控制缺陷越严重，影响广度越大，通过鉴证发现该缺陷所避免的潜在损失就越大，从而内部控制监视收益也就越大。

内部控制监视内容主要关注鉴证内容，内部控制监视内容要服从鉴证目标之需要，同时还要具有可鉴证性。根据上述原则，内部控制效率性、内部控制可靠性、内部控制有效性都不宜作为内部控制监视内容。内部控制缺陷性是内部控制目标偏离或超过容忍度的风险暴露，与内部控制监视目标高度相关，并且具有可鉴证性，所以是内部控制监视内容。现行内部控制监视权威规范，通过鉴证内部控制缺陷性，并根据内部控制有效性和缺陷性的互补关系，得出有效性，其鉴证内容是内部控制缺陷性。

委托代理关系多样化、交易成本和独立性要求是内部控制监视主体多样化的主要原因。公共部门、私营部门和第三部门的委托代理关系不同，基于外部委托代理关系和内部委托代理关系的内部控制监视需求也不同，正是委托代理关系的多样化，在一定程度上导致了内部控制监视主体的多样化；将内部控制监视视同一类交易，以及由交易特征所决定的交易成本不同，使得这种交易的运行方式多样化，进而使得内部控制监视主体多样化；内部控制鉴证独立性的要求使得内部控制监视主体区分为内部鉴证主体和外部鉴证主体，而内部鉴证主体还可能出现多层级化。

内部控制监视的主题是内部控制制度，本章分析内部控制监视取证模式的逻辑框架，涉及内部控制鉴证标的、鉴证命题和鉴证程序。内部控制鉴证标的是制度的再分类，整体层面的制度的鉴证标的是制度要素；业务层面的制度，通常以业务流程中的关键环节作为鉴证标的。内部控制监视命题是内部控制鉴证目标在鉴证标的上的落实，通常可分解为合规性、健全性和遵循性。内部控制监视取证一般采用命题论证型鉴证取证模式，以内部控制监视风险模型为基础，取证过程一般包括风险评估和制度测试两个步骤，最后发表合理保证鉴证意见。

审计的最终目标是抑制缺陷行为，有两个审计路径：一是直接对具体行为进行审计，称为交易审计路径；二是对约束具体行为的制度进行审计，称为制度路径。不同审计路径下的审计效率和效果受被审计单位组织治理状况的影响；当组织治理有效性较低时，采用交易审计路径或制度路径的审计效率无显著差异；当组织治理有效性较高时，采用制度路径的审计效率高于采用交易审计路径的审计效率；在审计效率既定的前提下，当组织治理有效性较低时，交易审计路径的审计效果可能好于制度路径，而当组织治理有效性较高时，不同审计路径的审计效果可能无显著差异。被审计单位组织治理状况影响制度审计路径的效率和效果。

复习思考题

1. 为什么需要内部控制？
2. 为什么需要内部控制监视？
3. 内部控制监视为什么出现多样化？
4. 内部控制监视的本质是什么？
5. 内部控制利益相关者的鉴证目标是什么？
6. 内部控制鉴证者的鉴证目标是什么？
7. 按什么原则来选择内部控制监视客体？
8. 内部控制监视内容的选择原则是什么？
9. 内部控制监视内容是什么？
10. 内部控制缺陷性与有效性是什么关系？
11. 内部控制监视主体为什么多样化？
12. 内部控制监视取证模式涉及哪些主要问题？
13. 组织治理状况、制度审计和审计效率与效果是什么关系？

第3章

内部控制当事人自我评估

学习目标

1. 掌握内部控制自我评估的概念
2. 掌握内部控制自我评估的方法
3. 掌握内部控制自我评估要注意的事项及可能的陷阱

引导案例

A公司内部控制缺陷

A国有大型集团公司（以下简称A公司）为加强内部控制建设，聘请某会计师事务所在年报审计时对公司所属B、C、D、E四个全资子公司内部控制制度的健全性和有效性进行检查与评价。检查中发现以下问题：

(1) B公司对外投资决策失控。经查，该项投资发生于2004年6月，当时B公司董事长谭某经朋友介绍认识了自称是境外甲金融投资公司（以下简称甲公司）总经理的廖某，双方约定，由B公司向甲公司投入1 000万元用于投资，期限1年，收益率20%。考虑到这项投资能给本公司带来巨额回报，为避免错失良机，谭某指令财会部先将1 000万元资金汇往甲公司，之后再向董事会补办报批手续、补签投资协议。财会部汇出资金后向对方核实是否收到汇款时却始终找不到廖某。后经查实，甲公司纯系子虚乌有。

(2) C公司对外担保管理松弛。2004年3月，C公司为乙公司提供100万元贷款担保，公司风险管理部李某根据总经理指示办理此事。由于李某对担保业务不熟悉，C公司也没有相应的管理制度，因此，李某仅凭感觉认为乙公司董事长是本公司总经理的亲属，不会出问题，于是办理了担保手续。此后，乙公司破产，C公司承担连带责任。

(3) D公司工程项目管理混乱。2003年5月，D公司开工建设职工活动中心，2004年6月完工。工程原定总投资3 500万元，决算金额为3 950万元。据查，该工程由D公司工会提出申请，由工会有关人员进行可行性研究，经D公司董事会审批同意并授权，由工会主席张某具体负责工程项目的实施和对工程价款支付的审批。随后，张某私自决定将工程交由某个体施工队承建。在工程即将完工时，施工队负责人向张某提出，职工活动中心应有配套健身设施，建议增建保龄球馆。张某认为这一建议可取，指示工会有关人员提出工程项目变更申请，申请经张某签字批准后实施。在工程完工后，工会有关人员办理了竣工验收手续，财务部门将交付使用资产登记入账。职工活动中心交付使用后，发现包括保龄球道在内的多项设施存在严重的质量问题。

(4) E公司重大设备采购内部控制不严。2004年5月，E公司决定从国外引进两台具有世界领先水平的生产设备。经某客户推荐和联系，E公司指派副总经理带队赴国外丙公司实地考察。考察期间，考察团仅观看了所要采购设备的图片和影视资料，未进行实地考察和技术测试。双方代表经过谈判，并经各自公司授权批准，签订了采购合同。6月15日，E公司按照合同约定一次性支付了设备款。8月初，两台设备运抵E公司，并在启封、安装后立即投入生产。但在生产过程中，这两台设备多次出现故障。后经专家鉴定，这两台设备系国外淘汰多年的旧机器，丙公司仅仅更换了一些零部件、重新喷涂了一下就将其出售给E公司，其实际价值不及售价的1/10。

该会计师事务所在工作结束后，向A公司管理层通报了内部控制制度评价情况。针对所属全资子公司在内部控制方面存在的问题，A公司召开由集团公司领导、各部门负责人和各子公司负责人参加的专门会议进行研究。在讨论过程中，有关人员发言要点如下：

A公司董事长王某：这几个子公司内部控制薄弱，给组织和国家财产造成重大损失，教训极其深刻，值得反思。集团公司和各子公司要切实建立健全内部控制制度，不要怕程序复杂，也不要怕审批烦琐，只要能搞好内部控制，付出多大代价都值得。

A公司总会计师赵某：第一，要强化内部审计，在集团公司财会部增设审计处，专门负责对会计和内部控制制度执行情况的监督，审计处接受财会部领导，但重大问题可以直接向其汇报；第二，严格审批权限，各子公司均实行“一支笔”审批，所有财务收支，无论是工程支出还是日常零星开支，都由各子公司董事长审批。

A公司财会部经理孙某：第一，建议加强对工程项目的预算管理，实行刚性预算，对于超预算的工程支出一律不予批准；第二，落实固定资产采购责任制，建议由各子公司技术部全权负责办理采购事宜，并建立严格的责任追究机制。

思考问题：(1) B、C、D、E四个全资子公司的内部控制都存在较严重的缺陷，这些子公司是否存在内部控制自我评估？(2) 从内部控制自我评估角度分析A公司董事长王某、总会计师赵某、财会部经理孙某在会议发言中的观点的不当之处，以及他们的发言是否属于内部控制当事人的自我评估。

内部控制是实现既定目标的一个过程，首先是识别风险，然后是应对识别出的风险。然而，要持续可靠地实现内部控制目标，内部控制作为一个过程本身必须是持续可靠的。内部控制作为一个过程如何才能做到持续可靠呢？主要的保障措施是对内部控制进行监视，以鉴证内部控制是否存在缺陷，并推动整改，实现内部控制的持续改进。内部控制监视有多种形式，由内部控制当事人（包括制度执行者及其直接上司）对内部控制进行监视是其中的重要类型，简称内部控制自我评估（Control Self-Assessment，CSA）。本章介绍内部控制当事人对内部控制的自我评价[①]，主要内容包括：内部控制自我评估概述；内部控制自我评估方法；内部控制自我评估成果及其应用；内部控制自我评估实施中的注意事项；内部控制自我评估的可能陷阱；内部控制自我评估案例。

第 1 节　内部控制自我评估概述

为了保障内部控制确实能发挥作用，应由内部控制当事人对其执行的内部控制进行评估。本节介绍内部控制自我评估的一般性内容，包括：内部控制自我评估的产生和发展；内部控制自我评估的概念与特征；内部控制自我评估下的内部控制职责变化；CSA 给内部控制系统评价带来的变革；内部控制自我评估的评估内容；内部控制自我评估的差异化。

一、内部控制自我评估的产生和发展

CSA 最早在 1987 年应用于加拿大海湾公司，它被用来评估组织的业务流程以及内部控制的有效性。当时，加拿大海湾公司采用了名为引导会议的自我评估方法，是将适当的管理层和员工聚集在一起会谈或讨论具体的问题或措施。该方法用来评估软控制以及传统的硬性内部控制。加拿大海湾公司认为该方法比一对一的审计访谈更有用。

加拿大海湾公司使用 CSA 主要基于两个因素：一是公司打算在美国证券市场上市，必须按美国证券监管部门的要求报告其内部控制信息，而传统的方法对软控制的评估没有效果；二是内部审计部门在内部控制评价中使用的传统方法难以解决石油和天然气测量的评估困难问题。因此，审计人员打算通过实施推动型专题讨论会议（也称为引导会议（facilitated meeting））的自我评估方法来解决这两个问题。

这种会议是由内部审计人员召集并由员工和经理出席的引导会议，在引导会议上，与会人员畅所欲言，确认内部控制的运转情况及需要采取的相应措施。经过几年尝试，引导会议在 1992 年已能提供关于该公司内部控制及风险的可靠的最新信息。主要的风险经常在刚出现时被识别，故在损失蔓延前，管理层就能采取

---

① 本章内容主要参考国际内部审计师协会（IIA）出版的 CSA 系列资料；中国审计网（http://www.iaudit.cn）的 CSA 系列资料；《控制自我评估理论及应用》（韦德等著，李海风、林小驰译，北京：中国财政经济出版社，2008）；《控制自我评价——经验、现状思考和最佳实践》（瞿特、泽特南、德哈斯著，杨雄胜译，大连：东北财经大学出版社，2010）。

纠正措施。

加拿大海湾公司独创的CSA理念受到国际内部审计师协会（Institute of Internal Auditors，IIA）的赞许和推广，它专门成立了CSA中心，安永、德勤等会计师事务所都各自开发了CSA实施软件。世界范围内许多组织也成功地开展了CSA项目。美国的几个州政府开始要求评估内部控制，纽约州、田纳西州和得克萨斯州是在20世纪80年代后期对此立法的三个州，这些州的审计部门通过问卷调查法和管理人员分析法进行内部控制检查。美国联邦存款保险公司（Federal Deposit Insurance Corporation，FDIC）和加拿大存款保险公司（Canada Deposit Insurance Corporation，CDIC）要求金融机构评估各自的内部控制体系，CDIC还提供了具体的CSA遵循规则，世界银行专门出版了一本有关CSA实施经验的书。在此期间，这些组织开始试验引导会议之外的其他CSA方法，例如问卷调查法以及管理人员分析法。

虽然CSA最早出现在20世纪80年代末期，但其最主要的发展阶段是在90年代，特别是在1992年COSO内部控制整体框架公布之后，COSO内部控制整体框架首次把内部控制发展为更具弹性的整体模式立体框架，包括了大量的软控制。传统的内部控制评价方法在评价硬控制方面较为有效，在评价软控制方面的效果不好，经营理念、管理风格、职业道德、诚实品质、胜任能力、风险评估等软控制难以有效评估，在这种情况下，CSA作为一种既可以用来评价传统的硬控制，又可以用来评价软控制的方法，得到了普遍的信赖。

二、内部控制自我评估的概念与特征

由于内部控制自我评估本身不具有统一性，现实生活中的内部控制自我评估在不同的组织存在差异，因此，大家对内部控制自我评估的认识也存在差异。这里先列示不同的观点，之后总结大家的共同认识。

（一）国际内部审计师协会对CSA的定义

国际内部审计师协会对CSA先后有两个定义。第一个正式定义是格伦达·乔丹（Glenda Jordan）于1995年在IIA的一本有关CSA的主要出版物中给出的，内容如下：运用自我评估的组织拥有一种正式的书面程序，管理层或直接参与某项经营职能的工作团队利用它来判断目前所采用程序的有效性，以及决定实现某些或所有经营目标的机会是否得到合理保证。

这个定义的核心内涵包括：第一，CSA是一种正式的书面程序，存在多种程序的自我评估，例如引导会议、问卷调查、管理人员分析，任何特定的CSA都可能采取众多不同的形式；第二，要求管理层和工作团队而非内部审计人员来评估内部控制，管理层和工作团队就是CSA中的“自我”，这是实实在在的角色转换，传统上由内部审计师评估为实现某目标而采用的内部控制的有效性，现在改为由管理层和工作团队来负责；第三，“所有经营目标”在范围上是广泛的，它意味着CSA在更广的范围内展开，除了那些传统的业务经营行为的合规合法性目标、财务报表的真实性目标以及资产的安全性目标外，还包括利润最大化、客户服务改进、产品和过程改进、具有道德的经营行为等经营目标，甚至是战略目标。

IIA 在 1998 年发布了第二个定义，内容如下：CSA 是一种程序，通过这种程序，内部控制的有效性得到检查和评估，其目标是为实现所有的经营目标提供合理保证。

第二个定义相比第一个定义有一些变化：第一，“判断有效性”替换为“评估有效性”，以强调 CSA 这一名称所要求的评估过程；第二，“目前采用的程序”替换为“内部控制”，以强调 CSA 评估的是内部控制。

尽管风险评估是内部控制的重要环节，也是许多 CSA 工作的核心，但国际内部审计师协会的两个定义都省略了“风险”一词，这是因为将风险评估包括在 CSA 中是不需要说明的事实。如果你接受目标-风险-内部控制的形式，那么在不考虑那些可能妨碍组织实现目标的风险的情况下，评估为实现某目标所采用的内部控制将是不可能的。因此，在内部控制评估过程中，无论是先关注风险，还是先关注内部控制，如果不能全面理解双方，就不可能评估任何一方。

（二）关于 CSA 的其他观点

（1）CSA 是一个检查和评估内部控制体系有效性的流程，实施 CSA 的目的是合理地保证所有的组织目标都实现。组织内的所有员工都要分担该流程所赋予的责任，CSA 流程将被完整地记录，并且不断地重复进行以推动组织的持续改进。CSA 流程允许直接负责组织某项业务的管理层和工作团队负责下列事项：参与内部控制的评估；评价风险；提出行动方案以弥补已确认的缺陷；评估实现组织目标的可能性。

（2）CSA 是指组织内部为实现目标、控制风险而对内部控制系统的有效性和恰当性实施自我评估的方法，它有三个基本特征：关注业务的过程和内部控制的成效；由适当的管理层和员工共同进行；采用结构化的方法开展。

（3）CSA 是由适当的管理层和业务人员直接参与的考察和评估内部控制效果的过程，其目的是为组织目标的实现提供合理保证。

（4）CSA 是指组织内部为实现目标、控制风险，定期或不定期地对内部控制系统的有效性和恰当性实施自我评估的方法，基本特征是：关注业务的过程和内部控制的成效；由适当的管理层和员工共同进行；采用结构化的方法开展。设计 CSA 的目的是使管理者了解内部控制存在的缺陷以及可能引致的后果，然后让他们采取行动改进这种状况。

（5）CSA 是帮助组织提高实现目标能力的一种方法。大多数情况下，CSA 是通过一系列的引导会议或由内部审计部门推动的会议方式完成的，引导会议可以运用于项目、过程、业务单位、职能部门或者任何目标能够清晰界定的组织层次。引导会议应包括对实现组织的目标负有直接责任的人员，旨在检查、评估和报告实现目标的可能性。

（三）CSA的特征

内部控制自我评估与传统的内部控制评价究竟有哪些不同？由于CSA及传统的内部控制评价在不同组织间的差异很大，因此，对于二者的不同，可能存在分歧，以下列示了CSA的一些特征，这些特征显示了CSA与传统的内部控制评价的差异。CSA有如下特征：（1）一线管理者及员工而非内部审计人员评估内部控制；（2）在内部审计人员不参加的情况下也可在组织内进行自我评估；（3）自我评估所使用的工具对某些内部审计人员来说可能是全新的，例如工作团队推动技术、调查、匿名投票等；（4）与传统的内部控制评价相比，内部控制自我评估是一种评价非正式内部控制或软控制的更好方法；（5）通常情况下，由工作团队或客户而不是内部审计人员出具CSA报告；（6）可运用引导会议向工作团队传授风险评估和内部控制设计的知识；（7）内部审计人员的角色是推动者以及风险及其控制理念的传授者，客户是具体内容方面的专家；（8）较之传统的内部审计培训，大多数客户似乎更偏爱CSA；（9）与传统的内部控制评价相比，CSA管理层参与的更多；（10）基于CSA应用参与和合作的方法，评估结果被接受的可能性更大。

（四）CSA的本质

正是由于每个实施CSA的组织在实施CSA时在方法上存有差异，所以CSA有不同的名称，列示如下：

- 控制和风险自我评估（Control and Risk Self-Assessment，CRSA）
- 动态自我评估（Dynamic Self-Assessment，DSA）
- 推动型自我评估（Facilitated Self-Assessment，FSA）
- 管理层评估过程（Management Assessment Process，MAP）
- 管理层自我评估（Management Self-Assessment，MSA）
- 控制评估和监督程序（Control Assessment and Monitoring Program，CAMP）
- 控制监督程序（Control Monitoring Program，CMP）
- 风险与控制的参与性评估（Participatory Assessment of Risk and Control，PARC）
- 经营自我评估（Business Self-Assessment，BSA）
- 经营风险评估（Business Risk Assessment，BRA）
- 风险动态评估和推动者（Dynamic Assessment of Risks and Enablers，DARE）

上述不同的名称使我们对每个组织运用CSA所存在的差异不再感到惊讶。但是，在什么情况下才是真正的CSA呢？事实上，员工而非内部审计人员对风险及其控制进行评估是CSA最本质的特色，正是这一点使得CSA成为内部控制自我评估，如果这一点不存在了，即由审计人员进行评估，那么CSA最根本的“自我评估”特色就不存在了。所以，尽管对CSA的认识有分歧，具体做法也有差异，但是，由员工对风险及其控制进行评估，并且内部审计人员不参与评估，可能是CSA所独有的。CSA要求那些从事具体工作的人员参与到对风险和目前采用的用来实现组织目标的内部控制进行评估的工作中。更应强调的是，CSA不仅要求这些从事具体工作的人参与评估，而且将评估内部控制的具体工作交给他们来做。这是与传统的内部控制评价相比最明显的不同之处，传统的内部控制评价由内部审计人员来判断内部控制的有效性。现在许多内部审计人员将客户（被审计者）看作业务专家，因为客户对组织发生的事情永远比内部审计人员了解得更多。毕竟客户每天都执行自己的工作程序，他们了解问题、障碍、风险以及解决办法。审计师可能几年才到客户那里去一次，而且停留的时间很短，他们注定不可能成为某个工作流程的专家。既然这样，为什么不让那些做实际具体工作的真正专家来参与评估内部控制呢？因为内部控制只是实现组织目标的方法，尽可能利用这些员工（某具体领域专家）的知识和经验去识别真正的风险及其控制的有效性是一个更好的方式。

三、内部控制自我评估下的内部控制职责变化

CSA没有改变管理层对内部控制的固有责任，包括制定目标、评估风险、建立和实施相关的内部控制。但在CSA方法下，风险及其控制的评估责任发生改变，评估由工作团队来负责，与传统的内部控制评价相比，这是一个很大的转变，在传统的内部控制评价中，评估是由内部审计人员通过评价或判断内部控制的有效性来降低风险的。

管理层对内部控制负责是共识。但是传统上，由内部审计人员评估内部控制的有效性可能导致管理层放弃他们对内部控制所负有的责任，而将责任推到内部审计人员身上，因为无论如何，内部审计人员都要评价内部控制的有效性。内部控制自我评估改变了这种状况，它要求由那些对内部控制负责的人（管理层）和那些最了解组织经营细节的人（工作团队）来评价内部控制的有效性，这就使得对内部控制的责任与评价内部控制有效性的责任相匹配。内部审计人员担当推动者的角色，他们运用专业知识和经验，在内部控制的评估过程中指导管理层和其他人员。

内部控制报告传统上包含在审计报告中，而在CSA中，则可能由CSA引导会议向内部控制评估人员的上级管理层提交内部控制报告。在许多情况下，内部控制报告在引导会议中编制，并由工作团队递交，而且这种报告不是审计报告，虽然在某些情况下，内部审计人员可能会对CSA报告做出评价或解释。鉴于职责和报告不归属于同一部门，职责、评估和报告相互之间的协调一致为在组织内构建有效的内部控制提供了更强有力的保证。在CSA中，当由工作团队进行评价时，如同管理层和工作团队所承担的其他责任一样，内部控制责任明确无误地属于他们。这无疑是有意义的，毕竟内部控制在本质上仅是帮助组织实现经营目标的手段。

由谁来决定内部控制的评估结果是否准确？也就是说，谁对评估结果进行确认？毕竟从某种意义上说，让工作团队来对其内部控制状况进行评估存在一定的利益冲突。在传统的内部控制评价中，验证某个内部审计人员内部控制有效性的

意见正确与否有多种路径，例如交叉复核及讨论，以及内部审计部门领导复核和监督各内部审计人员的工作。基层管理者也可以通过他们对审计结果的复查来帮助验证评估意见。

CSA 程序通常以管理层的经营目标为准，而非以内部审计人员定义的内部控制目标为准，这意味着管理层和工作团队对 CSA 的结果更感兴趣，因为他们的自我评估更加关注他们自己的目标，而不是内部审计人员建议的目标。事实上，在审计目标与管理层的经营目标之间不应存在任何差异。

四、CSA 给内部控制系统评价带来的变革

由于 CSA 在软控制评估方面表现出的强大效力及内部控制评估职责的变化，早在 1995 年 8 月 IIA 召开第一届 CSA 会议时，与会者就认为 CSA 将给内部审计业带来革命性的变化。总体来说，CSA 给内部控制评价带来的变革可概括为以下五个方面：

（1）有效进行软控制评估。内部控制有多种分类方法，如区分为硬控制和软控制，事实上，诸如员工的职业道德与专业胜任能力等软控制比硬控制重要得多。可以有效地对软控制进行评价是 CSA 优于传统的内部控制评价方法的重要原因，它把管理人员和其他员工召集起来讨论诸如职业道德等软控制，并对其是否可以成功达到目标进行评估，甄别现存成功之处与潜在障碍，并提出相应的改进建议。

（2）提升内部控制环境。组织的所有成员都对内部控制负有相应的责任，利用 CSA 可以起到有效教育并帮助管理人员明确且愿意承担责任的作用。例如，美国西雅图市的审计人员斯科蒂·维诺特（Scottie Veinot）说："如果没有 CSA，我将不得不另外寻找一种有效途径来对有关人员进行内部控制培训，现在好了，CSA 帮我完成了这一切，它在我的组织当中起到了角色转换的使者和教育者的作用。"同时，CSA 还能通过影响一般员工来对内部控制环境产生积极的贡献。因为当一般员工参与 CSA 时，他们不仅学会了对内部控制进行持续的日常评估，而且还提高了内部控制意识。管理人员或工作人员通过参与评价 内部控制及评估风险，评估经营目标达成的可能性，对所发现的薄弱环节提出行动计划，从而提高他们对组织目标以及内部控制在实现这些目标中所起的作用的认识，激发他们认真设计和执行内部控制程序的热情，并不断改进内部控制程序，真正做到了全员评价、全员内部控制，这是内部控制环境的质的飞跃。

（3）尽快找到问题并解决问题。与传统的内部控制评价相比，CSA 常常更容易找到问题并提出解决问题的方法，特别是那些跨部门的问题。加拿大多伦多帝国寿险理财公司的一位高级顾问举了这方面的典型例子，他曾就职的天然气公用公司利用传统的内部控制评价方法一直无法找出未能准时支付供应商款项的问题，后来采用 CSA 技术，组织了一个包括会计、营销、信息技术、燃气供应、人力资源以及其他部门共计 20 人的小组，参与者提出了各种可能的主要原因，并针对主要原因进一步寻找子原因，最终找到了问题的根源——公司要求经过五次签字的付款授权程序过于耗时。

(4) 预测并控制风险。通过 CSA，一个组织可以及时甄别风险暴露情况并决定正确的行动，从而为组织增加价值。CSA 执行者针对讨论结果，诸如目标、成功的障碍、风险、现有的内部控制与所必需的内部控制等，形成一个电子数据模板，并根据结果发生的可能性与影响程度对风险进行加权平均，排出高风险区、中风险区和低风险区。这样，各相关部门便可以根据此电子数据模板有的放矢地采取措施，将来还可以据此进行持续重估。加拿大安大略省布兰登市的审计人员戴维·杨（David Young）总结了这方面的经验：管理人员及员工学习并掌握了 CSA 对风险的排序，便会提高责任心，并在他们的部门中分配资源时降低危险性最大的风险。

(5) 内部审计更具效率与效果。通过 CSA，内部审计人员和经营人员联合起来对经营活动进行评价。经营人员在 CSA 中的积极参与，减少了收集信息的时间和审计中所需执行的验证程序。因此，这种合作提高了内部审计人员可获信息的数量和质量，使审计人员从对立者、监督者转换为组织发展的参与者、推动者。IIA 建议通过内部职能对审计人员、CSA 引导者和参与者这三者之间的互动结果加以综合利用，来为组织增加较大的价值。此外，内部审计部门还可以对在 CSA 结果中注意到的高风险和非正常项目进行复核，来确定审计工作目标。

五、内部控制自我评估的评估内容

理论上，CSA 既可以评估硬控制，也可以评估软控制。硬控制通常有明确的评估标准，而软控制通常缺乏明确的评估标准，所以 CSA 在评估软控制方面更具优势。软控制涉及一些非正式或者无形的问题，例如道德、诚实、承诺、胜任能力、管理理念、理解、沟通等。硬控制更容易在事后被检查出来，而评估软控制更为困难，审计人员有时并没有合适的评估工具，它要求审计人员和员工协作完成。为了核实员工对业务的理解程度或者某项概念沟通是否有效，需要员工的合作。软控制很重要，但无法通过传统的评估方法来轻易地评估它。CSA 是让人员参与到评估中的工具，通过讨论有针对性的问题可以评估软控制。

内部控制是由内部环境、风险、内部控制活动、信息与沟通、内部监督这五大要素构成的，这些要素中都有一定的软控制，CSA 应在这些方面发挥评估作用：

(1) 内部环境评估。内部控制自我评估在进行内部环境评估时，重点关注治理结构是否形同虚设、机构设置是否重叠、权责分配是否明晰、人力资源政策和激励约束机制是否科学合理、组织文化是否促进员工勤勉尽责等。

(2) 风险评估。内部控制自我评估关注风险识别的有效性、风险分析的恰当性、风险应对策略的有效性。

(3) 内部控制活动评估。评价不相容职务分离内部控制的实施，应当系统分析业务流程中的内部控制点，关注组织内部岗位职责的设定，是否存在相互制约的内部控制点被安排在同一岗位的职责中；评价授权审批内部控制的实施，审查组织编制的常规授权权限指引，看组织的各项业务流程是否都合理安排授权、审批程序；评估组织预算内部控制的有效性，有效性一方面是指预算编制的可行性、准确性，另一方面是指可行准确的预算得到了切实的执行；评估营运情况分析制度的有效运行，关注其是否能合理分析组织获取的各类信息，改善组织运营状况；关注组织是否建立科学有效的绩效考评制度。

（4）信息与沟通评价。信息与沟通评价主要对组织信息系统的健全性、有效性和安全性进行审查与评价，关注反舞弊机制的运行是否有效以及举报投诉制度和举报人保护制度是否健全。

（5）内部监督评估。内部监督评估主要评价监督机制是否得到执行并有效。

六、内部控制自我评估的差异化

尽管作为一种内部控制评估工具，CSA接受程度日益提高，但从实施CSA的组织来看，它们的具体做法以及对CSA的认知存在很大的差异，这并不代表方法有好坏之分，而仅仅代表它们之间存在差异，甚至可以说它们异曲同工。

（1）CSA方法。一些人认为，引导会议（也叫推动工作团队会议或工作团队方法）是实施CSA的最佳有效方法，另一些人则偏好问卷调查法。从实践来看，大多数CSA实施者选择引导会议这种方法，而不是问卷调查法或管理人员分析法。另外，许多组织将两种以上的方法结合起来使用。

（2）内部控制框架的应用。许多人认为，应用一个内部控制框架对有效的CSA工作来说是必要的，COSO委员会、COCO委员会、美国马尔科姆·鲍德里奇国家质量奖提出的内部控制框架都是可选择的。使用某种内部控制框架有助于识别风险及其控制，以及对风险及其控制进行分类。但是，即使没有使用内部控制框架，CSA实施者也可以依靠推动者和工作团队的技术和经验来了解所有的风险及其控制。

（3）内部审计的作用。不少人认为，内部审计人员不应该是CSA的主导者，并且随着组织应用的CSA的成熟，内部审计人员应有计划地将推动CSA和报告CSA结果的职责完全转移给工作团队。然而，有些人持有不同观点，认为内部审计应继续推动CSA，并将它作为计划和报告CSA工作的中心环节，从实践来看，几乎没有一家组织的审计部门将CSA职责完全转移给工作团队。

（4）CSA报告。许多人认为，CSA与传统的内部控制评价相似，内部审计部门应向管理层报告CSA的工作结果。也有人认为，应该由CSA工作团队签发报告。从实践来看，大多数情况下，即使由工作团队作CSA报告，内部审计部门也要签发某些关于内部控制自我评估结果的报告、事后的测试结果或CSA质量报告。

（5）管理层出席。许多人认为，工作团队所隶属的管理层必须与工作团队一起出席引导会议。另外一些人则认为，工作团队所隶属的管理层不应出席，因为管理层出席会影响他们从那些从事具体工作的员工那里获得真实的信息。因而，如果管理层出席了引导会议，为得到真实信息，可能需要采用匿名投票的方法。

（6）质量保证。许多人认为，内部审计部门必须对CSA进行质量保证方面的复核，以确认自我评估结果是否真实。另一些人则认为，通常情形下没有必要进行这种复核，只有当 CSA 替代了某项审计时，才需要对内部控制过程的某些方面进行内部控制测试。

(7) CSA 与内部审计的关系。一些人认为，内部审计人员担任 CSA 推动者会带来利益冲突，因而，某个特定经营领域的 CSA 推动者不应是该经营领域的内部审计人员。

第 2 节 内部控制自我评估方法

内部控制自我评估有多种方法，但是从基本形式来看，主要的方法是引导会议法（或称专题会议法）、问卷调查法和管理人员分析法，同时，在内部控制自我评估中如何使用内部控制也是重要的方法性内容，本节将介绍以上方法。

一、引导会议法

引导会议法是指把适当的管理层和员工召集起来就特定问题或过程进行面谈和讨论以评估风险及其控制的一种方法，它从代表组织各层级的人员中收集风险及其控制方面的信息。一般来说，引导会议应当包括 6～15 个参与者和 2 个内部审计人员（一个作为推动者，一个作为记录员），并持续 2～4 小时。当然，由于引导会议的规模不同，推动和记录的形式有所不同，会议持续时间也不尽相同，但上述与会成员是必需的。由于引导会议法的重点和目标不同，它又有五种具体形式：以控制为基础、以过程为基础、以风险为基础、以目标为基础以及情景式引导会议。

（一）引导会议的五种类型

1. 以控制为基础的引导会议

以控制为基础的引导会议强调内部控制实际执行的状况，注重内部控制如何更好地发挥作用，能分析“目前内部控制的实际状况”以及“管理层对内部控制的期望”两者之间的差距。该类引导会议与其他类型的引导会议相比，在引导会议之前的 CSA 策划过程中，由内部审计人员来识别关键的风险及其控制，这种识别可以通过与适当的管理层和员工面谈、编制流程图等方式来进行，也可以从工作团队成员已有的文档中直接获得。

在引导会议期间，工作团队评估内部控制是如何起到降低风险和实现目标的作用的。由于风险及其控制在引导会议开始之前就已经得到识别，引导会议的持续时间就会相对短一些。如果管理层想要在较短的引导会议中确认现有的内部控制是充分的，那么这种形式可能比较受欢迎。

由于是由内部审计人员进行主要的准备工作，所以不能确保所有的内部控制都被确认。由于引导会议的参与者不是自己来确定应有的内部控制，他们可能不会完全认同这些内部控制。

2. 以过程为基础的引导会议

以过程为基础的引导会议检查所选流程的具体情况，引导会议试图评估、升级或优化所选择的流程，引导会议的目的是评估、修正、确认和使得流程更有效率。这里的流程指一系列相关联的活动，例如采购过程、产品开发、合同准备、收入过程等。以过程为基础的引导会议可能涉及流程再造或解决特定风险及其控制的框架（例如，某零件当前的废品率超过了2%），着眼于改善整个业务流程，起点是对流程目标进行评估。

以过程为基础的引导会议通常既要确定整个流程的目标，也要确定流程中各个步骤的目标。高水平的流程图增加了参与者对引导会议的理解和贡献。在引导会议期间，参与者识别风险有助于实现每一个目标，引导会议的逻辑顺序是：确定流程目标—确定流程中各个步骤的目标—评估。

以过程为基础的形式比以控制为基础的形式的分析范围更广，能够有效地融入业务再造或质量活动工作团队，既可以检查公司层面的总体流程，也可以检查经营层面的流程。以过程为基础的引导会议能够提供跨部门职能的过程，为没有定期沟通机制的工作团队提供更广的讨论覆盖面和更好的沟通机会。

3. 以风险为基础的引导会议

以风险为基础的引导会议强调风险识别及其控制，它识别风险并检查控制活动是否足以控制重要风险，引导会议逻辑顺序的关键词是：目标—风险—控制—剩余风险—评估。以风险为基础的引导会议注重实现目标所面临的风险，它首先立足于识别各种可能妨碍目标实现的障碍或固有风险，然后确定控制措施来确保它们能够有效地控制这些关键的风险。在引导会议过程中，以风险为基础的引导会议需要带领工作团队完整地执行“目标—风险—控制”程序。引导会议由于是以确定所有的风险为出发点，因此提供了一个完整的风险及其控制的识别程序。

像以目标为基础的引导会议一样，以风险为基础的引导会议也对控制目标进行逐个讨论。以风险为基础的形式首先要考虑风险，然后在引导会议中着眼于应对风险的控制。相对于其他形式，在以风险为基础的形式下，所有的风险都可以在引导会议中得到识别，这会促成更具全局性的讨论。在这种形式下，引导会议将开展基于一个风险框架的细致的风险识别和详细的讨论。已经实施COSO的组织对每一个主要的目标都有相对应的风险识别和控制方案。

以风险为基础的引导会议通过要求工作团队进行风险识别，来补充COSO或其他内部控制框架要求下的风险识别过程。它容易确认水平较高的剩余风险并加以纠正，可能比其他方法更具全局性。管理层通常对风险识别感兴趣，所以他们喜欢这种方法。

4. 以目标为基础的引导会议

以目标为基础的形式强调达成目标的最好方法，该类引导会议的目的是确认最佳的控制方法是否已经被采用，以及在这些技术切实起到应有作用并且采取上述内部控制之后，剩余风险是否可以接受。以目标为基础的引导会议更注重实现目标。引导会议先要确定当前的内部控制是否满足目标要求，然后识别剩余风险。

引导会议的目的是确定内部控制措施是否充分，最后确定剩余风险是否处于可以接受的水平。以目标为基础的引导会议逻辑顺序的关键词是：目标—控制—剩余风险—评估。

这种方法假设对目标的固有风险已确定且控制设计已完成，在引导会议中对现有的控制进行评估后，就可以获知剩余风险是否可接受。如果组织已经应用COSO框架或类似框架，开展了一项全面的风险识别和控制设计工作，则需要认可上述工作，并在认可基础上使用这种方法。

5. 情景式引导会议

情景式引导会议不关注某个单一的目标或流程，而注重整个部门。引导会议主要会问工作团队或部门两个问题：什么事情有助于你实现所在部门的目标？什么事情阻碍了你实现部门的目标？然后请他们从自己的角度出发总结有助于或妨碍其实现目标的因素。将答复分类汇总后，由工作团队就最严重的问题讨论可能的解决方案。情景式引导会议逻辑步骤的关键词是：授权—障碍—讨论障碍的解决方案。

这种CSA方法对推动者和记录员来说更容易，因为工作团队更多地参与原始数据的产生和分类过程。在引导会议中不存在大家都等着完成记录的时间瓶颈，结果是大家对部门现状有广泛且深入的了解。

以上介绍了引导会议的五种类型，很多成功应用了自我评估的组织正在使用这些方法的各种变种或综合使用不同的方法，这个方法只要在改善组织达成目标的能力方面是成功的，就是一个好方法。

（二）引导会议的推动者或引导人必须处理好的常见问题

引导会议的目的是确定和评估内部控制的有效性和目标、流程或部门所面临的风险，引导会议中的推动者和引导者遇到的一些常见问题包括：沟通技能、推动者的责任、演讲技巧、人际关系处理技巧、引导会议的准备工作。

1. 沟通技能

有些人相信在引导会议场合中，每个人都会听到和理解引导或推动者所说的大部分内容，因此在准备演讲的过程中，演讲者应专注于准确措辞，而不是表达方式。但实际上，应该采用与此相反的准备策略，在表达形式上多花时间，而在实际用词方面少花时间。科学衡量方法表明，与实际用词相比，大多数人更易理解肢体语言和语音语调。重点不是说什么，而是怎么说。这对一个由内部审计人员担当的推动者来说不那么令人鼓舞。演讲时你可能认为观众注意的是你的每一个用词，但实际上，他们看的是你做了什么，只能关注到你说的20%～30%的内容。

在一项研究中，某专门工作团队列出了CSA推动者应具备的能力：聪明、博学多才、有机整合各种概念、善谈、善于应对模棱两可的意思。多数内部审计人员在前三个方面获得高分。内部审计人员能熟练地概括事情，充分了解组织及其经营目标，并且是聪明人。对于推动者来说，在强调和重述参与者意见时，有效的倾听技巧和分析能力也很重要。但是，善谈和善于应对模棱两可的意思这两项能力有时会让内部审计人员陷于矛盾。人们想当然地认为，内部审计人员宁愿直接切入主题也不愿浪费时间去暗示某一问题。有时，内部审计人员将这种决策制定的强势态度带入CSA引导会议，制定本应由工作团队制定的内部控制决策。作为推动者的内部审计人员制定内部控制方面的决策越多，引导会议的工作结果中包含的工作团队的工作量就越少，专题会的报告将是推动者的报告，而不是工作团队的报告。

2. 推动者的责任

（1）开展会议通用性工作。推动自我评估引导会议的工作所要求的多数技能与举办高效会议所需要的技能基本相同。总的说来，CSA推动者所做的80%的工作是通用性的，其余的20%才是关于CSA的。由推动者负责的通用性工作包括会议的后勤准备、会议进程的干预及人群控制。

会议的后勤准备工作包括选择开会地点、准备会议材料和用品、安排早餐和午餐，以及处理其他与开会相关的事项。

会议进程的干预工作意味着推动者负责建立或落实会议的日程、基本原则和议事范围。推动者在评估会议中被看作专家，他们知道如何运作高效的推动型会议，并将一些专门知识带给引导会议成员。

人群控制工作意味着妥善处理会议中出现的人身攻击、期望、矛盾和低效问题。这通常是推动者工作中最困难的部分，并且是不可能仅仅通过阅读和充分准备而掌握的部分，只有实践才能出真知。

（2）向工作团队解释CSA。除了上述这些通用性工作外，鉴于CSA的自身特点，CSA推动者还有一些特殊责任，例如，推动者除了要采用特定的词汇和工具向工作团队解释什么是CSA，还必须回答一些问题，而且不能将问题转由工作团队回答。先来看推动者向工作团队解释CSA时需要注意的事项。

内部审计人员必须将自我评估的概念“推销”给适当的管理层和工作团队。在介绍过程中，他们需要解释自我评估是什么以及为什么要在组织中运用CSA。工作团队知道你是一名内部审计人员，所以你通常需要解释自我评估与内部审计工作的关系。为提高每个人对引导会议的兴趣，你必须告诉参与者他们能够从引导会议中得到什么，以此来解释自我评估是如何与他们的日常工作相联系的。如果参与者明白自我评估对他们有益，并且运用自我评估不仅仅是为了更好地审计，那么他们无疑会更感兴趣。许多引导会议采用内部控制框架，并且所有的CSA引导会议都要和目标、风险、控制打交道，因此要准备解释它们是什么和如何使用内部控制框架。要尽量避免使用特定的审计术语，如“内部控制”、“审计发现”和“被审计单位”。这些词语会使工作团队成员认为CSA只是审计的“代名词”。在引导会议之前，推动者通常会与管理层协商以确定会议的范围和目标。一些推动者甚至会随机挑选参与者一同讨论这些目标，以了解工作团队的知识层次。

（3）回答相关问题。推动者必须自己回答问题，不能将问题推给参与者，下面是一部分问题清单：什么是CSA？为什么要在组织中进行CSA？会议结果有何用处？为什么要花时间参加引导会议？控制是什么？风险是什么？目标是什么？

CSA 仅仅是将工作从审计部门转移到工作团队吗?

(4)避免不应该发生的行为。除了承担应承担的责任以外，通常还需要注意有一些事情是推动者不应该做的。在实际的引导会议上，推动者不应该：

1)回答自己提出的问题。推动者提出某个问题是为了促进讨论并且鼓励与会者积极参与。当该问题没有得到任何回应时，推动者可能会禁不住自己回答这一问题，然后继续会议。但是，有经验的推动者会换种说法再次提问，并且鼓励与会者做出答复，以提高参与者的热情。

2)代述他人的意见。对参与者来说，最困难的是在引导会议上大胆地说出自己的意见。许多人不愿意在开始的时候发表自己的意见，即使发言了也很难将自己的意思表达得很好或者说得很清楚。人们最容易对他人尝试努力说出来的事情加以解释，这会对沟通过程及参与者的尊严造成伤害，为确保倾听到每个人的意见和使每个人都感觉自己是工作团队的一分子，耐心是非常关键的。

3)退缩或冷漠。与会者会对推动者的肢体语言和声音语调有所反应，好的推动者知道自己始终被关注，他们的行为对参与者的态度和引导会议的成功起到重要作用，他们的活力具有感染性，并且有助于营造积极踊跃的氛围。

4)将自己的观点强加于他人。当与会人员正在争论时，推动者可能将答案提供出来，或者认为工作团队的决策不是最佳的，故不采纳该决策。在上述情形下，与会者就不会再积极参与，转而依赖推动者寻找问题和探求答案。因此，对于一个较好的答案，推动者可以将它作为工作团队的意见提出来，并解释为什么能够得到这一答案，但最后，工作团队必须将其“视同己出”。

5)忽视未参与讨论的人。挖掘引导会议中每位参与者的潜在能力是一项了不起的技能，是推动者所必备的或需逐步培养的技能。推动者必须付出额外的努力让这些与会者说出自己的意见，认可他们做出的贡献，以树立其信心。

6)忽视想要发表意见的人。有时，人们可能不会明确表示他们不理解或者还存有疑问。好的推动者总是会观察那些明显表露不明白或不同意、想要继续探讨问题的参与者的面部表情等肢体语言。好的推动者有一套用于以非对抗方式提问的方法，例如提问:“这是一个重要观点吗?”“你感觉如何?”“在我们继续进行之前，还有人对此有意见吗?”

7)表现出对该领域一无所知。推动者可能对该领域所知不多，这并不一定是坏事，因为这有助于他们不带任何成见，但是他们理应做些调查研究。

8)显得对该领域无所不知。推动者的作用是帮助工作团队评价和讨论议题，并得出答案。推动者有很多机会在自身知识和经验的基础上提出建议并做出贡献，但这样做时，推动者必须谨慎，如果贸然介入，并且是以一种无所不知的态度介入，将迅速地破坏引导会议成功的机会。

9)当倾听参与者的反应和意见时，精力不集中。参与者不善言谈、紧张或者持续地打断引导会议的注意力或关注点，是推动者面对的一项特殊挑战。良好的倾听技巧涉及两方面：一方面是确认人们实际上想表达什么；另一方面是以充分反映与会者的意见和防止被其打断的方式来阐述与会者的发言。

10）批评与会者或对待与会者简单粗暴。耐心可能是一名优秀推动者的重要优势。在推动者表现出缺乏耐心或者简单粗暴的那一刻，无论话题是什么，情况都会变得难以控制了。之后将很难把讨论拉回到正常的轨道上来。这也可能使推动者失去引导会议参与者的信任和尊重。

（5）在 CSA 引导会议中收集信息。CSA 引导会议的目的是评估风险及其控制，同时收集信息以便在引导会议之外共享，下面是收集信息时需要注意的事项：

1）寻找特定的答案。推动者应该确定发言者是否真正明白自己说了什么，并得到准确的细节。

2）发现当前正在发生的事情。工作团队很容易以描述过去曾经发生过的事情作为开头。这一步骤是重要的，但是推动者应该首先确定现在到底发生了什么，这样才能够使工作团队评价目前什么是适当的。

3）在记录结论过程中寻求意见一致。在记录或描述人们所说的话之前，要确保引导会议中其他人的意见基本一致。推动者当然不希望 CSA 报告是一份简单罗列出几个人想法的清单，推动者所希望的是一份每个人都相信其准确性的有关风险及其控制的清单。将结果通过投影的方式展示出来会增加获得充分讨论的机会，从而加快报告的汇总进程，很多 CSA 引导会议采用这种技术。

4）遵循确定的 CSA 推动程序。无论引导会议推动程序的逻辑框架是什么，推动者都要将这个程序告知每个人，并且自己也要遵循此程序。

5）观察其他人是沉默还是同意。观察肢体语言对推动者确定何时进行深入探究、何时让某人牵头、何时让某人参与讨论是非常有用的。不要害怕沉默，它可能意味着工作团队成员正在思考问题。

6）利用“停车场”来保存偏离目标的观点。推动者需要有一个方法以向工作团队保证重要但不符合目标的观点得到重视。将这些观点列在名为“停车场”的一张图上能够帮助推动者在保证讨论这些观点的同时，绕过那些潜在的需要耗费时间的领域。那样的讨论可以在其他的引导会议上进行，或者为以后引起注意而作为“行动计划”。

7）不要将推动者的观点强加给工作团队。如果推动者对潜在的风险、暴露、控制弱点或问题反应过激，甚至表现出明显的偏好，那么工作团队可能会指望推动者同意他们提出的解决方案。这可能将推动者置于评估控制的角色。

3. 演讲技巧

虽然自我评估推动工作不只靠演讲技巧，但演讲技巧会为想成为一名高效推动者的人奠定基础。许多 CSA 引导会议从演讲开始，演讲内容包括目标、风险及其控制的关系，CSA 是什么，内部控制框架的应用，等等。为顺利开展自我评估，需要记住一些演讲技巧：对 CSA 充满热情和真诚；了解要说的有关 CSA 的事情和如何回应可能被问及的常见问题；通过生动的演讲和在会场四处走动展现活力，不要坐下来；如果可以，保持与听众的目光接触；说话要抑扬顿挫、吐字清晰，并且语气适当；准时；有效地使用直观教具和其他设备；保持微笑和幽默感。

4. 人际关系处理技巧

如果CSA与组织文化适应，那么大多数与会者会有很好的表现，但是，也会存在一些可能需要CSA推动者特殊考虑的人。对CSA的推动者来说，最大的挑战之一是要与引导会议中出现的许多具有不同个性的人打交道，推动者为CSA引导会议所做的准备越充分，越有可能处理好与这些人的关系。

（1）安静的受训者。这些人从不参与讨论，但是推动者希望每个人都参与。在会议室内走动并要求每个人发表看法可能有助于解决这一问题，但没有必要强迫参与者都讲话，因为这可能导致全部参与者与推动者作对。如果参与者更愿意保持沉默，那就让他们维持现状。注视和逐渐拉近距离有助于安静的受训者开始发表自己的意见。

（2）带有焦躁的恶劣情绪的受训者。这些人将沮丧和缺乏信心的感觉带入引导会议，这样的态度能够使整个引导会议弥漫令人压抑的气氛。如果情况严重，推动者应在工作间隙找他们分别谈话。如果推动者发现引导会议中每个人的态度都是消极的，证明推动者应该在计划阶段做得更好以预测或准备好处理难题。如果每个人都非常消极，那么CSA并不是适当的评价工具。

（3）活跃型受训者。这些人无所不知并且希望每个人都能倾听他们所知道的全部，总是围绕讨论主题滔滔不绝，这种人会威胁引导会议的进度，也可能会挤掉其他人的意见。当这种人举手的时候，推动者要认可他们做出贡献的能力，但是，推动者还要说出自己也需要听到其他人的意见。在这些人发表意见的时候，推动者要靠近他们，这是向他们发出的一个停止信号。

（4）“狙击手”。这些人会发表不具有明显攻击性的言论，寻衅通常是其目的。这些人能够扰乱讨论的进程。推动者不要向他们还击，对他们的第一次进攻要视而不见，在他们发起第二次进攻时，推动者可以这样回答：“你知道，这种言论听起来具有很强的挑衅性，这就是它的目的吗？”以此来迫使他们撤退。推动者也可以将他们的评论交由其他人讨论。

（5）处于重要地位的管理者。这些人以他们在控制、风险和如何做事情方面的观念完全控制了引导会议，这样可能使引导会议中拥有额外知识的其他人不能发挥作用。推动者一定要在引导会议开始之前，与管理者就他们在评估中所起的作用进行磋商。在工作间隙提醒他们所处的角色，并且提醒他们讨论结果应该是工作团队共同知识的结晶，而不仅仅反映他们的所思所想。

（6）观察者。坐在引导会议会场中的某些人只是观察，不一定参与讨论。这类人可能是贵宾或者仅仅是想来学习有关CSA方面知识的人。但是，如果不解释清楚，可能导致引导会议中的其他人不敢发表言论。会议开始之前应与所有的观察者探讨他们的角色，那些来观摩CSA引导会议的人应该在引导会议结束后而不是进行中提出问题，对于贵宾，推动者一定要让工作团队成员知道他们在会场的理由。

（7）爱开玩笑的人。经常讲笑话或发表可笑言论的人可能会扰乱引导会议的进程。如果这样，推动者可私下要求他们少讲笑话。可是，有时他们也会给引导会议增加好的气氛。大多数真正感兴趣于CSA程序的工作团队会自行管理爱讲笑话的人，他们知道爱开玩笑者何时会离题太远。

（8）经验丰富的推动者。他们是一些拥有培训背景或者领导过引导会议的人。对于这些人，推动者通常可以看到大量有建设性的肢体语言，例如点头和微笑。

（9）“外星人”。他们是身在会场而心不在焉的人。如果不通过直接提问的方式将他们带回到讨论中，推动者是不能够知道他们的想法的。如果引导会议的每个人都是“外星人”，那么推动者就必须仔细研究以发现讨论主题为什么对工作团队成员没有吸引力。

（10）开小会的人。这些人在会议室内谈话可能干扰到其他人。当有人开小会时，走向开小会的人并保持目光接触，或者保持沉默以便凸显出他们的谈话。如果他们之间的讨论在主题范围内，则将他们引入会议。

5. 引导会议的准备工作

为CSA引导会议做的准备工作主要包括：

（1）与参加引导会议成员的上级见面，了解他们的业务、业务目标，并且向他们解释CSA程序。

（2）了解工作团队或部门的文化，例如，引导会议参与者之间相互沟通的自由度，在组织中是否存在对工作团队及其参与的意愿产生重大影响的因素或事件。

（3）选择CSA引导会议关注的业务活动或程序，这将有助于确定参加会议的人选，会议不仅需要业务专家，通常也需要其他部门的人员，甚至还需要顾客或供应商。

（4）通过查询以前的审计底稿、参考资料或者其他信息来源来更多地了解业务，推动者和记录员至少需要了解工作团队通常采用的专业术语及重要的计算机系统或程序的名称。

（5）与尽可能多的引导会议参与者面谈，了解他们的工作和他们对引导会议目标的了解程度。通常可以询问以下问题：你同意为引导会议挑选的业务活动及其目标吗？你对参与引导会议有什么想法？你同意其他与会者参加会议吗？如果不同意某人参会，你担心的是什么？

（6）安排和确认会议后勤工作，保证参与者在引导会议开始之前收到通知，并且派发引导会议前期阅读材料。

另外，CSA引导会议准备工作的最重要事项是确定引导会议的议程表，表3-1是一份CSA引导会议议程表。

表3-1　　引导会议议程表

开场白 向每一位参加者表示欢迎，并且尽可能清楚地告诉他们为什么举行引导会议、讨论结果的作用、对他们的要求。还有，告诉他们你为什么在这里、你的角色，以及他们应该期望从引导会议中得到什么。 **破冰游戏** 做一些使工作团队成员放松的事情。相互介绍、做一项小练习或者讲笑话。对于一个2～4小时的引导会议，破冰游戏应该非常简短。简单易行的破冰游戏如让人们在房间内走动，并

要求每一个人介绍自己的情况。

基本原则

决定引导会议是否需要具体的基本原则，如果需要，提出这些原则或者在参与者的帮助下共同制定这些原则。

解释CSA程序

告诉每个人CSA是什么、为什么在组织中实施CSA，然后对你所使用的CSA中的各个步骤进行解释。如果你所使用的是常规方法，那么要确保每个人了解目标、风险及其控制的定义。

采用CSA方法中的一种，开始进行自我评估

当然，使用的CSA方法不同，评估步骤也不同。

分发CSA报告的草稿给参与者

如果可能，你要在签发报告之前，让每个人离开会场时都带着引导会议报告，并要求其审阅，以便他们在正式报告提交前提出不同意见。

投票技术

大约有一半的CSA实施者会采用匿名投票技术。因为匿名投票技术为参与者提供匿名机会，并且匿名投票技术是收集数据的一种有效方法，所以可以将这种投票方法作为主要方法。

特别要强调的是，匿名投票可以利用电子技术完成，工作团队的每位成员都可以在一个便携式键盘上完成投票任务。推动者提出可以用0～9的数字来回答问题，投票结果反馈给工作团队。一些引导会议在2小时内可以投票20～30次，而其他引导会议可能仅仅投票1～2次。在实践中，投票技术的使用千差万别。

二、问卷调查法

问卷调查法利用问卷调查表使受访者做出简单的“是/否”或“有/无”的反应，评估者再利用调查结果来评价内部控制系统。内部审计人员使用调查法已经有很多年了，在CSA中的应用没有太多的不同。但是，CSA问卷调查需要以被调查人而不是内部审计人员的语气来写，没有人现场来为被调查人解释或阐明问题。所以，被调查人以自己的理解来回答，如果不理解就跳过。

调查者根据被调查单位的业务类型、经营类型、交易循环状况、内部控制设计等，把内部控制中的必要事项系统地列示出来，并反映在一张表格上，这种表格就是内部控制调查表。在该表中，应设置“是/否”、“有/无”、“不适合”或“备注”等栏目。调查者利用问卷调查表要求受访者按照表格的要求填写回答的内容，或根据调查项目，直接要求受访者填写对问题的回答，最后利用调查结果来评价内部控制系统。这种方法既是调查内部控制以获取必要信息资料的重要工具，也是评价内部控制的重要方法。

尽管很多人会说做一个调查比实施一个CSA引导会议更容易，但调查仍然有自己的技能要求。通常情况下，下列调查技术会有帮助：使用被调查人的语言；每一个调查问题只关注一个事项；对被调查人使用含义清晰的词；首先问容易回答的问题；保证问题简短；以个人的名义邮寄问卷；亲自分发和收集问卷调查。

对问卷调查的回答既可以是匿名的，也可以是实名的，这可能会影响回答的诚实度。几乎所有的问卷调查使用者都认为，仅仅执行一个没有任何后续跟踪或对反应不做深入研究的调查不会得到一个准确的结果。除非被调查者清楚有人会因为他们掩盖事实而追究他们的责任，否则许多被调查者会说所有的事情都很好，即使这并非事实。

问卷调查的方式通常在组织文化不能有效地支持和接受引导会议与会者率直的反应时使用，在这种情形下，与会者如果公开地、诚实地讨论问题，可能会遭到管理层的报复，也可能会失去同事的支持。一般来说，在以下情形下，问卷调查法比引导会议法有更好的效果：组织文化不允许在一个公开的引导会议中共享敏感的内部控制信息；管理层非常不愿付出把员工集中在一起开会所需要的时间；内部审计人员寻找一种低成本的方法来获得用于准备年度审计计划的风险信息；内部审计部门缺乏组织推动会议的技能；自我评估的范围很广泛，并且要求在很短的时间内得到评估结果。

三、管理人员分析法

管理人员分析法是指除上述两种方法之外的任何 CSA 方法，这种类型的自我评估的性质和形式是多样的，例如，管理人员分析法可以包括：一个由管理层开发和实施的问卷调查，用以做出满足法律或法规要求的内部控制评价报告；在高级财务管理人员中的一个讨论，用以为外部会计师要求的年度管理层声明书提供依据；对内部控制失效或舞弊发生原因的调查；一个新开发的系统或业务单元的合并所牵涉的内部控制评估。

四、内部控制自我评估方法的选择

以上介绍了执行 CSA 的不同方法，组织该如何选择正确的方法？IIA 的研究显示，很多组织选择 CSA 引导会议的方式，IIA 建议对组织进行分析以确定其在接受和支持与会人员坦诚发表意见方面的有效性。假如组织文化是支持引导会议的，IIA 建议采用引导会议法，如果组织文化不支持这种参与式的 CSA 方法，可以考虑问卷调查法和管理人员分析法。

除了组织文化之外，还有其他一些因素会影响 CSA 方法的选择，主要包括：

（1）行业的性质。如受到密切监管的行业、金融业、制造业和慈善业。

（2）内部审计部门精通的专业领域和经验。这可能决定如何最好地启动 CSA。

（3）管理层尤其是运营管理层的态度和支持程度。因为如果将引导会议法作为首选方法，那么就得要求他们及派遣员工参与到引导会议中去。

（4）成本。匿名投票设备价格不菲，并且需要针对设备的使用进行培训。

（5）内部审计人员的适应能力。尤其是推动引导会议进程的能力。

（6）审计资源。看 CSA 人员能否采用某种内部控制自我评估方法，并能够保持既定的审计计划不受影响。

（7）审计委员会的态度。关键看它是否认为所选方法有作用。

（8）内部审计的业务状况。如果现在执行的仅仅是合规性审计或财务审计，那么将简短的问卷调查作为 CSA 方法也许是一种推行 CSA 的捷径；如果现在执行的是评估运营领域、注重经营目标的审计，并拥有高水平推动技能的员工，那么对于 CSA 来说，在运营领域应用引导会议法是可行的方式。

(9) 将所选工具运用到管理中。如果内部审计部门正在推行 CSA，并且主要审计的是业务营运流程，那么基于过程的 CSA 方法可以带来一些好处。

五、在 CSA 中使用内部控制框架

内部控制框架是用来描述内部控制的定义和架构的。当使用 CSA 引导会议法时，参与者自发的回应经常使引导会议的发展与推动者最初的计划产生差异。因此，对于参与者而言，一开始就设立详细的内部控制清单可能不是有效的方法，一个内部控制框架应既容许自发的回应，又有利于推动者引导会议致力于解决重要的问题。

不是所有组织都在 CSA 中使用内部控制框架，不少 CSA 引导会议不采用内部控制框架，而是依赖推动者和参与者的经验来确认全部的内部控制，这些不使用内部控制框架的方法本身并没有错，许多推动者认为这样可以极大地简化 CSA 引导会议。但是，使用内部控制框架会带来如下几项好处：内部控制框架能够用于全面检查，以确保所有要点在讨论时被覆盖；内部控制框架可以对采用相同术语的许多引导会议的结果进行汇总，因此框架可作为汇总工具；内部控制框架可以用来提出问题，为各种引导会议提供架构。

第 3 节　内部控制自我评估成果及其应用

CSA 引导会议或问卷调查的主要目的是收集和最终报告有关的目标、风险及其控制情况的信息并形成报告，这些都是 CSA 的成果。本节介绍相关的内容，包括：记录引导会议、行动计划、CSA 结果的验证、CSA 报告。

一、记录引导会议

引导会议和问卷调查相比，二者的不同在于提供的信息数量。成功的引导会议能够产生大量的数据。多数 CSA 引导会议包括一名推动者和一名书记员，通常两者都来自内部审计部门。推动者和书记员相互配合以使会议上的信息得以准确记录。当推动者与参与者讨论引导会议研究的业务和程序时，书记员书面记录下讨论的要点。通常使用个人计算机和投影来显示会议记录，以使参与者能够看到，并且随着会议的进行，也可看到讨论的事项或 CSA 报告是怎样一步一步完成的。会后，报告可以在较短的时间内分发下去。

书记员的作用是非常关键的，他们要能够快速、准确地整合大量信息。推动者要连续不断地概括和阐明会议信息，书记员则在获取准确的信息方面起着重要作用。书记员具有下列职责：(1) 在推动者的帮助下，倾听和捕捉讨论的精华部分，然后快速地概括收集到的信息以供参与者复核；(2) 承担对概要复核的指导工作，给推动者观察和准备引导会议下一部分内容的机会；(3) 在概括和记录讨

论的过程中，通过追踪和提醒推动者可能忘记的主题或要点来参与讨论，以支持推动者；(4) 为帮助推动者，可通过观察与会人员的反应、肢体语言和行为来协助解决他们可能忘记的潜在问题。

书记员需要注意的是，在引导会议的讨论中不要马上开始记录数据，应等到达成共识后再开始记录，这样推动者可以得到一份代表全体意见的简短清单，而不是一份记录若干个人想法的冗长清单。在这里，共识并不意味着每个人都同意，也不意味着考虑风险及其控制有效性的方式是相同的，而是意味着每个人都同意报告准确无误地描述了在引导会上讨论的议题。共识可能是在十位工作团队成员认为已有充分的控制来降低风险，而其余的三位成员不这样认为的情形下产生。在进行了一些探究和询问以确保所有的工作团队成员都了解其他人的立场后，CSA 报告应该准确地反映各种不同的观点。管理人员需要的是一份对现有风险及其控制运行状况的准确描述。

二、行动计划

在 CSA 引导会议进行期间，针对发现问题的行动计划应确认下来，这些计划是工作团队认为为了增加实现目标的机会而应该完成的计划。行动计划有助于降低风险，或者有助于提高现行内部控制的效果和效率。在一些情况下，行动计划可能是小规模和容易完成的任务，但是在某些情况下，这些行动计划也可能是一些重要的改进措施。无论是什么情况，通常由参加引导会议的人来负责实施行动计划。另外，通常要确定实施行动计划的时间，行动计划的名称和时间应该包括在 CSA 报告里。

行动计划并不意味着由工作团队成员负责全面实施。通常，CSA 引导会议所做出的主要改变，需要引导会议以外的管理层的批准，也可能需要将组织中的其他人包括进来。引导会议中所确定的人选将负责实施行动计划，这意味着他们要与管理层或其他工作团队讨论议题，并编制能够解决问题的计划。

三、CSA 结果的验证

推动者或内部审计人员应该在多大程度上依赖引导会议或调查所提供的信息？这首先由引导会议或调查的目的及结果来确定。像访谈一样，自我评估形成了口头证据。对内部审计人员来说，口头证据提供的保证程度要低于其他类型的证据，例如测试、观察或独立证实。在每个人都研究同一件事情的引导会议或多边会谈中，即使是口头证据也是可靠的。因为引导会议或问卷调查本身不包括测试工作，所以内部审计人员必须决定需要在何种程度上验证这些口头证据。

在做出这一决定的过程中，被评估的主题扮演重要的角色。如果自我评估不属于审计工作的一部分，那么推动者或内部审计人员在接受参与者提供的信息方面会感到相当轻松。在这种情况下，这些信息通常是用来计划、重新设计或者证实引导会议提供的结果的。但是，如果被提供的信息构成审计工作的一部分，或者将被用在可能很少或几乎没有独立证实的情况下，那么推动者必须认真决定需要的额外确认工作。如果内部审计人员将 CSA 结果作为审计的一部分，或者依赖评估结果，以它代替某些审计，那么审计主管应该决定 CSA 引导会议或调查工作所要求的测试范围和方法。

然而，对 CSA 结果的验证不只发生在引导会议或调查结束后进行的测试过程中。与在审计过程中注重证据积累的传统内部控制评价类似，有关 CSA 结果准确性的证据也是在 CSA 的计划阶段、讨论进行过程、检查结果过程中以及最终测试过程中不断累增的。最后，推动者将在所有阶段收集的信息汇总起来，以最终决定对引导会议结果和行动计划进行何种程度的验证。

四、CSA 报告

（一）CSA 报告的形式与其中的行动计划批准

CSA 的工作结果应写入提交给管理层的报告，管理层需要知道自我评估结果及现有内部控制的有效性。CSA 工作结果的递交与报告的形式是多种多样的。在各种引导会议中，工作团队几乎总是获得报告的副本。多数情况下，在最终向工作团队和那些没有参加引导会议的人递交报告前，草稿副本有助于保证报告的准确性。处于被评估角色的工作团队、对象或程序上层的管理层通常会收到 CSA 报告。如果将自我评估作为一项审计工作，那么可以像递交审计报告那样来签发 CSA 报告。

在引导会议结束以及将引导会议结果纳入正式报告后，任何行动计划，只要在报告中被提出，都应当完成。不是所有的 CSA 引导会议都能产生行动计划。如果工作团队在引导会议中确定了能够改善内部控制效果和效率的行动计划，并且引导会议报告的接受者需要保证这些行动计划将会得到实施，那么就需要管理层同意并支持报告所建议的改进方案。

许多推动者安排管理层参加引导会议的全过程或者后期，以便管理层能够对行动计划给予直接和快速的支持。如果管理层不参加讨论，那么 CSA 报告就是管理层了解行动计划的首要载体。一些推动者计划在引导会议结束后的几周内召开一次会议，管理人员与工作团队见面并且讨论对于 CSA 结果应采取的改进措施，表示支持 CSA 或其他有关事项。

对管理层来说，对行动计划表示支持或者坦诚地解释他们为什么不同意引导会议的结果是非常关键的，这样一来，工作团队会感到他们在 CSA 引导会议中的工作是有用的。适当的管理层所做的后续工作对组织中其他领域的 CSA 引导会议的成功也是很重要的。

（二）CSA 报告的撰写方式

在 CSA 的推动工作团队形式中，报告通常是书记员在引导会议期间撰写的。工作团队在控制、风险、行动计划等方面的一致意见被记录下来并且被投影出去，以便整个工作团队在互动的基础上进行审查。报告也可以包括在引导会议期间进行的匿名投票的结果。在引导会议结束后，要马上给工作团队一份 CSA 报告副本，推动者或工作团队负责人在引导会议结束后的两到三天内，要将 CSA 报告递交给本工作团队和被评估流程等方面的上级适当管理层。

有两种常规的完成报告的方法。一种方法是以草稿形式展示所获得的对风险、控制、决定等的一致意见，然后再进行下一个讨论项目。该方法适用于这种情况：议程安排得很满并且推动者不想在研讨期间占用工作团队的时间来整理和推敲工作报告。推动者可能会感到这是一种使工作团队集中精力的较好方法。在引导会议结束后，推动者要马上整理报告，以草稿形式将报告分发给与会人员。这样做的负面效应是在发布报告之前，可能会花费相当长的时间来获得工作团队的反馈和取得一致意见。完成报告的另外一种方法是，推动者留出讨论的最后一小时完成报告工作。这样做的效应是占用研讨时间，但是能够在研讨完成的基础上立即发布报告草稿。在管理层为自身考虑且希望尽快发布报告的时候，这很有用。

一些内部审计部门会将 CSA 结果纳入它们的审计报告。这可能发生在自我评估作为独立于审计工作的一项活动的时候，或者在传统的内部控制评价的计划阶段实施自我评估活动的时候。在一些情况下，可将 CSA 讨论结果作为附录附在标准审计报告之后，以显示这项前期工作是如何帮助确立审计范围以及如何为最终审计报告提供帮助的。此时，内部审计部门在讨论完成后可能不会立即发布报告。

无论采取何种 CSA 讨论结果的报告方式，许多参与者和推动者都认为，与会者的讨论是自我评估活动中最有价值的部分，甚至比报告本身还要有价值。

（三）要报告给董事会的审计委员会的 CSA 结果内容

一般来说，内部审计部门采用详细方式或者概要方式向董事会的审计委员会报告工作结果。如果 CSA 被视为内部审计工作，那么可将引导会议的结果包括在报告中；如果 CSA 不被视为内部审计工作，那么就可不与董事会分享工作结果。审计委员会可能会被告知实施了 CSA 活动，但是，如果内部审计之外的管理层拥有评估结果，并且评估活动不是审计工作，那么内部审计部门就不会和审计委员会分享工作结果的细节。如果引导会议用于收集风险数据以确定年度审计计划，研讨结果就不会详细地分享给董事会，但是，如果引导会议的结果会影响年度审计计划，则引导会议结果应告知给董事会。

第 4 节　内部控制自我评估实施中的注意事项及可能的陷阱

要有效地实施 CSA，必须注意一些事项，同时必须避免一些错误，这是本节的主题。

一、有效实施内部控制自我评估时应注意的问题

（一）慎重考虑是否适宜运用 CSA

由于 CSA 具有优点，越来越多的内部审计人员开始运用 CSA，但为什么不是每个组织在所有情况下都使用它呢？大多数运用 CSA 的部门表示，CSA 最多占它们审计工作量的 30%～40%。那么，什么情况下不适用 CSA？CSA 将引导会议或调查的参加者看作他们所从事的工作或被检查的状况方面的专家，如果这一前提假设是错误的，那么运用 CSA 就可能不适当。在组织中存在较高的员工流动率或组织快速成长，以至于每名员工在其工作领域是新手的情况下，很可能发生这种情况。当他们被问到那些有关为实现组织目标而应用的内部控制程序的问题时，他们可能根本就不知道该怎样回答。这部分人通过对目标、宗旨和程序进行讨论，从中受益，但是，他们没有能力对风险及其控制进行充分评估，因为他们不了解这些风险及其控制。

一般来说，以下情况可能不适合运用 CSA：员工不是某个特定领域的专家；存在不诚实的行为，想要在评估会议中搞清某人究竟做了什么是非常困难的；组织即将发生重大改变，如面临并购、缩小规模、接管或危机等，员工可能不清楚它们的目标，甚至怀疑自己能否在高度民主的组织中一直工作下去；组织文化不支持且不重视沟通、公开性和信任，管理层可能会忽视引导会议的成果；管理层未对员工参加识别风险及其控制活动给予明确支持；内部审计部门的权限仅限于合规审计或财务审计，并且这是管理层对内部审计的唯一期望；员工不具备实施 CSA 所要求的足够资源和技能。

（二）实施 CSA 应该考虑五个主要问题

当决定要实施 CSA 时，要认真考虑以下五个问题：

（1）实施 CSA 的流程范围。实施者应该考虑组织的哪些部分将采用 CSA、需要哪些职能和业务、评估中应该包括组织的哪些层面。

（2）组织文化的影响。实施者应该根据对组织文化的分析来选择 CSA 的方法和形式，当组织文化无法支持参与性的 CSA 方法时，问卷调查法和管理人员分析法可能是适宜的方法。

（3）CSA 结果的使用。实施者应该决定 CSA 风险评估结果能否用来引导内部审计工作。

（4）CSA 流程的改进。实施者应该决定收集和报告 CSA 信息时应该采用的方法、技术、框架和形式。

（5）内部审计的参与。实施者应该确定是由内部审计部门还是适当的管理层来推动 CSA 工作。

（三）适当选择 CSA 方法

不同的 CSA 方法要求的员工参与意愿不同。员工的参与意愿在很大程度上是

组织文化的函数。组织文化反映了管理层对 CSA 的态度。CSA 执行者应该基于对组织文化的分析结果来选择 CSA 方法。在组织文化不支持参与式 CSA 方法的情况下，问卷调查法和管理人员分析法是可取的方式。

（四）发挥内部审计人员的作用以形成内部控制评价合力

内部控制自我评估结果可以指导确定年度审计工作计划，为了充分利用评价结果、发挥内部审计人员的作用，不论 CSA 过程是由内部审计部门还是管理层来实施，内部审计人员都应当持续监控并参与 CSA，使内部审计和 CSA 在内部控制评价方面形成合力。

二、CSA 的陷阱和错误

（一）CSA 的五大陷阱

CSA 广受欢迎，在实践中，人们积累了很多经验教训。安达信会计师事务所的研究人员特里特（R. P. Tritter）和齐特南（D. S. Zittnan）总结出 CSA 的五大陷阱：CSA 引导人员选择失当；策划过程过于简单；相关人员在发动 CSA 的过程中好大喜功；缺乏管理人员的支持；限定 CSA 的实施范围从而使其潜力受限。

（二）CSA 可能导致的五大错误

（1）依赖高级管理层推介 CSA。管理层的支持对内部审计人员是重要的，但不能依赖高级管理层在组织中承担推广和介绍 CSA 的角色，这应是内部审计人员的工作。推动者完成 CSA 的介绍演示后，不要期望每个人立刻喜欢上 CSA。组织及其管理层需要持续的后续沟通，以理解为什么 CSA 是一个重要工具。最终，需要推动者估算需求和效益，并解释在达成组织目标中 CSA 所起的作用。

（2）未能成功解释为什么要进行 CSA。介绍 CSA 的关键是有效地回答“为什么我们将在组织中进行 CSA?”显而易见，这需要一个能令人信服的答案。例如，一个有说服力的回答是：“CSA 是一个新工具，内部审计部门将使用它协助达到组织目标，我们想知道它是否对本组织同样有用。”

（3）在一个“困难的”领域里试点 CSA。CSA 的试点如果在组织内部问题最大的领域里实施，很可能导致失败。推动一个麻烦多多的引导会议不是一个向组织介绍 CSA 的明智办法，而且它可能不会建立内部审计人员的自信。尽管一些 CSA 引导会议确实引发了重大的改进，但大多数 CSA 专题研讨会不会产生这些令人兴奋的结果。与其选择在一个风险高且困难重重的领域中进行试点，不如选一个管理层对内部审计友好、目标明确和内部控制健全的领域，这样将保证 CSA 的推介更顺利且更有利于 CSA 的实施。

（4）选择错误的目标。作为一个部门经理，你希望引导会议上的目标集中在“业务目标”还是“审计目标”上？毫无疑问，你自己部门的业务目标应获得优先考虑。事实上，审计目标与业务目标或许没有差别，但是，一些管理人员认为相对于业务目标来说，内部控制似乎与审计目标的关系更紧密。如果引导会议能够明确集中在管理人员所在的工作团队的业务目标上，CSA引导会议会更容易推行。例如，车辆维护部门对以“我们如何保证卡车持续营运”为题的引导会议更感兴趣，对“确保车辆维护部门的支出控制在预算内”的议题则不感兴趣。

（5）顾虑过多。一些工作团队容易犯的一个主要错误是等待“万事俱备”后才开始尝试CSA。顾虑过多会导致无所作为。一些内部审计部门考虑应用CSA引导会议已经有几年了，但仅在组织中召开过一次CSA引导会议，显然，它们的顾虑过多。

第5节　内部控制自我评估案例

CSA有多种用途，成功应用CSA的实例包括：在制订年度审计计划时，使用匿名投票方式的引导会议来评估风险，这有助于内部审计计划阶段的实施；对跨越不同部门边界的主要业务流程使用引导会议的方法；给管理人员发放调查问卷，要求他们在其部门范围内评估内部控制目标实现情况，然后基于反馈来进行有重点的审计；在传统的内部控制评价开始的时候，通过一个简短的面谈过程来收集数据并确定审计覆盖面；交替进行CSA和传统的内部控制评价，一年执行传统审计，一年举行CSA引导会议，把CSA当作一种预防性的审计工具，它是已公布的年度内部控制评估之外的一份咨询性的约定；一个完全和内部审计职能相分离的部门使用CSA引导会议有助于员工理解它们的目标、风险及其控制；向管理人员发送年度调查问卷，其结果用于向外部监管者提供内部控制年度评价报告；使用自我评估引导会议评估组织的整个内部控制环境；使用问卷调查，继之以同管理层的一对一面谈，以确定组织层面的风险。

许多领域都有成功的案例，本节介绍中国企业实施CSA的两个案例，一个是上海宝钢国际经济贸易有限公司的案例，另一个是上海汽车集团股份有限公司的案例。

一、上海宝钢国际经济贸易有限公司的CSA①

（一）试点背景

上海宝钢国际经济贸易有限公司（以下简称“宝钢国际”）是宝山钢铁股份有限公司（以下简称“宝钢股份”）的全资子公司，于1993年成立，注册资本14.5亿元人民币，2000年和2003年先后两次增资，注册资本达到22.49亿元人民币。宝钢国际作为宝钢集团的三大产业支柱之一，负责宝钢股份和集团内其他公司的购销、进出口业务，是钢铁产业链中重要的一环。公司现已建立覆盖全球十多个

① 张谏忠，吴轶伦. 内部控制自我评价在宝钢的运用. 会计研究，2005（2）：11-17，94.

国家和地区的营销网络，并利用自身及宝钢集团的技术、产品、服务和大规模国际采购与销售的优势，与客户建立了长期、广泛的经营合作关系及战略伙伴关系。集矿业、钢材贸易、加工配送、金属资源业、设备工程业、钢制品业、物流业、电子商务业和汽车贸易于一体，现有员工 2 200 人。

宝钢国际的管理层在对 CSA 进行深入研讨后认为，提高管理水平、完善内部控制制度是公司发展和治理的需要。而且，完善的内部控制是企业资源计划（Enterprise Resource Planning，ERP）实施和业务流程优化的保证。宝钢国际自成立以来一直在推进 ERP 的实施和完善，提出“所有的权力在系统中实现，所有的交易在系统中运行，所有的资源在系统中受控”。公司的业务流程优化也备受关注，作为一家既有内贸又有外贸、拥有 40 余家子公司的大型贸易公司，业务流程优化是一项持续性的工作。内部控制可作为 ERP 实施和流程优化的保证，缺少了内部控制，ERP 实施和流程优化这两项工作将成为空中楼阁。所以，对内部控制状况展开全面系统的评价就成为当务之急。另外，宝钢国际作为市场化运作的企业，面临各类经营风险，必须对风险进行管理和控制。内部控制评价工作的内容之一是对风险的识别和管理，这为公司在经营领域开展全面风险管理做了前期工作，可视为风险管理工作的序曲。

同时，从宝钢国际的组织发展来看，其实施 CSA 有一定的必然性。原因是：一方面，宝钢国际拥有六个事业部，经营的业务涵盖钢铁、矿石、汽车、成套设备贸易，废钢加工回收业务，招标，电子商务及物流服务，等等。这正如 CSA 在西方国家诞生时的组织背景。由于业务复杂多变，受人力资本和工作时间的限制，完全依赖少量的内部审计人员实施完整有效的审计监督十分困难，宝钢国际目前的经营风险比以往任何时候都大。另一方面，由于宝钢国际采取事业部制，在此组织结构下职能部门和业务单元的冲突无法避免，而以监督和检查为本职的内部审计部门首当其冲。为了创造和谐环境，更是为了深入开展业务，在监督的同时应做好指导、服务工作。CSA 作为一种良好的双向沟通机制，从其在美洲国家出现的那天起，就受到企业审计部门和业务单位的一致好评。可望借助 CSA 这一平台让各部门减少摩擦，创造和谐。

（二）实施过程

在对 CSA 进行前期了解后，宝钢国际决定进行 CSA 项目试点，实施主体是设备工程事业部下的三个业务单元（物资贸易部、备件贸易部和设备工程贸易部）。由审计部人员与被评估业务单元的管理人员共同组成 CSA 项目评价小组，在外部咨询顾问——德勤会计师事务所的指导下，协同事业部管理部，从内部控制特别是控制环境和业务流程入手，关注岗位设置有无牵制、业务模式有无缺陷、执行者是否了解遵循制度、有没有超越授权范围、有没有不在会计报告和公开的业务台账上反映的违规违法业务等高风险环节，帮助各业务单元自发提出切实可行的改善建议，并明确责任人和改善时间。宝钢国际是按以下步骤实施内部控制自我评估的：

（1）前期计划工作。在取得管理层的支持后，公司选择了德勤会计师事务所的风险管理部作为合作方，由其在工作方法和智库方面提供帮助。组织了评价小组，并对事业部中高级管理者和评价小组成员做了讲解和培训。

（2）风险初步确定。通过访谈和穿行测试，确定内部控制评价范围，设计并发放了调查问卷。通过问卷反馈，分析内部控制的薄弱环节，并将其列入研讨会讨论重点。

（3）研讨会的组织与召开。确定参加人员和会议时间，提前通知参加人员并提供讨论大纲。使用独立的会议室，使用电子投票设备或其他匿名投票方式，以最大限度地保证与会人员的意见不受他人影响。每次研讨会中，评价小组都指定一位会议主席主持研讨会，并安排书记员及时记录。所提的问题和讨论应紧紧围绕高风险的内部控制薄弱环节。会议主席应激励所有与会人员充分发表意见，独立思考，并针对内部控制的缺失提出具有建设性的改善建议。会议主席还应控制会议进程，避免跑题和陷入互相指责、争吵的混乱局面。

（4）出具内部控制自我评估报告。评价小组把讨论的问题归类整理，认真分析，并适当做出中肯的评论。可运用热力图的形式表现各个具体评价对象的风险程度。如在采购环节中，“采购价格”是5分（风险最高，用红色表示），“供应商资信”是4分（风险较高，用黄色表示），而“票据结算”是1分（风险最低，用白色表示）。更重要的是，在每个高风险点后都应有集体讨论后提出的内部控制完善措施、责任人和完成时间。对此，我们运用了风险控制矩阵（Risk Control Matrix，RCM）。RCM是一个矩阵式的表单，包括流程环节、控制点、控制措施、风险程度、改善措施、责任人、完成时间。经过持续完善的RCM可作为公司内部管理手册和风险控制的模板。

（5）落实整改措施。落实整改是内部控制持续完善的关键一步，也是开展内部控制评价的最终目的。审计部在业务人员实施整改后安排后续追踪。

（三）关于研讨会的体会

研讨会是本次CSA项目中最主要、最具特色的一种开展方式，集中体现了CSA的核心理念，研讨会的特色集中体现在以下三个方面：

（1）研讨会的讨论内容以风险为导向（特别是控制环境和控制活动中的软控制）。研讨会召开之前，评价小组通过前期的访谈和问卷调查就控制环境和业务流程中影响公司目标实现的风险达成一致，并决定研讨会的特定议程和问题。研讨会上，主持人引导与会者就目前的业务操作严格围绕所列问题积极讨论其所涉及的风险、风险发生的原因和可能造成的后果，并归纳整理出相应的控制措施。

（2）研讨会是一个发现问题、分析问题、解决问题和共同分享信息的双向沟通过程。研讨会上，一方面通过主持人的提问引出适合会议目标的业务、数据和改善方案，另一方面每一个与会者能看到其他人员所关注的问题，这样信息和思想就在与会者之间进行传递沟通，有助于达成共识，使研讨会和谐并取得最佳预期效果。这种过程不仅有助于管理人员进一步发现经营过程中那些容易发生错弊而需要加以控制的关键环节，也有利于管理层推行改进后统一的管理方法。

（3）对于所有与会者来说，研讨会是一次很好的跨专业领域的学习机会。对业务部门员工来说，研讨会加深了他们的内部控制和风险防范意识，帮助他们在今后的业务操作过程中自发地进行规范化操作和风险的事前、事中控制，也利于他们接受研讨会后以管理文件、公司制度形式落实下来的管理规范。此外，通过研讨会的前期准备和举办，审计部人员深入业务部门，了解了部门职能、人员职责和业务流程，为今后审计工作的开展奠定了基础。

二、上海汽车集团股份有限公司的CSA①

2008年11月，上海汽车集团股份有限公司（以下简称“上汽集团”）内部审计部门根据《企业内部控制基本规范》对内部控制体系的健全性、合理性、遵循性要求，以及集团总体经营及管理风险水平，逐步构建内部控制自我评估模式与体系，启动了对集团内部控制系统符合性的自我评估活动，形成内部控制体系持续改进与更新机制，积极探索风险管理与应对机制。

上汽集团对内部控制系统符合性的测评活动采用的是内部审计专家式的内部控制自我评估方式，也就是以内部审计部门作为测评的组织者和牵头人，主导测评的有序开展，并对各部门自我评估的结果进行汇总和分析评价。

上汽集团根据五部委提出的框架业务流程设计了内部控制制度，并委托微软公司开发了内部控制自我评估体系的治理平台。整个测试活动都通过网上流程进行，实现了全过程电子化管理。

（一）选择测试的控制点

上汽集团参照国际通行的COSO报告、《企业内部控制基本规范》及《企业内部控制评价指引》，对2003年版的《上汽内控制度汇编》进行了全面梳理和系统更新，形成了2008年版的内部控制手册，作为上汽集团选择测试控制点的主要标准。该手册共分20章，涉及战略规划编制、预算管理、投资管理、质量经济运行管理、人事薪酬管理等15个主要业务管理流程，75个子流程，448个关键控制点。为使关键控制点更为直观，上汽集团建立了关键控制点矩阵模型，并根据风险大小对关键控制点进行风险评估。

（二）进行CSA测评

根据CSA测试的要求，CSA测评的关键环节如下：

（1）内部审计部门起草测评通知，撰写测评方案。请各部门确定内部控制协调员、记录人员的联系方式，各部门内部控制协调员参加由微软公司组织的内部控制测评系统培训。

---

① 上海市内部审计师协会课题组. 企业内部控制自我评估研究——基于上汽集团借助IT系统平台的CSA实践. 审计研究，2009（6）：21，34-40.

（2）内部审计部门牵头召开内部控制测评启动会。

（3）采用内部控制测评系统实施网上内部控制测评。各部门按要求认真开展内部控制自我评估，并及时在内部控制测评系统中完成“关键控制活动部门自评表”。

（4）内部审计部门根据各部门自评结果，抽选部分关键控制点进行审计测评，并完成“关键控制活动审计测评表”。

（5）系统自动生成测试结果汇总表，内部审计部门据此出具测评报告。

（6）内部审计部门对缺失和控制薄弱的内部控制点提出完善和改进建议，要求管理部门修订与完善集团内部控制体系。

在这六个环节中，采用内部控制测评系统实施网上内部控制测评是最重要的步骤。由于网上流程不仅明确、简便，而且公开、透明，因此可以有效调动各个部门的参与积极性。上汽集团在测评的实验阶段取得了较好的成效。

（三）编制 CSA 测评报告

CSA 测评功能的发挥需要用某种成果来加以体现，上汽集团在测试实践中的成果体现在内部审计部门出具的集团内部控制系统测评报告上。这份报告比较系统、全面地对集团测评情况进行了描述和评价，并据此提出了优化和改进内部控制流程的建议。

上汽集团网上测评结束之后，首先公布了 CSA 测试结果：在试运行阶段，设计和执行有效控制点占测评控制点总数的 96.61%。内部控制测评显示，一些发生频次较高的业务活动，如短期投资、投资决策、年度投资计划与实施等投资管理活动均能按照内部控制要求执行，做到各业务岗位责任明确、不相容职责适度分离、授权审批权限明确，有效控制和规避了资金和投资风险。

其次，内部审计人员分析了内部控制设计与执行偏差的产生原因。在对 4 个控制活动描述与实际不符或执行无效的控制点进行偏差分析后发现，出现上述情况的主要原因可归纳为：（1）控制环境发生变化，关键控制点未及时更新，导致控制活动执行无效；（2）实际控制活动与部门职责分工不相符，导致原控制活动设计与实际情况不匹配；（3）原有部分的内部控制点描述与实际操作不符，导致控制活动无效。

最后，得出结论：自从集团内部控制手册正式颁布实施以来，内部控制环境进一步改善，内部控制整体意识加强，绝大部分内部控制点设计合理、执行有效，确保了上汽集团业务活动的规范运行，主要业务管理风险处于可接受的水平。

本章小结

内部控制当事人（包括制度执行者及其直接上司）对内部控制进行监视，简称内部控制自我评估（CSA），CSA 作为专门方法，最早在 1987 年应用于加拿大海湾公司，它被用来评估组织的业务流程以及内部控制的有效性。国际内部审计师协会认为，CSA是一种程序，通过这种程序，内部控制的有效性得到检查和评估，其目标是为实现所有的经营目标提供合理保证。在CSA方法下，对风险及其控制的评估责任发生改变，它由工作团队负责，而不是由内部审计人员负责。CSA既可以评估硬控制，也可以评估软控制，但在评估软控制方面更具优势。内部控制自我评估有多种方法，主要的方法是引导会议法（或称专题会议法）、问卷调查法和管理人员分析法。

复习思考题

1. 什么是内部控制自我评估？IIA如何界定它？
2. 在CSA下，内部控制评估职责发生了什么变化？
3. CSA给内部控制系统评价带来的变革有哪些？
4. 内部控制自我评估的差异化体现在哪些方面？
5. 什么是引导会议法？有哪些具体类型？
6. 什么是问卷调查法？
7. 什么是管理人员分析法？
8. CSA报告如何撰写？报告给谁？谁来报告？
9. CSA的可能错误有哪些？
10. 上海宝钢国际经济贸易有限公司的CSA主要属于什么方法？
11. 上海汽车集团股份有限公司的CSA主要属于什么方法？

第4章

组织内部的内部控制独立评价

学习目标

1. 了解内部控制评价的概念
2. 掌握内部控制有效性评价
3. 掌握内部控制综合评价
4. 了解内部控制评价若干重要问题

引导案例

管理层内部控制评价结论与外部审计师审计意见不同

内部控制审计报告

广西贵糖（集团）股份有限公司全体股东：

按照《企业内部控制审计指引》及《中国注册会计师执业准则》的相关要求，我们审计了广西贵糖（集团）股份有限公司（以下简称贵糖股份公司）2012年12月31日的财务报告内部控制的有效性。

一、组织对内部控制的责任

（具体内容略）

二、注册会计师的责任

（具体内容略）

三、内部控制的固有局限性

（具体内容略）

四、导致否定意见的事项

重大缺陷是内部控制中存在的、可能导致不能及时防止或发现并纠正财务报表出现重大错报的一项控制缺陷或多项控制缺陷的组合。

贵糖股份公司的蔗渣、原煤等大宗原材料的成本核算基础薄弱，部分暂估入账的大宗原材料缺少原始凭证（如包括原材料数量、供应商名称等信息的入库单），影响该等存货的发出成本结转与期末计价的正确性，与此相关的财务报告内部控制运行失效。

上述重大缺陷导致贵糖股份公司 2012 年度未审财务报表的本期数据和前期比较数据中的“营业成本”“应付账款”“存货”等项目存在重大会计差错。根据 2013 年 4 月 12 日的董事会决议，贵糖股份公司管理层对前期比较数据相应进行了追溯重述，该等重大会计差错更正调减了 2011 年度净利润 5 251.2 万元，调增 2011 年初留存收益 11 663.42 万元。

有效的内部控制能够为财务报告及相关信息的真实完整提供合理保证，而上述重大缺陷使贵糖股份公司内部控制失去这一功能。上述重大缺陷未包含在贵糖股份公司 2012 年内部控制评价报告中。

在贵糖股份公司 2012 年财务报表审计中，我们已经考虑了上述重大缺陷对审计程序的性质、时间安排和范围的影响。本报告并未对我们在 2013 年 4 月 12 日对贵糖股份公司 2012 年财务报表出具的审计报告产生影响。

五、财务报告内部控制审计意见

我们认为，由于存在上述重大缺陷及其对实现控制目标的影响，贵糖股份公司于 2012 年 12 月 31 日未能按照《企业内部控制基本规范》和相关规定在所有重大方面保持有效的财务报告内部控制。

致同会计师事务所中国注册会计师（特殊普通合伙）
中国 北京
二〇一三年四月十二日

关于组织内部控制的评价报告

广西贵糖（集团）股份有限公司全体股东：

根据《企业内部控制基本规范》及其配套指引的规定和要求，结合本组织内部控制制度和评价办法，在内部控制日常监督和专项监督的基础上，我们对截止到 2012 年 12 月 31 日的组织内部控制的有效性进行了评价。

一、董事会声明

（具体内容略）

二、内部控制评价工作的总体情况

（一）完善内部控制组织结构

（具体内容略）

（二）完善内部控制管理制度体系

（具体内容略）

（三）健全内部监督机制

（具体内容略）

三、内部控制评价的依据

本评价报告旨在根据财政部等五部委联合颁布的《企业内部控制基本规范》（以下简称《基本规范》）、《企业内部控制应用指引》及《企业内部控制评价指引》（以下简称《评价指引》）的要求，结合组织内部控制制度和评价办法，在内部控制日常监督和专项监督的基础上，对组织截至2012年12月31日内部控制的设计与运行的有效性进行评价。

四、内部控制评价的范围

本次内部控制评价的范围涵盖了上市公司本部及其下属子公司广西纯点纸业有限公司的主要业务和事项，重点关注下列高风险领域：资金活动风险、原料采购风险、工程项目风险、存货管理风险、销售管理风险、资产管理风险、会计信息风险等。

（纳入评价范围的业务和事项具体内容略）

五、内部控制评价的程序和方法

（一）内部控制评价的程序

内部控制评价工作严格遵循《评价指引》及组织内部控制评价办法规定的程序执行，体现了全面性、重要性和客观性原则。组织2012年度内部控制评价分为制定评价方案、成立内部控制自评价小组、现场测试评价、监督落实整改、内部控制缺陷的认定和编制内部控制评价报告六个阶段。

1. 制定评价方案阶段主要工作程序包括：组织内部控制建设实施工作办公室研究制定年度内部控制评价方案，报经董事会审计委员会批准后，通知部署年度内部控制评价工作。

2. 成立内部控制自评价小组阶段主要工作程序包括：组织内部控制建设实施工作办公室根据经董事会审计委员会批准的评价方案，组成内部控制自评价小组，具体实施内部控制评价工作。内部控制自评价小组由内部控制领导小组、审计部、内部控制建设实施工作办公室以及内部控制专员组成。

3. 现场测试评价阶段主要工作程序包括：各业务部门根据年度内部控制评价方案组织实施内部控制有效性现场测试，对现场测试样本情况进行工作底稿记录，自评价小组对各业务部门的工作底稿进行复核并进行独立测试。

4. 监督落实整改阶段主要工作程序包括：针对内部控制评价中发现的问题进行监督落实整改。

5. 内部控制缺陷的认定阶段主要工作程序包括：自评价小组针对内部控制评价中发现的问题进行缺陷认定。

6. 编制内部控制评价报告阶段主要工作程序包括：由内部控制建设实施工作办公室编制并按程序报批年度内部控制评价报告。

（二）内部控制评价的方法

评价过程中，组织采用了个别访谈、调查问卷、专题讨论、穿行测试、实地查验和抽样等适当方法，广泛收集组织内部控制设计和运行是否有效的证据，如实填写评价工作底稿，分析、识别内部控制缺陷。内部控制评价人员均为来自各业务部门的业务骨干，拥有必要的独立性、客观性及专业胜任能力。测试评价工作统一设计，工作底稿、情况确认书及备查记录等工作记录使用标准模板。对于测试评价事项，如实填写评价工作底稿，分析和识别内部控制缺陷。对于测试评价，遵循统一的技术标准，测试评价标准和测试评价方法在评价手册规定中统一进行规范，发送各测试工作组遵照执行。对于缺陷认定，采用统一的技术标准，内部控制缺陷分为财务报告内部控制缺陷和非财务报告内部控制缺陷，按严重程度分为重大缺陷、重要缺陷和一般缺陷三个层级。本年度内部控制评价方法和取得的证据符合组织实际情况，证明评价方法的适当性和证据的充分性。

六、内部控制缺陷及其认定情况

组织董事会根据《基本规范》《评价指引》对重大缺陷、重要缺陷和一般缺陷的认定要求，结合组织规模、行业特征、风险偏好和风险承受度等因素，研究确定了适用本组织的内部控制缺陷具体认定标准。内部控制缺陷包括财务报告内部控制缺陷和非财务报告内部控制缺陷。

（一）财务报告内部控制缺陷认定标准

对于财务报告内部控制缺陷，通过定性和定量的方法将缺陷分为重大缺陷、重要缺陷和一般缺陷。

1. 定性标准

（1）重大缺陷：单独缺陷或连同其他缺陷导致不能及时防止或发现并纠正财务报告中的重大错报。出现下列情形的缺陷被认定为重大缺陷。

1）控制环境无效。

2）董事、监事和高级管理人员舞弊。

3）外部审计人员发现当期财务报告存在重大错报，组织在运行过程中未能发现该错报。

4）已经发现并报告给管理层的重大缺陷在合理的时间内未加以改正。

5）组织审计委员会和审计部对内部控制的监督无效。

6）其他可能影响报表使用者正确判断的缺陷。

（2）重要缺陷：单独缺陷或连同其他缺陷导致不能及时防止或发现并纠正财务报告中虽然未达到和超过重要性水平但仍应引起管理层重视的错报。

（3）一般缺陷：不构成重大缺陷或重要缺陷的其他内部控制缺陷。

2. 定量标准

（具体内容略）

（二）非财务报告内部控制缺陷认定标准

非财务报告内部控制缺陷的认定，按定性标准和定量标准划分为重大缺陷、重要缺陷和一般缺陷。

1. 定性标准

出现以下情形的缺陷被认定为重大缺陷：（1）违反国家法律、法规或规范性文件；（2）重大决策程序不科学；（3）制度缺失可能导致系统性失效；（4）重大或重要缺陷不能得到整改；（5）其他对组织影响重大的情形。其他情形按影响程度分别确定为重要缺陷或一般缺陷。

2. 定量标准

（具体内容略）

七、内部控制有效性的结论

组织已经根据《基本规范》《评价指引》及其他相关法律法规的要求，对组织截至2012年12月31日的内部控制设计与运行的有效性进行了评价。结合日常监督和专项监督情况，在内部控制评价完善过程中，在专业机构的指导下，发现了本组织存在成本核算不够准确的问题。报告期内，组织对纳入评价范围的业务与事项均已建立内部控制，但由于组织榨季及蔗渣采购跨会计年度，组织之前的核算方法遵循行业普遍存在的一贯性做法，之前会计师事务所对此也没提出重大异议，因此才出现本次自查中发现的缺陷，该缺陷在2012年度的发生额较小，并在年度会计报表中已得到修正。

八、内部控制体系建设及缺陷的整改情况

（具体内容略）

广西贵糖（集团）股份有限公司

董事长：但昭学

二〇一三年四月十二日

资料来源：http://www.szse.cn.

思考问题：（1）对广西贵糖（集团）股份有限公司董事会的内部控制评价做出评论。（2）董事会的评价意见与会计师事务所的意见为什么不同？你更赞同谁的意见？

内部控制是实现既定目标的一个过程，首先是识别风险，然后是应对识别到的风险。然而，内部控制目标要持续可靠地实现，内部控制作为一个过程本身必须是持续可靠的。内部控制作为一个过程如何才能做到持续可靠呢？主要的保障措施是对内部控制进行监视，以鉴证内部控制是否存在缺陷，并推动整改，实现内部控制的持续改进。内部控制监视有多种形式，组织内部的内部控制独立评价是其中的重要形式，本章介绍这种形式的内部控制监视的相关内容，主要包括：内部控制评价概述、内部控制有效性评价、内部控制综合评价、行政事业单位内部控制报告管理制度、内部控制评价若干重要问题、内部控制评价案例。

第1节　内部控制评价概述

本节对内部控制评价做概要性的介绍，包括内部控制评价的概念、内部控制评价的发展历程。

一、内部控制评价的概念

内部控制评价是指组织内部的独立部门对内部控制的有效性进行全面评价，形成评价结论，出具评价报告的过程。对于这一定义，可从以下三个角度进行理解。

（一）内部控制评价的主体是组织内部的独立部门

内部控制评价的主体是组织内部的独立部门（一般称为内部控制评价部门），而不是外部中介机构或监督机构。当然，一般来说，组织内部的独立部门要进行内部控制评价，需要组织的最高管理层发起，如果要对外公告评价结果，还要获得最高管理层的认可。所以，董事会或类似的权力机构作为组织内部的最高管理层，是内部控制设计和运行的责任主体，当然也是内部控制评价的责任主体。但是，董事会是一个决策机构，可以指定审计委员会来承担对内部控制评价的组织、领导、监督职责，授权内部审计部门或其他相关部门执行内部控制评价的具体工作，并且董事会仍对内部控制评价承担最终的责任，对内部控制评价报告的真实性负责。同时，还可以聘请中介机构进行内部控制评价，这种聘请并不会减轻或消除董事会对内部控制评价的责任。在评价主体上，内部控制评价与内部控制自我评价不同，后者的评价主体是内部控制当事人，前者的评价主体是组织内部的独立部门，而不是内部控制的当事人。

（二）内部控制评价的目的是确认和优化内部控制

最高管理层为什么要指派组织内部的独立部门对内部控制进行评价？表面上看，有时是外部监督的要求。从本质上来说，内部控制评价的目的是确认内部控制状况，发现内部控制存在的问题，并在此基础上优化内部控制。

确认内部控制状况可以从两个层面来进行：一是确认内部控制的有效性；二是进行内部控制综合评价。所谓内部控制有效性，是指组织建立与实施内部控制为实现控制目标提供合理保证的程度，如果内部控制能够为控制目标提供需要的保证程度，则内部控制就是有效的，否则内部控制就是无效的。

由于内部控制目标有多种类型，内部控制的有效性可分为合规有效性、资产安全有效性、报告有效性、经营有效性、战略有效性。合规有效性是指相关的内部控制能够合理保证本组织遵循国家相关法律法规，不进行违法活动或违规交易；资产安全有效性是指相关的内部控制能够合理保证资产的安全与完整，防止资产流失；报告有效性是指相关的内部控制能够合理保证防止、发现并纠正财务报告的重大错报；经营有效性是指相关的内部控制能够提高经营活动的效率和效果，并合理保证上述情况及时为董事会和经理层所了解或控制；战略有效性是指内部控制能够促进战略目标实现，合理保证董事会和经理层及时了解战略的合理性、实现程度，并适时进行战略调整。

从PDCA循环角度来看，内部控制的有效性可分为内部控制设计有效性和内部控制运行有效性。内部控制设计有效性是指为实现控制目标所必需的内部控制措施都存在并且设计恰当，能够为控制目标的实现提供合理保证；内部控制运行有效性是指在内部控制设计有效的前提下，内部控制能够按照设计的内部控制措施正确地执行，从而为控制目标的实现提供合理保证。

一般来说，内部控制有效性确认是定性的，有时为了便于不同组织之间的内部控制比较，还需要采用定量的方法对内部控制进行综合评价。所谓内部控制综合评价，就是将内部控制分成若干构成要素，为每个要素设定标准状况，将内部控制各构成要素的实际状况与标准状况进行比较，确定每个评价要素的得分，把全部评价要素的得分按一定的方法综合起来，最终得到内部控制的整体状况。

无论是内部控制有效性还是内部控制综合评价，都是对内部控制现状的确认。这种确认的最终目的是发现内部控制存在的问题并予以改进，所以内部控制评价的最终目的是优化内部控制。

（三）内部控制评价是一个过程

内部控制评价需要了解内部控制的真实状况，其性质类似于审计。了解内部控制真实状况的过程就是获取内部控制状况证据的过程，这个过程是一个系统性过程，不是一蹴而就的，也不能加入主观臆断，而是一个涵盖计划、实施、报告等多个阶段，包含多个步骤的动态过程。

二、内部控制评价的发展历程

（一）国外内部控制评价的发展历程

20 世纪 70 年代以前，美国外部审计师的审计程序包括内部控制评估，管理层内部控制评价没有提到议事日程。1979 年，美国证券交易委员会发布征求意见稿，就是否要强制要求管理层进行内部控制评价及要求审计师对管理层内部控制评价发表意见，广泛征求意见。1985 年，由于一系列的组织舞弊案件，美国国会召开听证会，有人提出，要求管理层评价并报告内部控制的有效性。1987 年，美国国会反对虚假财务报告委员会的报告提出建议，要求管理层对内部控制有效性进行评价。1988 年，美国证券交易委员会对美国国会反对虚假财务报告委员会的建议做出反应，再次发布征求意见稿，就管理层对内部控制的有效性进行报告征求意见。1989 年，美国审计总署也建议管理层报告内部控制。尽管有多个机构主张强制性的内部控制评价，但是都没有成为现实。主要的原因是成本高，不符合成本效益原则。

1991 年，美国《联邦存款保险改进法》要求资产在 5 亿美元以上的银行提供内部控制报告，并经过审计人员鉴证。2001 年，安然事件及随后的一系列丑闻强化了强制提供内部控制报告的呼声。2002 年 7 月，《萨班斯-奥克斯利法案》颁布，管理层评估并报告内部控制成为强制性要求。

《萨班斯-奥克斯利法案》与内部控制相关的条款主要是第 302 节和第 404 节，这两节的内容如下：

第 302 节要求包括首席执行官和首席财务官在内的组织管理层对组织财务报告的内部控制按季度和年度就以下事项发表声明（予以证实）：

（1）对建立和维护与财务报告有关的内部控制负责。

（2）设计所需的内部控制，以保证这些人员知道该组织及其子组织的所有重大信息，尤其是报告期内的重大信息。

(3) 与财务报告有关的内部控制的任何变更都已得到恰当的披露，这里的变更指最近一个会计季度已经产生或者合理预期将对与财务报告有关的内部控制产生重大影响的变更。

第404节要求管理层在其年度文件中提供关于与财务报告有关的内部控制年度评估报告。管理层的年度报告要求包括以下内容：

(1) 管理层有责任为组织建立和维护恰当的与财务报告有关的内部控制。

(2) 识别管理层所采用的内部控制框架，以便按要求评估组织与财务报告有关的内部控制的有效性。

(3) 对自上个会计年度末以来与财务报告有关的内部控制的有效性予以评估，其内容包括对与财务报告有关的内部控制是否有效的公开声明。

(4) 年度审计报告中，会计师事务所发表的财务审计报告，包括管理层对与财务报告有关的内部控制有效性评估的证明报告。

(5) 管理层关于组织针对财务报告内部控制有效性评估的书面结论，应包含在其对财务报告内部控制的报告和其对审计师的信函中。这一书面结论可采取多种形式，但是管理层必须对组织面向财务报告的内部控制的有效性发表直接意见。

(6) 如果与财务报告有关的内部控制中有一个或多个重要缺陷，管理层将不能对财务报告的内部控制有效性做出评估结论，而且，管理层应该披露自最近一个会计年度末以来财务报告内部控制方面的所有重要缺陷。

此外，还有其他一些国家和国际组织颁布了内部控制评价方面的规范，形成了内部控制评价的国际潮流。例如，日本于2006年发布《金融商品交易法》，以上市组织为对象，将管理层对财务报告内部控制进行评价并由注册会计师对其进行审计予以规定。日本企业会计审议会于2007年2月15日审议发布了《关于财务报告内部控制评价与审计准则以及财务报告内部控制评价与审计实施准则的制定（意见书）》，适用于自2008年4月1日以后开始的会计年度财务报告内部控制的评价与审计。《财务报告内部控制评价与审计准则》和《财务报告内部控制评价与审计实施准则》是为了配合《金融商品交易法》规定的内部控制报告制度的实施而制定的。

（二）中国内部控制评价的发展历程

1999年，保监会发布《保险公司内部控制制度建设指导原则》，并于2006年发布《寿险公司内部控制评价办法（试行）》，对寿险公司内部控制建设评价的内容、方式、程序和方法、标准等做出具体规定。

2000年，证监会发布《公开发行证券的公司信息披露编报规则》第1、2、3号公告，要求商业银行、保险组织、证券组织建立健全内部控制制度，并对内部控制制度的完整性、合理性和有效性做出说明。2001年，正式发布了《证券公司内部控制指引》，对证券公司内部控制的基本要求、主要内容都做出了明确的规范。

2002年，中国人民银行发布《商业银行内部控制指引》，全面引入COSO内部控制框架的五要素。

2004 年，银监会发布《商业银行内部控制评价试行办法》。

2006 年，证监会在《首次公开发行股票并上市管理办法》中首次对上市公司内部控制做出明确规定。同时，上海证券交易所和深圳证券交易所分别出台《上海证券交易所上市公司内部控制指引》和《深圳证券交易所上市公司内部控制指引》。

2008 年 5 月 22 日，财政部、证监会、审计署、银监会、保监会联合发布了《企业内部控制基本规范》，自 2009 年 7 月 1 日起首先在上市公司范围内施行，鼓励非上市的其他大中型公司执行。基本规范要求，执行该基本规范的上市公司，应当对公司内部控制的有效性进行评价，在公司年报中应披露年度评价报告，并可聘请具有证券、期货业务资格的中介机构对内部控制的有效性进行审计。

2010 年，为了配合该基本规范的落实和执行，财政部、证监会、审计署、银监会、保监会又联合发布了相关配套指引，包括应用指引、评价指引和审计指引，其中包括专门的《企业内部控制评价指引》。

2012 年，财政部颁布《行政事业单位内部控制规范（试行）》，并于 2014 年开始实施，该规范要求，单位负责人应当指定专门部门或专人负责对单位内部控制的有效性进行评价并出具单位内部控制自我评价报告。为了配合《行政事业单位内部控制规范（试行）》的实施，财政部于 2015 年 12 月颁布《关于全面推进行政事业单位内部控制建设的指导意见》，该意见要求，已经建立并实施内部控制的单位，应当按照本指导意见和《行政事业单位内部控制规范（试行）》的要求，对本单位内部控制制度的全面性、重要性、制衡性、适应性和有效性进行自我评价、对照检查，并针对存在的问题，抓好整改落实，进一步健全制度，提高执行力，完善监督措施，确保内部控制有效实施。2016 年 6 月，财政部颁布《关于开展行政事业单位内部控制基础性评价工作的通知》，要求行政事业单位对内部控制进行基础性评价。2017 年 1 月，财政部颁布《行政事业单位内部控制报告管理制度（试行）》，对行政事业单位内部控制报告的编制、报送、使用及报告信息质量的监督检查等工作做出了规范。

第 2 节　内部控制有效性评价

本节根据我国的《企业内部控制评价指引》介绍内部控制有效性评价，主要包括：内部控制评价原则、内部控制评价内容和标准、内部控制评价步骤、内部控制评价取证方法、内部控制评价报告、内部控制评价工作底稿。

一、内部控制评价原则

（1）全面性原则。评价工作应当包括内部控制的设计与运行，涵盖组织及其所属单位的各种业务和事项。

（2）重要性原则。评价工作应当在全面评价的基础上，关注重要业务单位、重大业务事项和高风险领域。

(3) 客观性原则。评价工作应当准确地揭示经营管理的风险状况，如实反映内部控制设计与运行的有效性。

二、内部控制评价内容和标准

总体来说，内部控制评价的内容是内部控制各要素，评价标准是政府及相关监督部门颁布的内部控制规范和各组织的内部控制制度。具体来说，内部控制各要素的评价内容和评价标准如下：

(1) 内部环境评价。开展内部环境评价，应当以组织架构、发展战略、人力资源、组织文化、社会责任等应用指引为依据。其中，组织架构评价可以重点从组织架构的设计和运行等方面进行；发展战略评价可以重点从发展战略的制定合理性、有效实施和适当调整三方面进行；人力资源评价应当重点从人力资源引进结构合理性、开发机制、激励约束机制等方面进行；组织文化评价应从建设和评估两方面进行；社会责任评价可以从安全生产、产品质量、环境保护与资源节约、促进就业与员工权益保护等方面进行。

(2) 风险评估评价。开展风险评估评价，应当以《企业内部控制基本规范》有关风险评估的要求以及各项应用指引中所列主要风险为依据，结合各组织的内部控制制度，对日常经营管理过程中的目标设定、风险识别、风险分析、应对策略等进行认定和评价。

(3) 控制活动评价。开展控制活动评价，应当以《企业内部控制基本规范》和各项应用指引中的控制措施为依据，结合各组织的内部控制制度，对相关控制措施的设计和运行情况进行认定和评价。

(4) 信息与沟通评价。开展信息与沟通评价，应当以内部信息传递、财务报告、信息系统等相关指引为依据，结合各组织的内部控制制度，对信息收集、处理和传递的及时性，反舞弊机制的健全性，财务报告的真实性，信息系统的安全性，以及利用信息系统实施内部控制的有效性进行认定和评价。

(5) 内部监督评价。开展内部监督评价，应当以《企业内部控制基本规范》有关内部监督的要求以及各项应用指引中有关日常管控的规定为依据，结合各组织的内部控制制度，对内部监督机制的有效性进行认定和评价，重点关注监事会、审计委员会、内部审计机构等是否在内部控制设计和运行中有效发挥监督作用。

三、内部控制评价步骤

内部控制评价步骤一般包括：制定评价工作方案、组成评价工作组、实施现场测试、认定控制缺陷、汇总评价结果、编报评价报告等环节。

(1) 制定评价工作方案。内部控制评价部门拟订评价工作方案，明确评价范围、工作任务、人员组织、进度安排和费用预算等相关内容，报经董事会或其授权机构审批后实施。

(2) 组成评价工作组。内部控制评价部门应当根据经批准的评价方案，组成内部控制评价工作组，具体实施内部控制评价工作。评价工作组应当吸收组织内部相关机构熟悉情况的业务骨干参加。评价工作组成员对本部门的内部控制评价工作应当实行回避制度，可以委托中介机构实施内部控制评价。提供内部控制审计服务的会计师事务所，不得同时为同一组织提供内部控制评价服务。

(3) 实施现场测试。内部控制评价工作组应当对被评价单位进行现场测试，综合运用个别访谈、调查问卷、专题讨论、穿行测试、实地查验、抽样和比较分析等方法，充分收集被评价单位内部控制设计和运行是否有效的证据，按照评价的具体内容，如实填写评价工作底稿，研究分析内部控制缺陷。

(4) 认定控制缺陷。内部控制缺陷包括设计缺陷和运行缺陷。对内部控制缺陷的认定，应当以日常监督和专项监督为基础，结合年度内部控制评价，由内部控制评价部门进行综合分析后提出认定意见，按照规定的权限和程序进行审核后予以最终认定。

在日常监督（其中的重要形式是自我评估）、专项监督和年度评价工作中，应当充分发挥内部控制评价工作组的作用。内部控制评价工作组应当根据通过现场测试获取的证据，对内部控制缺陷进行初步认定，并按其影响程度将其分为重大缺陷、重要缺陷和一般缺陷。重大缺陷是指一个控制缺陷或多个控制缺陷的组合，可能导致组织严重偏离控制目标。重要缺陷也是一个控制缺陷或多个控制缺陷的组合，其严重程度和经济后果轻于重大缺陷，但仍有可能导致组织偏离控制目标。一般缺陷是指重大缺陷、重要缺陷之外的其他缺陷。重大缺陷、重要缺陷和一般缺陷的具体认定标准，由组织根据上述要求自行确定。

内部控制评价工作组应当建立评价质量交叉复核制度，评价工作组负责人应当对评价工作底稿进行严格审核，在对所认定的评价结果签字确认后，将其提交组织内部控制评价部门。

(5) 汇总评价结果。内部控制评价部门应当编制内部控制缺陷认定汇总表，结合通过日常监督和专项监督发现的内部控制缺陷及其持续改进情况，对内部控制缺陷及其成因、表现形式和影响程度进行综合分析和全面复核，提出认定意见，并以适当的形式向董事会、监事会或者经理层报告。重大缺陷应当由董事会予以最终认定。对于认定的重大缺陷，应当及时采取应对策略，切实将风险控制在可承受范围之内，并追究有关部门或人员的责任。

(6) 编报评价报告。根据《企业内部控制基本规范》、《企业内部控制应用指引》和《企业内部控制评价指引》，设计内部控制评价报告的种类、格式和内容，明确内部控制评价报告编制程序和要求，按照规定的权限报经批准后对外报出。

四、内部控制评价取证方法

内部控制评价取证方法包括两类：一是获得证据的方法；二是记录内部控制的方法。

（一）获得证据的方法

1. 个别访谈法

个别访谈法主要用于了解内部控制的现状，在组织层面评价及业务层面评价的了解阶段经常使用。访谈前应根据内部控制评价需求形成访谈提纲，撰写访谈纪要，记录访谈的内容。为了保证访谈结果的真实性，应尽量访谈不同岗位的人员以获得更可靠的证据。如分别访谈人力资源部主管和基层员工："组织是否建立了员工培训长效机制？""培训是否能满足员工和业务岗位需要？"

2. 调查问卷法

调查问卷法主要用于组织层面评价。调查问卷应尽量扩大对象范围，包括组织各个层级员工，应注意事先保密性，题目尽量简单易答（如只需回答"是""否""有""没有"等等），比如，"你对组织的核心价值观是否认同？你对组织未来的发展是否有信心？"

3. 穿行测试法

穿行测试法是指在内部控制流程中任意选取一笔交易作为样本，追踪该交易从起源直到最终在财务报表或其他经营管理报告中反映出来的过程，即该流程从起点到终点的全过程，以此了解控制措施设计的有效性，并识别出关键控制点。例如，针对销售交易选取一批订单，追踪订单处理—核准信用状况及赊销条款—填写订单并准备发货—编制货运单据—订单运送/递送追踪至客户或由客户提货—开具销售发票—复核发票的准确性并邮寄/送至客户—生成销售明细账—汇总销售明细账—过账至总账和应收账款明细账等交易的整个流程，考虑之前对相关控制的了解是否正确和完整，并确定相关控制是否得到执行。

4. 抽样法

抽样法分为随机抽样法和其他抽样法。随机抽样法是指按随机原则从样本库中抽取一定数量的样本；其他抽样法是指人工任意选取或按某一特定标准从样本库中抽取一定数量的样本。使用抽样法时首先要确定样本库的完整性，样本库应包含符合控制测试的所有样本；其次要确定所抽取样本的充分性，即样本的数量应当能检验所测试的控制点的有效性；最后要确定所抽取样本的适当性，即获取的证据应当与所测试控制点的设计和运行相关，并能可靠地反映控制的实际运行情况。

5. 实地查验法

实地查验法主要针对业务层面控制，它通过使用统一的测试工作表，与实际的业务、财务单证进行核对的方法进行控制测试。

6. 比较分析法

比较分析法是指通过数据分析识别评价关注点的方法。数据分析可以与历史数据、行业（组织）标准数据或行业最优数据等进行比较。比如，针对具体客户的应收账款周转率进行横向或纵向比较，分析存在异常的应收账款，进而对这些客户的赊销管理控制进行检查。

7. 专题讨论法

专题讨论法主要是集合有关专业人员就内部控制执行情况或控制问题进行分析，它既是控制评价的手段，也是形成缺陷整改方案的途径。对于同时涉及财务、业务、信息技术等方面的控制缺陷，往往需要由内部控制管理部门组织召开专题讨论会议，综合内部各机构、各方面的意见，研究确定缺陷整改方案。

在实际评价工作中，以上这些方法可以配合使用。此外，还可以使用观察、检查、重新执行等方法，也可以利用信息系统开发检查方法，或利用实际工作和检查测试的经验。

（二）记录内部控制的方法

1. 文字说明法

文字说明法是将内部控制的调查结果以简洁的文字加以叙述的方法。优点：（1）可以对调查对象做出比较深入和具体的描述；（2）使用范围广泛，不受组织类型的限制。缺点：（1）难以用简明的语言描述内部控制系统的细节；（2）对于规模较大、内部控制较为复杂的单位，用文字说明势必显得冗长、项目繁多，不便从总体上对内部控制系统做出全面评价；（3）如果对某项控制环节表述不清，则很容易使人们对某些控制内容产生误解。

2. 调查表法

调查表法是利用事先设计好的标准化格式的调查表来反映被调查单位内部控制状况的方法。优点：（1）调查范围明确，问题突出，容易发现被调查单位内部控制系统中存在的缺陷和薄弱环节；（2）设计合理的调查表可广泛适用于同类型单位，从而减少调查工作量；（3）调查表可由若干人在同一时间分别回答，有助于保证调查效果。缺点：（1）反映问题不全面，仅限于被调查事项范围；（2）调查表仅要求做出是或否的回答，难以反映被调查单位事项的具体情况和存在问题的严重程度；（3）标准格式的调查表缺乏弹性，难以适用于各类型组织，尤其是小型组织或特殊行业的组织，往往会因不适用的问题太多而影响调查效果。

3. 流程图法

流程图法是用特定的符号和图形来描述某项业务的整个处理过程，将凭证和记录的产生、传递、检查、保存及其相互关系用图解的形式直观地表达出来的方法。优点：（1）可以将各项业务活动的职责分工、授权批准和复核验证等控制措施与功能完整地显示出来，并且形象直观，能够突出现有的控制点，有助于全面了解内部控制系统的运行情况，及时识别系统中的不足之处；（2）便于随时根据业务控制程序的变化对流程图做出修改。缺点：（1）由于缺少文字说明，较复杂的业务不易理解；（2）绘制流程图需要一定的技术，尤其是对于较复杂的业务，绘制难度更大。

五、内部控制评价报告

（一）内部控制评价报告的内容

内部控制评价报告可分为对内报告和对外报告。对外报告是为了满足外部信息使用者的需求，需要对外披露，在时间上具有强制性，披露内容和格式强调符合披露要求；对内报告主要是为了满足管理层或治理层改善管控水平的需要，不具有强制性，内容、格式和披露时间由组织自行决定。

内部报告一般采用不定期的方式，可以持续地开展内部控制的监督与评价，并根据结果的重要性随时向董事会审计委员会或经理层报送评价报告。从广义上讲，针对发现的重大缺陷等向董事会审计委员会或经理层报送的内部报告（内部控制缺陷报告）也属于非定期的报告。

对外报告一般采用定期的方式，即组织至少应该每年进行一次内部控制评价，并由董事会对外发布内部控制报告。年度内部控制评价报告应当以 12 月 31 日为基准日。值得说明的是，如果组织在内部控制评价报告年度内发生了特殊的事项且事项具有重要性，或具有某种特殊原因（如组织目标变化），组织需要针对这种特殊事项或原因及时编制内部控制评价报告并对外发布，这种类型的内部控制评价报告属于非定期的内部控制报告。

内部控制评价对外报告一般包括以下内容：

（1）董事会对内部控制报告真实性的声明。声明董事会及全体董事对报告内容的真实性、准确性、完整性承担个别及连带责任，保证报告内容不存在任何虚假记载、误导性陈述或重大遗漏。

（2）内部控制评价工作的总体情况。明确组织内部控制评价工作的组织、领导体制、进度安排，以及是否聘请会计师事务所对内部控制有效性进行独立审计。

（3）内部控制评价的依据。说明组织开展内部控制评价工作所依据的法律法规和规章制度。

（4）内部控制评价的范围。描述内部控制评价所涵盖的被评价单位、纳入评价范围的业务事项及重点关注的高风险领域。内部控制评价的范围如有所遗漏，应说明原因及其对内部控制评价报告真实完整性产生的重大影响等。

（5）内部控制评价的程序和方法。描述内部控制评价工作遵循的基本流程，以及评价过程中采用的主要方法。

（6）内部控制缺陷及其认定。描述适用本组织的内部控制缺陷具体认定标准，并声明与以往年度保持一致或做出的调整及其相应原因；根据内部控制缺陷认定标准，确定评价期末存在的重大缺陷、重要缺陷和一般缺陷。

（7）内部控制缺陷的整改情况及针对重大缺陷拟采取的整改措施。对于在评价期间发现、期末已完成整改的重大缺陷，需要说明组织有足够的测试样本显示与该重大缺陷相关的内部控制设计且运行有效。针对评价期末的内部控制缺陷，需要说明组织拟采取的整改措施及预期效果。

（8）内部控制有效性结论。对不存在重大缺陷的情形，出具评价期末内部控制有效结论；对存在重大缺陷的情形，不得做出内部控制有效的结论，并需描述该重大缺陷的性质及其对实现相关控制目标的影响程度，以及可能给组织未来的生产经营带来相关风险。若内部控制评价报告基准日至内部控制评价报告发出日之间发生重大缺陷，组织须责成内部控制评价机构予以核实，并根据核查结果对评价结论进行相应调整，说明董事会拟采取的措施。

（二）内部控制评价报告的批准

应当根据年度内部控制评价结果，结合内部控制评价工作底稿和内部控制缺陷汇总表等资料，按照规定的程序和要求，及时编制内部控制评价报告。内部控制评价报告应当报经董事会或类似权力机构批准后对外披露或报送相关部门。

（三）内部控制评价报告基准日和期后事项

组织应以 12 月 31 日作为年度内部控制评价报告的基准日，内部控制评价报告应于基准日后 4 个月内报出，组织内部控制审计报告应当与内部控制评价报告同时对外披露或报送。

组织内部控制评价部门应当关注内部控制评价报告基准日至内部控制评价报告发出日之间是否存在影响内部控制有效性的因素，并根据其性质和影响程度对评价结论进行相应调整。

六、内部控制评价工作底稿

内部控制评价工作组对被评价单位进行现场测试时，要充分收集被评价单位内部控制设计和运行是否有效的证据，按照评价的具体内容，如实填写评价工作底稿，研究分析内部控制缺陷。内部控制评价工作应当形成工作底稿，详细记录执行评价工作的内容，包括评价要素、主要风险点、采取的控制措施、有关证据资料以及认定结果等。评价工作底稿应当设计合理、证据充分、简便易行、便于操作。

在实际工作中，评价工作底稿一般是通过一系列的评价表格来形成的。一般来说，评价工作底稿包括业务流程评价表、控制要素评价表、内部控制评价汇总表三个层次。其中，业务流程评价表形成控制要素评价表的“控制活动要素评价”部分，控制要素评价表连同内部控制缺陷汇总表共同构成内部控制评价汇总表，内部控制评价汇总表是形成内部控制报告的直接依据。

（一）业务流程评价表

经营活动涉及多个业务流程，包括采购业务流程、销售业务流程、工程项目流程、担保业务流程等。组织应根据自身业务特点，设计合理的业务流程模块，由相对独立的评价小组对每个业务流程进行测试与评价，形成业务流程评价表。各类业务流程评价内容应包括设计有效性和运行有效性。各业务流程评价表应包括评价指标（对控制点的描述）、评价标准（检查是否符合控制要求）、评价证据（如规定、实施办法或抽取的样本对应的凭证号等）、评价结果（评价得分）、未有效执行的原因等。

（二）控制要素评价表

控制要素评价表包括内部环境评价表、风险评估评价表、控制活动评价表、信息与沟通评价表、内部监督评价表。其中，内部环境评价表、风险评估评价表、信息与沟通评价表、内部监督评价表都是根据现场评价结果直接形成的，而控制活动评价表是在对各业务流程评价表的基础上汇总而成的。控制要素评价表的内容包括评价指标、评价标准、评价结果等。

（三）内部控制评价汇总表

内部控制评价汇总表包括以下几个部分：内部环境评价及其评分、风险评估评价及其评分、控制活动评价及其评分、信息与沟通评价及其评分、内部监督评价及其评分、缺陷的认定、综合评价得分。内部控制评价汇总表是在内部控制五大要素评价表的基础上汇总形成的，并将缺陷的认定单列项目作为最后评价得分的减项。为了更清楚地了解缺陷的基本情况，应分类反映缺陷数量、等级等项目。

第3节 内部控制综合评价

本节介绍内部控制综合评价，主要内容包括：内部控制综合评价的意义、内部控制综合评价的内容、内部控制综合评价指标、内部控制综合评价方法。

一、内部控制综合评价的意义

所谓内部控制综合评价，就是将内部控制分成若干构成要素，为每个要素设定标准状况，将内部控制各构成要素的实际状况与标准状况进行比较，确定每个评价要素的得分，把全部评价要素的得分按一定的方法综合起来，最终得到的就是内部控制的整体状况。

有了内部控制有效性评价，为什么还需要内部控制综合评价呢？一般来说，内部控制综合评价有两方面的作用：

第一，在组织内部，总部对下属单位的内部控制进行评价，如果只是内部有效性评价，则不同下属单位之间的内部控制评价结果可能无法区分等级，从而不利于建立内部控制实施的激励机制。要对不同单位之间的内部控制状况进行比较，必须进行综合量化，为每个单位确定一个内部控制综合得分，通过不同单位之间的得分比较就能确定各单位在内部控制建设和执行方面的业绩。不少组织将内部控制纳入考核内容，就是将内部控制的建立和实施纳入激励机制，其前提就是对各单位的内部控制进行综合评价。

第二，监督部门为了比较监督对象的内部控制状况，并对同一单位的内部控制状况进行纵向比较，需要对监督对象的内部控制进行综合评价。例如，金融监管部门对金融机构的内部控制进行监管，需要比较不同单位的内部控制状况，从而需要对这些单位的内部控制进行综合评价。又如，证监会对上市公司内部控制进行监管，也需要对上市公司的内部控制进行综合评价。

所以总体上说，如果只关心某个特定主体的内部控制，内部控制有效性评价就足够了，如果要对不同单位的内部控制进行比较，或者要对同一单位的内部控制进行纵向比较，则必须进行内部控制综合评价。

二、内部控制综合评价的内容

内部控制综合评价包括两部分内容，它们是评价指标和综合评价。评价指标是内部控制状况的数量化体现，它要解决的是对什么进行评价的问题，它一般是一个指标体系，而不是单个指标，同时，每一层次的内部控制有不同的指标体系。综合评价是将单个指标的评价结果综合起来，形成一个综合性评价结果。之所以要有综合评价，是因为每个层级的内部控制都是由一个指标体系来反映的，单项指标的评价结果只能反映局部而无法反映整体，要想获得整体评价结果，必须对单项指标评价结果进行综合，形成综合评价结论。由指标体系和综合评价所组成的内部控制评价的本质是量化评价，并且主要是由定性评价转化为定量评价。

三、内部控制综合评价指标

内部控制综合评价指标解决评价什么的问题。关于内部控制综合评价指标的构建主要有两种思路：一是内部控制结果评价；二是内部控制要素评价。当然，也可以将控制结果评价和控制要素评价结合起来，形成综合评价指标体系。内部控制结果评价主要根据内部控制目标实现程度来构建评价指标。例如，表 4-1 是可以用于商业银行内部控制结果评价的指标体系。

表 4-1　定量指标评价标准表

指标类型	指标名称	评价标准	
		优值	差值
获利能力指标	资本利润率	≥15%	≤5%
	资产利润率	≥1%	≤0.3%
资产质量指标	不良贷款率	≤15%	≥39%
	不良贷款额降低率	≥10%	≤3%
	单一最大客户贷款比例	≤15%	≥23%
	最大十家客户贷款比例	≤50%	≥70%
资本充足指标	资本充足率	≥8%	≤3%
	核心资本充足率	≥4%	≤2%
流动能力指标	存贷款比例	≤75%	≥80%
	资产流动性比例	≥25%	≤10%
	准备金比例	≥10%	≤5%
案件损失指标	发案率	≤1%	≥2%
	案件损失率	≤0.1‰	≥0.2‰

一般来说，内部控制要素评价根据COSO的内部控制框架，将内部控制要素确定为一级指标。再对一级指标进行分解，确定二级指标。还可能对二级指标再进行分解，确定三级指标。分层级的指标体系组成了内部控制综合评价指标。例如，商业银行内部控制要素评价可用的指标体系如表4-2和表4-3所示。

表4-2　商业银行内部控制要素评价（一级和二级指标）

一级指标	二级指标
控制环境	组织结构
	职员素质
	企业文化
风险评估	目标设定
	风险识别
控制活动	信贷业务
	资金业务
	存款业务
	中间业务
信息沟通	会计系统
	微机系统
监督评审	预算制度
	内部审计
	自我评估

表4-3　商业银行内部控制要素评价（三级指标）

二级指标	三级指标
组织结构	职责分工
	授权审批
	沟通协调
职员素质	业务能力
	道德品行
企业文化	行为标准
	经营风格
	责任意识
	示范效应
目标设定	业务经营目标
	财务报表目标
	合法合规目标
风险识别	定期评估制度的合理性
	风险报告体系的有效性
	风险控制的能力

续前表

二级指标	三级指标
信贷业务	信贷策略的管理
	信贷管理组织体系
	信贷操作程序
	信贷管理制度
资金业务	统一授信管理
	前后台的职责分离
	中台的风险监控
存款业务	存款账户管理
	业务操作规程
	柜员职责制度
	柜台业务复核制度
中间业务	中间业务准入制度
	业务规章制度
	操作规程管理
会计系统	信息的可靠性
	信息的完整性
	信息的及时性
微机系统	信息的安全性
	信息的准确性
	信息的快捷性
预算制度	预算的参与性
	制度的适当性
	偏差发现与处理
内部审计	内审人员的能力与地位
	内审机构的职责与作用
	内审结果的改进情况
自我评估	评估方法的适当性
	评估结论的分析与改进

四、内部控制综合评价方法

综合评价以单一指标评价为起点，以指标体系为基础，形成综合性评价结论，这种评价既保留单一指标所承载的信息，又将不同指标承载的信息综合起来，以形成综合性信息。所以，必须解决两个技术问题：一是单一指标的无量纲化处理，将单一指标的不同计量属性去除；二是确定每个单一指标在指标体系中的权重，也就是决定各个单一指标在指标体系中的重要性。在许多情形下，上述两个问题是分别解决的，在某些情形下，上述两个问题是同时解决的。目前，解决上述技术问题的主要方法如表4-4所示，各种无量纲化处理的主要方法如表4-5所示。

表4-4　综合评价技术方法

方法	解决的技术问题		方法分类
	指标无量纲化	指标权重	
直线型无量纲化方法	√		需要评价标准的综合评价方法
折线型无量纲化方法	√		需要评价标准的综合评价方法
曲线型无量纲化方法	√		需要评价标准的综合评价方法
层次分析方法		√	需要评价标准的综合评价方法
主成分分析方法		√	需要评价标准的综合评价方法
分项计分方法	√	√	需要评价标准的综合评价方法
数据包络分析方法	√	√	不需要评价标准的综合评价方法

√表示能解决这个技术问题。

表4-5　无量纲化处理方法

方法类型	具体方法
直线型无量纲化方法	阈值法
	指数法
	Z-score 法
	比重法
折线型无量纲化方法	极值法
	功效系数法
曲线型无量纲化方法	分布法
	累进评分法

上述各种方法中使用最广泛的是分项计分方法，这个方法同时解决指标无量纲化处理和指标客观权重问题，通过计分将所有评价指标都转换为评价分值，解决了不同评价指标的量纲差异问题，通过主观确定各指标的权重，解决了权重问题。分项计分方法的核心内容包括：

（1）选择评价指标。确定对内部控制的哪些方面进行计分，一般将这些需要计分的方面称为评价要素。当然，这些评价要素应该包括内部控制的重要方面。通常，评价要素体现为评价指标体系。

（2）确定评价指标权重。以主权评定为基础，确定各评价要素的权重。一般来说，各要素的权重合计为100%或100分，当然，合计是否为100%或100分，并不影响综合评价，这里的权重只表明各评价要素的相对重要性。

（3）确定各评价指标计分规则。确定各评价要素的标准值，也就是评价标准，并确定评价要素的标准分，也就是评价指标刚好达到评价标准时的得分。在此基础上，确定各评价指标如何根据各指标的实际值与标准值的差异来计分的规则。

在许多情形下，评价指标的标准分就是评价指标的权重。

确定上述三个方面之后，根据各评价指标的实际值与标准值的差异，按各评价指标计分规则计算各个评价指标的得分，以各评价指标的得分和权重为基础，计算综合评价得分。这种方法的最大好处是操作简单，但是需要主观确定权重和计分规则，评价结果具有较大的主观成分。其他方法的具体内容请参阅相关的统计学著作，这里不再赘述。

第4节　行政事业单位内部控制报告管理制度

本节根据财政部2017年1月颁布的《行政事业单位内部控制报告管理制度（试行）》，介绍行政事业单位内部控制报告管理的相关内容。

一、相关概念、原则和责任分工

（1）内部控制报告是指行政事业单位在年度终了结合本单位实际情况，依据内部控制相关规范编制的能够综合反映本单位内部控制建立与实施情况的总结性文件。

（2）行政事业单位编制内部控制报告应当遵循下列原则：

1）全面性原则。内部控制报告应当包括行政事业单位内部控制的建立与实施，覆盖单位层面和业务层面的各类经济业务活动，能够综合反映行政事业单位的内部控制建设情况。

2）重要性原则。内部控制报告应当重点关注行政事业单位的重点领域和关键岗位，突出重点、兼顾一般，推动行政事业单位围绕重点开展内部控制建设，着力防范可能产生的重大风险。

3）客观性原则。内部控制报告应当立足于行政事业单位的实际情况，坚持实事求是，真实、完整地反映行政事业单位内部控制的建立与实施情况。

4）规范性原则。行政事业单位应当按照财政部规定的统一报告格式及信息要求编制内部控制报告，不得自行修改或删减报告及附表格式。

（3）单位主要负责人对本单位内部控制报告的真实性和完整性负责。

（4）行政事业单位应当根据内部控制报告管理制度，结合本单位内部控制建立与实施的实际情况，明确相关内设机构、管理层级及岗位的职责权限，按照规定的方法、程序和要求，有序开展内部控制报告的编制、审核、报送、分析使用等工作。

（5）内部控制报告编报工作按照“统一部署、分级负责、逐级汇总、单向报送”的方式，由财政部统一部署，各地区、各垂直管理部门分级组织实施并以自下而上的方式逐级汇总，非垂直管理部门向同级财政部门报送，各行政事业单位按照行政管理关系向上级行政主管部门单向报送。

二、内部控制报告编报工作的组织

（1）财政部负责组织实施全国行政事业单位内部控制报告编报工作。其职责主要是制定行政事业单位内部控制报告的有关规章制度及全国统一的行政事业单位内部控制报告格式，布置全国行政事业单位内部控制年度报告编报工作并开展相关培训，组织和指导全国行政事业单位内部控制报告的收集、审核、汇总、报送、分析使用工作，组织开展全国行政事业单位内部控制报告信息质量的监督检查工作，组织和指导全国行政事业单位内部控制考核评价工作，建立和管理全国行政事业单位内部控制报告数据库等。

（2）地方各级财政部门负责组织实施本地区行政事业单位内部控制报告编报工作，并对本地区内部控制汇总报告的真实性和完整性负责。其职责主要是布置本地区行政事业单位内部控制年度报告编报工作并开展相关培训，组织和指导本地区行政事业单位内部控制报告的收集、审核、汇总、报送、分析使用工作，组织和开展本地区行政事业单位内部控制报告信息质量的监督检查工作，组织和指导本地区行政事业单位内部控制考核评价工作，建立和管理本地区行政事业单位内部控制报告数据库等。

（3）各行政主管部门应当按照财政部门的要求，负责组织实施本部门行政事业单位内部控制报告编报工作，并对本部门内部控制汇总报告的真实性和完整性负责。其职责主要是布置本部门行政事业单位内部控制年度报告编报工作并开展相关培训，组织和指导本部门行政事业单位内部控制报告的收集、审核、汇总、报送、分析使用工作，组织和开展本部门行政事业单位内部控制报告信息质量的监督检查工作，组织和指导本部门行政事业单位内部控制考核评价工作，建立和管理本部门行政事业单位内部控制报告数据库等。

三、行政事业单位内部控制报告的编制与报送

（1）年度终了，行政事业单位应当按照内部控制报告管理制度的有关要求，根据本单位当年内部控制建设工作的实际情况及取得的成效，以能够反映内部控制工作基本事实的相关材料为支撑，按照财政部发布的统一报告格式编制内部控制报告，经本单位主要负责人审批后对外报送。

（2）行政事业单位能够反映内部控制工作基本事实的相关材料一般包括内部控制领导机构会议纪要、内部控制制度、流程图、内部控制检查报告、内部控制培训会相关材料等。

（3）行政事业单位应当在规定的时间内，向上级行政主管部门报送本单位内部控制报告及能够反映本单位内部控制工作基本事实的相关材料。

四、部门行政事业单位内部控制报告的编制与报送

（1）各部门应当在所属行政事业单位上报的内部控制报告和部门本级内部控制报告的基础上，汇总形成本部门行政事业单位内部控制报告。

（2）各部门汇总的行政事业单位内部控制报告应当以所属行政事业单位上报的信息为准，不得虚报、瞒报和随意调整。

（3）各部门应当在规定的时间内，向同级财政部门报送本部门行政事业单位内部控制报告。

五、地区行政事业单位内部控制报告的编制与报送

（1）地方各级财政部门应当在下级财政部门上报的内部控制报告和本地区部门内部控制报告的基础上，汇总形成本地区行政事业单位内部控制报告。

（2）地方各级财政部门汇总的本地区行政事业单位内部控制报告应当以本地区部门和下级财政部门上报的信息为准，不得虚报、瞒报和随意调整。

（3）地方各级财政部门应当在规定的时间内，向上级财政部门逐级报送本地区行政事业单位内部控制报告。

六、行政事业单位内部控制报告的使用

（1）行政事业单位应当加强对本单位内部控制报告的使用，通过对内部控制报告中反映的信息进行分析，及时发现内部控制建设工作中存在的问题，进一步健全制度，提高执行力，完善监督措施，确保内部控制有效实施。

（2）各地区、各部门应当加强对行政事业单位内部控制报告的分析，强化对分析结果的反馈和使用，切实规范和改进财政财务管理，更好地发挥对行政事业单位内部控制建设的促进和监督作用。

七、行政事业单位内部控制报告的监督检查

（1）各地区、各部门汇总的内部控制报告报送后，各级财政部门、各部门应当组织开展对所报送的内部控制报告内容的真实性、完整性和规范性的监督检查工作。

（2）行政事业单位内部控制报告信息质量的监督检查工作采取“统一管理、分级实施”的原则。中央部门内部控制报告信息质量监督检查工作由财政部组织实施，各地区行政事业单位内部控制报告信息质量监督检查工作由同级财政部门按照统一的工作要求分级组织实施，各部门所属行政事业单位内部控制报告信息质量监督检查工作由本部门组织实施。

（3）行政事业单位内部控制报告信息质量的监督检查工作应按规定采取适当的方式来确定对象，并对内部控制报告存在明显质量问题或在以往年份监督检查为不合格的单位进行重点核查。

（4）各地区、各部门应当认真组织落实本地区（部门）的行政事业单位内部控制报告编报工作，加强对内部控制报告编报工作的考核。

（5）行政事业单位应当认真、如实编制内部控制报告，不得漏报、瞒报有关内部控制的信息，更不得编造虚假内部控制信息；单位负责人不得授意、指使、强令相关人员提供虚假内部控制信息，不得对拒绝、抵制编造虚假内部控制信息

的人员进行打击报复。

（6）对于违反规定、提供虚假内部控制信息的单位及相关负责人，按照《中华人民共和国会计法》《中华人民共和国预算法》《财政违法行为处罚处分条例》等有关法律法规规定追究责任。

（7）各级财政部门及其工作人员在行政事业单位内部控制报告管理工作中，存在滥用职权、玩忽职守、徇私舞弊等违法违纪行为的，按照《中华人民共和国公务员法》《中华人民共和国行政监察法》《财政违法行为处罚处分条例》等有关规定追究相应责任；涉嫌犯罪的，移送司法机关处理。

第5节 内部控制评价若干重要问题

本节讨论内部控制评价的几个重要问题，包括：内部控制评价标准、内部控制评价模式、内部控制缺陷认定。

一、内部控制评价标准

审计标准是进行审计时判断审计事项是非、优劣的准绳，是提出审计意见、作出审计决定的依据。内部控制评价在性质上类似于审计，所以也需要评价标准。然而，由于内部控制的复杂性，能否找到类似于会计准则的审计标准呢？有一种观点认为，财政部等五部委颁布的内部控制规范可以作为内部控制评价标准。设想一下，如果以这些规范作为评价标准，那么只要与该规范不一致的就是缺陷，而且缺陷需要改进。最终，所有单位都建立起与内部控制规范相一致的内部控制体系。由此推论，所有单位的内部控制体系都相同，但这可能吗？所以，有人认为，财政部等五部委颁布的内部控制规范可以作为选择性的评价标准，有些要遵守，有些可以不遵守。既然如此，哪些要遵守？哪些可以不遵守？答案是组织自行决定。如果是这样，这些规范还是内部控制的评价标准吗？

目前，内部控制规范建设有两种思路：一是原则导向；二是规划导向。在原则导向模式下，只对内部控制作些原则性的规范，不作细致的规定。例如，美国的COSO报告就是这种思路，它只是提出了一个内部控制的框架，而没有对内部控制的具体内容作出规范。规则导向就是在内部控制框架的基础上，再对内部控制作出较细致的规范，我国采用的就是这种思路。我国颁布了《企业内部控制基本规范》，还颁布了一系列的应用指引，这些应用指引对各主要业务的风险及内部控制措施作了详细的规范。

从内部控制建设来说，规则导向可以发挥较好的指导作用。但是，从内部控制评价来说，规则导向可能存在问题，因为各个单位的情形不同，所以每个单位的内部控制都会有自己的特征，并且都会与《企业内部控制基本规范》及应用指引存在偏差，这些偏差显然有合理的成分，不能都认定为缺陷。所以，原则导向的内部控制规范反而有利于内部控制评价。

二、内部控制评价模式

从内部控制评价本身以及目前的发展情况来看，内部控制评价模式主要有详细评价和风险基础评价两种模式。

（一）详细评价模式（控制优先模式）

COSO指出，确定某一内部控制系统是否有效是一种在评估五个要素是否存在以及是否有效发挥作用基础上的主观判断，这些要素是有效内部控制的判定标准。COSO还指出，认定一个主体的内部控制是否有效，是在对内部控制要素是否存在和有效运行进行评估的基础之上所作的判断，这些构成要素是判定内部控制有效性的标准。美国证券交易委员会于2003年通过的《萨班斯-奥克斯利法案》第404节的规则以及后来发布的管理层评价指南，都强调内部控制评价的程序必须既能评价财务报告内部控制的设计，又能测试运行的有效性。因此，遵循这个思路，很多组织和会计师事务所都曾采用过详细评价模式。这种方法的基本思路是：以内部控制框架或标准为参照物，根据内部控制框架的构成要素评价内部控制的设计有效性，测试内部控制的运行有效性，最后综合对设计和运行的评价，对内部控制的有效性作出总体评价，评估内部控制目标实现的风险，判断是否存在重大漏洞（Material Weaknesses，MW），确定内部控制是否有效。

（二）风险基础评价模式（风险优先模式）

内部控制评价的另一种思路不是从控制到风险，而是从风险到控制，即从内部控制相关目标实现的风险到内部控制。首先，要评估相关目标实现的风险；其次，识别和确定组织充分应对这些风险的内部控制是否存在，即评价内部控制的设计应对相关目标实现风险的有效性；再次，识别和确定内部控制运行有效性的证据，评价现有控制是否得到有效的运行；最后，对控制缺陷进行评估，判定是否构成实质性漏洞，确定内部控制是否有效。对于不同的目标来说，目标风险的含义、内部控制重大漏洞的含义是不相同的，在评价每一类目标时都需要具体设定。

对于上述两种内部控制评价模式，实验研究发现，风险优先模式的效果好于控制优先模式。然而，控制优先模式还得到了不少的应用，并且对于组织层面的控制，控制优先模式对所有风险都能发挥作用。对于这类内部控制，主要采用控制优先模式。

三、内部控制缺陷认定

本章前面指出，内部控制缺陷按其影响程度分为重大缺陷、重要缺陷和一般缺陷。重大缺陷是指一个控制缺陷或多个控制缺陷的组合，可能导致组织严重偏离控制目标。重要缺陷也是一个控制缺陷或多个控制缺陷的组合，其严重程度和经济后果轻于重大缺陷，但仍有可能导致组织偏离控制目标。一般缺陷是指重大缺陷、重要缺陷之外的其他缺陷。重大缺陷、重要缺陷和一般缺陷的具体认定标准由各单位根据上述要求自行确定。

各单位如何确定内部控制缺陷认定标准呢？目前，还没有统一的方法，现提供一些参考标准。

（一）内部控制设计缺陷认定参考标准

下列情形可判断为内部控制设计缺陷：内部控制措施违反国家有关法律法规；内部控制措施没有覆盖本单位业务经营活动的全过程；内部控制措施不符合成本效益原则；内部控制措施不符合本单位的实际情况。

（二）内部控制运行缺陷认定参考标准

下列情形可判断为内部控制运行缺陷：关键控制活动的执行者不具备胜任能力；完全未执行或部分未执行规定的控制活动；错误执行控制活动或突破规定的权限执行控制活动；不能及时提供控制活动记录。

（三）财务报告重大缺陷认定参考标准

下列情形可判断为财务报告重大缺陷：董事、监事、高管舞弊；主要财务人员胜任能力明显不足；更正已经公布的财务报告；注册会计师发现了重大会计报表的重大错报，而内部控制没有发现；审计委员会和内部审计部门对内部控制的监督无效。

（四）非财务报告重大缺陷认定参考标准

下列情形可判断为非财务报告重大缺陷：缺乏民主决策程序；决策程序不科学；违反国家法律法规；管理人员和技术人员流失；主要媒体负面新闻一年出现两次及以上；上年发现的重大或重要缺陷没有得到整改；燃料、物料、固定资产、薪酬等重要业务缺乏控制或系统性失效；主要管理人员或业务人员的能力明显不足。

（五）重要缺陷认定参考标准

下列情形可判断为重要缺陷：中层管理人员舞弊；主要媒体当年出现过负面报道；上年的重要缺陷没有得到整改，也没有解释；有的管理人员或业务人员的胜任能力不足。

（六）一般缺陷认定参考标准

下列情形可判断为一般缺陷：一般员工舞弊；上年的一般缺陷没有得到整改，也没有解释；受到省级及以下政府部门的处罚，但未对组织造成负面影响。

第 6 节 内部控制评价案例

本节介绍中国石油化工股份有限公司 2011 年度内部控制评价报告。

中国石油化工股份有限公司 2011 年度内部控制评价报告①

中国石油化工股份有限公司全体股东：

根据《企业内部控制基本规范》及其配套指引的规定和要求，结合中国石油化工股份有限公司（以下简称“中国石化”）《内部控制手册》及其检查评价办法，在内部控制日常监督和专项监督的基础上，我们对组织内部控制的有效性进行了自我评价。

一、董事会声明

本报告已于 2012 年 3 月 23 日经组织第四届董事会第十八次会议审议通过，组织董事会全体成员保证本报告内容真实、准确和完整，没有虚假记载、误导性陈述或者重大遗漏。

建立、维护并有效实施内部控制是本组织董事会及管理层的责任，监事会对董事会建立与实施内部控制进行监督，管理层负责组织领导内部控制的日常运行。

组织内部控制的目标是合理保证组织经营管理合规合法、资产安全、财务报告及相关信息真实完整，提高经营活动的效率和效果，促进组织实施发展战略。

组织内部控制考虑了内部环境、风险评估、控制活动、信息与沟通、内部监督等五项要素。

由于内部控制存在固有的局限性，故仅能为达到内部控制目标提供合理保证。而且，内部控制的有效性也可能随组织内外部环境及经营情况的变化而改变。

本组织内部控制设有检查监督机制，内部控制缺陷一经识别，将立即采取整改措施。

二、内部控制评价工作的总体情况

（一）中国石化全面贯彻落实财政部等五部门颁布的《企业内部控制基本规范》、《企业内部控制应用指引》和《企业内部控制评价指引》，建立全要素内部控制，使中国石化两级内部控制制度体系更加趋于完善。

1. 总部层面上，自 2010 年 6 月开始，组织内部控制办公室将 2010 年版的《内部控制手册》与《企业内部控制基本规范》及其配套指引进行逐条对比分析，制定出详细的工作方案，历时半年完成修订工作，并广泛征求意见，经组织内部控制领导小组、董事会审议通过后，于 2011 年 1 月 1 日起正式发布实施《内部控制手册》（2011 年版），该手册包括总则、组织层面控制、业务层面控制、权限指引、内部控制检查评价办法和附则 6 个部分。其中，组织层面控制包括内部环境、

① http://www.sse.com.cn/.

风险评估、信息与沟通、内部监督4部分，共设88个控制环节和319项具体控制要求；业务层面控制包括资金活动、采购生产活动等20个大类67个内部控制流程，设2 132个控制点，其中通过信息系统实现自动控制点545个。同时，组织收集内外部各类风险信息并借鉴国内外石化行业的最佳实践进行识别评估，汇总形成了包括战略风险、财务风险、市场风险、运营风险和合规风险5大类一级风险，并向下延伸，形成细分至二、三级风险的风险清单，并将其植入组织的《内部控制手册》。

2. 分（子）组织层面上，按照组织现行管理体制，考虑各分（子）组织经营管理实际，赋予其承担自身内部控制制度的建立健全责任。总部制定、下发了《企业内部控制实施细则指导意见》，明确各分（子）组织按照不低于组织《内部控制手册》的要求，结合本单位的业务范围，围绕经营管理实际，识别、细化并建立本单位四级甚至五级风险清单，自主编制统一、完整的组织内部控制实施细则。

（二）为促进内部控制的有效执行，组织落实各级内部控制责任，建立责任部门的定期测试、内部控制部门的日常管理、审计综合检查的内部控制持续监督三道防线，搭建了以合规性和有效性原则为基础、与日常管理相结合、兼顾结果与过程的内部控制监督评价体系。

1. 两级内部控制责任部门定期测试

按照《内部控制手册》和《企业内部控制实施细则指导意见》的要求，总部和分（子）组织两级内部控制责任部门每季度开展内部控制流程测试，并形成测试报告报同级内部控制管理部门、组织内部控制办公室汇总分析。针对季度测试发现的问题，总部各部门、各分（子）组织及时制订整改计划和制定措施，督促整改并跟踪落实整改完成情况，测试结果真实有效。季度测试切实发挥了总部、分（子）组织两级责任部门作为内部控制责任主体的作用，履行了内部控制“第一道防线”的职责。

2. 分（子）组织年度自查

本年度分（子）组织内部控制自查，是对组织全面贯彻落实《企业内部控制基本规范》、组织内部控制实施细则设计和运行有效性的全面检查。各分（子）组织按照总部要求，自查范围覆盖了主要业务和经济活动，程序规范、方法合理。

整体来看，各分（子）组织内部控制情况较好，全面真实地揭示了组织经营管理的风险控制状况，如实地反映了内部控制设计和运行的有效性。同时，各分（子）组织针对自查中发现的问题，积极制定有效整改措施并跟踪落实整改结果，为组织高效执行内部控制奠定了良好的基础。

3. 内部控制专项检查

企业改革管理部（内部控制办公室）是内部控制综合监督工作的归口管理部门，负责组织内部控制日常监督，组织专项检查。本年度，内部控制办公室对分（子）组织内部控制工作开展情况、实施细则设计有效性等进行了专项检查。从检查结果看，各分（子）组织尽管规模不同、业务类型不一，但基本按照组织

《内部控制手册》和《企业内部控制实施细则指导意见》的要求推进内部控制工作，内部控制实施的深度和广度有了一定的增强，取得了较好的成效，在确保制度的有效执行、规避和防范风险、实现组织各项任务目标等方面起到了良好的保障和促进作用。

4. 内部控制综合检查。审计部承担内部控制评价职责，对组织内部控制工作进行独立的综合检查评价。本年度，组织审计部按照内部控制监督评价的职责，制定详细的内部控制检查评价方案报经管理层审核，根据2011年版的《内部控制手册》变化情况修订完善了综合检查评价模板，并给予了参加检查的人员充足的培训和指导，代表管理层对总部各部门和分（子）组织开展了现场综合检查评价。根据检查结果，总部各部门及分（子）组织内部控制整体有效，未影响财务报告真实性、准确性，没有发现内部控制重大缺陷。

三、内部控制评价的范围

本年度，组织总部及各分（子）组织均纳入内部控制自我评价范围，并按照计划开展检查评价。纳入评价范围的业务和事项，包括组织《内部控制手册》及组织实施细则中涉及组织层面控制的各项要素，业务层面控制中涉及资金活动、采购及生产活动、资产管理、销售业务、研究与开发、工程项目、担保业务、业务外包、财务报告、全面预算、合同管理、关联方交易、税务管理、人力资源、HSE（健康、安全与环境）管理、产品质量管理、信息资源管理、信息系统、信息披露、内部审计等的各类内部控制流程。上述业务和事项的内部控制涵盖了组织经营管理的主要方面和风险应对措施，不存在重大遗漏。

四、内部控制评价的程序和方法

组织内部控制评价工作严格遵循《企业内部控制基本规范》《企业内部控制评价指引》及组织内部控制评价办法规定的程序执行。主要包括以下几个步骤：制定内部控制检查评价方案、成立内部控制检查评价工作组、实施现场检查与评价、认定内部控制缺陷、复核确认并出具现场评价结论、汇总分析检查评价结果、编制内部控制检查评价报告、报告与披露。

评价过程中，我们综合采用了个别访谈法、穿行测试法、抽样法、实地查验法、专题讨论法等适当方法。对于IT（信息技术）内部控制，主要通过系统查询获得具有关键操作权限的系统用户清单，确定系统用户清单中的用户是否与其工作职责相符，对比不相容岗位的用户清单，确定是否存在交叉用户；通过询问、查询等方式了解被检查单位系统配置的具体定义和业务操作的流程规范，验证系统配置是否符合控制要求、系统功能是否有效执行以及业务操作是否准确、及时、合规等。广泛收集组织内部控制设计和运行是否有效的证据，如实填写检查评价工作底稿和工作表，分析、识别内部控制缺陷。

五、内部控制缺陷及其认定

组织董事会根据《企业内部控制基本规范》《企业内部控制评价指引》对重大缺陷、重要缺陷和一般缺陷的认定要求，结合组织规模、行业特征、风险偏好和风险承受度等因素，研究确定了适用本组织的内部控制缺陷认定标准，并与以前年度保持一致。

组织 2011 年版的《内部控制手册》明确内部控制缺陷包括设计缺陷和运行缺陷，并按照严重程度将内部控制缺陷分为重大缺陷、重要缺陷和一般缺陷，按照具体表现形式分为财务报告内部控制缺陷和非财务报告内部控制缺陷。其中，重大缺陷指一个控制缺陷或多个控制缺陷的组合，可能严重影响内部整体控制的有效性，进而导致组织无法及时防范或发现严重偏离整体控制目标的情形；重要缺陷指一个控制缺陷或多个控制缺陷的组合，严重程度低于重大缺陷，但导致组织无法及时防范或发现偏离整体控制目标的程度依然严重；一般缺陷指重大缺陷和重要缺陷之外的其他缺陷。内部控制缺陷认定标准设置定性标准和定量标准，针对同时达到定性、定量标准的事项，从严认定缺陷。

按照财务报告内部控制缺陷和非财务报告内部控制缺陷分别认定。

1. 按照定性标准，下列情形认定为财务报告内部控制重大缺陷：（1）董事、监事和高层管理人员滥用职权，发生贪污、受贿、挪用公款等舞弊行为；（2）组织因发现以前年度存在重大会计差错，更正已上报或披露的财务报告；（3）组织审计委员会（或类似机构）和内部审计机构对内部控制监督无效；（4）外部审计师发现当期财务报告存在重大错报，且内部控制运行未能发现该错报。同时，组织也根据自身的实际情况、管理现状和发展要求，制订了非财务报告内部控制重大缺陷的定性判断标准。

2. 按照定量标准，组织规定根据缺陷所造成的直接财产损失金额，认定非财务报告内部控制缺陷的等级。对于财务报告内部控制缺陷，需要通过计算缺陷一旦出现可能导致的潜在错报对组织资产总额或营业收入总额的影响是否超过了已设定的比率来加以判断。

六、内部控制缺陷的整改情况

组织内部控制专项检查及综合检查评价中，现场检查组对被检查单位出具书面评价报告，如实反映查出的各类内部控制缺陷，并提出切实可行的整改意见及建议。

组织内部控制办公室、审计部汇总分析了检查评价结果，将发现的内部控制缺陷分别向内部控制领导小组、组织管理层汇报，并在全组织范围内通报内外部检查、审计发现的问题，要求组织上下举一反三，实施整改。各分（子）组织自查测试中发现的各类问题，均由其内部控制办公室组织整改并进行复核、验证。本年度，本组织未发现重大缺陷。对于检查中发现的其他内部控制缺陷，组织已采取相应的整改措施或制订相应的整改计划。

中国石化制定了内部控制检查评价与考核办法，将内部控制评价指标纳入分（子）组织经理层年度绩效考核体系。本组织管理层已经对 2011 年度内部控制执行情况给予考核、兑现。

七、内部控制有效性的结论

组织董事会已按照内部控制规范的规定和要求，结合组织《内部控制手册》和评价办法，在内部控制日常监督、专项监督和综合检查的基础上对本年度的内部控制进行了评价：

1. 内部环境评价

组织着力实施资源、市场、一体化、国际化、差异化和绿色低碳战略，结构调整取得重大进展；借鉴国内外先进经验，努力塑造中国石化管理模式，组织管理水平逐步提升；组织紧紧围绕主业发展需要，不断完善科技体制和机制，科技创新力不断增强。始终坚持以人为本，建立健全“选才、育才、用才、聚才”工作机制，人才队伍建设扎实有效推进；着重加强组织文化建设，大力宣传核心价值理念，增强了组织的凝聚力、向心力，为推动组织科学发展提供了强有力的精神动力和文化支撑；达成不断快速发展的共识，认真履行社会责任，提出“每一滴油都是承诺”的社会责任口号，切实推进组织社会责任管理与实践的阶段发展。总部各部门及各分（子）组织均能围绕组织整体战略目标和经营目标开展各项工作，树立合法、诚信的经营理念和积极向上的价值取向，重视员工政治思想工作和道德品质教育。未发现组织人员存在商业欺诈、舞弊等行为。本组织机构设置合理，适应管理及改革、发展需要，明确了关键岗位人员的素质要求。建立了激励与约束机制，并通过教育培训，不断提高员工的素质和工作胜任能力。

2. 风险评估评价

组织设立全面风险管理领导小组和全面风险管理办公室，统一领导和组织全面风险管理工作。部分分（子）组织结合实际，设立本单位的全面风险管理领导小组，并设立或指定具体部门负责全面风险管理日常工作。全面风险管理办公室收集整理组织内外部各类风险信息并借鉴国内外石化行业的最佳实践，汇总形成了组织风险清单并落实在《内部控制手册》中。同时，初步设计了中国石化风险库模板和风险评估标准，自觉地将风险控制在可承受范围之内。组织总部有关部门及组织，针对组织各类风险的管理情况进行跟踪和监控，定期向全面风险管理领导小组报告风险信息。风险监控的主要内容包括各种可量化的关键风险指标、不可量化的风险因素的变化情况和发展趋势，风险应对措施的执行情况，风险管理的效果等。组织全面风险管理办公室定期汇总、分析组织全面风险管理情况，编制全面风险管理报告。

3. 控制活动评价

组织采用控制矩阵方法针对组织层面和业务层面各项控制要素确定控制活动。针对控制点，对应权限指引，明确责任单位和控制文档，绘制内部控制示意图，将各关键环节的业务控制重点、权限规定及控制结果以流程图形式直观地表达出来，方便实施。针对企业资源计划、资金集中管理、会计集中核算、加油卡等信息应用系统，从系统操作流程出发，对其控制功能在实际应用中面临的风险进行重新梳理，并加以识别、分析和记录；根据系统控制的特点，从权限、职责分离、配置、业务操作等方面，完善自动控制要求，进一步深化内部控制与信息技术的结合。控制矩阵对控制点负责人及其相关职责分工进行明确规定，参照控制矩阵，设计出各种模板以评价各项控制设计和运行的有效性。在检查评价过程中，检查人员询问相关人员对流程的理解，以确保员工实施控制时具备必要的知识、专业技能、职业资格和独立性，防止舞弊的发生。组织已在控制矩阵内记录了相关要求，针对控制活动设计和运行有效性的测试结果也记录在相关模板内。

4. 信息与沟通评价

组织信息资源的管理架构按照“一个整体、两个层次、归口管理、分工负责”的方针建立，形成组织是一个整体、总部和分（子）组织两级管理、信息资源管理部门归口管理、业务部门专业管理的格局。

针对重特大事件，建立《中国石化重特大事件应急预案》制度进行分级分类，并明确规定了报告程序。针对对外投资，组织建立重大事项报告备案制度，重大事项包括增加或减少注册资本、发行股票或债券、分配利润方案和弥补亏损方案、对外投资、对外担保、委托理财，以及其他有关生产经营、安全、环保方面的重大事项和突发事件。针对资金管理，组织建立重大事项报告制度。组织还制定了《中国石油化工股份有限公司保护商业秘密暂行规定》，明确规定商业秘密的定义和基本范围。

组织积极推行信息化管理，提高工作效率和效果。现已建成并使用企业资源计划系统、生产营运指挥系统、供应链管理系统、资金集中管理系统、会计集中核算系统、物资采购电子商务系统、加油卡系统、重点业务公开系统、全面预算管理系统等。

组织结合信息系统和技术控制目标框架制订了一系列管理办法和业务流程，对已投入使用的信息系统，从整体层面、一般性控制、应用控制等方面进行规范，信息系统管理部负责对所有信息系统加以控制和维护，保障信息系统安全。

组织明确了财务报告的沟通机制，《内部控制手册》《会计手册》和内部会计制度规定了所有涉及财务报告的职责，财务总监与所有部门之间、财务部与各分（子）组织财务部门之间沟通顺畅。组织管理层与外部及部门之间、部门与各分（子）组织之间、组织管理层与董事会之间沟通顺畅。

作为在境内外四地上市的组织，组织保持与股东和监管机构的沟通，按照外部监管法规制定了信息披露的规则和流程，定期对外披露信息。组织接受了证监会、国务院国有资产监督管理委员会、审计署等监管机构的检查。

5. 内部监督评价

内部监督是组织内部控制得以有效实施的机制保障。组织围绕加快转变经济发展模式，重点就组织结构调整、资源整合、国际化经营，着手重点产业振兴和技术改造专项投入，节能减排、落实环境保护政策等监督检查，取得明显成效。定期召开惩防体系建设联席会议，及时研究解决问题，督促任务落实，惩防体系建设的整体性、协调性进一步增强。加大业务公开力度，业务公开工作在组织中做到了全覆盖，并深入开展业务公开网上巡视工作。效能监察工作持续深化，强化资源市场管理，完善制度，促进了管理水平的提高。

组织管理层每月召开经营活动分析会，对经营成果及关键财务指标持续进行审核和分析。财务部分析各板块预算执行偏差，各事业部跟踪监控各分（子）组织预算执行情况。管理层每季度向董事会汇报季度经营成果，所有董事都对本组织和石化行业有着丰富的经验，并了解财务报表和相关信息，包括管理层分析与讨论以及各事业部等生产经营部门的主要数据统计分析。审计部定期独立审查分（子）组织。组织董事会设立了审计委员会，审查财务报告和内部控制，年度报告和内部审计报告须经审计委员会审核批准。组织内部控制办公室负责重点抽查及专项检查，审计部组织内部控制综合检查评价，外部审计师已经就内部控制评价情况与组织管理层进行沟通及反馈。组织针对已知的诉讼案件，登记造册、详细记录、跟踪监控。

综上所述，中国石化已经根据《企业内部控制基本规范》《企业内部控制评价指引》及其他相关法律法规的要求对本年度上述所有方面的内部控制进行了自我评价，到2011年12月31日为止，不存在重大缺陷。组织与财务报告相关的内部控制制度健全、执行有效。内部控制评价报告基准日至内部控制评价报告发出日之间，没有发生对评价结论产生实质性影响的内部控制重大变化。

本组织作为在上海证券交易所、香港联交所、纽约证券交易所和伦敦证券交易所同时上市的组织，根据中国《企业内部控制基本规范》及其配套指引、美国《萨班斯-奥克斯利法案》的规定和要求，聘请了毕马威华振会计师事务所和毕马威会计师事务所对组织2011年12月31日财务报告内部控制进行了审计。

毕马威华振会计师事务所和毕马威会计师事务所分别按照《企业内部控制审计指引》《中国注册会计师执业准则》及美国公众公司会计监督委员会（Public Company Accounting Oversight Board）第5号审计准则进行了财务报告内部控制审计并在其报告中认为，本组织根据《企业内部控制基本规范》及其相关规定、美国国会反对虚假财务报告委员会的发起组织委员会（Committee of Sponsoring Organizations of the Treadway Commission）所颁布的《企业内部控制——整体框架》中的标准，于2011年12月31日在所有重大方面保持了有效的财务报告内部控制。

八、2012年内部控制工作计划

我们注意到，内部控制应当与组织经营规模、业务范围、竞争状况和风险水平等相适应，并随着情况的变化及时加以调整。2012年，组织将继续按照“十二五”工作规划，紧紧围绕“建设国际一流组织”的工作目标，深入推进内部控制管理标准化、信息化建设，建立健全内部控制管理长效机制，根据不断提高的管理要求和组织相关职责进行调整，进一步修订完善内部控制制度体系；持续推进全面风险管理工作进程，努力提高组织风险管理水平。未来，组织将继续完善内部控制制度，规范内部控制制度执行，强化内部控制监督检查，促进组织健康、可持续发展。

董事长：傅成玉

中国石油化工股份有限公司

二〇一二年三月二十三日

本章小结

本章介绍组织内部的内部控制独立评价的相关内容，主要包括：内部控制评价概述、内部控制有效性评价、内部控制综合评价、行政事业单位内部控制报告管理制度、内部控制评价若干重要问题、内部控制评价案例。

内部控制评价是组织内部的独立部门对内部控制的有效性进行全面评价，形成评价结论，出具评价报告的过程。

内部控制有效性评价涉及的内容包括内部控制评价原则、内部控制评价内容和标准、内部控制评价步骤、内部控制评价取证方法、内部控制评价报告、内部控制评价工作底稿。

内部控制综合评价就是将内部控制分成若干构成要素，为每个要素设定标准状况，将内部控制各构成要素的实际状况与标准状况进行比较，确定每个评价要素的得分，把全部评价要素的得分按一定的方法综合起来，最终得到的就是内部控制的整体状况，涉及的内容包括内部控制综合评价的意义、内部控制综合评价的内容、内部控制综合评价指标、内部控制综合评价方法。

《行政事业单位内部控制报告管理制度（试行）》规定了行政事业单位内部控制报告的原则、责任分工，内部控制报告编报工作的组织，行政事业单位内部控制报告的编制与报送，部门行政事业单位内部控制报告的编制与报送，地区行政事业单位内部控制报告的编制与报送，行政事业单位内部控制报告的使用，行政事业单位内部控制报告的监督检查。

内部控制评价的重要问题有内部控制评价标准、内部控制评价模式、内部控制缺陷认定。

复习思考题

1. 什么是内部控制评价？它与内部控制自我评估有什么区别？
2. 美国内部控制评价的发展历程如何？
3. 中国内部控制评价的发展历程如何？
4. 内部控制有效性评价的原则有哪些？
5. 内部控制有效性评价的内容和标准是什么？
6. 内部控制有效性评价的步骤是什么？
7. 内部控制有效性评价的取证方法有哪些？
8. 记录内部控制的方法有哪些？
9. 内部控制评价报告的内容有哪些？
10. 什么是内部控制综合评价？为什么要进行内部控制综合评价？

11. 内部控制综合评价包括哪些内容？要解决哪些关键问题？
12. 内部控制评价指标的无量纲化处理有哪些方法？
13. 行政事业单位编制内部控制报告应当遵循哪些原则？
14. 行政事业单位内部控制报告的编制与报送有什么要求？
15. 内部控制规范建设有哪两种思路？
16. 内部控制评价模式有哪些？
17. 内部控制缺陷如何认定？

第5章

内部控制审计

学习目标

1. 了解内部控制审计的概念、意义和发展历程
2. 掌握计划审计工作的相关内容
3. 掌握实施审计工作的相关内容
4. 掌握内部控制缺陷认定的相关内容
5. 掌握完成审计工作的相关内容
6. 掌握出具审计报告的相关内容
8. 了解内部控制审计重要性标准
9. 掌握整合审计的相关内容

引导案例

主板上市公司分类分批实施企业内部控制规范体系的时间规定

2012年8月14日，财政部与证监会联合发布《关于2012年主板上市公司分类分批实施企业内部控制规范体系的通知》，对主板上市公司实施财务报告内部控制审计的时间作出了如下规定：

（1）中央和地方国有控股上市公司，应于2012年全面实施企业内部控制规范体系，并在披露2012年公司年报的同时，披露董事会对公司内部控制的自我评价报告以及注册会计师出具的财务报告内部控制审计报告。

（2）非国有控股主板上市公司，且于2011年12月31日公司总市值（证监会算法）在50亿元以上，同时2009年至2011年平均净利润在3 000万元以上的，应在披露2013年公

司年报的同时，披露董事会对公司内部控制的自我评价报告以及注册会计师出具的财务报告内部控制审计报告。

（3）其他主板上市公司，应在披露 2014 年公司年报的同时，披露董事会对公司内部控制的自我评价报告以及注册会计师出具的财务报告内部控制审计报告。

（4）特殊情况：一是主板上市公司因进行破产重整、借壳上市或重大资产重组，无法按照规定时间建立健全内控体系的，原则上应在相关交易完成后的下一个会计年度年报披露的同时，披露内部控制自我评价报告和审计报告，且不早于参照上述（1）至（3）原则确定的披露时间；二是新上市的主板上市公司应于上市当年开始建设内控体系，并在上市的下一年度年报披露的同时，披露内部控制自我评价报告和审计报告，且不早于参照上述（1）至（3）原则确定的披露时间。

在上述规定时间范围内，鼓励公司在自愿的基础上提前执行企业内部控制规范体系的披露要求。

思考问题：为什么对主板上市公司财务报告内部控制强制实施注册会计师审计制度？

内部控制是实现既定目标的一个过程，首先是识别风险，然后是应对识别出的风险。然而，内部控制目标要持续可靠地实现，内部控制作为一个过程本身必须是持续可靠的。内部控制作为一个过程如何才能做到持续可靠呢？主要的保障措施是对内部控制进行监视，以鉴证内部控制是否存在缺陷，并推动整改，实现内部控制的持续改进。内部控制监视有多种形式，内部控制外部审计（简称内部控制审计）是其中的重要形式，本章介绍这种形式的内部控制监视的相关内容。关于内部控制外部审计有不少的学术研究，从实务操作来说，国外主要有美国的第 5 号审计准则，国内主要有财政部等五部委颁布的《企业内部控制审计指引》和中国注册会计师协会颁布的《企业内部控制审计指引实施意见》，本章根据上述权威规范及相关解释介绍内部控制审计①，主要内容包括：内部控制审计概述、计划审计工作、实施审计工作、内部控制缺陷认定、完成审计工作、出具审计报告、内部控制审计若干重要问题、内部控制审计案例。

第 1 节　内部控制审计概述

本节对内部控制审计作简要概述，包括：内部控制审计的概念、内部控制审计的意义、我国内部控制审计的发展历程、美国内部控制审计的发展历程、美国内部控制审计准则的变迁、整合审计。

---

① 财政部，证监会，审计署，银监会，保监会．关于印发企业内部控制配套指引的通知．财会〔2010〕11 号．2010-04-15；中国注册会计师协会．企业内部控制审计指引实施意见．会协〔2011〕66 号．2011-10-11；中国注册会计师协会．企业内部控制审计工作底稿编制指南．北京：中国财政经济出版社，2011；美国公众公司会计监督委员会．第 5 号审计准则：与财务报表审计相结合的财务报告内部控制审计．张宜霞，译．大连：东北财经大学出版社，2008；《企业内部控制审计政策解读与操作指引》课题组．企业内部控制审计政策解读与操作指引．大连：东北财经大学出版社，2011．

一、内部控制审计的概念

内部控制审计是指会计师事务所接受委托，对合理保证特定基准日的内部控制设计与运行有效性进行鉴证。针对这一概念，可以从多个方面进行理解。

第一，内部控制审计是一种审计业务。鉴证业务包括审计、审阅和其他鉴证业务，它们有不同的保证水平，一般来说，区分为有限保证和合理保证两种保证水平。审计业务提供的保证水平较高，是合理保证。内部控制审计是审计业务，而不是审阅业务，所以注册会计师需要以积极的方式对内部控制有效性发表意见。

第二，内部控制审计是直接报告业务。审计业务区分为基于责任方认定的业务和直接报告业务。在基于责任方认定的业务中，责任方对鉴证对象进行评价或计量，鉴证对象信息以责任方认定的形式为预期使用者获取。注册会计师针对责任方认定出具审计报告。在直接报告业务中，注册会计师对鉴证对象进行评价或计量，或者从责任方获取对鉴证对象评价或计量的认定，而该认定无法为预期使用者获取，预期使用者只能通过阅读鉴证报告获取鉴证对象信息。内部控制审计业务中，注册会计师直接对内部控制的有效性（鉴证对象）进行评价并出具鉴证报告，这种业务属于直接报告业务。有一种观点认为，企业自己也出具了内部控制评价报告，相当于对内部控制进行了评价或计量，所以对于内部控制审计来说，是存在责任方认定的。因此内部控制审计属于基于责任方认定的业务而不是直接报告业务。问题是包括美国第 5 号审计准则在内的内部审计控制权威规范，并不要求注册会计师对企业自行编制的内部控制评价报告发表意见，而是要求对企业的内部控制有效性发表意见。需要注册会计师对企业的内部控制有效性进行评价和计量，而不是对企业自行编制的内部控制评价报告进行鉴证。所以，从本质上来说，内部控制审计是直接报告业务。

第三，关于内部控制有效性。内部控制有效性也就是内部控制目标实现程度，如果内部控制达到了其拟达到的保证程度，则称内部控制是有效的。根据《企业内部控制基本规范》，内部控制有五大目标，包括：合法合规目标、资产安全目标、财务报告目标、经营目标和战略目标。对于合法合规目标、资产安全目标、财务报告目标，内部控制提供合理保证；对于经营目标和战略目标，从目标实现来说，内部控制发挥促进作用，并用合理保证使管理层知道经营目标和战略目标实现状况。根据上述界定，如何判断内部控制是否有效呢？最理想的方法是将目标实现状况与期望状况作一个比较，看二者之间的差异。但是，对于合法合规目标、资产安全目标、财务报告目标来说，目标的真实状况可能难以衡量，没有出现上述三方面的问题不能认为内部控制本身没有问题。所以，一般来说，无法从正面来判断内部控制是否有效。可靠的方法是，从有效性的对立面来判断内部控制是否有效。也就是说，判断内部控制是否有缺陷时，如果没有缺陷，内部控制就是有效的，如果有缺陷，根据缺陷严重程度，判断其有效性。所以，判断内部控制有效性转化为内部控制缺陷认定。内部控制缺陷认定主要有两种情况：一是已经产生后果的缺陷，也就是说，如果已经出现问题，可以认定相关的内部控制具有缺陷；二是可能产生后果的缺陷，这种内部控制缺陷是指缺陷虽然存在，但是还未产生后果，只是具有一种产生后果的可能性。

此外，内部控制缺陷还区分为设计缺陷和运行缺陷。内部控制设计有效性是指为实现控制目标所必需的内部控制措施都存在并且设计恰当，能够为控制目标的实现提供所要求的保证。内部控制运行有效性是指在内部控制设计有效的前提下，内部控制能够按照设计的内部控制措施正确持续地执行，从而为控制目标的实现提供所要求的保证。内部控制运行有效性离不开设计的有效性，如果内部控制在设计上存在漏洞，即使这些内部控制措施能够得到一贯的执行，也不能认定其运行是有效的。同时，设计再好的内部控制，如果得不到有效、持续的执行，内部控制设计有效性也会失去意义。

第四，特定基准日的内部控制。关于内部控制鉴证时间的确定，一直存在争议，主要有三种观点。一种观点认为，应对特定基准日内部控制的有效性进行审计，针对特定时点相关内部控制的有效性发表意见，理由有四点：有很多控制在运行后是无迹可查的，注册会计师在审计内部控制时所使用的审计程序往往只能获取时点的证据，因此也就只能针对该时点内部控制的有效性发表意见；内部控制审计的对象特殊，如对整个年度的内部控制作出测试和评价，其成本是极其高昂的；内部控制审计相当于体检，只能对某一时点内部控制是否存在重大缺陷发表意见；美国也选择时点基础。另外一种观点认为，应对特定时期内部控制的有效性进行审计，针对特定时期相关内部控制的有效性发表意见，理由有三点：虽然内部控制的有效性是就某一时点而言的，但某一时点有效的内部控制并不能说明它能保证年度财务报告的可靠性，也不能保证企业在整个时期内守法经营；内部控制与财务报表审计整合进行，应当与财务报告所覆盖的时期相一致；预期使用者希望内部控制鉴证是对特定时期内部控制的有效性发表意见。还有一种观点认为，应对特定时期内部控制设计与运行的有效性进行审计，针对特定基准日的相关内部控制的有效性发表意见。主要理由是：注册会计师要在一年中的不同时点对内部控制的有效性获取证据，并更新这些证据，以支持会计期末内部控制有效的结论；从被审计单位、审计报告使用者和审计师三方的互动中寻求平衡，平衡的结果是，从程序上要求注册会计师在特定时期对内部控制完成了解和有限测试，从结果上要求注册会计师针对特定时点的内部控制的有效性发表意见。《企业内部控制审计指引》选择对特定时期内部控制设计与运行的有效性进行审计，针对特定基准日的相关内部控制的有效性发表意见。

二、内部控制审计的意义

内部控制是防范财务报告错误和舞弊行为的重要防线，也是保证企业财务报告真实、完整的内在机制。美国安然公司、世通公司的财务舞弊事件发生后，各国监管机构将监管重心从单纯注重财务报告本身的信息质量，转向财务报告本身的信息质量与建立健全财务报告信息质量保证体系并重。内部控制审计制度的确立，改变了企业在上市或融资时才委托注册会计师对内部控制进行审计的局面，使得企业内部控制审计与财务报告审计一样，成为经常性、周期性业务，上市公司每年要与年报一同公布企业内部控制审计报告。这种制度的意义在于，注册会计师对内部控制有效性进行客观、独立的鉴证，不仅能够监督、推动企业将内部控制规范落到实处，促进企业加强内部控制规范建设，提升企业风险防范能力，同时也能够进一步提升企业信息披露的透明度，增强投资者对企业财务信息可靠性的信心，对保护投资者权益和社会公众利益具有重要作用。

三、我国内部控制审计的发展历程

我国内部控制审计的发展历程大概可以分为三个阶段：一是作为财务报表审计的组成部分；二是作为独立的审核业务；三是作为独立的审计业务。

（一）作为财务报表审计的组成部分

1988 年 12 月，财政部颁布《注册会计师检查验证会计报表规则（试行）》，规定注册会计师应对委托人的内部报告和相互牵制相关的内部管理制度完善程度和有效性进行可靠检查。

1996 年 12 月，中国注册会计师协会颁布《独立审计具体准则第 9 号——内部控制和审计风险》，要求在编制审计计划时，注册会计师应当了解被审计单位内部控制的设计和运行情况；注册会计师如拟信赖内部控制，应当实施符合性测试程序，以评估控制风险；初步评估的控制风险水平越低，注册会计师就应获取越多的关于内部控制设计合理和运行有效的证据。

2006 年 2 月，我国按与国际接轨的原则重新修订《中国注册会计师审计准则》，全面引入风险导向审计，内部控制了解、控制测试成为财务报表审计的重要程序。

（二）作为独立的审核业务

2002 年 2 月，中国注册会计师协会发布《内部控制审核指导意见》，对注册会计师就被审计单位管理当局与会计报表相关的内部控制有效性的认定进行审核，进而就发表审核意见制定规范，正式确立了我国的内部控制审计制度。

2005 年 10 月，证监会发布《关于提高上市公司质量的意见》的通知，要求上市公司对内部控制制度的完整性、合理性及实施的有效性进行定期检查和评估，同时要求通过外部审计对公司的内部控制制度及公司评估报告进行核实评价。

2006 年 5 月，证监会发布《首次公开发行股票并上市管理办法》，明确规定发行人的内部控制在所有重大方面是有效的，并由注册会计师出具无保留结论的内部控制鉴证报告。

深交所于 2007 年 12 月发布的《关于做好上市公司 2007 年年度报告工作的通知》及上交所于 2008 年 1 月发布的《关于做好上市公司 2007 年年度报告工作的通知》，都明确要求上市公司应按照证监会和该所的相关要求，对公司内部控制的有效性进行审议评估。同时鼓励有条件的公司聘请审计机构就公司财务报告内部控制情况作出评价意见，并披露内部控制评估报告和审计机构的核实评价意见。

（三）作为独立的审计业务

2008年5月，财政部等五部委颁布《企业内部控制基本规范》，进一步明确执行该规范的上市公司可聘请具有证券、期货业务资格的会计师事务所对内部控制的情况进行审计和发表审计意见，并鼓励非上市的其他大中型企业施行。

2010年4月，财政部等五部委颁布《企业内部控制配套指引》，其中包括《企业内部控制审计指引》，要求从2011年1月1日开始在境内外同时上市的公司施行，从2012年1月1日开始，施行范围扩大到在国内主板上市的公司。在此基础上，择机在中小板和创业板上市公司施行。同时，鼓励非上市的大中型企业提前执行。

行政事业单位的内部控制审计也提上了议事日程。2012年，财政部颁布《行政事业单位内部控制规范（试行）》，并于2014年开始实施，该规范要求，国务院审计机关及其派出机构和县级以上地方各级人民政府审计机关对单位进行审计时，应当调查了解单位内部控制建立和实施的有效性，揭示相关内部控制的缺陷，有针对性地提出审计处理意见和建议，并督促单位进行整改。为了配合《行政事业单位内部控制规范（试行）》的实施，财政部于2015年12月颁布《关于全面推进行政事业单位内部控制建设的指导意见》，该意见提出，积极探索建立单位财务报告内部控制实施情况注册会计师审计制度。

四、美国内部控制审计的发展历程

美国内部控制审计的发展历程大致分为三个阶段：一是作为财务报表审计的组成部分；二是作为独立的审核业务；三是作为独立的审计业务。重要的分界线是《萨班斯-奥克斯利法案》的颁布，在《萨班斯-奥克斯利法案》颁布之前，内部控制审计是财务报表审计组成部分或审核业务，颁布之后，内部控制审计成为独立业务，但是要求与财务报表审计整合进行。

（一）作为财务报表审计的组成部分

1938年，美国爆发麦克森·罗宾斯公司破产事件，该事件暴露了审计程序及企业内部控制的严重缺陷。1939年10月，美国注册会计师协会发布《审计程序公告第1号》，首次提出内部控制评价。美国证券交易委员会正式要求注册会计师在审计中增加内部控制审查的内容。麦克森·罗宾斯公司破产事件让社会各界开始对内部控制审计进行关注。内部控制评价逐步成为财务报表审计的组成部分和重要程序，制度基础审计逐渐取代账项基础审计。

1996年，美国注册会计师协会发布《审计准则公告第78号》（SAS No. 78），对内部控制进行了肯定和细化，并提出控制风险的意识理念，促进了内部控制审计的进一步发展。内部控制评价成为风险导向审计的重要组成部分。

（二）作为独立的审核业务

1977 年，美国出台《反海外贿赂法》，该法案要求美国证券交易委员会管辖的所有公司必须建立保持有效的内部会计控制系统。1978 年，美国注册会计师协会成立的注册会计师责任委员会（科恩委员会）提出建议：公司管理层应披露与财务报告相匹配的内部控制报告，注册会计师还应对管理层出具的内部控制报告进行评价并披露相关报告。由于需要考虑成本效益问题，该建议没有实施。

1991 年，美国国会颁布《联邦存款保险公司改善法》，要求资产总额在 5 亿美元以上的大银行必须评估并报告其内部控制的有效性。同时，要求注册会计师对管理层有关内部控制的声明进行验证。

1993 年，为了规范注册会计师执行内部控制审核业务，美国注册会计师协会发布了《财务报告内部控制的审核》。

（三）作为独立的审计业务

21 世纪初，安然公司、世通公司等的舞弊案件接连发生，再一次暴露了企业内部控制的缺陷。为了强化企业内部控制的责任，加强对会计、审计、公司治理、证券交易以及美国资本市场的监管，美国国会于 2002 年通过《萨班斯-奥克斯利法案》。该法案的第 302 节及第 404 节条款规定，管理层应对企业内部控制系统的建立与维护负责，并应在企业年度报告中披露内部控制体系以及控制程序有效性评价报告。条款还要求独立审计师对公司管理当局的财务报告内部控制的评估进行鉴证，并报告鉴证结果及披露审计意见。这标志着美国上市公司管理层内部控制报告由原来的自愿性披露改为强制性披露，并实现了向审计师单独执行内部控制审计业务的重大飞跃。

根据该法案第 404 节条款有关内部控制的规定，美国证券交易委员会于 2003 年出台了相应的规章制度——《最终规则——管理层对财务报告内部控制的报告及其对定期披露的证明》（简称《最终规则》），要求除投资公司以外，所有受美国《1934 年证券交易法》约束的公司，均应在年报中包括管理层关于公司财务报告内部控制的报告，并要求负责该公司财务报表审计的注册会计师对管理当局出具的内部控制有效性评估报告发表独立审计意见。

美国公众公司会计监督委员会于 2004 年 6 月发布《审计准则第 2 号——与财务报表审计合并执行的财务报告内部控制审计》（AS2）。该准则重新定义重大控制缺陷和重要控制弱点，合理界定管理当局和审计人员对内部控制应承担的责任，明确要求注册会计师应当在执行公司的财务报表审计业务的同时，对上市公司的财务报告内部控制实施审计业务，即提出整合审计概念。至此，现代审计全面走进财务报表审计与财务报告内部控制审计并重的新时代。

美国公众公司会计监督委员会于 2007 年发布《审计准则第 5 号——与财务报表审计相整合的财务报告内部控制审计》（AS5），对内部控制审计程序与方法等方面的相关条款进行修订与完善，取代了 AS2。与 AS2 相比，AS5 进一步优化自上而下的审计方法，修订重大缺陷和实质性漏洞的定义及评价实质性漏洞的重要指标，增加对舞弊控制的评价，区分重要性在审计中的地位，简化原准则的要求，减少不必要的审计程序等。

五、美国内部控制审计准则的变迁

美国公众公司会计监督委员会于2004年6月发布AS2，于2007年发布AS5，取代了AS2。在如此之短的时间内，为什么要以AS5取代AS2呢？

（一）AS2实施之后的过度审计

2002年通过的《萨班斯-奥克斯利法案》用来保护公司在未来不会因为缺少恰当的控制和审计关注而受到潜在的灾难性市场变化的影响。《萨班斯-奥克斯利法案》是一项非常广泛的法案，因此非常有必要为审计师审计那些需要遵循《萨班斯-奥克斯利法案》的公司提供特定的指南。2004年，为了使审计人员能够胜任对内部控制有效性进行的审计工作，美国公众公司会计监督委员会发布了AS2，以指导审计的计划与实施。AS2提出，财务报告内部控制审计的目标是对管理层就企业财务报告内部控制有效性的评估发表意见。AS2要求审计人员评价管理层应用于评估内部控制的程序方法的可靠性，复核和使用一些管理层、内部审计人员和其他人在评价过程中取得的测试结果，或自己进行测试，以形成独立意见。AS2实施之后，导致了过度审计，首席执行官和首席财务官整天忙于公司披露内部控制有效性工作。AS2面临的主要挑战包括：资源和金钱上的高成本；在最小风险领域耗费精力和金钱；外部审计师不能使用其他人员的工作成果，导致冗余和重复劳动。

（二）AS5的主要修改内容

AS5是对许多公司面临的成本和收益困境的必要回应，这项准则把企业的焦点重新引到风险管理上来。AS5基于风险导向来评价内部控制，几个主要变化可以大量降低合规成本并且保持投资者的信心。

1. 自上而下的方法

在采用自上而下的方法以前，通常都要在交易或者过程层面控制执行广泛的测试，而不考虑是否在更高的层面上存在有效的控制。使用自上而下的方法来评价内部控制意味着一个组织的内部控制评价是从整体层面控制开始，再发展到过程层面控制和账户层面控制。检验整体层面的控制，首先要保证内部控制的评价按照最普遍和最重要的顺序来检验，然后再到详细划分的地方。目的是集中检验关键的控制，避免强调次级控制。

2. 充分利用风险导向的方法

风险评估不局限于辨别数量层面上重要的账户，也可以评价所有和财务报告相关的控制。可以定量的风险需要与账户、过程和控制相关联，来评价相应的舞弊风险、IT独立性、对管理人员越权的敏感性。这个评估的结果会使关注点集中在合规项目和相关高风险领域的测试，同时显著地减少测试工作和控制失败的机会。通过评价和区分风险，审计师减少了低风险控制测试，集中精力发现和评估承担着风险的项目。

3. 使用其他人工作成果的能力

AS5鼓励审计师使用公司员工和内部审计师的工作成果。这个新的使用范围使得公司能够允许外部审计师依赖已经完成的交易测试和已经被管理层应用并且经过内部审计人员检验的控制，从而减少不必要的程序。外部审计师在确定是否依赖其他人工作的时候要考虑二个因素：被测试事项的性质、执行测试人员的专业胜任能力、执行测试人员的客观性。

4. 豁免了审计师对管理层内部控制评价程序的恰当性发表意见的要求

AS5区分审计师和管理当局在角色和责任上的差异，管理当局的评估和审计师的评价是相互补充的，并且都必须按加强财务报告的可靠性的思想来执行。因此，管理当局日常与内部控制的互动使它的评估过程不同于审计师，审计师对于企业的熟悉程度远不如管理当局，也不会像管理当局那样经常地、有规律地与内部控制互动。所以，AS5不要求审计师对管理层内部控制评价程序的恰当性发表意见。

5. 澄清了穿行测试的要求

AS2对穿行测试的指导掩盖了目标。因此，AS5要求审计师更加关注穿行测试的目标，而不是程序本身。不是特定类型的检查需要穿行测试，而是准则要求审计师获得对可能错报的有效理解并且确定需要测试的控制。

6. 强调审计师的职业判断

AS5去掉了对重大过程和交易事项主要分类的指导，允许审计师根据准则的原则进行更多的专业判断。可能导致不必要审计程序的强制性用语“必须”和“应该”的数量减少，允许审计师根据公司的实际情况安排审计的性质、时间和程序。因此，最终的准则非常强调审计师的职业判断。

六、整合审计

内部控制审计成为独立的业务之后，有两种审计方式：一是独立开展，与财务报表审计分开实施；二是与财务报表审计同步进行，一般称为整合审计。目前，从发展趋势来看，不少国家都选择整合审计方式。选择整合审计的原因主要包括：

（1）内部控制审计与财务报表审计的最终目标一致。内部控制审计目标是对产生财务报告的企业内部控制有效性发表审计意见。财务报表审计目标是对被审计单位财务报表的合法性与公允性发表审计意见。由此可见，内部控制审计目标与财务报表审计目标都是合理保证会计信息质量，提高财务信息的可靠性。

（2）内部控制审计与财务报表审计的审计程序与方法相同。在进行财务报表审计的过程中，注册会计师需要在了解被审计单位的内部控制的基础上对其进行风险评估，并以此确定进一步审计程序。因此，对内部控制的了解和评价其实是财务报表审计的必要阶段之一，并且注册会计师对于拟信赖的内部控制，需要在整个审计期间测试其有效性。内部控制审计是针对企业内部控制有效性的，两者在审计程序上相互关联、相互交叉、相互渗透，并且在内部控制审计中所发现的控制缺陷等问题也能够为注册会计师报表审计提供线索以及指引方向。财务报表审计采用风险导向审计模式，在评估被审计单位重大错报风险的基础上，以评估结果为依据实施具体审计程序。实施具体审计程序可能用到检查文件记录、检查实物、观察、询问、函证、重新计算、重新执行、分析程序等审计方法，这些方法在内部控制审计当中也大量使用，《企业内部控制审计指引》要求内部控制审计采用风险导向审计方法，具体程序与财务报表审计相比差别并不大，因此，将内部控制审计与财务报表审计进行整合有利于节约审计资源，达到大幅降低审计成本的目的。

第 2 节 计划审计工作

本节介绍如何计划内部控制审计，主要内容包括：审计业务约定书；审计项目组；计划审计工作所需要评价的事项；确定重要性水平；识别重大账户、重大列报和相关认定；识别重大业务流程；了解企业内部控制评价及利用他人的工作；审计计划。

一、审计业务约定书

只有当内部控制审计的前提条件得到满足，并且会计师事务所符合独立性要求，具备专业胜任能力时，会计师事务所才能接受或保持内部控制审计业务。

（一）内部控制审计的前提条件

在确定内部控制审计的前提条件是否得到满足时，注册会计师应当：（1）确定被审计单位采用的内部控制标准是否适当；（2）就被审计单位认可并理解其责任与治理层和管理层达成一致意见。

被审计单位的责任包括：（1）按照适用的内部控制标准，建立健全和有效实施内部控制，以使财务报表不存在由舞弊或错误导致的重大错报；（2）对内部控制的有效性进行评价并编制内部控制评价报告；（3）向注册会计师提供必要的工作条件，包括允许注册会计师接触与内部控制审计相关的所有信息（如记录、文件和其他事项），允许注册会计师在获取审计证据时不受限制地接触其认为必要的内部人员和其他相关人员等。

（二）内部控制审计业务约定书的内容

如果决定接受或保持内部控制审计业务，会计师事务所应当与被审计单位签订单独的内部控制审计业务约定书。业务约定书应当至少包括下列内容：（1）内部控制审计的目标和范围；（2）注册会计师的责任；（3）被审计单位的责任；

(4) 指出被审计单位采用的内部控制标准；(5) 提及注册会计师拟出具的内部控制审计报告的形式和内容，以及对在特定情况下出具的内部控制审计报告可能不同于预期形式和内容的说明；(6) 审计收费。

二、审计项目组

《企业内部控制审计指引》规定，注册会计师应当恰当地计划内部控制审计工作，配备具有专业胜任能力的项目组，并对助理人员进行适当的督导。审计项目组成员应当符合以下要求：具有执行性质和复杂程度类似的内部控制审计的经验；了解企业内部控制相关规范和指引要求；了解《企业内部控制审计指引》和《中国注册会计师执业准则》的相关要求；拥有与企业所在行业相关的知识；具有职业判断能力。当会计师事务所不具备上述人力资源时，可以考虑获取外部相关资源。

三、计划审计工作所需要评价的事项

建立审计项目组之后，注册会计师应当制订审计计划。但是，审计计划不能凭空制订，必须先对被审计单位有所了解。根据《企业内部控制审计指引》的规定，在计划审计工作时，注册会计师应当评价下列事项对内部控制、财务报表以及审计工作的影响：

(1) 与企业相关的风险。了解企业面临的风险可以帮助注册会计师识别重大错报风险，继而帮助注册会计师识别重大账户、重大列报和相关认定以及识别重大业务流程。企业在经营过程中面临各种风险，注册会计师需要在审计计划阶段了解与企业相关的风险，并重点关注会对会计报表产生重要影响的风险。

(2) 相关法律法规和行业概况。企业违反法律法规的行为可能导致罚款、诉讼及其他可能对企业会计报表产生重大影响的事件，甚至危及企业的持续经营。了解相关法律法规有助于注册会计师识别由违反法律法规的行为而导致的重大风险；行业概况方面主要是了解行业经营环境对企业的影响，主要包括：竞争环境、供应商及企业关系、技术发展。

(3) 企业组织结构、经营特点和资本结构等相关重要事项。注册会计师了解企业组织结构、经营特点和资本结构等相关重要事项有助于对企业的全面了解，并便于评价企业可能引起重大错报的非常规业务和关联交易，评价各组成部分对整体的重要性。

(4) 企业内部控制最近发生变化的程度。对于连续审计项目，了解内部控制最近发生变化的程度。

(5) 与企业沟通过的内部控制缺陷。如果企业以前年度接受过内部控制审计，注册会计师应当了解以前年度在审计中发现的内部控制缺陷以及企业本期针对这些内部控制缺陷所采取的必要改进措施及其效果，并考虑这些情况对审计计划的影响。

(6) 重要性、风险等与确定内部控制重大缺陷相关的因素。在制订审计计划之前，注册会计师应当对与确定内部控制重大缺陷相关的重要性、风险及其他因素进行初步判断。《企业内部控制审计指引》规定，注册会计师应当以风险评估为基础，选择拟测试的控制，确定测试所需收集的证据。内部控制的特定领域存在重大缺陷的风险越高，给予该领域的审计关注就越多。所以，注册会计师应当更多地关注高风险领域，没有必要测试那些即使有缺陷也不会导致会计报表重大错报的控制。

（7）对内部控制有效性的初步判断。注册会计师根据以前年度对被审计单位的了解，并通过前面的各项了解，形成对被审计单位内部控制有效性的初步判断。对于可能存在重大缺陷的领域，应给予充分关注。

（8）可获取的、与内部控制有效性相关的证据的类型和范围。注册会计师根据上述对被审计单位的了解，应当对可获取的、与内部控制有效性相关的证据的类型和范围有初步判断。这种判断将有助于注册会计师更好地计划内部控制测试的性质、时间和范围。

四、确定重要性水平

根据自上而下的风险导向审计方法，内部控制审计需要识别重大账户、重大列报和相关认定以及重大业务流程。同时，注册会计师还需要对识别出的内部控制缺陷进行评价，确定缺陷等级，并在此基础上形成内部控制审计意见。所以，需要确定重要性水平。

内部控制审计与财务报表审计紧密相关。财务报表审计对企业年度会计报表发表审计意见，而内部控制审计对特定日期财务报告内部控制有效性发表意见。从重要性水平来说，两者针对的是同一份会计报表，因此，内部控制审计重要性水平与财务报表审计的重要性水平应当一致。

五、识别重大账户、重大列报和相关认定

在确定重要性水平之后，注册会计师应识别重大账户、重大列报和相关认定。

（一）识别重大账户、非重大账户和小额账户

注册会计师从财务报表层面开始，按一定的标准将账户区分为重大账户、非重大账户和小额账户。

1. 重大账户

重大账户是指可能包含重大错报的某一账户。注册会计师根据账户金额的大小，并结合风险和其他因素来判断其是否为重大账户。

（1）金额标准。注册会计师应确定重要性水平及可容忍误差。识别重大账户时，注册会计师可使用该可容忍误差。账户的金额越大，意味着其包含重大错报的风险越大，因此，当账户金额达到或超过可容忍误差时，该账户很可能是重大账户。

（2）风险因素。在确定重大账户时，除了考虑金额大小之外，还需要考虑固

有风险因素。注册会计师应确定固有风险因素对财务报表不同账户的影响程度和影响方式，以确定这些相关账户是否为重大账户。因此，在考虑固有风险的情况下识别出来的重大账户，其金额可能小于可容忍误差。如果一个重大账户对应多个单独的业务流程，注册会计师应考虑根据不同的风险对重大账户进行分解，分别确定每个分解后的账户是不是重大账户。例如，销售费用账户包括销售佣金、广告费用等多个账户，且销售佣金和广告费用分别属于不同的流程，所以需要分解，并分别判断销售佣金和广告费用是不是重大账户。又如，若某一账户的备抵账户与该账户的固有风险不同，且涉及的业务流程也不同，注册会计师通常将它们单独确定为重大账户。

（3）财务报告使用的预期。财务报告使用的预期也是在确定重大账户时需要考虑的因素。如果财务报告使用者非常重视某账户，那么即使这些账户小于可容忍误差，也可能在某种程度上影响其决策，所以这些账户也要确定为重大账户。

2. 非重大账户

非重大账户是指金额达到或高于可容忍误差，但注册会计师认为该账户只有有限的或没有重大错报的风险的账户。注册会计师作这种判断时需要谨慎，应考虑的因素包括影响该账户的业务及其流程是否无重大变化、该账户的金额是否无重大变化、以前年度的审计经验。

3. 小额账户

小额账户通常指账户金额小于可容忍误差，且注册会计师认为该账户不会发生重大错报的账户。

（二）识别重大列报

列报中出现的错报可能影响财务报告使用者的决策。同时，注册会计师应考虑列报是否充分、适当，是否达到所规定的列报要求。所以，一般来说，所有列报都是重大的，包括应列报的金额及相关的描述。

（三）识别相关认定

在识别重大账户和列报后，注册会计师应确定那些与重大账户和列报相关的财务报表认定，对重大账户和列报而言，并非所有认定都是相关的。这里的相关认定是指可能导致重大错报、与重大账户或列报相关的认定。当然，注册会计师无须识别非重大账户和小额账户的相关认定。当一个重大业务流程影响多个重大账户或重大列报时，注册会计师如认为合适，可选择组合认定。

六、识别重大业务流程

重大业务流程是指对某一重大账户和列报及其相关认定产生重大影响的业务流程。注册会计师需要识别影响每个重大账户、列报和相关认定的重大业务流程，如果业务流程中包括信息系统，还需要识别相关的信息系统。

一般来说，注册会计师把通过类似方式处理并具有相同或类似重大错报风险的业务流程定义为相同的业务流程。注册会计师通过询问恰当人员、查阅相关文件，结合以往经验来识别单独的业务流程。

如果一个业务流程的复杂性、业务量或其他固有风险因素，可能导致重大错报或受特别风险影响而对重大账户及其相关认定有重要影响，则应将该业务流程确定为重大业务流程。

由于列报程序通常是财务报告流程的一部分，注册会计师通常在财务报告流程中识别重大列报流程。

七、了解企业内部控制评价及利用他人的工作

《企业内部控制审计指引》规定，注册会计师应当对企业内部控制评价工作进行评估，判断是否利用企业内部审计人员、内部控制评价人员和其他相关人员的工作以及可利用的程度，相应减少可能本应由注册会计师执行的工作。注册会计师利用企业内部审计人员、内部控制评价人员和其他相关人员的工作，应当对其专业胜任能力和客观性进行充分评价。与某项控制相关的风险越高，可利用程度就越低，注册会计师应当更多地对该项控制进行测试。注册会计师应当对发表的审计意见独立承担责任，其责任不因为利用企业内部审计人员、内部控制评价人员和其他相关人员的工作而减轻。

八、审计计划

注册会计师在完成上述各项工作之后，应当贯彻风险导向审计的思路，恰当地计划内部控制审计工作，制订总体审计策略和具体审计计划。

（一）总体审计策略

注册会计师应当在总体审计策略中体现下列内容：（1）确定内部控制审计业务特征，以界定审计范围，例如，被审计单位采用的内部控制标准、注册会计师预期内部控制审计工作涵盖的范围、对组成部分注册会计师工作的参与程度、注册会计师对被审计单位内部控制评价工作的了解以及拟利用被审计单位内部相关人员工作的程度等；（2）明确内部控制审计业务的报告目标，以计划审计的时间安排和所需沟通的性质，例如，被审计单位对外公布或报送内部控制审计报告的时间，注册会计师与管理层和治理层讨论内部控制审计工作的性质、时间安排和范围，注册会计师与管理层和治理层讨论拟出具内部控制审计报告的类型和时间安排以及沟通的其他事项等；（3）根据职业判断，考虑用以指导项目组工作方向的重要因素，例如，财务报表整体的重要性和实际执行的重要性、初步识别的可能存在重大错报的风险领域、内部控制最近发生变化的程度、与被审计单位沟通过的内部控制缺陷、对内部控制有效性的初步判断、信息技术和业务流程的变化等；（4）考虑初步业务活动的结果，并考虑对被审计单位执行其他业务时获得的经验是否与内部控制审计业务相关（如适用）；（5）确定执行内部控制审计业务所需资源的性质、时间安排和范围，例如，项目组成员的选择以及对项目组成员审

计工作的分派、项目时间预算等。

（二）具体审计计划

注册会计师应当在具体审计计划中体现下列内容：(1) 了解和识别内部控制的程序的性质、时间安排和范围；(2) 测试控制设计有效性的程序的性质、时间安排和范围；(3) 测试控制运行有效性的程序的性质、时间安排和范围。

第3节 实施审计工作

本节介绍如何实施内部控制审计，主要内容包括：自上而下的审计方法、评估企业层面控制、识别业务层面控制、选择拟测试的控制、测试内部控制、评价控制偏差。

一、自上而下的审计方法

《企业内部控制审计指引》规定，注册会计师应当按照自上而下的方法实施审计工作。自上而下的方法是注册会计师识别风险、选择拟测试控制的基本思路。自上而下的方法始于财务报表层次，从注册会计师对内部控制整体风险的了解开始，然后将关注重点放在企业层面的控制上，并将工作逐渐下移至重要账户、列报及其相关认定。在此基础上，识别重大业务流程。随后，选择对每个相关认定的重大错报风险的控制进行测试。这种方法引导注册会计师把关注焦点放在可能导致财务报表发生重大错报的账户、列报及相关认定上。

自上而下的审计方法是注册会计师在选择拟测试控制时的连续思考方法，在运用这种方法时，通常按照下列步骤开展工作：

(1) 评估企业层面控制。注册会计师对企业控制环境、风险评估、内部监督、信息与沟通等企业层面内部控制要素进行了解和评估，对可能造成财务报告重大错报的风险进行总体识别和评估。

(2) 识别业务层面控制。注册会计师在计划阶段已经识别重大账户、列报和相关认定，进而识别了重大业务流程。在实施阶段，要以此为基础，执行穿行测试，了解重大业务流程，识别相关控制。

(3) 选择拟测试的控制。针对每个财务报告认定，注册会计师针对每个出错项选择拟测试的控制点。

(4) 测试内部控制。注册会计师测试被选择的控制点。

(5) 评价控制偏差。注册会计师调查控制偏差的性质及产生原因。

二、评估企业层面控制

（一）企业层面控制的内容

《企业内部控制审计指引》规定，注册会计师测试企业层面控制，应当把握重要性原则，至少应当关注：与内部环境相关的控制；针对董事会、经理层凌驾于控制之上的风险而设计的控制；企业的风险评估过程；对内部信息传递和财务报告流程的控制；对控制有效性的内部监督和自我评价。

（二）企业层面控制对其他控制及测试的影响

企业层面控制对所有业务流程都应发挥作用，注册会计师对企业层面控制的评价，可能增加或减少本应对其他控制进行的测试。不同的企业层面控制在性质和精确度上存在差异，注册会计师应当从以下方面考虑这些差异对其他控制及其测试的影响：

（1）某些企业层面控制，如与控制环境相关的控制，对及时防止或发现并纠正相关认定的错报的可能性有重要影响。虽然这种影响是间接的，但这些控制仍然可能影响注册会计师拟测试的其他控制，以及测试程序的性质、时间安排和范围。

（2）某些企业层面控制旨在识别其他控制可能出现的失效情况，能够监督其他控制的有效性，但还不足以精确到及时防止或发现并纠正相关认定的错报。当这些控制运行有效时，注册会计师可以减少对其他控制的测试。

（3）某些企业层面控制本身能够精确到足以及时防止或发现并纠正相关认定的错报。如果一项企业层面控制足以应对已评估的错报风险，注册会计师就不必测试与该风险相关的其他控制。

三、识别业务层面控制

《企业内部控制审计指引》规定，注册会计师测试业务层面控制，应当把握重要性原则，结合企业实际、企业内部控制各项应用指引的要求和企业层面控制的测试情况，重点对企业生产经营活动中的重要业务与事项的控制进行测试。注册会计师应当关注信息系统对内部控制及风险评估的影响。

企业业务层面的控制很多，在测试业务层面控制之前，注册会计师需要确定控制测试的对象，并不是所有的业务层面控制都需要测试。如何选择呢？在计划审计工作阶段，注册会计师已经识别重大账户、列报和相关认定，进而识别了重大业务流程。在实施阶段，注册会计师需要执行穿行测试，以了解重大业务流程，并识别认定层面的重大错报风险，在此基础上，识别针对重大错报风险的业务层面控制。

（一）对重大业务流程执行穿行测试

穿行测试通过追踪交易处理过程，了解控制设计和运行情况。对重大业务流程执行穿行测试的目的是了解重大业务流程，以识别认定层面的重大错报风险和相应的控制。在对重大业务流程执行穿行测试时，注册会计师通过选择一笔业务，沿着关键路径跟踪下去，获取对该业务流程关键路径的理解，包括业务的生成、记录、处理和报告。在每个审计期间，注册会计师都要对重大业务流程执行穿行测试。

（二）在重大业务流程中识别可能出错项

可能出错项是指在重大业务流程中由错误或舞弊而导致的错报风险。在了解重大业务流程时，注册会计师需要识别可能出错项，但不需要找出所有的可能出错项，而应将重点放在那些对相关认定有重大影响的可能出错项，这些可能出错项符合两个标准：一是有可能发生错报；二是产生的错误或舞弊可能导致重大错报。这两个标准表明，当有错报可能性时，注册会计师需要确定可能发生错报的影响程度。如果认为可能发生错报的影响程度是重大的，注册会计师就会将其视为需要识别的可能出错项。注册会计师需要将可能出错项与重大账户和列报的相关认定相联系，对于不相关的认定，注册会计师不需要识别可能出错项。

（三）识别相关控制

针对每一相关认定及其可能出错项，注册会计师需要识别相关的控制，了解控制类别，了解控制是如何运行的。在此基础上，对重大业务流程控制有效性作出初步判断。同时，还需要根据对重大业务流程的了解，判断自己在计划阶段对重大业务流程的理解是否与企业的实际情况一致。

四、选择拟测试的控制

注册会计师不需要测试重大业务流程中的所有控制点，而是应当根据重要性原则，选择适当的控制点进行测试，以获取充分适当的审计证据支持其对企业内部控制有效性的评价。选择适当的控制进行测试需要注册会计师运用职业判断。对于每个认定对应的每个可能出错项，注册会计师至少需要选择一个控制进行测试。

注册会计师应当对被审计单位的控制是否足以应对评估的每个相关认定的错报风险形成结论。因此，注册会计师应当选择对形成这一评价结论具有重要影响的控制进行测试。对特定的相关认定而言，可能有多项控制用以应对评估的错报风险；反之，一项控制也可能应对评估的多项相关认定的错报风险。注册会计师没有必要测试与某项相关认定有关的所有控制。在确定是否测试某项控制时，注册会计师应当考虑该项控制单独或连同其他控制，是否足以应对评估的某项相关认定的错报风险，而不应去考虑该项控制的分类和名称。

五、测试内部控制

（一）内部控制设计有效性和运行有效性

《企业内部控制审计指引》规定，注册会计师应当测试内部控制设计与运行的有效性。如果某项控制由拥有必要授权和专业胜任能力的人员按照规定的程序与要求执行，能够实现控制目标，表明该项控制的设计是有效的。如果某项控制正在按照设计运行，执行人员拥有必要授权和专业胜任能力，能够实现控制目标，表明该项控制的运行是有效的。

（二）测试内部控制的程序

《企业内部控制审计指引》规定，注册会计师应当根据与内部控制相关的风险，确定拟实施审计程序的性质、时间安排和范围，获取充分、适当的证据。与内部控制相关的风险越高，注册会计师需要获取的证据应越多。

1. 测试内部控制程序的性质

《企业内部控制审计指引》规定，注册会计师在测试控制设计与运行的有效性时，应当综合运用询问适当人员、观察经营活动、检查相关文件、穿行测试和重新执行等方法。询问本身并不足以提供充分、适当的证据。

测试控制有效性的程序的性质在很大程度上取决于拟测试控制的性质。某些控制可能有反映控制有效性的文件记录，而另外一些控制，如管理理念和经营风格，可能没有书面的运行证据。对于缺乏正式的控制运行证据的被审计单位或业务单元，注册会计师可以通过询问并结合运用其他程序，如观察经营活动、检查非正式的书面记录和重新执行某些控制，获取有关控制是否有效的充分、适当的审计证据。注册会计师在测试控制设计的有效性时，应当综合运用询问适当人员、观察经营活动和检查相关文件等程序。注册会计师执行穿行测试通常足以评价控制设计的有效性。

2. 测试内部控制程序的涵盖期间和时间安排

《企业内部控制审计指引》规定，注册会计师在确定测试的时间安排时，应当在下列两个因素之间作出平衡，以获取充分、适当的证据：尽量在接近企业内部控制自我评价基准日期间实施测试；实施的测试需要涵盖足够长的期间。

对控制有效性的测试涵盖的期间越长，提供的控制有效性的审计证据就越多。单就内部控制审计业务而言，注册会计师应当获取内部控制在基准日之前一段足够长的期间内有效运行的审计证据。在整合审计中，控制测试所涵盖的期间应当尽量与财务报表审计中拟信赖内部控制的期间保持一致。

注册会计师执行内部控制审计业务旨在对基准日内部控制有效性出具报告。如果已获取有关控制在期中运行有效性的审计证据，注册会计师应当确定还需要获取哪些补充审计证据，以证实剩余期间控制的运行情况。在将期中测试结果更新至基准日时，注册会计师应当考虑下列因素以确定需要获取的补充审计证据：（1）基准日之前测试的特定控制，包括与控制相关的风险、控制的性质和测试的结果；（2）期中获取的有关审计证据的充分性和适当性；（3）剩余期间的长短；（4）期中测试之后，内部控制发生重大变化的可能性。

针对所有重要账户和列报的每个相关认定，注册会计师应当获取控制有效性的审计证据。

对控制有效性测试的实施时间越接近基准日，提供的控制有效性的审计证据就越有力。为了获取充分、适当的审计证据，注册会计师应当在下列两个因素之间作出平衡，以确定测试的时间：（1）尽量在接近基准日期间实施测试；（2）实施的测试需要涵盖足够长的期间。

整改后的内部控制只有在基准日之前运行足够长的期间，注册会计师才能得出整改后的内部控制是否有效的结论。因此，在接受或保持内部控制审计业务时，注册会计师应当尽早与被审计单位沟通情况，并合理安排控制测试的时间，留出提前量。例如，注册会计师应在基准日前 3 个月完成期中测试工作。此外，由于对企业层面控制的评价结果将影响注册会计师测试其他控制的性质、时间安排和范围，注册会计师可以考虑在执行业务的早期阶段对企业层面控制进行测试。

3. 测试内部控制程序的范围

注册会计师在测试控制的运行有效性时，应当在考虑与控制相关的风险的基础上，确定测试的范围（样本规模）。注册会计师确定的测试范围，应当足以使其获取充分、适当的审计证据，为基准日内部控制是否不存在重大缺陷提供合理保证。

在测试人工控制时，如果采用检查或重新执行程序的方法，注册会计师测试的最小样本量区间如表 5－1 所示。

表 5－1　测试人工控制的最小样本量区间

控制运行频率	控制运行总次数	测试的最小样本量区间
每年 1 次	1 次	1 次
每季 1 次	4 次	2 次
每月 1 次	12 次	2～5 次
每周 1 次	52 次	5～15 次
每天 1 次	250 次	20～40 次
每天多次	大于 250 次	25～60 次

在运用表 5－1 时，注册会计师应当注意下列事项：（1）测试的最小样本量是指所需测试的控制运行次数。（2）注册会计师应当根据与控制相关的风险，基于最小样本量区间确定具体的样本规模。（3）表 5－1 假设控制的运行偏差率预期为零。如果预期偏差率不为零，注册会计师应当扩大样本规模。（4）如果注册会计师不能确定控制运行频率，但是知道控制运行总次数，可根据“控制运行总次数”一列确定测试的最小样本量区间。

在测试自动控制时，由于信息技术处理具有内在一贯性，在信息技术一般控制有效的前提下，除非系统发生变动，注册会计师只需对自动化应用控制的运行测试一次，即可得出所测试自动化应用控制是否运行有效的结论。

六、评价控制偏差

控制偏差是指在内部控制测试中，注册会计师选择进行测试的某个控制点没有按控制设计的要求执行或者完全没有执行。《企业内部控制审计指引》规定，注册会计师对于内部控制运行偏离设计的情况，应当确定该偏差对相关风险评估、需要获取的证据以及控制运行有效性结论的影响。

注册会计师对于执行控制测试所发现的例外，首先要确定其是否构成一项偏差。当确定为偏差之后，注册会计师要调查控制偏差的属性及形成原因，并评价该偏差对原定的审计程序是否有影响。评价控制偏差的基本步骤如下：

（1）确认控制偏差。内部控制测试可能发现一些例外，注册会计师要确定这些例外是不是偏差。一般来说，注册会计师可以认为下列例外不是控制偏差：根据进一步评价，注册会计师确定识别出的例外事实上不是控制预期目标的一项偏差，其中的可能原因是注册会计师在初步评价时没有对例外情况作出正确解释；基于对控制设计的了解，注册会计师能够通过追加执行询问之外的审计程序以获取充分、适当的审计证据，以确认该控制偏差引发的错误处在可以接受的水平，也就是小于可容忍水平。

（2）确认控制偏差的属性。当控制测试中发现的例外确定为偏差之后，注册会计师要执行进一步的程序以确定该控制偏差是系统性的还是随机性的。系统性偏差是指在相似情况下，预计都会发生错误的偏差；随机性偏差是偶然发生的错误。了解控制偏差的发生原因有助于注册会计师确定偏差的属性。一般来说，在确定一项偏差的属性时，注册会计师需要综合考虑以下两个方面：控制偏差是否具有共同特征；控制偏差是否由基础工作错误造成。

如果注册会计师确认控制偏差是系统性的，则无须扩大样本量，而是直接将该偏差作为控制缺陷。注册会计师在确定控制偏差为随机性偏差时，需要谨慎，在得出该结论之前，需要仔细评估该偏差产生的原因。当确定为随机性偏差时，注册会计师可以采取以下应对措施：一是扩大样本量进行测试，从而确定测试发现的错误率是否在可容忍范围内；二是直接将该偏差作为控制缺陷。

第 4 节　内部控制缺陷认定

本节介绍内部控制缺陷认定，主要内容包括：内部控制缺陷的种类、判断内部控制缺陷严重程度需要考虑的因素、内部控制缺陷认定步骤、企业层面内部控制缺陷认定特殊考虑、非财务报告内部控制缺陷认定。

一、内部控制缺陷的种类

内部控制缺陷区分为设计缺陷和运行缺陷。设计缺陷与设计有效性相关，内部控制设计有效性是指为实现控制目标所必需的内部控制措施都存在并且设计恰当，能够为控制目标的实现提供所要求的保证。如果没有达到设计有效性，则内部控制存在设计缺陷，一般是指缺少实现控制目标所需的内部控制或者内部控制设计不当，即使正常运行也不能实现控制目标。运行缺陷与运行有效性相关，内部控制运行有效性是指在内部控制设计有效的前提下，内部控制能够按照设计的内部控制措施正确持续地执行，从而为控制目标的实现提供所要求的保证。如果没有达到运行有效性，则内部控制存在运行缺陷，一般是指对设计恰当的控制没有按设计意图运行或执行人员缺乏必要的信息或专业能力，无法实施有效的内部控制。

内部控制缺陷认定是对审计实施阶段确认为缺陷的偏差进行等级评价，也就是将内部控制缺陷确定为不同的等级。

《企业内部控制审计指引》规定，内部控制缺陷按其成因分为设计缺陷和运行缺陷，按其影响程度分为重大缺陷、重要缺陷和一般缺陷。重大缺陷，是指一个控制缺陷或多个控制缺陷的组合，可能导致企业严重偏离控制目标。重要缺陷，是指一个控制缺陷或多个控制缺陷的组合，其严重程度和经济后果轻于重大缺陷，但仍有可能导致企业偏离控制目标。一般缺陷，是指重大缺陷、重要缺陷之外的其他缺陷。

二、判断内部控制缺陷严重程度需要考虑的因素

注册会计师应当评价其识别的各项控制缺陷的严重程度，以确定这些缺陷单独存在或组合起来是否构成内部控制的重大缺陷。控制缺陷的严重程度取决于：控制不能防止或发现并纠正账户或列报发生错报的可能性的大小；由一项或多项控制缺陷导致的潜在错报的金额大小。

控制缺陷的严重程度与错报是否发生无关，取决于控制不能防止或发现并纠正错报的可能性的大小。在评价一项控制缺陷或多项控制缺陷的组合是否可能导致账户或列报发生错报时，注册会计师应当考虑的风险因素包括：

（1）所涉及的账户、列报及其相关认定的性质。

（2）相关资产或负债易于发生损失或舞弊的可能性。

（3）确定相关金额时所需判断的主观程度、复杂程度和范围。

（4）该项控制与其他控制的相互作用或关系。

（5）控制缺陷的相互作用。

（6）控制缺陷在未来可能产生的影响。

在评价控制缺陷是否可能导致错报时，注册会计师无须将错报发生的概率量化为某特定的百分比或区间。如果多项控制缺陷影响财务报表的同一账户或列报，错报发生的概率会增加。在存在多项控制缺陷时，即使这些缺陷从单项看不重要，组合起来也可能构成重大缺陷。因此，注册会计师应当确定对同一重要账户、列报及其相关认定或内部控制要素产生影响的各项控制缺陷，以及它们组合起来是否构成重大缺陷。

在评价由一项或多项控制缺陷导致的潜在错报的金额大小时，注册会计师应当考虑的因素包括：

（1）受控制缺陷影响的财务报表金额或交易总额；

（2）在本期或预计的未来受控制缺陷影响的账户余额或各类交易涉及的交易量。

在评价潜在错报的金额大小时，账户余额或交易总额的最大多报金额通常是

已记录的金额，但其最大少报金额可能超过已记录的金额。通常，小金额错报发生的概率比大金额错报高。在确定一项控制缺陷或多项控制缺陷的组合是否构成重大缺陷时，注册会计师应当评价补偿性控制的影响。在评价补偿性控制是否能够弥补控制缺陷时，注册会计师应当考虑补偿性控制是否有足够的精确度以防止或发现并纠正可能发生的重大错报。

三、内部控制缺陷认定步骤

内部控制缺陷认定是需要职业判断的，虽然遵守一定的步骤，但本身并不是一个单一的过程，而可能是一个反复的过程。一般来说，内部控制缺陷认定的七个基本步骤包括：判断缺陷与财务报表认定是否相关；判断缺陷是否存在合理的可能性导致财务报表错报；判断可能导致的错报是否对财务报表构成重大影响；判断是否存在有效运行足以预防或发现重大错报的补偿性控制；判断缺陷重要程度是否足以引起财务主管或相关负责人的重视；判断一个足够知情、有胜任能力并且客观的人员能否得出此项控制缺陷为重大缺陷的结论；判断在考虑所有情况后，是否能够得出特殊事项并不代表控制缺陷的结论。

1. 判断缺陷与财务报表认定是否相关

财务报告内部控制缺陷的严重程度取决于其可能导致的财务报告错报的严重程度。所以，在进行财务报告内部控制缺陷认定时，首先需要关注相关控制是否与财务认定相关。控制财务报告认定可能直接相关，也可能间接相关。当一项控制与财务报告认定间接相关时，应考虑由此缺陷导致其他控制缺陷的可能性和重大程度。

2. 判断缺陷是否存在合理的可能性导致财务报表错报

判断缺陷严重程度取决于缺陷已经导致的错报金额和可能导致的错报金额。所以，注册会计师需要考虑：内部控制缺陷导致账户或列报错报的可能性；一个控制缺陷或多个内部控制缺陷的组合导致潜在错报的金额大小。

注册会计师在评价一个缺陷或缺陷汇总是否存在合理可能性导致财务报表错报时，需要但不限于考虑以下因素：

（1）账户、列报和相关认定的性质。

（2）相关资产或负债项目对损失或舞弊的敏感程度。

（3）确定涉及金额所需要的判断程度及其主观性和复杂性。

（4）在控制执行有效性测试中发现的控制偏差的产生原因及频率。

3. 判断可能导致的错报是否对财务报表构成重大影响

注册会计师需要对控制缺陷或缺陷汇总导致的财务报表错报进行估算，并与财务报表重要性水平进行比较，以判断内部控制缺陷导致的错报是否对财务报表造成重大影响。

注册会计师在估算错报时需要但不限于考虑以下因素：受内部控制缺陷影响的账户或相关交易发生的总额；本期或预计未来受内部控制缺陷影响的账户或交易量。

4. 判断是否存在有效运行足以预防或发现重大错报的补偿性控制

对于已经确认的可能导致财务报告重大错报的内部控制缺陷，注册会计师应当评估两方面内容：一是是否存在补偿性控制；二是该补偿性控制是否按照一定的精确度运行，从而降低了该内部控制缺陷导致财务报告错报的可能性或重要性。如果存在这种补偿性控制，注册会计师需要开展必要的测试以验证补偿性控制的精确性。

5. 判断缺陷重要程度是否足以引起财务主管或相关负责人的重视

注册会计师在完成步骤 3 之后，如果得出的结论是否定的答案，则需要考虑该缺陷的重要程度是否足以引起相关财务主管或负责人的重视。

注册会计师如果判断一个谨慎的财务主管或负责人在企业存在该内部控制缺陷时，仍然保持对财务报告和相关信息真实准确的信心，且该信心是充分合理的，则注册会计师可能认为该缺陷是一般缺陷。反之，注册会计师可以认为该缺陷构成重要缺陷或重大缺陷。

6. 判断一个足够知情、有胜任能力并且客观的人员能否得出此项控制缺陷为重大缺陷的结论

经过步骤 5 之后，注册会计师需要判断与注册会计师取得同样信息的足够知情、有胜任能力并且客观的人员能否得出此项控制缺陷为重大缺陷的结论，如果是，该缺陷则为重大缺陷，否则就是重要缺陷。

7. 判断在考虑所有情况后，是否能够得出特殊事项并不代表控制缺陷的结论

注册会计师在内部控制审计中可能会注意到一些特殊事项，例如，对已经公布的财务报告进行更正或补充说明。但是，某些特殊事项是由特殊背景和环境产生的，不一定是由控制缺陷导致的。因此，注册会计师对这些特殊事项的评估必须基于每家企业的特定环境和时点作出慎重考虑。

四、企业层面内部控制缺陷认定特殊考虑

某些企业层面的缺陷并不直接导致财务报表错报，但是会增加业务层面错报的可能性。因此，对于企业层面控制缺陷评估，要基于这些缺陷导致错报的可能性，而不能直接量化。注册会计师在评价企业层面内部控制缺陷导致财务报表的可能错报时，需要考虑以下因素：

（1）控制缺陷在企业的普遍性、控制缺陷对内部控制要素组成部分的相对重要性。

（2）过去年度及当年发生的错报是否与广泛性控制缺陷相关。

（3）是否存在增加舞弊的可能性。

（4）控制运行有效性方面中已知的或已发现的控制偏差的产生原因和频率。

（5）缺陷可能导致的后果。

《企业内部控制审计指引》规定，表明内部控制可能存在重大缺陷的迹象主要包括：注册会计师发现董事、监事和高级管理人员舞弊；企业更正已经公布的财务报表；注册会计师发现当期财务报表存在重大错报，而内部控制在运行过程中

未能发现该错报；企业审计委员会和内部审计机构对内部控制的监督无效。

五、非财务报告内部控制缺陷认定

（一）非财务报告内部控制缺陷沟通和披露要求

非财务报告内部控制缺陷是指相关控制不能及时防止或发现并纠正影响非财务报告内部控制目标的风险。内部控制审计主要关注财务报告内部控制缺陷。然而，《企业内部控制审计指引》规定，注册会计师对在审计过程中注意到的非财务报告内部控制缺陷，应当区别具体情况予以处理：

（1）注册会计师认为非财务报告内部控制缺陷为一般缺陷的，应当与企业进行沟通，提醒企业加以改进，但无须在内部控制审计报告中说明。

（2）注册会计师认为非财务报告内部控制缺陷为重要缺陷的，应当以书面形式与企业董事会和经理层沟通，提醒企业加以改进，但无须在内部控制审计报告中说明。

（3）注册会计师认为非财务报告内部控制缺陷为重大缺陷的，应当以书面形式与企业董事会和经理层沟通，提醒企业加以改进；同时，应当在内部控制审计报告中增加非财务报告内部控制重大缺陷描述段，对重大缺陷的性质及其对实现相关控制目标的影响程度进行披露，提示内部控制审计报告使用者注意相关风险。

根据上述要求，注册会计师没有必要设计专门针对非财务报告内部控制的程序，但是必须对在审计过程中注意到的非财务报告内部控制缺陷进行评估并沟通或披露。

（二）非财务报告内部控制缺陷认定方法

对于非财务报告内部控制缺陷认定，注册会计师要考虑定性和定量相结合的方法，谨慎选择。

在定性评价时，注册会计师需要谨慎考虑事实依据并结合职业判断。同时，需要谨慎对待重大缺陷的迹象，并且能够合理证明是由一个或多个缺陷导致。一般来说，非财务报告重大缺陷的迹象包括但不限于：重大偏离预算、政府监管部门处罚、企业发生重大损失。

在定量评价时，注册会计师对控制缺陷严重程度的评价依赖于控制是否无法及时预防或发现偏离某个非财务报告目标。注册会计师可以制定出评价企业控制目标偏离严重程度的方法。一般来说，非财务报告重要性水平原则上可以参考采用财务报表重要性水平，重大负面影响的衡量标准以财务报表重要性水平为依据。

（三）非财务报告内部控制缺陷认定步骤

一般来说，非财务报告内部控制缺陷认定的基本步骤包括：分析控制偏差成因，并执行必要的程序，初步判断该控制偏差是否构成缺陷；考虑已发现的控制缺陷和非财务报告内部控制目标是否相关；判断缺陷是否存在合理的可能性导致对企业产生负面财务影响；确定该缺陷可能导致的负面财务影响是否重大；考虑补偿性控制；判断该缺陷的重要程度是否足以引起相关业务主管的重视；考虑谨慎的第三方人员是否会得出该缺陷为重大缺陷的结论；判断在考虑所有情况后，是否能得出某些特殊事项并非由控制缺陷导致的结论。

1. 初步判断该控制偏差是否构成缺陷

注册会计师首先要判断该控制偏差是否构成内部控制缺陷。在进行判断时，注册会计师需要了解该偏差产生的原因和导致的后果。在作这种判断时，需要考虑以下因素：该偏差出现的概率；该控制出现偏差的程度，也就是偏差率；定性因素，主要是指偏差的属性，判断偏差属于系统性偏差还是随机性偏差。通过上述分析，如果注册会计师认为偏差是系统性的，则判断为缺陷，进入下一步骤。

2. 考虑已发现的控制缺陷和非财务报告内部控制目标是否相关

判断为缺陷后，注册会计师需要判断该缺陷是否与非财务报告内部控制目标相关。由于一项控制往往可以支撑多个控制目标，因此，如果某项控制既与财务报告内部控制目标相关，也与非财务报告内部控制目标相关，注册会计师可能只需要应用财务报告内部控制缺陷认定流程对其进行评价。

3. 判断缺陷是否存在合理的可能性对企业产生负面财务影响

在确定控制缺陷与非财务报告内部控制目标相关后，注册会计师应考虑该缺陷对企业产生重大负面财务影响的可能性和重大程度。

4. 确定该缺陷可能导致的负面财务影响是否重大

注册会计师需要从定量和定性两个角度来考虑缺陷导致的负面财务影响是否重大。从定量角度来说，需要考虑非财务报告内部控制重要性水平，该重要性水平可参考采用与财务报表相同的重要性水平。从定性角度来说，注册会计师需要考虑一个缺陷对企业产生重大负面财务影响的相关因素、对依赖此信息的人员的预期及其他需要考虑的因素。

5. 考虑补偿性控制

以一定的精确度有效运行的补偿性控制单独存在或组合起来，可能会预防或发现控制目标偏离，从而减少已确认的控制缺陷的影响。为了得出补偿性控制有效性运行的结论，注册会计师需要评估补偿性控制以获取相关证据。

6. 判断该缺陷的重要程度是否足以引起相关业务主管的重视

内部控制缺陷认定需要大量的职业判断。因此，在完成上述各步骤之后，如果继续判定为重大缺陷，注册会计师需要谨慎考虑该缺陷的重要程度是否足以引起相关业务负责人的重视，从而得出该缺陷和重要程度是否为一般缺陷或重要缺陷的结论。

7. 考虑谨慎的第三方人员是否会得出该缺陷为重大缺陷的结论

在完成步骤 6 之后，注册会计师应当考虑一个足够知情、有胜任能力并且客观的第三方人员是否会认为该控制缺陷为重大缺陷。该步骤的目的是充分发挥职业谨慎精神，从外部第三方的角度重新审视内部控制缺陷的严重程度，从而得出内部控制是否有效的结论。

8. 判断在考虑所有情况后，是否能得出某些特殊事项并非由控制缺陷导致的结论

某些特殊事项不一定是由控制缺陷导致的，这些事项可能包括特殊的背景和环境。如果注册会计师有充分的证据表明，公司的管理层已经建立合理的程序收集处理相关信息，并且控制是设计合理、运行有效的，则可以合理地认为控制没有失效。

第 5 节　完成审计工作

本节介绍完成审计工作的相关内容，主要包括：获取书面声明、沟通相关事项、形成审计意见。

一、获取书面声明

《企业内部控制审计指引》规定，注册会计师完成审计工作后，应当取得经企业签署的书面声明。书面声明应当包括下列内容：

（1）企业董事会认可其对建立健全和有效实施内部控制负责。

（2）企业已对内部控制的有效性作出自我评价，并说明评价时采用的标准以及得出的结论。

（3）企业没有利用注册会计师执行的审计程序及其结果作为自我评价的基础。

（4）企业已向注册会计师披露识别出的所有内部控制缺陷，并单独披露其中的重大缺陷和重要缺陷。

（5）企业对于注册会计师在以前年度审计中识别的重大缺陷和重要缺陷，是否已经采取措施予以解决。

（6）企业在内部控制自我评价基准日后，内部控制是否发生重大变化，或者存在对内部控制具有重要影响的其他因素。

如果被审计单位拒绝提供或以其他不当理由回避书面声明，注册会计师应当将其视为审计范围受到限制，解除业务约定或出具无法表示意见的内部控制审计报告。此外，注册会计师应当评价拒绝提供书面声明这一情况对其他声明（包括在财务报表审计中获取的声明）可靠性的影响。注册会计师应当按照《中国注册会计师审计准则第 1341 号——管理层声明》的规定，确定声明书的签署者、涵盖的期间以及何时获取更新的声明书等。

二、沟通相关事项

《企业内部控制审计指引》规定，注册会计师应当与企业沟通在审计过程中识别的所有控制缺陷。对于其中的重大缺陷和重要缺陷，应当以书面形式与董事会和经理层沟通。如果注册会计师认为审计委员会和内部审计机构对内部控制的监督无效，应当就此以书面形式直接与董事会和经理层沟通。书面沟通应在出具内部控制审计报告之前进行。

虽然不能要求注册会计师执行足以识别所有控制缺陷的程序，但是注册会计师应当沟通其注意到的内部控制的所有缺陷。内部控制审计不能保证注册会计师能够发现严重程度低于重大缺陷的所有控制缺陷。注册会计师不应在内部控制审计报告中声明在审计过程中没有发现严重程度低于重大缺陷的控制缺陷。

如果发现被审计单位已经存在或可能存在舞弊或违反法规行为，注册会计师应当按照《中国注册会计师审计准则第1141号——财务报表审计中对舞弊的考虑》《中国注册会计师审计准则第1142号——财务报表审计中对法律法规的考虑》的规定，确定并履行自身责任。

三、形成审计意见

《企业内部控制审计指引》规定，注册会计师应当对获取的证据进行评价，形成对内部控制有效性的意见。注册会计师应当评价从各种来源获取的审计证据，包括针对控制的测试结果、在财务报表审计中发现的错报以及已识别的所有控制缺陷，形成对内部控制有效性的意见。在评价审计证据时，注册会计师应当查阅本年度涉及内部控制的内部审计报告或类似报告，并评价这些报告指出的控制缺陷。在对内部控制的有效性形成意见后，注册会计师应当评价企业内部控制评价报告对相关法律法规规定的要素的列报是否完整和恰当。

第6节　出具审计报告

本节介绍出具内部控制审计报告的相关内容，主要包括：内部控制审计报告的要素、标准内部控制审计报告、非标准内部控制审计报告、期后事项。

一、内部控制审计报告的要素

《企业内部控制审计指引》规定，注册会计师在完成内部控制审计工作后，应当出具内部控制审计报告。标准内部控制审计报告应当包括下列要素：

（1）标题。报告统一称为“内部控制审计报告”。

（2）收件人。一般是审计业务的委托人，对于上市公司来说，通常称为“某公司全体股东”。

（3）引言段。说明审计范围，包括被审计单位的名称、审计对象、内部控制审计的基准日。

（4）企业对内部控制的责任段。说明企业对内部控制审计的责任，《企业内部控制审计指引》规定，建立健全和有效实施内部控制，评价内部控制的有效性是企业董事会的责任。按照该指引的要求，在实施审计工作的基础上对内部控制的有效性发表审计意见是注册会计师的责任。

（5）注册会计师的责任段。说明注册会计师对内部控制审计的责任，《企业内部控制审计指引》规定，注册会计师执行内部控制审计工作，应当获取充分、适当的证据，为发表内部控制审计意见提供合理保证。注册会计师应当对财务报告内部控制的有效性发表审计意见，并对在内部控制审计过程中注意到的非财务报告内部控制的重大缺陷，在内部控制审计报告中增加非财务报告内部控制重大缺陷描述段予以披露。

（6）内部控制固有局限性的说明段。说明内部控制的固有局限性。

（7）财务报告内部控制审计意见段。说明企业的内部控制是否按照《企业内部控制基本规范》和相关规定在所有重大方面保持了有效的财务报告内部控制。

（8）非财务报告内部控制重大缺陷描述段。区分情形，对注意到的非财务报告内部控制作描述。《企业内部控制审计指引》规定，注册会计师对在审计过程中注意到的非财务报告内部控制缺陷，应当区别具体情况予以处理：第一，注册会计师认为非财务报告内部控制缺陷为一般缺陷的，应当与企业进行沟通，提醒企业加以改进，但无须在内部控制审计报告中说明；第二，注册会计师认为非财务报告内部控制缺陷为重要缺陷的，应当以书面形式与企业董事会和经理层沟通，提醒企业加以改进，但无须在内部控制审计报告中说明；第三，注册会计师认为非财务报告内部控制缺陷为重大缺陷的，应当以书面形式与企业董事会和经理层沟通，提醒企业加以改进，同时应当在内部控制审计报告中增加非财务报告内部控制重大缺陷描述段，对重大缺陷的性质及其对实现相关控制目标的影响程度进行披露，提示内部控制审计报告使用者注意相关风险。

（9）注册会计师的签名和盖章。《财政部关于注册会计师在审计报告上签名盖章有关问题的通知》规定，审计报告应当由两名具备相关业务资格的注册会计师签名盖章并经会计师事务所盖章方为有效。合伙会计师事务所出具的审计报告，应当由一名对审计项目负最终复核责任的合伙人和一名负责该项目的注册会计师签名盖章。有限责任会计师事务所出具的审计报告，应当由会计师事务所主任会计师或其授权的副主任会计师和一名负责该项目的注册会计师签名盖章。

（10）会计师事务所的名称、地址及盖章。

（11）报告日期。注册会计师只能在企业董事会批准签发内部控制评价报告后签署内部控制审计报告，所以内部控制审计报告的报告日期应该不早于与其一同披露的内部控制评价报告所注明的日期。注册会计师在完成内部控制审计和财务报表审计后，应当分别对内部控制和财务报表出具审计报告，并签署相同的日期。

二、标准内部控制审计报告

标准内部控制审计报告也就是出具无保留意见内部控制审计报告，如果符合下列所有条件，注册会计师应当对内部控制出具无保留意见的内部控制审计报告：

（1）在基准日，被审计单位按照适用的内部控制标准的要求，在所有重大方面保持了有效的内部控制。

（2）注册会计师已经按照《企业内部控制审计指引》的要求计划和实施审计工作，在审计过程中未受到限制。

三、非标准内部控制审计报告

（一）内部控制存在重大缺陷时的处理

如果认为内部控制存在一项或多项重大缺陷，除非审计范围受到限制，注册会计师应当对内部控制发表否定意见。否定意见的内部控制审计报告应当包括重大缺陷的定义、重大缺陷的性质及其对内部控制的影响程度。

如果重大缺陷尚未包含在企业内部控制评价报告中，注册会计师应当在内部控制审计报告中说明重大缺陷已经识别，但没有包含在企业内部控制评价报告中。如果企业内部控制评价报告包含了重大缺陷，但注册会计师认为这些重大缺陷未在所有重大方面得到公允反映，注册会计师应当在内部控制审计报告中说明这一结论，并公允表达有关重大缺陷的必要信息。此外，注册会计师还应当就这些情况以书面形式与治理层沟通。

如果对内部控制的有效性发表否定意见，注册会计师应当确定该意见对财务报表审计意见的影响，并在内部控制审计报告中予以说明。

（二）审计范围受到限制时的处理

注册会计师只有实施了必要的审计程序，才能对内部控制的有效性发表意见。如果审计范围受到限制，注册会计师应当解除业务约定或出具无法表示意见的内部控制审计报告。

如果法律法规的相关豁免规定允许被审计单位不将某些实体纳入内部控制的评价范围，注册会计师可以不将这些实体纳入内部控制审计的范围。这种情况不构成审计范围受到限制，但注册会计师应当在内部控制审计报告中增加强调事项段或者在注册会计师的责任段中就这些实体未被纳入评价范围和内部控制审计范围这一情况，作出与被审计单位类似的恰当陈述。注册会计师应当评价相关豁免是否符合法律法规的规定，以及被审计单位针对该项豁免作出的陈述是否恰当。如果认为被审计单位有关该项豁免的陈述不恰当，注册会计师应当提请其作出适当修改。如果被审计单位未作出适当修改，注册会计师应当在内部控制审计报告的强调事项段中说明被审计单位的陈述需要修改的理由。

在出具无法表示意见的内部控制审计报告时，注册会计师应当在内部控制审计报告中指明审计范围受到限制，无法对内部控制的有效性发表意见，并单设段落说明无法表示意见的实质性理由。注册会计师不应在内部控制审计报告中指明所执行的程序，也不应描述内部控制审计的特征，以避免报告使用者对无法表示意见的误解。如果在已执行的有限程序中发现内部控制存在重大缺陷，注册会计师应当在内部控制审计报告中对重大缺陷作出详细说明。

只要认为审计范围受到限制将导致无法获取发表审计意见所需的充分、适当的审计证据，注册会计师就不必执行任何其他工作，即可对内部控制出具无法表示意见的内部控制审计报告。在这种情况下，内部控制审计报告的日期应为注册会计师已就该报告中陈述的内容获取充分、适当的审计证据的日期。

在因审计范围受到限制而无法表示意见时，注册会计师应当就未能完成整个内部控制审计工作的情况，以书面形式与管理层和治理层沟通。

（三）强调事项

如果认为内部控制虽然不存在重大缺陷，但仍有一项或多项重大事项需要提请内部控制审计报告使用者注意，注册会计师应当在内部控制审计报告中增加强调事项段予以说明。注册会计师应当在强调事项段中指明，该段内容仅用于提醒内部控制审计报告使用者关注，并不影响对内部控制发表的审计意见。

如果确定企业内部控制评价报告对要素的列报不完整或不恰当，注册会计师应当在内部控制审计报告中增加强调事项段，说明这一情况并解释得出该结论的理由。

四、期后事项

在基准日后至审计报告日前（以下简称期后期间），内部控制可能发生变化或出现其他可能对内部控制产生重要影响的因素。注册会计师应当询问是否存在这类变化或因素，并获取被审计单位关于这类变化或因素的书面声明。

注册会计师应当针对期后期间，询问并检查下列信息：

（1）在期后期间出具的内部审计报告或类似报告。

（2）其他注册会计师出具的涉及被审计单位内部控制缺陷的报告。

（3）监管机构发布的涉及被审计单位内部控制的报告。

（4）注册会计师在执行其他业务中获取的有关被审计单位内部控制有效性的信息。

此外，注册会计师还应当考虑获取期后期间的其他文件，并按照《中国注册会计师审计准则第 1332 号——期后事项》的规定，对其进行检查。

如果知悉对基准日内部控制有效性有重大负面影响的期后事项，注册会计师应当对内部控制发表否定意见。如果注册会计师不能确定期后事项对内部控制有效性的影响程度，应当出具无法表示意见的内部控制审计报告。

如果管理层在评价报告中披露了基准日之后采取的整改措施，注册会计师应当在内部控制审计报告中指明不对这些信息发表意见。

注册会计师可能知悉在基准日不存在，但在期后期间发生的事项。如果这类期后事项对内部控制有重大影响，注册会计师应当在内部控制审计报告中增加强调事项段，描述该事项及其影响，或提醒内部控制审计报告使用者关注企业内部控制评价报告中披露的该事项及其影响。

在出具内部控制审计报告后，如果知悉在审计报告日已存在的可能对审计意见产生影响的情况，注册会计师应当按照《中国注册会计师审计准则第 1332 号——期后事项》第四章第二节和第三节的规定办理。如果被审计单位更正以前公布的财务报表，注册会计师应当按照《中国注册会计师审计准则第 1332 号——期后事项》第四章第三节的规定重新考虑以前发表的内部控制审计意见的适当性。

第 7 节 内部控制审计若干重要问题

内部控制审计和内部控制评价在本质上是相同的，都是鉴证业务。只是内部控制评价由各单位自行鉴证，而内部控制审计由会计师事务所进行鉴证。所以，内部控制审计和内部评价面临一些相同的难题。在内部控制评价章节中，已经列出了一些难题，包括内部控制评价标准、内部控制评价模式、内部控制缺陷认定。事实上，还有许多其他的难题，例如内部控制审计重要性标准、整合审计，本节对这些难题作些分析。

一、内部控制审计重要性标准

根据自上而下的风险导向审计方法，内部控制审计需要识别重大账户、重大列报和相关认定以及重大业务流程。同时，注册会计师还需要对识别出的内部控制缺陷进行评价，确定缺陷等级，并在此基础上形成内部控制审计意见。所以，需要确定重要性水平。

内部控制审计与财务报表审计紧密相关。财务报表审计对企业年度会计报表发表审计意见，而内部控制审计对特定日期财务报告内部控制有效性发表意见。从重要性水平来说，两者针对的是同一份会计报表，因此，内部控制审计重要性标准与财务报表审计的重要性水平应当一致。

问题是，财务报表审计的重要性水平区分为多个层级，有报表层级的重要性水平，还有交易、余额、列报认定层级的重要性水平（一般称为可容忍误差）。内部控制审计的重要性水平是否要作这些分解呢？如果要分解，如何分解？一种可能性是直接应用财务报表审计的重要性水平进行分解，以交易、余额、列报认定的可容忍误差作为判断重大账户、重大列报和相关认定的标准。同时，对于每一项具体的内部控制缺陷，以可容忍误差作为判断缺陷严重程度的量化标准。

接下来的问题是，财务报表审计的重要性水平及其分解有可行的方法吗？到现在为止，职业判断是主要决定因素，所以内部控制审计依赖职业判断。

另外，在财务报表审计中，注册会计师和被审计单位管理层由于立场不同，对重要性水平的判断有区别，从而出现最终审计意见的分歧。而且，财务报表中的重要性水平又是内部控制审计中的重要性水平，因此也会影响内部控制审计的最终意见。

二、整合审计

财务报表审计策略分为两种：一是综合审计策略，在这种策略下，控制测试和实质性测试相结合；二是实质性程序为主的策略，在这种策略下，主要依赖实质性测试。问题是，在整合审计模式下要求对内部控制发表意见，控制测试成为必要的审计程序。所以，在整合审计模式下，实质性程序为主的策略就不存在了。

第8节 内部控制审计案例

本节介绍内部控制审计案例，包括三个案例材料：一是中国石油化工股份有限公司2011年度内部控制审计报告；二是企业层面内部控制缺陷认定案例；三是业务层面内部控制缺陷认定案例。

一、中国石油化工股份有限公司2011年度内部控制审计报告

中国石油化工股份有限公司内部控制审计报告①

中国石油化工股份有限公司全体股东：

按照《企业内部控制审计指引》及《中国注册会计师执业准则》的相关要求，我们审计了中国石油化工股份有限公司（以下简称贵公司）2011年12月31日的财务报告内部控制的有效性。

一、企业对内部控制的责任

按照《企业内部控制基本规范》《企业内部控制应用指引》《企业内部控制评价指引》的规定，建立健全和有效实施内部控制，并评价其有效性是贵公司董事会的责任。

二、注册会计师的责任

我们的责任是在实施审计工作的基础上，对财务报告内部控制的有效性发表审计意见，并对注意到的非财务报告内部控制的重大缺陷进行披露。

三、内部控制的固有局限性

内部控制具有固有局限性，存在不能防止和发现错报的可能性。此外，由于情况的变化可能导致内部控制变得不恰当，或对控制政策和程序遵循的程度降低，根据内部控制审计结果推测未来内部控制的有效性具有一定的风险。

四、财务报告内部控制审计意见

我们认为，贵公司于2011年12月31日按照《企业内部控制基本规范》和相关规定在所有重大方面保持了有效的财务报告内部控制。

毕马威华振会计师事务所 中国注册会计师：胡剑飞　张晏生

中国　北京

二〇一二年三月二十三日

---

① http://www.sse.com.cn/.

二、企业层面内部控制缺陷认定案例

注册会计师对某企业进行内部控制测试时发现，公司人力资源部门在招聘人员时，未按公司制度规定对新招聘财务人员进行背景调查。显然，这是内部控制运行缺陷。注册会计师使用控制缺陷分析表对该运行缺陷进行分析（见表 5－2）。①

表 5－2　　控制缺陷（企业层面控制缺陷）分析表

分析步骤	缺陷评价过程
步骤 1：该缺陷与财务报告认定是否直接相关	进行员工背景调查是人力资源政策，属于内部控制环境，该运行缺陷属于企业层面的控制缺陷，与财务报告没有直接关系
步骤 2 至步骤 4	无关
步骤 5：该缺陷的重要性是否足以引起财务主管或负责人的重视	经注册会计师与人力资源负责人和财务负责人讨论，这些负责人认为，公司虽然未对财务人员进行背景调查，但是公司有如下措施：（1）每年对所有财务人员进行职业道德教育和岗位责任培训；（2）制定并严格执行会计记录复核和审批程序；（3）内部审计人员每年对财务报告内部控制进行评价，未发现重要缺陷及重大缺陷。因此，财务负责人认为，该缺陷不会引起财务报表重大错报。注册会计师执行了反舞弊测试，没有发现控制偏差。因此，注册会计师判断财务负责人可以接受该缺陷
结论	该控制缺陷为一般缺陷

三、业务层面内部控制缺陷认定案例

某公司每月 15 日发工资，因此，薪酬会计需要在月底对当月 16 日到月底的工资进行预提。制度规定，财务经理审核薪酬会计编制的“预提工资计算表”，审核方法是将人力资源部编制的“员工人数变动表”和“预提工资计算表”进行核对，确保公司预提员工工资与人员变动相一致。注册会计师在审计中发现，由于财务经理工作忙碌且公司人员变动较少，所以财务经理事实上没有将“预提工资计算表”和“员工人数变动表”进行核对，而是仅仅比较了当月预提工资与前 3 个月预提工资的变动，并确认是否存在重大差异。

显然，这是内部控制运行缺陷。注册会计师使用控制缺陷评价分析表对该运行缺陷进行分析（见表 5－3）。②

表 5－3　　控制缺陷（业务层面控制缺陷）分析表

分析步骤	缺陷评价过程
步骤 1：该缺陷与财务报告认定是否直接相关	该控制与“发生”“准确性”“完整性”这些财务报表认定相关

① 《企业内部控制审计政策解读与操作指引》课题组. 企业内部控制审计政策解读与操作指引. 大连：东北财经大学出版社，2011：95.

② 同①93.

续前表

分析步骤	缺陷评价过程
步骤2：该缺陷是否存在合理的可能性导致财务报表错报	没有对比审核“预提工资计算表”和“员工人数变动表”，可能导致工资预提错误不能及时发现。所以，可能导致财务报表错报
步骤3：该缺陷可能导致的错报是否对财务报表构成重大影响	由于公司人员变动少且人工成本仅占公司生产成本的1%，因此，该缺陷对公司财务报表影响较小
步骤4	无关
步骤5：该缺陷的重要性是否足以引起财务主管或负责人的重视	公司首席财务官认为，公司人员变动较少且人工成本占生产成本的1%，因此，即使出现工资预提错误，造成财务报告重大错报的可能性也不高。同时，财务经理比较当月预提工资与前3个月预提工资的变动，事实上是补偿性控制措施，可以进一步降低错报的可能性
结论	该缺陷为一般缺陷

本章小结

本章主要包括：内部控制审计概述、计划审计工作、实施审计工作、内部控制缺陷认定、完成审计工作、出具审计报告、内部控制审计若干重要问题、内部控制审计案例。

内部控制审计是指会计师事务所接受委托，对合理保证特定基准日的内部控制设计与运行有效性进行鉴证。

我国内部控制审计的发展历程大概可以分为三个阶段：一是作为财务报表审计的组成部分；二是作为独立的审核业务；三是作为独立的审计业务。

美国内部控制审计发展历程重要的分界线是《萨班斯-奥克斯利法案》的颁布，在《萨班斯-奥克斯利法案》颁布之前，内部控制审计是财务报表审计组成部分或审核业务，颁布之后，内部控制审计成为独立业务，但是要求与财务报表审计整合进行。

内部控制审计成为独立的业务之后，有两种审计方式：一是独立开展，与财务报表审计分开实施；二是与财务报表审计同步进行，一般称为整合审计。

计划内部控制审计的主要内容包括：审计业务约定书、审计项目组、计划审计工作所需要评价的事项、确定重要性水平、识别重大账户及重大列报和相关认定、识别重大业务流程、了解企业内部控制评价及利用他人的工作、审计计划。

实施内部控制审计的主要内容包括：自上而下的审计方法、评估企业层面控制、识别业务层面控制、选择拟测试的控制、测试内部控制、评价控制偏差。

内部控制缺陷认定的主要内容包括：内部控制缺陷的种类、判断内部控制缺陷严重程度需要考虑的因素、内部控制缺陷认定步骤、企业层面内部控制缺陷认定特殊考虑、非财务报告内部控制缺陷认定。

完成审计工作的相关内容包括：获取书面声明、沟通相关事项、形成审计意见。

出具内部控制审计报告的相关内容包括：内部控制审计报告的要素、标准内部控制审计报告、非标准内部控制审计报告、期后事项。

内部控制审计面临的难题主要包括：内部控制审计重要性标准、整合审计。

复习思考题

1. 什么是内部控制审计？它有什么意义？
2. 国内外的内部控制审计大概经历了几个阶段？
3. 美国内部控制审计准则是如何变迁的？
4. 计划审计工作有哪些内容？
5. 实施审计工作有哪些内容？
6. 内部控制缺陷如何认定？
7. 完成审计工作包括哪些主要工作？
8. 内部控制审计报告的要素有哪些内容？
9. 什么情形下出具非标准内部控制审计报告？
10. 什么是整合审计？

第6章

质量管理体系审核

学习目标

1. 掌握质量管理体系审核的概念与类型
2. 掌握质量管理体系审核的方法与技巧
3. 掌握质量管理体系内部审核的一般过程
4. 掌握质量管理体系外部审核的一般过程

引导案例

ZS公司质量管理体系审核

ZS公司是一家专门从事液晶显示器（LCD）研发、生产、销售与技术服务的企业。公司LCD面板的产品线包括移动装置用彩色显示屏（CSTN）、薄膜晶体管（TFT）等。产品目标市场主要是13.3英寸[①]以下的中小尺寸显示器市场，产品普遍应用于移动终端、车载显示、娱乐显示、工业仪表等产品设备上。

ZS公司近年发展较为迅速，关键原因之一在于重视日常的质量管理，将质量管理的要求运用到了产品研发、设计、生产的全流程中。公司于2012年引入现代质量管理体系，并于2013年通过了ISO 9001质量管理体系的认证，产品通过瑞士通用公证行（SGS）的检测。

尽管ZS公司努力规范包括原材料供应、产品生产、质量检验在内的全流程环节，不断提高质量管理水平，但质量事故仍屡有发生。G公司是ZS公司的核心客户之一，2016年

① 1英寸=2.54厘米。

1—3月，G公司的产品质量严重不良，经G公司质检部门判定，主要是原材料有问题，分析认定为由ZS公司所供液晶显示器L产品造成。这一事件被ZS公司判定为严重不良事故，作停线处理。

由于L产品是ZS公司的重要产品，公司对其质量要求较高。停线后，ZS公司对L产品此前的功能不良情况进行了统计和汇总，对事故原因进行了充分调查与分析。调查结束后，ZS公司召开由集团公司领导、各部门负责人和各子公司负责人参加的质量管理专门会议进行研究。

在讨论过程中，有关人员发言要点如下：

ZS公司董事长王某：四年前我们公司就通过了ISO 9001质量管理体系的认证，这几年来，集团在质量体系认证方面投入了大量的资金与精力，为何到目前为止这个体系还是发挥不了作用？公司如此重要的产品竟然还能发生质量事故，到底是体系设计的问题，还是体系运行的问题？到底是认证方的水平问题，还是我们内部的问题？

ZS公司分管生产与质量工作的副总裁李某：四年前认证机构对我们进行ISO 9001质量认证审核之前，我们公司并没有质量管理体系，通过那一轮的认证审核督促我们建立并完善了质量管理体系，尤其是在书面文件和制度的完善方面。认证机构在审核过程中要求我们先把制度手册建立好，先运行起来，至于运行的好坏可以在以后慢慢观察。这几年，我们在文件制度建设上取得了很大的进步，但很多制度和规定在落地时难以执行，有些部门反映体系规定过于烦琐，在实际工作中根本没有时间按照体系要求一步一步开展，有些文件要求还比较机械，其实是在做无用功，这也导致了体系实际运行与手册文件要求出入较大。

ZS公司内部审计部经理孙某：从去年开始，我们已经意识到ISO 9001体系运行过程中的持续可靠问题，在去年的年度内部审计方案中，已经加入ISO 9001体系内部审核计划，审核中发现了不少问题。比如生产部门员工觉得ISO 9001体系要求过于书面化，对一线生产根本不起作用；质量管理部门员工主要应付外部认证机构的监督审核与复评，根本无暇顾及内部质量运行过程的控制与监督等。我们已把在内部审核中所发现的问题清单发给了质量管理部经理，他应该已经知道这些问题，也承诺会予以重视。

ZS公司销售总监张某：G公司曾经于2015年对我公司进行产品质量管理体系审核，不仅要求我们提供公司的相关质量管理文件和手册，还到现场进行了为期两天的检查。那次审核之后，G公司为我公司出具了一份质量管理体系审核报告，报告指出了L产品生产过程中的两个比较重大的质量管理问题。当时，我与质量管理部经理沟通过这两个问题，他指出，问题涉及研发部、采购部和生产部，还需要一笔专项费用对现有生产设备进行优化，这在短期内很难解决，因此这个问题就被搁置了。G公司给我们发来审核报告后，没有对报告里的问题进行追踪，我们也就没有再关注在审核中所发现的问题。

思考问题：（1）认证机构对ZS公司所作的ISO 9001认证审核属于哪类质量管理体系审核？对质量管理体系持续可靠的保证程度如何？（2）G公司对ZS公司所作的审核属于哪类质量管理体系审核？在审核开展过程中存在哪些问题？（3）ZS公司自身所作的质量管理体系审核对质量管理体系持续可靠的作用是什么？在审核开展过程中存在哪些问题？

质量管理体系是组织内部建立的为实现质量目标所必需的系统的质量管理模式，能够帮助组织增进顾客满意，促使持续改善，有效防范与质量相关的风险。质量管理体系的建立与运行作为一个过程本身必须是持续可靠的。那质量管理体系如何才能做到持续可靠呢？主要的保障措施是对质量管理体系运行过程进行监督，以审核质量管理体系是否存在缺陷，并推动整改，实现质量管理体系的持续改进。质量管理体系审核有多种形式，包括组织自身开展的质量管理体系内部审核和外部对组织开展的质量管理体系外部审核。本章介绍质量管理体系审核①，主要内容包括：质量管理体系审核概述、质量管理体系内部审核、质量管理体系外部审核。

第1节 质量管理体系审核概述

为了证实自身具备稳定提供满足顾客要求和适用法律法规要求的产品的能力，越来越多的组织引入质量管理体系审核，寻求 ISO 9000 体系的认证。随着质量管理体系审核的发展，这项工作逐步演变分化为第一方质量管理体系审核、第二方质量管理体系审核和第三方质量管理体系审核。本节介绍质量管理体系审核的一般性内容，包括：质量管理体系标准的产生与发展、质量管理体系的建立与实施、质量管理体系审核的概念与类型、质量管理体系审核的原则与特点、审核员的要求与管理、质量管理体系审核的方法与技巧。

一、质量管理体系标准的产生与发展

（一）质量管理体系标准的产生

1. 标准产生的背景

现代产品质量的提高，有赖于科学技术的发展和质量管理水平的不断提高。质量管理的发展是伴随着整个社会生产发展的客观需要而发展的，它与科学技术的进步、经济和管理科学的发展密切相关。从近现代质量管理的发展历史来看，质量管理的发展主要经历了质量检验、统计质量控制、全面质量管理三个阶段，质量管理领域已积累较为丰富的实践经验，形成了较为完善的基础理论，这些为质量管理的标准化创造了有利条件。随着质量管理的发展以及市场竞争日趋激烈，顾客对质量的期望越来越高，逐步关注供方能否有令人信服的质量保证能力来持续稳定地提供符合其质量要求的产品，这就催生了产品质量认证和质量管理体系

---

① 本章内容主要参考文献如下：国际标准化组织（ISO）发布的 ISO 9001 系列标准；中国国家标准化管理委员会、中华人民共和国国家质量监督检验检疫总局出版的《质量管理体系要求》系列资料；《ISO 9000 族标准质量管理体系内审员实用教程（第三版）》（徐平国、张莉、张艳芬编著，北京：北京大学出版社，2013）；《国家注册质量管理体系审核员培训教程》（方圆标志认证中心编，北京：中国标准出版社，2003）。

评价。质量管理体系的评价需要以供需双方和第三方共同认可的标准作为依据，由此产生了国际或地区质量管理体系标准。

2. 标准的形成

国际标准化组织（ISO）于1979年成立了质量管理和质量保证技术委员会（ISO/TC 176），负责制定质量管理和质量保证方面的国际标准。

1986年，ISO发布了第一个质量管理体系标准：ISO 8402《质量管理和质量保证——术语》。1987年，ISO相继发布了ISO 9000《质量管理和质量保证标准——选择和使用指南》、ISO 9001《质量体系——设计、开发、生产、安装和服务的质量保证模式》、ISO 9002《质量体系——生产、安装和服务的质量保证模式》、ISO 9003《质量体系——最终检验和试验的质量保证模式》以及ISO 9004《质量管理和质量体系要素——指南》。这些标准通称为1987年版的ISO 9000系列标准。

ISO 9000系列标准总结了工业发达国家先进的企业质量管理实践经验，统一了质量管理和质量保证相关的术语和概念，有助于推动组织质量管理的国际化，在消除贸易壁垒、提高产品质量和顾客满意度等方面产生了积极深远的影响。ISO 9000系列标准的颁布，得到了世界各国的普遍关注和广泛应用，促进了各国的质量管理和质量保证活动的标准化与规范化。

（二）质量管理体系标准的修订和发展

1987年版的ISO 9000系列标准突出体现了制造业的特点，而对非制造企业质量管理体系的标准未涉及，这给标准的广泛适用性造成一定的局限。随着全球经济一体化进程的加快，国际市场的进一步开放，市场竞争日趋激烈，世界各国及各类经济组织都在加强科学管理，努力提高组织的核心竞争力。这就需要标准能够满足各种类型使用者的需要，要求标准的结构和内容具有更加广泛的通用性，能够适用于提供各类产品与各种规模的组织。

1990年，ISO/TC 176对1987年版的ISO 9000系列标准按照“有限修改”“彻底修改”两个阶段进行修订。1994年，ISO/TC 176完成了第一阶段的“有限修改”，对标准的内容进行了小范围修订，发布了1994年版共计16项ISO 9000族国际标准，以便更好地满足标准使用者的需要。2000年，完成了第二阶段的“彻底修改”，对标准战略进行了修订，并于当年12月15日正式发布了2000年版的ISO 9000族国际标准。

按照ISO致力于国际标准的建立和不断完善的工作原则，根据ISO的有关规则，所有标准都需要定期（一般为5～8年）进行修订，以确保标准内容与思想的及时更新，能及时反映和充分体现最新的质量管理实践与理论发展成果，满足世界范围内标准使用者的需要。2005年以来，ISO相继组织对ISO 9000、ISO 9001、ISO 9004标准进行了修订，被称为“最新修改”。2008年11月15日，正式发布了2008年版的ISO 9001标准，强调持续改进的质量管理理念。2013年，ISO又开始修订2008年版的ISO 9001标准，通过修订条款顺序以及采用修订的

“质量管理原则”和新理念，着重关注过程方法、风险理念，于 2015 年 9 月 15 日正式发布了 2015 年版的 ISO 9001 标准。

二、质量管理体系的建立与实施

（一）建立和实施质量管理体系的基本方法

采用质量管理体系是组织的一项战略性决策，能够帮助其提高整体绩效，为推动可持续发展奠定良好基础。质量管理体系方法是为帮助组织建立一个协调的、有效运行的质量管理体系，实现组织的质量方针和目标而提出的一套系统、严谨的逻辑步骤，包括：

（1）确定顾客和其他相关方的需求和期望。

（2）建立组织的质量方针和质量目标。

（3）确定实现质量目标必需的过程和职责。

（4）确定和提供实现质量目标必需的资源。

（5）规定测量每个过程的有效性和效率的方法。

（6）应用这些测量方法确定每个过程的有效性和效率。

（7）确定防止不合格并消除产生原因的措施。

（8）建立和应用持续改进质量管理体系的过程。

质量管理体系方法将建立质量管理体系和实施质量管理体系的两种要求融合在一起，倡导在建立、实施质量管理体系以及提高其有效性时，采用 PDCA 循环以及基于风险的思维对过程和体系进行整体管理，通过满足顾客要求，增强顾客满意。该方法可帮助组织建立一个适合于组织并能有效运行的质量管理体系，从而可使组织：

（1）稳定地提供满足顾客要求以及适用的法律法规要求的产品和服务的能力。

（2）增加增强顾客满意的机会。

（3）应对与其运行环境和目标相关的风险和机遇。

（4）证实符合规定的质量管理体系要求的能力。

（二）建立和实施质量管理体系的一般步骤

不同的组织在建立、完善质量管理体系时，可根据自己的特点和具体情况，采取不同的步骤和方法。总体来说，按照质量管理体系方法建立和实施质量管理体系的一般步骤可概括为以下四个阶段。

阶段一：质量管理体系的策划与准备。

阶段二：质量管理体系的建立。

阶段三：质量管理体系的实施运行。

阶段四：质量管理体系的评价与完善。

其中，阶段一体现了质量管理体系方法（1）至（4）的要求，阶段二体现了方法（5）的要求，阶段三体现了方法（6）的要求，阶段四体现了方法（7）和

（8）的要求。

建立和实施质量管理体系的工作流程如表6－1所示。

表6－1　　　建立和实施质量管理体系工作流程

阶段	项目	工作内容
体系的策划与准备	体系策划准备	（1）顾客需求和期望分析 （2）质量管理体系/业务流程诊断 （3）推行工作准备
	体系策划	（4）质量方针和目标的策划 （5）业务流程/过程的设计策划 （6）职能分配/职责/组织结构的策划 （7）体系文件的策划
体系的建立	基础培训	（8）ISO 9001标准理解与实施培训 （9）体系文件编写培训 （10）内审员培训
	文件编写	（11）体系文件编写 （12）体系文件审批和发布
体系的实施运行	体系运行	（13）体系运行动员与宣布实施 （14）确定和提供必需的资源 （15）体系实施运行
体系的评价与完善	体系评价	（16）内部审核 （17）管理评审 （18）自我评定
	体系完善	（19）体系纠正及改进

其中，体系的评价与完善阶段作为组织质量管理体系的重要一环，为组织内部质量管理体系的自我改进、自我完善提供了重要保证，主要内容一般包括内部审核、管理评审、自我评定等。

内部审核对任何组织或部门都是必要的，内部审核可以自我诊断和评审本单位的成绩、需求、优势和不足，以确定质量管理体系是否符合策划的安排、是否符合标准和组织所确定的要求以及是否得到有效实施与保持，是进一步改进、完善体系的强有力手段。

管理评审每年至少进行一次，应按照策划的时间间隔来安排。管理评审一般由最高管理者亲自主持，由各部门的负责人和有关人员参加，主要对质量管理体系进行系统的评价，提出并确定各种改进的机会和变更的需要，进而确保质量管理体系持续的适宜性、充分性和有效性。

自我评定是一种仔细、认真的评价，旨在寻找改进组织整体业绩的机会，通常由组织的管理者来实施，最终得出组织的有效性和效率以及质量管理体系成熟水平方面的意见或判断。组织通过自我评定可将其质量管理业绩与外部组织和世界级的质量管理业绩进行水平对比。ISO 9004标准把体系成熟水平分为五个等级，并作了说明。

自我评定在目的、做法上与内部审核、管理评审有所不同。内部审核是对体系和过程的符合性检查，答案是符合、基本符合或不符合；管理评审是对体系所作的适应性检查，答案是适应、基本适应或不适应；自我评定是对体系成熟水平的检查，答案往往是分数，对应某一级成熟水平。前两者是质量体系标准管理与认证（注册）常用的判断方法，而后者则是评定质量奖的常用方法。

三、质量管理体系审核的概念与类型

（一）质量管理体系审核的概念

1. 审核的概念

ISO 19011：2011《管理体系审核指南》标准中给出了审核有关术语的定义，将“审核”（audit）定义为：“为获得审核证据（audit evidence）并对其进行客观的评价，以确定满足审核准则（audit criteria）的程度所进行的系统的、独立的并形成文件的过程。”其中，审核准则指的是一组方针、程序或要求；审核证据指的是与审核准则有关并能够证实的记录、事实陈述或其他信息。

审核是一种确定满足某特定审核准则程度的过程。当用于质量管理体系时，审核确定质量管理体系的文件、质量管理体系的实施以及实施效果与质量管理体系要求的符合程度。作为一种符合性评价活动，审核评价的依据是审核准则。审核是通过获取审核证据（如受审核方的陈述、文件的规定、记录的内容、实际的操作、现场的环境、设备的状况等等），将审核证据与审核准则进行比较，确定审核证据与审核准则符合性的一种评价活动。

审核的主要目的是确定满足审核准则的程度，如受审核方的质量管理体系对规定要求的符合性、对法律法规要求的符合性、所实施的质量管理体系满足规定目标的有效性等。

2. 质量管理体系审核

质量管理体系审核（quality management system audit）是指为获得质量管理体系的审核证据，并对其进行客观的评价，以确定满足质量管理体系准则的程度所进行的系统的、独立的、形成文件的过程。质量管理体系审核应覆盖该组织的所有部门和过程，应围绕产品质量形成全过程进行，通过对质量管理体系中的各个场所、各个部门、各个过程的审核和综合，得出质量管理体系符合性、有效性、达标性的评价结论。

质量管理体系审核通常是为了下列一种或多种目的：

（1）确保受审核方管理体系符合审核准则的情况。

（2）评审受审核方管理体系符合审核准则的情况。

（3）确保受审核方管理体系正常运行和持续改进。

（4）为第二方或第三方审核作准备。

（5）对一个有意与之建立合同关系的组织的管理体系进行评价。

对每一个过程进行审核时，应提出四个基本问题，综合四个问题的答案才能确定质量管理体系的审核结果。这四个基本问题是：

（1）过程是否已识别并适当规定？

（2）职责是否已分配？

（3）程序是否得到实施和保持？

（4）在达到所要求的结果方面，过程是否有效？

质量管理体系的审核准则见表6-2。

表6-2　质量管理体系审核准则

审核准则		质量管理体系
一组方针		质量方针、目标、指标及与质量有关的政策、承诺
一组程序		与质量有关的形成文件的程序、作业指导书
一组要求	明示的要求	与质量有关的形成文件的标准规范、合同、计划等要求
	通常隐含的要求	与质量有关的未形成文件但可确定的潜在要求或预期要求
	必须履行的要求	与质量有关的适用于组织的法律法规和其他要求

其他要求可包括行业规范、与有关机构的协定、非法规性指南等。由于不同审核组的审核目的不一样，用于依据的审核准则侧重点也应有所不同。

（二）审核委托方与受审核方

1. 审核委托方和受审核方的定义

审核委托方（audit client）是指要求审核的组织或人员。审核委托方可以是受审核方，也可以是依据法律法规或合同有权要求审核的其他组织。审核委托方可以是组织，也可以是人员；审核委托方所要求的事项是审核。

受审核方（auditee）指的是被审核的组织。受审核方可能是一个完整的组织，也可能是一个较大组织的一部分。对第三方认证/注册而言，申请认证的一方可能是受审核方，也可能不是受审核方。

2. 审核委托方与受审核方的职责

审核委托方的职责主要包括：

（1）提出审核要求。

（2）规定审核目标。

（3）与审核组长共同确定审核范围和审核准则。

（4）评审和确认审核计划。

（5）评审、批准审核范围的变更。

（6）接受审核报告，并决定报告分发范围。

（7）对受审核方采取的纠正措施进行跟踪和验证。

受审核方的职责主要包括：

（1）将审核的目的和范围通知有关人员。

（2）指定陪同人员。

（3）提供审核所需的资源。

（4）参加首次及末次会议。

（5）配合审核员达到审核目的。

（6）制订、实施纠正措施计划，并向审核组报告实施验证情况。

（三）质量管理体系审核的类型

质量管理体系审核可以按照不同的基准进行分类，通常有三种分类方法，即审核委托方分类法、审核范围分类法、审核方案序列分类法。

1. 按照审核委托方进行分类

根据《管理体系审核指南》（ISO 19011：2011）中对审核术语的规定，审核可以分为内部审核（简称“内审”）和外部审核（简称“外审”）两大类。其中，内部审核即第一方质量管理体系审核，外部审核包括第二方质量管理体系审核和第三方质量管理体系审核。

第一方质量管理体系审核，是一个组织自己提出的对自己的质量管理体系进行的审核，也称为内部质量管理体系审核。内审的提出者是组织的管理者，执行审核的人可以是组织自己培养的审核员，也可以是组织外聘的审核员。

第二方质量管理体系审核，是由顾客或以顾客的名义对组织进行的审核。执行审核的人可以是顾客，也可以是顾客委托的其他机构。组织对供方进行的评定活动就是第二方质量管理体系审核。

第三方质量管理体系审核，是由独立于顾客和组织之外的第三方认证机构或独立审核机构对组织进行的审核。通常也将第二方质量管理体系审核和第三方质量管理体系审核称为外部质量管理体系审核。

内外部质量管理体系审核的审核委托方和受审核方的关系如表 6－3 所示。

表 6－3　各审核类型审核委托方与受审核方的关系

审核类型		审核委托方	受审核方
内部审核	第一方质量管理体系审核	组织	组织
外部审核	第二方质量管理体系审核	顾客	组织
	第三方质量管理体系审核	认证机构	组织

（1）内部审核：第一方质量管理体系审核。

1）审核目的。

● 保持质量管理体系正常实施和改进。

一个组织要保持其质量管理体系的正常实施和改进，必须经常开展内部质量管理体系审核。通过审核促进组织质量管理体系的正常运行，发现问题，改进问题，从而不断改进和完善组织的质量管理体系，确保质量管理体系的正常实施。

● 为外部审核做好准备。

为顺利通过第二方、第三方的审核，在外部审核前，组织自身应进行一次或多次内部审核，以检查是否已做好迎接外部审核的准备，同时可以提前发现问题，及时采取纠正措施，便于顺利通过外部审核。

2）审核准则。

内部质量管理体系审核的主要依据是组织自身制定并发布实施的符合相关标准要求的质量管理体系文件，形成文件的质量方针、质量目标和与产品相关的法律法规。

（2）外部审核：第二方质量管理体系审核。

1）审核目的。

● 选择合格的供方。

一个组织要选择合格的供方，应在选定前对供方的质量管理体系进行审核或对其质量管理体系审核的结果进行评定，评价其是否符合有关规定的要求、是否可以作为合格的供方。组织的采购活动只能与合格的供方发生。

● 监督与控制供方。

通过经常性地对供方质量管理体系进行审核，可以为其保持质量管理体系的符合性及确保产品/服务质量满足组织的要求起到监督和控制作用。通过监督审核及时发现供方的问题，促使其改进或取消其供方资格。

2）审核准则。

第二方质量管理体系审核的主要依据是合同要求或顾客要求，可以是质量管理体系标准的全部要求，也可以是其中的一部分要求，还可以增加其他必要的要求。

（3）外部审核：第三方质量管理体系审核。

1）审核目的。

● 为潜在的顾客提供信任。

组织通过第三方审核或获得认证证书，可以增强组织良好的质量信誉，为现有的顾客和潜在的顾客提供信任。

● 减少重复的第二方审核。

第三方审核与认证具有较高的公正性、客观性和广泛的信誉，顾客在选择这样的组织作为供方时，可以通过验证认证证书或审核报告的方式进行供方评价，认可认证或第三方审核的结果，减少重复的第二方审核，节省审核费用。

● 获得质量管理体系认证。

通过第三方认证机构组织的审核，可证明组织满足认证的要求，并获得质量管理体系的认证。

2）审核准则。

第三方质量管理体系审核的主要审核依据包括《质量管理体系要求》或其他相应的标准、组织制定的质量管理体系文件以及组织适用的法律法规。

三种审核委托方审核的比较情况如表6-4所示。

表 6-4　　三种审核委托方审核比较表

比较项目	质量管理体系内部审核	质量管理体系外部审核	
	第一方审核	第二方审核	第三方审核
审核类型	内部审核	顾客对供方审核	独立的第三方对组织质量管理体系审核
执行者	组织内部或聘请外部人员	顾客自己或委托他人代表顾客	第三方认证机构派出审核员
审核目的	推动内部改进	选择、评定或控制供方	认证注册
审核准则（依据）	适用的法律法规及标准（顾客指定的标准）、组织质量管理体系文件、顾客投诉	顾客指定的产品标准和质量管理体系标准适用的法律法规	质量管理体系标准、组织适用的法律法规和标准、组织质量管理体系文件、顾客投诉
审核范围	可扩展到所有的内部管理要求	限于顾客关心的标准及要求	限于申请的审核范围和选定的质量管理体系标准
审核时间	审核时间较充裕、灵活	审核时间较少	审核时间较短，按计划执行
纠正措施	审核时可探讨、研究制定纠正措施	审核时可提出纠正措施	审核时通常不提供纠正措施建议
审核员	内部审核员注册资格不是必不可少的	通常由顾客、审核员及主管人员担任，对注册资格无要求	必须取得注册审核员资格

2. 按照审核范围进行分类

按审核范围进行划分，质量管理体系审核可分为全部审核和部分审核两类。

（1）全部审核。

组织质量管理体系审核，不管是由组织自身进行，还是由第二方或第三方进行，只要这种审核覆盖了组织产品形成或活动的各个过程、各个方面，就都属于全部审核。

（2）部分审核。

部分审核是对组织质量管理体系过程场所或活动进行有选择性的审核。对组织某类产品的某个过程、某个场所的审核，均属于部分审核。这种审核仅覆盖组织某个过程、某个部门和某个场所。质量管理体系认证后所进行的监督审核一般采用部分审核。

3. 按照审核方案序列进行分类

按审核方案序列进行划分，质量管理体系审核可分为初次审核、监督审核、复评。

（1）初次审核。

初次审核过程包括审核启动、文件评审/初访、现场审核准备、现场审核、审核报告编制及批准与分发、完成审核、纠正措施的跟踪与验证等内容。

（2）监督审核。

监督审核的目的是验证获得认证方质量管理体系是否持续运行，同时考虑组织运作方面的变化是否对质量体系产生了不利影响，并确认对认证要求的持续符合性。

（3）复评。

复评的目的是验证获得认证方整体的质量管理体系的全面持续有效性。复评控制要求对体系在上一个认证周期的绩效进行评价，复评过程应考虑监督审核的结果，而且至少应包括一次对质量管理体系文件的审核和一次现场审核。

（四）质量管理体系认证的一般过程及质量管理体系审核与认证的关系

1. 质量管理体系认证的一般过程

认证企业为了证明自己的产品能满足用户的要求，具有足够的质量控制和保证能力，在合同环境下，根据企业自身的特点并结合用户的要求，选用质量管理体系要求作为企业质量体系认证和注册的依据。近年来，质量管理体系认证已成为企业质量管理的主流趋势，企业普遍采用的标准为 2008 年版和 2015 年版的 ISO 9001 质量管理体系标准。

质量管理体系认证的一般流程如图 6－1 所示：

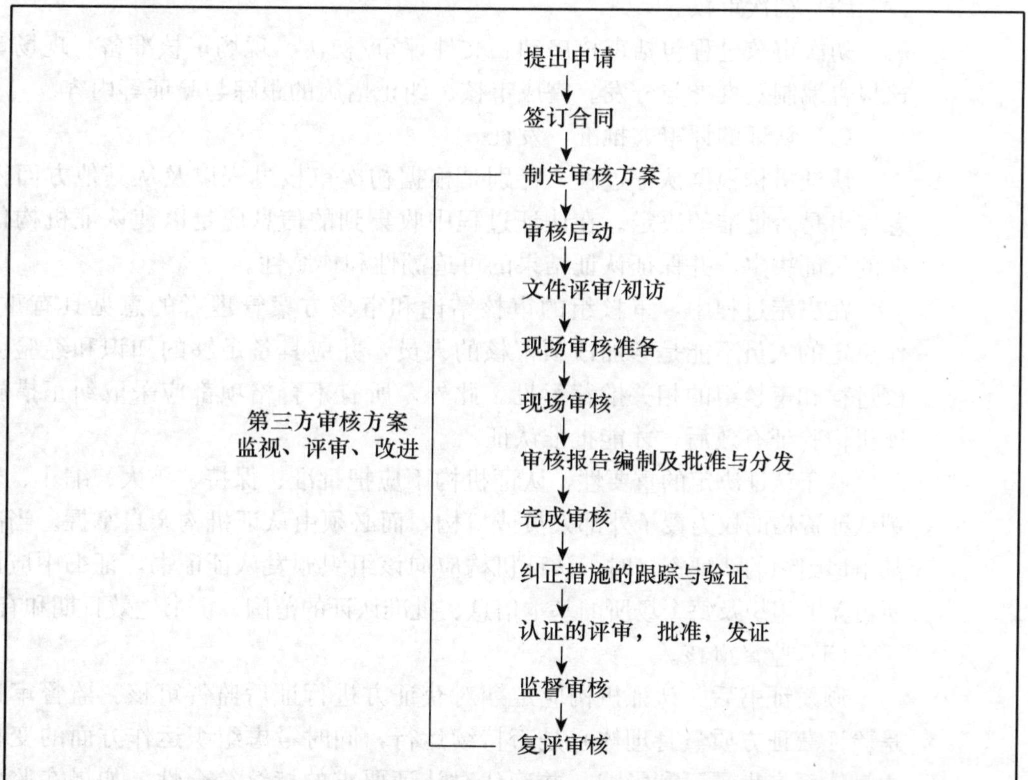

图 6－1　质量管理体系认证一般流程图

（1）受理认证申请。

一个组织的最高管理层在作出申请质量管理体系认证的战略决策后，会面临如何建立或完善质量管理体系、如何选择认证机构并签订认证合同等一系列问题。有关建立或完善质量管理体系的内容已在本节描述过。体系接受认证时一般应已运行3～6个月，规模大、过程复杂的组织可考虑运行1～1.5年，其间至少应经过一次内部审核（审核部分过程）、一次管理评审，内部审核应覆盖全过程。

申请认证的组织首先应根据认证专业、认证机构的管理水平、认证机构的权威性、认证费用等自主选择认证机构。认证机构选定后，申请认证的组织可以正式提出认证申请，一般须提交一份正式的由其授权代表签署的申请书，然后双方商谈有关认证及审核的问题，正式签订认证合同。

（2）制订审核方案。

合同签订后，认证机构应指定审核方案管理者，编制审核方案，并确定审核组长共同进行审核启动阶段的各项工作。

在准备阶段，审核组长应编制审核计划，进行审核分工和编制审核工作文件。受审核方则应向全体员工宣布审核计划的内容并做好迎接审核的准备工作，管理者代表要与认证机构的审核方案管理者和已指定的审核组长密切联系，解决准备工作中的各项问题。

（3）初次审核。

初次审核过程包括审核启动、文件评审/初访、现场审核准备、现场审核、审核报告编制及批准与分发、完成审核、纠正措施的跟踪与验证等内容。

（4）认证的评审、批准、发证。

认证机构根据认证过程，特别是根据初次审核过程以及从其他方面得到的信息作出是否批准的决定。在认证过程中收集到的信息应足以使认证机构作出有根据的认证决定，并保证认证结果的可追溯性和连续性。

在决定过程中，审核组的审核结论和审核方案管理者的意见具有重要作用。作决定的人员不能是参加该项审核的人员，并应具备足够的知识和经验以评价审核过程和审核组的相关推荐意见。此外，所有不合格项都应采取纠正措施并经认证机构验证有效后，才能批准认证。

鉴于认证决定的重要性，认证机构不应把批准、保持、扩大、缩小、暂停、撤销认证资格的权力授予外部人员或机构，而必须由认证机构亲自掌握。当决定批准某申请组织的认证资格时，认证机构应向该组织颁发认证证书，证书中应说明认证所覆盖的组织及每个场所的基本信息、批准认证的范围、证书生效日期和有效期。

（5）监督审核。

颁发证书后，认证机构应定期对获证方进行证后监督审核。监督审核的目的是验证获证方质量管理体系是否持续运行，同时考虑组织运作方面的变化是否对质量体系产生了不利影响，并确认对认证要求的持续符合性。如果在监督时发现不符合项，应在审核组审核委托方同意的期限内（期限应与不符合项严重程度一致）得到有效纠正，否则应缩小、暂停或撤销认证。

（6）复评审核。

复评审核的目的是验证获证方整体的质量管理体系的全面持续有效性。复评审核要求对体系在上一个认证周期的绩效进行评价，复评过程应考虑监督审核的结果，而且至少应包括一次对质量管理体系文件的审核和一次现场审核（可以替代或扩大为一次常规的监督审核），一般在初次审核（换证）后三年内进行，复评审核时间约为初次审核的2/3。如果在复评时发现不符合项，应在审核组审核委托方同意的期限内（期限应与不符合项严重程度一致）得到有效的纠正，否则应缩小、暂缓或不推荐认证。复评的报告和结论应与初次审核相同。

2. 质量管理体系审核与认证的关系

质量管理体系审核与质量管理体系认证是两个不同的概念。质量管理体系审核有第一方审核、第二方审核、第三方审核三种方式。第一方审核、第二方审核与认证无关，第三方审核主要是认证审核，但也可以是非认证的第三方审核。例如，质量管理咨询机构对受咨询组织的符合性审核、保险公司对组织的风险审核、消防机构对公共场所的火灾隐患的审核等均属第三方审核，但不是体系认证审核。

质量管理体系审核和质量管理体系认证之间的关系可以用表6-5表示。

表6-5　质量管理体系审核与质量管理体系认证的关系

项目	质量管理体系审核	质量管理体系认证
性质	对质量管理体系的全面、系统和独立的检查和评价，并形成文件	按程序为质量管理体系符合规定要求（标准）提供书面保证的活动
类型	有第一方审核、第二方审核、第三方审核三种类型，第三方审核的一个目的是体系认证	第三方（认证机构）的活动
过程	第三方认证审核是认证过程中的几个阶段，包括初次审核、监督审核、复评等	从受理申请到初审、发证、证后监督再到复评或停止证书的全过程
执行者	审核组	整个认证机构
结果	提交审核报告	颁发认证证书

四、质量管理体系审核的原则与特点

（一）质量管理体系审核的原则

审核原则是得到相应、充分审核结论的前提，是确保审核员独立工作时在相似的情况下得出相似结论的前提。ISO 19011：2011《管理体系审核指南》作为规范审核、审核管理和审核员要求的具体标准，对质量管理体系审核工作规定了审核原则。审核原则作为审核人员和实施审核工作所必须遵循的基本原则，是对审核员道德品行、思想作风、业务水平的明确要求，也是规范审核工作的重要指导思想。认真学习、理解和贯彻这些原则，对确保审核的客观性、公正性和有效性具有重要的意义。审核原则包括以下六项原则。

1. 诚实正直：职业的基础

这项原则是对一名合格审核员的基本要求。以诚实、正直、严谨、不偏不倚的态度从事工作，是每一位审核员应具备的道德情操，是确保审核员正确实施审核的最基本的职业道德和素质要求。

2. 公正表达：真实、准确地报告的义务

客观准确地报告审核工作是审核员的责任和义务。审核员（组）在审核过程中得出的所有审核发现、审核结论、审核报告应客观真实，能准确反映审核活动的真实情况。对于在审核中遇到的重大疑难问题、遗留问题、审核组内部或审核组与受审核方之间的分歧，均应向有关各方报告。

3. 职业素养：在审核中勤奋并具有判断力

这一原则要求审核员要充分认识所执行审核任务的重要性，珍视与审核有关的各方对自己的信任，在审核中应熟知相关专业，勤勉熟练执行审核工作并准确作出判断，这是一个合格审核员应具备的职业素养。熟悉和掌握审核的技术和技巧，并能在审核工作中熟练运用，认真地做好审核工作，是每一个审核员应具备的能力，也是确保职业素养的重要因素。

4. 保密性：信息安全

审核员应审慎使用和保护在审核过程中获得的信息。审核员不应为个人利益不适当地或以损害受审核方合法利益的方式使用审核信息，应正确处理敏感的、保密的信息。

5. 独立性：审核的公正性和审核结论客观性的基础

遵循这一原则是保证审核的公正性和审核结果客观性的基础。根据这一原则，审核员应独立于被审核的活动，不介入受审核方的任何利益冲突。在审核的全过程不带有任何偏见，保持审核的独立性与客观性，确保得出的审核发现和审核结论是以审核证据为依据的。

对于小型组织，内部审核员也许不能完全独立于被审核的活动，但也应尽一切努力消除偏见和体现客观。

6. 基于证据的方法：在一个系统的审核过程中，基于审核证据得出可信的和可重现的审核结论

审核证据应是真实的和可验证的，应来源于真实、可验证的信息。在有限的时间内，利用有限的资源完成一项审核，采用合理的抽样对确保审核结论的可信性是十分重要的。

（二）质量管理体系审核的特点

质量管理体系审核是依据 ISO 9001 族标准规定的程序和要求进行的审核活动，是一种规范性的审核活动。质量管理体系审核具有以下四个特点。

1. 质量管理体系审核活动是一项系统性的评价活动

质量管理体系审核活动的系统性体现在两个方面。一是要求组织的质量管理体系是正规的。正规的质量管理体系必须符合 ISO 9001 族标准要求的文件化体系，必须适合本组织的实际，并且在组织内得到了持续的实施。二是要求质量管理体系审核活动是一种正式的审核活动。正式的内部审核活动体现在内部审核员经过组织的最高管理者通过发布的质量管理体系文件授权，并按照符合 ISO 9001 族标准要求规定的内部质量管理体系审核程序进行。正式的外部审核活动按合同约定和 ISO 9001 族标准规定的要求进行。无论是内部审核还是外部审核，从编制审核方案、制订审核计划、编制检查表到编写审核报告等的全过程都要按规定形成文件和记录。执行审核工作的审核员要具备一定的资格与能力，要能够胜任内部/外部质量管理体系审核工作。

2. 质量管理体系审核活动是一种独立性的评价活动

质量管理体系审核活动是一种独立、客观、公正的审核活动，无论是内部审核还是外部审核，均要求执行审核的人员对被审核的区域没有直接责任。

内部质量管理体系审核活动是由组织自身组织实施的，但仍要求审核活动必须具有独立性。为确保内部质量管理体系审核的独立性，组织在安排内部审核活动时必须保证执行内部审核工作的人员不能对被审核的区域有直接的责任，对于规模较小的企业，至少要做到内部审核员不能自己审核自己的工作，确保审核的独立性和公正性。

内部审核的主要目的之一是找出组织质量管理体系的改进机会，内部审核员在保证执行审核时具有独立性的前提下，在审核的总结阶段可以参与分析产生不符合项的原因，也可以就如何改进组织的质量管理体系提出建议，以便更有针对性地改进组织的质量管理体系。

3. 质量管理体系审核过程是一个抽样的过程

质量管理体系审核是在规定的时限内，使用有限的审核人员完成的系统评价活动，它不可能对拟审核体系的全部活动进行审核，只能采取抽样的方法进行审核评价，得出审核发现。通过汇总分析所抽取样本的审核评价结果，结合审核目标分析，确定总体审核结论。因此，合理抽样对保证审核结果的有效性是至关重要的。

4. 质量管理体系审核按照过程的方法进行评价

组织是通过识别过程、确定和管理过程来建立质量管理体系的，评价质量管理体系也应该按照过程的方法进行评价，这便于得出正确的结论。按过程评价质量管理体系就是对过程提出四个基本问题，得出评价答案后即可确定评价结果。

五、审核员的要求与管理

审核员是“有资格实施审核并能胜任的人员”，资格是“审核员所共有的个人素质、最低学历、培训、工作和审核经历及能力的组合”。审核员有外部审核员和内部审核员之分，从事第二方审核、第三方审核的人员为外部审核员，从事第一方审核的人员为内部审核员。

(一) 审核员的素质和能力要求

1. 审核员的个人基本素质

审核员应具备个人基本素质，能够按照审核原则开展审核工作。审核员应具备的个人基本素质包括：

(1) 道德——公正、可靠、忠诚、诚实和谨慎。

(2) 思想开明——愿意考虑不同意见或观点。

(3) 善于交往——能灵活地与人交往。

(4) 善于观察——能经常和主动地认识周围环境和活动。

(5) 感知力——能本能地理解和熟悉环境。

(6) 适应力强——能适应不同情况。

(7) 坚韧不拔——对实现目标坚持不懈。

(8) 明断——根据逻辑推理和分析及时得出结论。

(9) 自立——在同其他人共同工作时能独立实施行动和发挥作用。

2. 质量管理体系审核员通用的知识和技能

质量管理体系审核员应具有下列方面的通用知识和技能：

(1) 审核原则、程序和技术——供审核员选择和使用以使其适应不同的审核并保证审核的一致性和系统性。这方面的知识和技能包括：运用审核原则、程序和技术；有效地策划和组织工作；按审核时间表进行审核；将重点放在重要问题上；通过有效的面谈、倾听、观察和评审文件、记录数据来收集信息；理解审核中运用抽样技术的适当性并得出结果；验证收集信息的准确性；确认审核证据的充分性和适宜性以支持审核发现和结论；评价影响审核发现和结论可靠性的因素；使用工作文件记录审核活动；准备审核报告；维护信息的保密性和安全性；通过个人的语言技巧或译员进行有效的交流。

(2) 管理体系和引用文件——使审核员能理解审核范围并运用审核准则。这方面的知识和技能包括：不同组织的管理体系的运用；管理体系各组成部分之间的相互作用；质量管理体系标准、适用的程序或其他用作审核准则的管理体系文件；引用文件的不同及优先性；不同审核引用文件的使用；用于文件及数据和记录的管理、授权、发放、控制的信息系统和技术。

(3) 组织状况——使审核员能理解组织的运作内容。这方面的知识和技能包括：组织规模、结构、职能和关系；总体运营过程和相关术语；受审核方的文件和社会习俗。

(4) 适用的法律法规和其他要求——使审核员理解受审核方的这些条件。这方面的知识和技能包括：国家、区域和地方的法律、法规和规章；合同和协议；国际公约和条约；与组织有关的其他要求。

3. 质量管理体系审核员特定的知识和技能

质量管理体系审核员应具有下列方面的特定知识和技能：

(1) 与质量相关的方法和技术——使审核员能评价质量管理体系并得出适当

的审核发现和结论。这方面的知识和技能包括：质量术语、质量管理原则及其运用、质量管理工具及其运用。

（2）过程和产品服务——使审核员能理解被审核的技术内容。这方面的知识和技能包括：特定行业的术语、过程和产品服务的技术特征；特定行业的过程和惯例。

（二）审核员的管理

1. 审核员的级别

（1）高级审核员：经授权且有资格带领审核员对管理体系进行审核的人员。

（2）审核员：经授权且有资格对管理体系进行审核的人员。

（3）实习审核员：经培训允许在审核员带领下见习管理体系审核的人员。

2. 审核员的注册制度

很多国家都设有自己的审核员注册机构，我国的审核员注册机构是中国认证认可协会（CCAA）。第三方审核人员经国家注册才能取得审核资格，内部审核员既可注册也可不注册。内部审核员不会因是否注册而影响其开展内部审核工作。

3. 内部审核员的管理

（1）培训。选择适合的人员接受组织内部培训或社会服务机构的培训，培训内容应适合于内部审核员的工作需要，并注意知识的更新。

（2）委派。应根据工作需要委派合适的内部审核员。

（3）考核。对内部审核员的专业知识、工作能力和工作表现进行定期考核，建立培训、考核记录。

（4）保持足够的内部审核员人数，以满足组织开展内部审核和维护质量管理体系的需要。

4. 外部审核员的管理

（1）第二方审核员的管理。

第二方审核是顾客对供方的审核，是顾客选择和控制供方的一种手段。在顾客寻找供方的情况下，第二方审核的目的是在签订合同前对供方候选者进行评定，主要依据顾客提出的要求进行审核；在合同签订后，第二方审核的目的是检查供方是否能持续、稳定地提供合格的产品，并促进供方持续改进其质量管理体系，主要依据合同。如顾客所提出的要求及签订的合同以 ISO 9001 族标准为基础，并由顾客独立开展第二方审核，那么对第二方审核员的管理可参考内部审核员的管理过程。当然，顾客也可委托第三方认证机构对供方开展质量管理体系审核。

（2）第三方审核员的管理。

第三方审核由第三方认证机构对组织进行审核。根据审核目标的不同，第三方审核业务可以分为认证审核业务与非认证审核业务。认证审核业务以评价被审核单位是否可以认证/注册或者是否可以持续保持认证资格为目标，其审核人员必须经国家注册取得审核资格并达到保持注册级别的相关要求。非认证审核业务不以评价被审核单位是否可以认证/注册或者是否可以持续保持认证资格为目标，如咨询人员按合同进行的独立符合性审核、接受顾客方委托对供方进行的审核等，其审核人员不受强制注册的要求。

（三）内外部审核员的区别

1. 资格认定不同

内部审核员由组织培训或社会服务机构培训认定即可；外部审核中的第二方审核员需由顾客培训或社会服务机构培训认定，第三方审核员必须经专门机构培训通过，并经国家认可机构的专门考核、认可、注册。

2. 代表对象不同

内部审核员代表组织管理者行使审核职责，本身是所在组织的成员；外部审核员代表审核委托方行使审核职责，通常是第三方认证机构的成员或顾客。

3. 承担责任不同

内部审核员可与受审核方共同研究制度纠正措施；第二方审核员可以帮助组织制订程序，提出纠正和预防措施建议或要求；第三方审核员一般不提供纠正措施建议，在接受受审核方要求提供纠正措施建议时应当谨慎。

4. 权力不同

内部审核员权力受到限制，只在授权范围时效内拥有；外部审核员有相对较大的权力，但需慎重使用。

5. 独立程度不同

内部审核员与组织人事关系密切，但要努力保持相对的独立性；外部审核员有完全的独立性，但要遵守职业道德。

6. 职业化程度不同

内部审核员通常以兼职为主，只有在实施审核计划时才从事审核活动，往往是"第二职业"。外部审核中的第二方审核员通常也以兼职为主，而第三方审核员通常以专职为主，他们以审核为职业并开展收费活动。由于职业化程度不同，内部审核员、第二方审核员所要求的能力、素质、教育、培训应比第三方审核员更加灵活，要求可以高些也可以低些。

六、质量管理体系审核的方法与技巧

审核员的基本目标是发现事实，这可以通过与执行人员面谈、检查文件化证据以及观察实际的操作来实现。多数的信息是通过面谈得到的，这并不是一项简单的任务，尤其是在面谈对象不想暴露其工作缺陷或者领导施压的情况下。在实际审核中，审核员可以采用很多种审核方法与技巧。

（一）质量管理体系审核的方法

常见的质量管理体系审核方法包括面谈、提问、记录、观察、验证、过程审核等。

1. 面谈

选择合适的人进行面谈可以节省大量的时间，面谈是在现场审核中较为常用的方法。通过与最高管理者、管理者代表及各部门领导面谈，可以确认他们对各自职责的理解和职责的落实情况；与现场员工的交谈可以判断他们对程序文件和作业指导书的了解程度和执行情况，从而判断体系的实施情况。

2. 提问

在审核中经常要向受审核方提问，对现场不同层次和岗位的被访者提出的问题应有所不同。根据审核的特点，可将审核中常见的提问分为开放性提问、封闭性提问、探索性提问、情绪性提问、欺骗性提问、引导型提问、假设性提问、系统性提问、复合型提问等。提问可以遵循“5W1H”（Why，What，Who，Where，When，How）原则，采用易于理解的语言，充分利用在审核准备过程中制定的各种检查表，与对方进行开放式的讨论，引发对方的思考和兴趣。

3. 记录

为保证审核证据的可追溯性，审核员必须进行记录。随着审核的进展，审核结果应被记录下来，以便为后面审核报告的编制提供材料。审核记录应准确、清楚、全面、易懂、便于查阅。审核员应记录：表明符合的事实；表明可能是不符合的事实；有效运作的观察；无效运作的观察；印象深刻的现象、产品、文件、运作、条件、态度等。记录时可采用笔录、录音、照相等方式，所作的记录包括时间、地点、人物、事实描述、评审材料、涉及的文件、各种标识等。

4. 观察

在审核中，审核员应明察秋毫，当审核员到达被审核区域现场或者审阅文件时，应细致观察文件、产品、工具、设备、区域、数据资料等。现场观察的方法可用于判断组织在实际工作中是否遵循了程序文件和作业指导书的要求，这也要求审核员熟悉各项文件对现场工作的主要要求。同时，审核员不应拘泥于文件的要求，应善于发现问题。

5. 验证

首先，审核员需要寻找客观证据，大量的客观证据可以通过方针、程序、规格等文件或记录获得。然而，客观证据不一定是文件化的资料，审核员也可以通过观察等方法来验证信息的真实性。

其次，为了验证有关活动是否符合要求，审核员可以采取抽样检查的方法对不同区域、过程、项目、合同或产品的质量管理活动进行测试，根据样本的符合程度推测总体的质量。

最后，审核员应跟踪审核线索。应对在文件审查阶段所发现的审核线索进行跟踪，从信息或产品起源处展开，然后依次询问跟踪过程，直至最终阶段，关注全过程中产品产出的流向及文件记录。

6. 过程审核

过程审核的方法是：首先要正确地识别过程的输入、输出、目标和检验点；然后再审查这些活动是如何开展的、是否受控；最后审查能否实现过程的目标、有无改进的行动。

（二）质量管理体系审核的技巧

常见的质量管理体系审核技巧包括分组协作、正确地处理受审核方的反应、审核沟通等。

1. 分组协作

对于认证机构来讲，除非出于对专业上的互补或者培养新的审核员的考虑，一般很少由两个审核员为一组来进行审核。因为认证机构是按人日数收费，多一个人审核，受审核方未必能支付这个人的审核人日费。企业在进行内部审核时，常常分小组进行审核，这样可以起到扩大观察视野、相互佐证、调整状态、时间提醒、专业互补的作用。

2. 正确地处理受审核方的反应

受审核方的表现对审核的效果来说是至关重要的。另外，如果审核员的立场不坚定，会大大削弱审核的价值。大多数时间里，受审核人员是负责和合作的，因为他们希望能够给人留下一个良好的印象。但是，并非受审核方的每一个人都是这么表现的，有的人认为审核是负面的，于是他们要么掩盖事实，要么采取拖延战术。对于浪费时间、触怒、不诚实、送礼、挑战等情形，审核员应知道如何识别和妥善处理。

3. 审核沟通

很有必要对审核中的沟通作出正式的安排，这取决于审核的范围和审核的复杂性。审核沟通包括审核小组内部的沟通、审核小组与受审核方的沟通，这是审核能够顺利进行的基础。审核沟通应标识在审核计划上，沟通的时间是每天现场审核结束前的半小时或者是第二天审核前的半小时。

第 2 节　质量管理体系内部审核

一、质量管理体系内部审核的一般过程

内部审核不同于外部审核，其审核程序应由组织按照审核的基本要求和自身特点制定。内部审核流程应简明可行、严格完整、闭环运转。

质量管理体系内部审核的一般过程如图 6－2 所示。

（一）内部审核方案管理

按照质量管理体系内部审核程序的规定，根据本组织的规模、性质、复杂程度和外部审核的要求，组织应确定所需开展或接受的审核类型、每种需开展或接受的审核类型在特定时间中进行的次数（一次或多次），编制或调整内部审核方案，以保证有系统、有计划、有效地进行质量管理体系内部审核的实施。

（二）内部审核策划与准备

根据质量管理体系内部审核方案的要求，管理者授权成立审核组，由审核组长制订专项审核活动计划，准备审核工作文件，并通知审核。

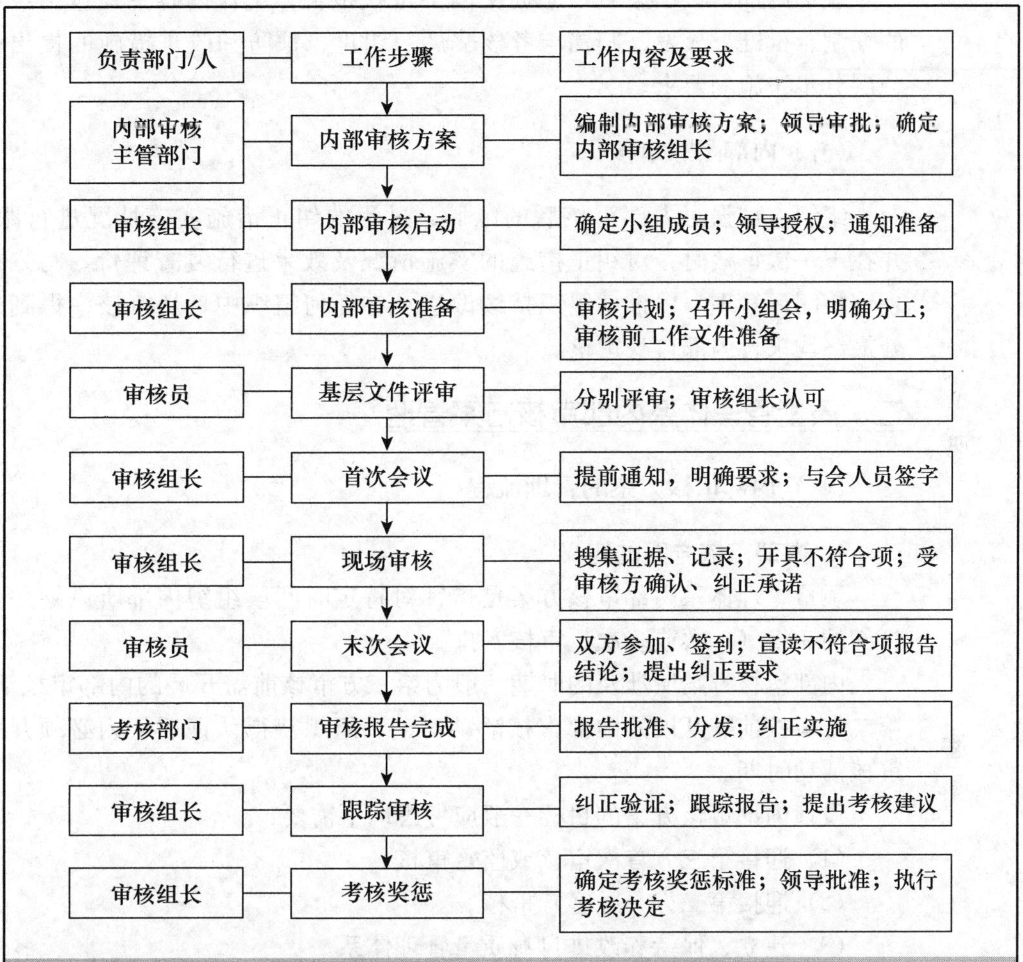

图 6-2 质量管理体系内部审核过程图

审核工作文件主要是指审核所依据的标准和文件、现场审核记录、不符合项报告等。标准和文件必须是有效版本，且已在现场实施，主要包括 ISO 9001 族标准、质量手册、程序文件、管理方案、计划和记录、合同要求、法律法规要求、产品标准、资源性标准等。

检查表是内部审核员需准备的重要文件，应精心策划。

通知审核指内部审核组向受审核方通知具体的审核日期、安排和要求。必要时受审核方应准备基本情况的介绍。

（三）内部审核现场实施

以首次会议开始现场审核。内部审核员运用各种审核方法和技巧收集审核证据、得出审核发现、进行分析判断、开具不符合项报告，并以末次会议结束现场审核。内部审核组长应实施审核的全过程控制。

（四）内部审核报告与完成

现场内部审核结束后，应提交内部审核报告。工作内容主要包括：审核报告的编制、批准、分发、归档与考核奖惩；纠正、预防和改进措施的提出；确认和分层分步实施的要求。

（五）内部跟踪审核

组织应加强对内部审核后的区域、过程的纠正措施实施情况进行跟踪审核，并在下一次审核时，对纠正措施的实施情况及效果进行复查评价，写入报告，实现审核闭环管理，以推动组织持续改进。在任何组织中，从审核中得到的真正益处最终均来自内部自身审核。

二、质量管理体系内部审核方案管理

（一）内部审核方案的管理流程

1. 内部审核方案的定义

质量管理体系内部审核方案是指针对特定时间段组织内部所策划并具有特定目的的一组（一次或多次）审核安排。

内部审核方案所涉及的时期一般为第三方审核前需开展的内部审核活动时期、第二方审核前需开展的内部审核活动时期、组织获得认证后年内必须开展的内部审核活动时期。

设计内部审核方案的目标一般应考虑以下需要：

（1）迎接第三方首次审核或监督审核。

（2）迎接第二方（顾客）审核。

（3）建立、保持和改进自身质量管理体系。

（4）为管理评审、绩效管理提供质量管理体系运行结果和状态信息。

（5）组织自我合格声明。

（6）组织对供方质量管理体系的审核。

2. 内部审核方案的模式

内部审核方案主要有两种模式：一种是集中式内部审核方案；一种是滚动式内部年度审核方案。

（1）集中式内部审核方案。

集中式内部审核方案的主要特点是每次的质量管理体系审核在一个特定时间段内完成覆盖所有质量管理体系标准的要求，审核后的纠正行动及跟踪在限定时间内一次性完成。

此模式一般应用于组织新建质量管理体系运行后、质量管理体系有重大变化时、发生事故后、外部审核前以及组织领导认为需要时。

（2）滚动式内部年度审核方案。

滚动式内部年度审核方案一般在通过第三方质量管理体系认证后被采用。滚动式审核方案的主要特点是每次的审核不是在某特定时间段内一次性完成，而是分布在数个特定时间段中完成，审核持续时间较长；审核和审核后的纠正行动及其跟踪陆续展开；在一个审核时期内应保证所有适用过程、相关部门和重要场所得到审核；重要的活动、过程、场所和部门可安排多频次审核。

3. 内部审核方案的一般管理流程

内部审核方案是由组织自身实施的审核安排，其制定与实施往往同组织自身的特点与管理目标的关联性更强。典型的内部审核方案，如在一年内进行一系列覆盖本组织所有过程和所有部门的内部质量管理体系审核活动的审核方案，即年度内部质量管理体系审核方案，也可以称为年度内部质量管理体系审核工作计划。

组织质量管理体系内部审核方案的一般管理流程如图6-3所示。

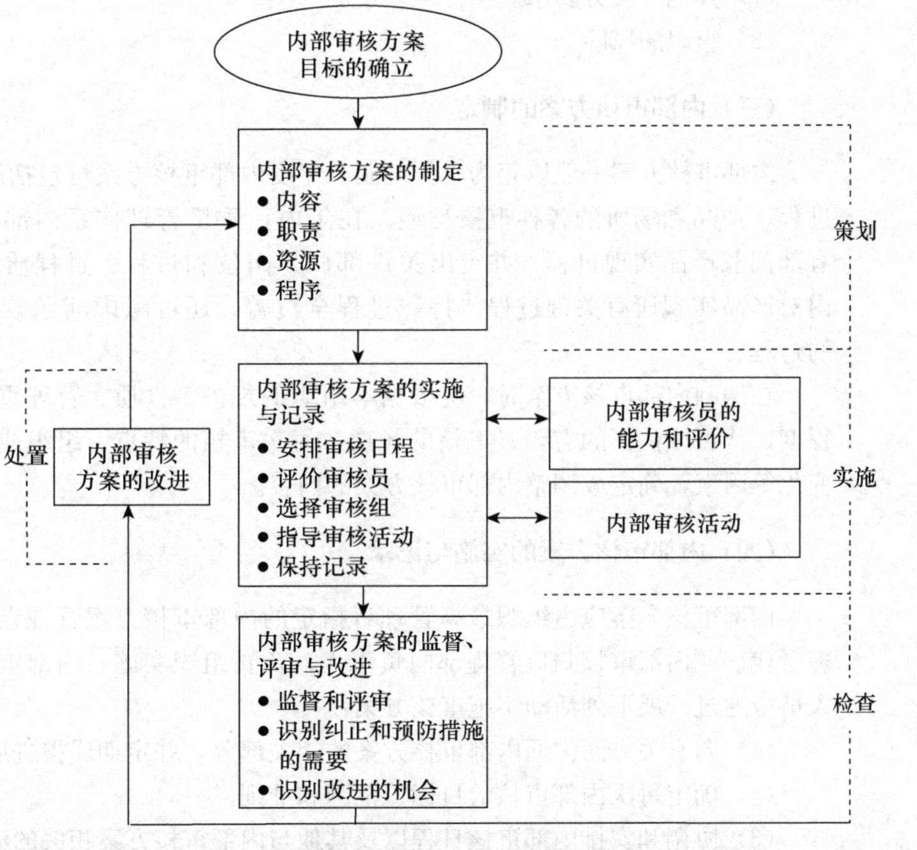

图6-3 质量管理体系内部审核方案管理流程图

组织的最高管理者应从组织的管理层中指定一名或多名审核方案管理人员，负责管理内部审核方案。内部审核方案管理人员可以是管理层代表，也可以是内部审核归口管理部门的负责人或者是其他与内部审核管理有关的人员。

（二）内部审核方案目标的确立

审核方案是一组审核的策划与安排，一组审核中每次审核的目标不一定相同，因此审核方案的目标是一组审核的目标。组织为做好内部质量管理体系审核的管理工作，应明确制定有关审核方案的目标，以便于针对不同的内部审核目标编制审核方案，进行内部审核活动的策划、安排并组织实施内部审核活动。

组织在确定内部审核方案目标时应考虑下列因素：

（1）管理的重点项目。

（2）商业意图和其他的业务意图。

（3）管理体系要求。

（4）法律法规及合同要求。

（5）对供方评价的要求。

（6）顾客要求。

（7）其他相关方要求。

（8）组织的风险。

（三）内部审核方案的制定

内部审核方案一般以年为单位编制。年度内部审核方案可包括质量管理体系、过程、产品和场所的各种审核类型。在年内，质量管理体系内部审核应覆盖所有部门和产品实现过程，并突出关键部门、岗位和过程。过程质量审核应在年内对产品实现所有关键过程、特殊过程全覆盖，还可考虑问题较多、比较薄弱的过程。

在编制内部审核方案时，应根据本组织的规模、性质、管理重点、业务复杂程度、认可或认证的需要、审核的频次、每次审核的特点、组织或其运作的重大变化等因素，确定或调整内部审核方案的内容。

（四）内部审核方案的实施与记录

内部审核方案应由组织最高管理者指定的内部审核方案管理人员（通常是管理者代表或内部审核归口管理部门负责人）负责组织实施。内部审核方案的管理人员应通过开展下列活动实施审核方案：

（1）向有关方面沟通内部审核方案的相关部分，并定期通报进展情况。

（2）确定每次内部审核的目标、范围和准则。

（3）协调和安排内部审核日程以及其他与内部审核方案相关的活动。

（4）确保选择具备所需能力的内部审核组。

（5）为内部审核组开展工作提供必要的资源支持。

（6）确保按照内部审核方案和协商一致的时间框架实施内部审核。

（7）确保记录内部审核活动并且妥善管理和保持记录。

（五）内部审核方案的监督、评审与改进

1. 内部审核方案的监督

内部审核方案的管理人员应监督内部审核方案的实施，一般应该检查和评价以下方面：

（1）内部审核活动和结果与内部审核方案和审核计划的符合程度。

（2）内部审核组实施和完成内部审核方案与计划的能力。

（3）受审核部门、审核主管部门、内部审核员的反馈意见。

2. 内部审核方案的评审和改进

方案实施前，内部审核方案的管理人员应评审内部审核方案，以评定是否能够达到目标。从内部审核方案评审中得到的经验教训应用于持续改进后续内部审核方案过程的输入。

方案实施后，内部审核方案的管理人员应评审内部审核方案的总体实施情况，识别改进区域，必要时修改审核方案，从而不断改进内部审核活动的效果。

三、质量管理体系内部审核策划与准备

（一）内部审核启动

1. 指定内部审核组长

内部审核组长由负责管理内部审核方案的人员指定。在内部审核中，应明确审核组长的权限和各审核员的职责，审核组长应确保审核目的、范围和准则适用于受审核部门或过程，审核组长应与受审核部门或过程无直接责任关系，能够满足内部审核的独立性要求。

2. 确定内部审核目的、范围和准则

每次内部审核活动的目的应由内部审核方案管理人员根据总体审核方案确定并形成文件。审核范围和准则应由审核方案管理人员和内部审核组长根据内部审核方案程序确定。

3. 建立内部审核组

根据内部审核活动的目的、范围、部门、过程以及审核日程安排，选定内部审核组成员，建立内部审核组。小组成立后，应明确各成员的分工和要求，这是内部审核组长的责任。审核组长应注意“审核员不能审核自己的工作”的原则，确保内部审核组独立于受审核的活动并避免利益冲突。内部审核组成立后，通常应举行内部审核组会议，以确保审核前准备工作全部完成，每位内部审核员对审核任务完全了解。同时，为使内部审核活动能够正常有效地开展，组织应建立相适应的内部审核工作系统，建立内部审核的组织机构及相应的内部审核程序。

（二）基层文件评审

与外部审核不同，由于内部审核员对本组织内部的文件已较为熟悉，内部审

核员在实施现场审核之前，一般不再对质量手册和程序文件进行评审，但内部审核员可以对受审核部门的操作性三级文件、有关记录及以往的内外部审核的记录和审核报告进行适当的评审。

基层文件评审可由内部审核组长统一负责，也可由内部审核员各自评审自己分工范围内的文件。审核准备阶段基层文件评审的目的是收集受审核部门的信息，以准备内部审核活动和适用的工作文件，了解受审核部门体系文件范围和程度的概况以发现可能存在的差距。

（三）现场内部审核准备

1. 编制内部审核计划

内部审核计划是内部审核组对内部审核活动的具体安排，应形成文件，由内部审核组长制订并经管理审核方案人员批准，在现场内部审核活动开始前提交给受审核部门。

内部审核计划应明确本次内部审核的目的和范围、内部审核准则和引用文件、内部审核组成员名单及分工情况、现场内部审核活动日期和地点、受审核部门、首次会议和末次会议的安排、各主要审核活动的时间安排、内部审核报告日期等。内部审核计划还应体现本次审核所采用的主要方法，如操作流程法、选择部门法和选择过程法等。

内部审核计划可按部门或活动（过程）来编写，而不再以要素来编写，一般侧重于按部门审核。内部审核计划一般应写明拟审核的职能部门、场所，最好注明应审核的活动或过程。内部审核也可以过程为主，此时应注明受审核的相关职能部门。

为此，内部审核组长应事先熟悉被审核部门的质量管理体系文件及部门在相应过程或活动中的职责。内部审核组可要求受审核部门事先提供部门和过程（活动）的职能分配表。

内部审核计划应强调安排对领导层的审核。质量管理标准对最高管理者的承诺和职责都十分重视，这些承诺和职责通常反映在组织的方针、管理手册、质量管理体系文件中，并在相关过程和活动中得到体现。因此，对于最高管理者的承诺、意识和对质量管理体系及职责的理解，审核时应充分了解，对最高管理者的审核或座谈应在审核计划中予以明确并给予足够的时间。

2. 准备工作文件

为提高内部审核的有效性和效率，内部审核员一般应根据分工提前准备用以现场审核的工作文件。内部审核工作文件主要包括检查表、抽样方案和记录审核情况的各种表格。

供内部审核使用的表格通常已由内部审核管理归口部门在制订内部审核管理程序时统一编制，内部审核员在执行内部审核时，要注意使用现行有效版本的表格，但检查表中的内容以及现场审核的抽样方案则要由每一位执行内部审核活动的审核员负责编写。

（1）内部审核检查表。

检查表内容的编写是每一位内部审核员策划和准备内部审核活动时的一项重要工作。内部审核员根据审核组长分配的任务，依据审核准则，策划和编写用于指导自己现场审核活动的检查表。审核组长负责对内部审核员编写的检查表进行统一的协调指导，避免对总体审核内容的遗漏和不必要的重复审核，协调审核活动的接口。检查表的主要内容应包括审查内容（审什么）与审查方法（怎么审）。

（2）内部审核抽样方案。

在设计内部审核检查表时，要合理策划样本，保证样本的代表性，从而保证审核结果的有效性。设计抽样方案时，应保证样本有一定的数量、采用分层抽样、适度均衡抽样、由审核员独立进行随机抽样。

3. 通知审核

内部审核前应通知受审核部门。通知内容包括内部审核员、时间安排要求等。内部审核计划应得到受审核部门负责人的确认，必要时应向受审核部门提供内部检查表。

内部审核应按审核计划和程序规定进行，一般不开展突击审核。提前通知受审核部门，目的是使其做好充分准备，在审核前对标自查整改，这样更有利于推动内部改进，以及审核双方的协调配合。

四、质量管理体系内部审核现场实施

质量管理体系内部审核活动的实施以首次会议开始，以末次会议结束。该阶段主要包括：举行首次会议、内部审核中的沟通、信息收集与验证、形成内部审核发现、准备内部审核结论和举行末次会议。

（一）举行首次会议

首次会议是现场内部审核的开始，由内部审核组全体成员和受审核部门的代表参加，会议的主要内容是对审核的目的、方法、时间安排进行介绍和沟通确认。因为是内部审核的首次会议，内部审核人员和受审核部门来自同一个组织，很多问题可以提前交流，所以首次会议的程序可适当简化，关键是注重实效。

首次会议应当由内部审核组长主持，无论受审核部门的级别如何，首次会议都应由内部审核组长主持。根据内部审核方案或内部审核程序的有关规定，审核组应做好首次会议的有关记录。

（二）内部审核沟通

现场内部审核中要注意做好审核组内部、审核组与受审核部门之间、审核组与内部审核管理部门之间的沟通，便于就内部审核中遇到的有关事项进行充分协商，取得一致意见，顺利完成内部审核任务。

审核组内部在审核过程中一般要就内部审核计划的实施情况、内部审核过程与过程的接口情况、内部审核不符合项的确定与判定、质量管理体系的评价意见和内部审核结论等及时进行沟通与协商，通过沟通统一认识。

审核组在内部审核过程中一般要就审核的结果、审核的结论以及重大情况与受审核部门进行沟通，尤其是对于不符合项情况，要一一向受审核部门进行通报，并请其予以确认，便于双方取得共识。内部审核组总结会的结果与结论要由组长主持与受审核部门的负责人正式沟通，取得共识。

内部审核组应与内部审核管理部门就一些重大风险情况、审核目标和审核范围改变以及审核计划更改情况及时进行沟通，便于内部审核管理部门对审核的管理与监控。

一般可采取按计划规定时间和随时碰头的方法进行沟通。要注意做好有关沟通的记录，对于没有取得一致意见的情况，记录应更详尽。

此外，为了方便内部审核的联络工作，每次进行内部审核时可由各受审核部门指定一名联络员，配合内部审核员做好审核过程中的联络工作。

（三）信息收集与验证

1. 信息收集的方法

信息收集的方法主要包括面谈、观察、查阅文件与记录等。这三种收集信息的方法是执行现场审核时调查取证的基本方法，在审核过程中可以并行使用或交替使用，目的是获取真实的客观证据。

2. 收集审核证据

内部审核员所收集到的审核证据应具有真实性，应可重查与验证。鉴于内部审核过程中获得的信息基本是通过抽样获取的，抽样本身存在一定的风险，因此内部审核人员要注意合理策划抽样方案并合理抽样，以确保审核结果的有效性，降低审核风险。

3. 现场审核记录

在面谈、观察、验证中，内部审核员应做好记录，记下在审核中听到、看到的有用信息，这些记录是内部审核员提出报告的依据。在内部审核的现场记录中，还可以记录一些与审核问题有关的内容，如内部管理的气氛、员工的态度等，这些内容能够为总体评价的结论提供一定的佐证。

（四）形成内部审核发现

内部审核员通过现场调查获取了大量的审核证据，将获得的审核证据与审核准则进行比较评价得出审核发现。内部审核组要在审核的过程中随时对审核证据进行评审，确定审核发现对审核准则的符合性。对于符合审核准则的审核发现，要予以总结肯定，对于不符合审核准则的审核发现，应确定为不符合项。

对于不符合项的事实和证据，内部审核员要做好记录，以便于查证。不符合项的事实要得到产生不符合项部门的负责人或联络员的确认。受审核部门如果对不符合项有意见分歧，内部审核组应向其作出耐心解释，并提供相应的证据，也可以带受审核部门的代表到产生不符合项的地方去重新查证。

1. 形成内部审核不符合项的情况

在对质量管理体系进行内部审核时，产生不符合项通常有三种情况：

(1) 文件性不符合：文件与标准或是文件与文件的不符合，即写的不符合规定。

(2) 实施性不符合：过程运行不符合相应规定，即做的不符合规定。

(3) 效果性不符合：体系或过程运行的结果不符合预期的效果/目标，即做的无效。

2. 内部审核不符合项的分级与评定

分级的目的在于正确客观地得到审核结论。针对不同的审核对象会有不同的分级方法，质量管理体系审核按不符合的严重性进行分级，如第三方审核时仅分为严重不符合项和一般不符合项两种。内部审核可根据组织需要和标准进行分级，为细化组织内部质量管理，对于质量管理体系内部审核不符合项，建议按严重性分成严重不符合项、一般不符合项、轻微不符合项和观察项四级。

(1) 严重不符合项：通常是指系统性失效或缺陷，包括质量管理体系与约定的质量管理体系标准或文件的要求严重不符，造成系统性失效的不符合（可能需要由多个一般不符合项去说明），造成区域性失效的不符合（可能需要由多个一般不符合项去说明），可造成严重后果的不符合项，违反法律、法规的不符合项。

(2) 一般不符合项：通常是指造成部分活动失效的缺陷，包括非偶然的、明显不符合文件要求的不符合项，直接影响产品质量或相关方投诉的不符合项，造成活动失效的不符合项。

(3) 轻微不符合项：通常是指孤立、偶发的，并对产品质量无直接影响的问题，如卷宗里的一张图纸或一份文件的版次不是最新的、某一份文件没有标明日期等。

(4) 观察项：通常是指类似不符合项的报告，包括证据稍不足，且存在问题需提醒的事项；已发现问题，但尚不能构成不符合项，如继续发展下去有可能构成不符合项的事项；其他需提醒注意的事项。

观察项报告不属于不符合报告，也不列入最后的审核报告。

3. 不符合报告的编写

经过内部审核组讨论确定，对于受审核部门确认的不符合项，由内部审核员负责编写不符合报告。不符合报告的主要内容应包括不符合事实的描述、判为不符合的理由、不符合的审核准则及对应的条款、不符合项的性质、内部审核员和受审核部门代表的签字。

（五）准备内部审核结论

现场调查后，内部审核组得到大量的审核证据和审核发现以及其他信息，面对大量的审核发现，内部审核组要作充分的分析、评价、归纳和总结，在此基础上得出对质量管理体系有效性的内部评价意见和审核结论。

1. 内部审核组总结会

现场调查取证结束后，在末次会议之前，内部审核组长要主持召开一次内部审核总结与评价会，由内部审核组全体成员参加，主要对照内部审核目标，汇总分析现场调查期间获得的所有审核发现和其他方面的信息，确定不符合项的数量与性质，对本次审核作出结论，给出质量管理体系改进建议，讨论和确定有关不符合项跟踪验证的要求与安排。

2. 质量管理体系的内部评价意见

质量管理体系评价包括经过汇总的所有审核发现及在内部审核过程中了解和掌握的其他综合信息。综合信息包括与产品质量、顾客反馈等相关的信息。评价的基本方法是召开由内部审核组全体成员参加的总结会议，汇总分析和讨论以下内容：

(1) 符合的审核发现汇总分析，对此应予以充分肯定。

(2) 不符合的审核发现汇总分析，按部门和过程分布情况做出矩阵表，寻找薄弱环节。

(3) 质量管理体系发展趋势分析。

(4) 产品的实物质量状况及发展趋势分析。

(5) 质量事故或投诉的处理情况。

(6) 顾客和社会对本组织产品质量的情况反映。

(7) 领导和员工的质量意识。

(8) 本组织自我改进和自我完善质量管理体系的意识与能力。

在经过上述汇总分析和评价后，内部审核组要对质量管理体系运行的有效性作出总体评价。通过评价肯定体系运行的优点，找出不足和改进的机会。

3. 内部审核结论

质量管理体系内部审核结论一般应包括以下内容：

(1) 本组织质量管理体系与审核准则的符合性和有效性。

(2) 本组织的质量管理体系是否具备接受外部审核的条件。

(3) 本组织的质量管理体系有哪些方面还需要改进。

(六) 举行末次会议

现场内部审核以末次会议结束。末次会议是由内部审核组、受审核部门领导和有关职能部门负责人员参加的会议。末次会议主要向受审核部门介绍本次审核的情况，以便其能够清楚地理解审核的结果并予以确认，报告本次审核发现（重点在不符合项）和审核结论，提出后续的工作要求（如纠正措施、跟踪审核等）。末次会议是内部审核结束时的一个重要会议，不能省略。在小型组织的内部审核中，末次会议可以只包括沟通审核发现和结论。

五、质量管理体系内部审核报告与完成

(一) 内部审核报告的编制与分发

内部审核报告是关于内部审核工作、审核结果、审核结论的综合性记载文

件，是向内部审核归口管理部门或管理者代表提交的内部审核活动成果及工作报告。

1. 内部审核报告的编制

内部审核报告由内部审核组长负责编制，审核组长对内部审核报告的内容负责，并负责向内部审核归口管理部门或管理者代表提交审核报告，由内部审核归口管理部门或管理者代表规定其分发的范围。

内部审核报告一般应包括内部审核的目标、审核的范围、审核组长及成员、审核的日期地点、审核准则、审核发现及审核结论。

2. 内部审核报告的分发

内部审核报告由审核归口管理部门或管理者代表按内部审核方案的规定予以批准和分发，一般发至有关部门和管理层相关人员手中。

（二）内部审核的完成

当内部审核计划中所规定的内容均已完成，经批准的内部审核报告已按规定分发，一次内部审核活动即告完成。

内部审核完成后，审核组成员应按照内部审核方案的规定，将内部审核过程中的全套文件及时归档保存。

六、质量管理体系内部跟踪审核

对于现场内部审核提出的不符合项，一般都需要由受审核部门在规定的时间采取纠正措施，这是由内部审核目标所决定的，内部审核的重要目标是通过内部审核发现薄弱环节，解决薄弱环节的问题，避免类似的问题重复发生，不断改进质量管理体系。内部审核提出的不符合项由产生不符合项的责任部门采取纠正措施后，内部审核组或内部审核归口管理部门对纠正措施的完成情况及有效性予以验证。

（一）纠正措施跟踪验证的目的

纠正措施跟踪验证的目的是及时对已经发生的不符合项进行纠正，防止或降低已出现不符合项所造成的影响，促使受审核部门认真分析产生不符合项的原因，针对产生不符合项的原因采取纠正措施，防止类似的不符合项再次发生，促进质量管理体系的不断完善和改进。

（二）纠正措施跟踪验证的方式

纠正措施跟踪验证通常有下列三种方式：

（1）受审核部门提交关于纠正措施完成的书面资料与证据，内部审核员通过书面评审予以验证。对于一般性的不符合项，通常采用这种验证方式。

（2）到受审核部门的现场以现场审核方式进行跟踪验证。对于严重不符合项和只有到现场才能验证的不符合项，往往采取这种验证方式。

（3）先对书面纠正措施计划的可行性进行确认，到下次审核时，再验证其纠正措施的有效性。对于需要较长时间才能完成纠正的一般不符合项，可以采取这种验证方式。

（三）纠正措施跟踪验证的执行人

执行人通常由内部审核归口管理部门或管理者代表指派，可以是原内部审核组的人员，也可以是另外指派的内部审核员。

（四）跟踪验证的主要内容

（1）对于不符合项，是否已采取纠正行动，使已存在的不符合项得以处置，避免其影响的继续存在。

（2）是否准确找到产生不符合项的原因。

（3）是否针对消除产生不符合项的原因制订出纠正措施计划以及计划是否可行。

（4）纠正措施计划是否按规定的时间予以实施。

（5）纠正措施实施后，是否进行了自我验证，自我验证是否有效、是否杜绝了同类不符合项的再次发生。

（6）纠正措施计划及其实施的情况是否有相应的记录、纠正措施引起的程序文件的更改是否形成文件、文件是否得到实施。

（五）跟踪验证的流程

（1）内部审核员确定不符合项，开具不符合报告。

（2）受审核部门代表确认不符合项。

（3）内部审核员提出纠正措施的要求，包括完成纠正措施的时间及跟踪验证方式要求。

（4）受审核部门制订纠正措施计划并实施纠正措施。

（5）受审核部门自我验证纠正措施并记录。

（6）内部审核员进行纠正措施有效性的跟踪验证，并完成验证报告。

（7）内部审核员将跟踪验证的结果写入书面报告，交内部审核归口管理部门。

第3节 质量管理体系外部审核

一、质量管理体系外部审核的一般过程

（一）第二方审核的一般过程

第二方质量管理体系审核是由顾客对供方质量管理体系进行的审核，审核结果通常作为顾客购买的决策依据。第二方审核时，应先考虑采购产品对最终产品

质量使用的影响程度，然后确定审核方式、范围，还应考虑技术与生产能力、价格、交货及时性、服务等因素。

常见的第二方审核方式包括采购产品质量管理体系审核、采购产品质量/安全审核、采购产品过程质量审核和采购产品特殊要求审核等。第二方审核范围由审核方式决定，可以包括与采购产品有关的所有过程、场所、部门。第二方审核的典型方式是 ISO 9001 质量管理体系标准被列入供应链管理，质量管理体系外部审核的一般过程如图 6-4 所示。

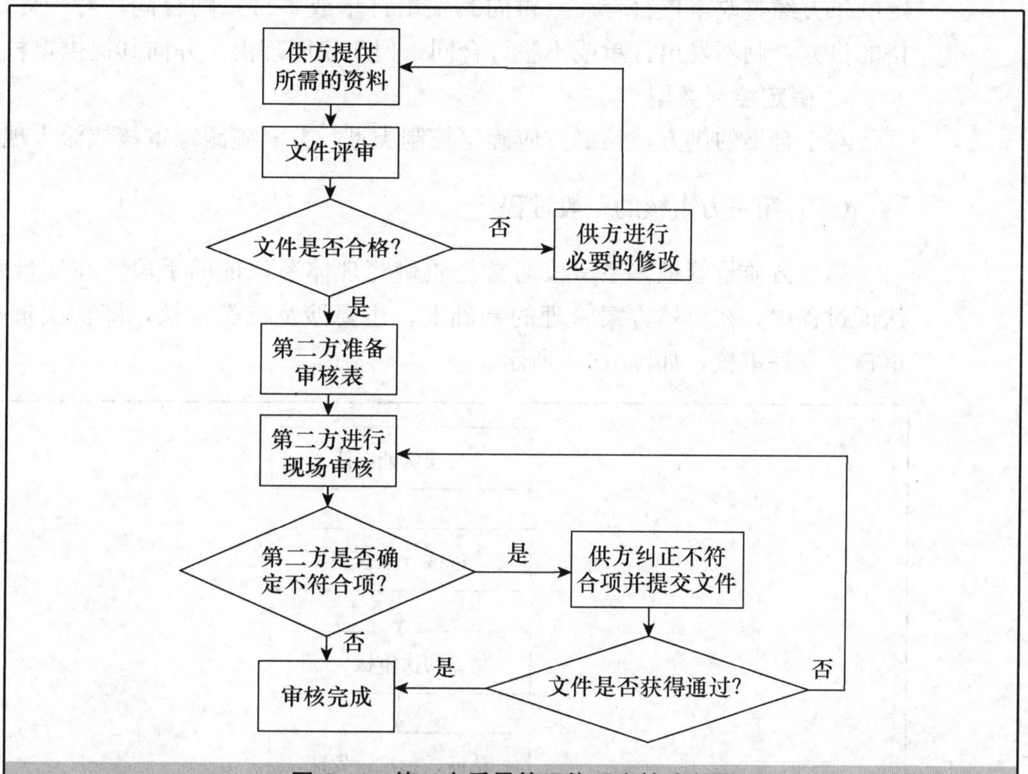

图 6-4　第二方质量管理体系审核流程图

1. 供方调查比选

第二方应先调查市场上所有同类产品的供方并进行初步比选。比选时应考虑产品质量、环保、安全、价格、交货期、声誉、服务、技术和生产能力等因素，充分比选后，至少确定两家以上拥有同类产品的供方。

2. 制定体系审核标准

根据采购产品的要求及供方状况，参照选定的质量管理体系标准要求，制订体系审核标准，该标准应经第二方的分管领导批准。

3. 通知供方

第二方应将质量管理体系审核标准及要求通知供方，并留出足够的时间让其准备。供方表示接受后，第二方成立审核组，编制审核计划，准备表格、记录等工作文件。必要时派人帮助供方建立体系。

4. 实施现场审核

第二方按照审核标准和计划到供方处进行现场审核。

5. 提交审核报告

现场审核结束后，应提交审核报告，报告应对供方作出审核结论。审核结论有合格、待定、不合格三种类型。

6. 采购（签订合同）决策

对于经审核评定为合格的供方，可向其发出订单或签订采购合同；评定为待定的供方经整改审核符合后，再向其发出订单或签订采购合同；对于评定为不合格的供方，则不发出订单或不签订合同，但应说明理由，并向其提供审核报告。

7. 确定控制类型

对于合格的供方，第二方应确定控制类型，并实施跟踪审核或派人现场监控。

（二）第三方审核的一般过程

第三方质量管理体系审核通常是质量管理体系认证的手段。在质量管理体系认证过程中，在审核方案管理的基础上，主要涉及三类审核，即初次审核、监督审核、复评审核，如图 6-5 所示。

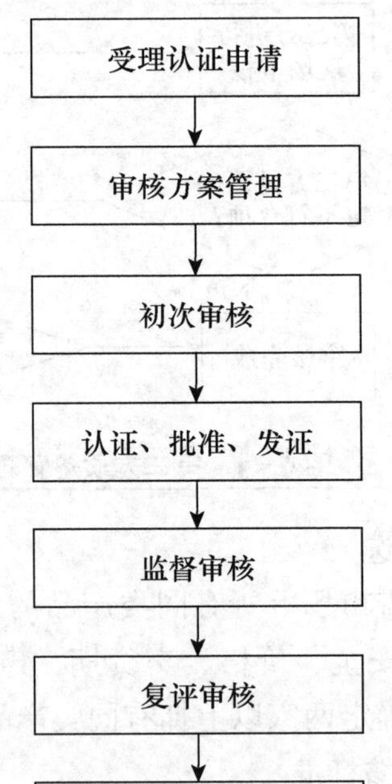

图 6-5　第三方质量管理体系审核一般流程图

1. 审核方案管理

审核方案是针对特定时间段所策划并具有特定目的的一组（一次或多次）审核，包括策划、组织和实施审核的所有必要活动，为审核的策划、组织和实施明确了目标和方向。第三方审核机构应当根据受审核方的委托与要求，编制系统、可行的审核方案，一般应包括质量管理体系认证过程中的初次审核方案、监督审核方案、复评审核方案。

2. 初次审核

第三方质量管理体系初次审核分为四个主要阶段：第一阶段是审核策划与准备阶段，主要开展质量管理体系文件的审查工作；第二阶段是现场审核的实施阶段，主要对受审核方实际运作与特定要求（法律法规、手册、质量管理体系标准）的相符程度进行审查；第三阶段是审核报告与审核完成阶段，主要进行审核报告的编制、批准与分发；第四阶段是审核后续活动的实施阶段，属于审核后的活动，通常不视为审核的一部分，审核委托方也可以将此阶段活动委托审核组实施。

第三方质量管理体系初次审核的一般流程如图6-6所示。

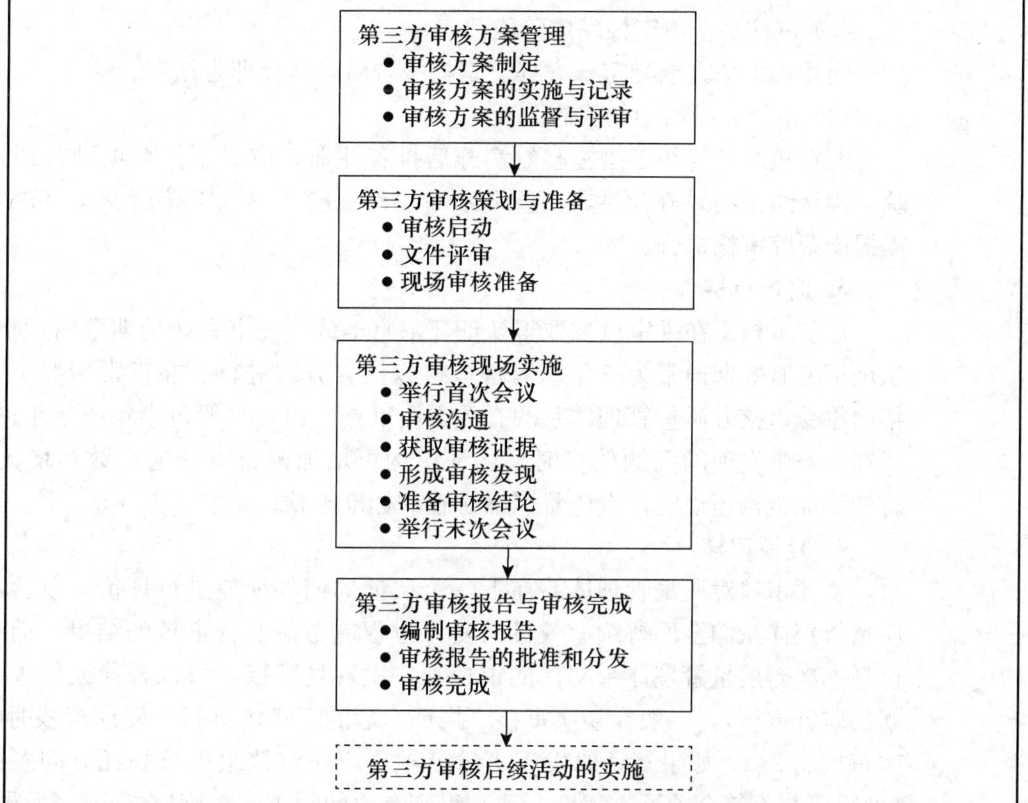

图6-6 第三方质量管理体系初次审核的一般流程图

说明：虚线框内表示第三方审核后续活动，通常不视为第三方审核的一部分。

（1）审核策划与准备阶段。

一般情况下，由审核委托方提出认证/审核申请，第三方（认证机构）在接到申请后，可对受审核方进行初步访问，了解受审核方的规模、特点及管理状况，同时商定所需费用，决定是否接受申请。双方达成一致意见后，签订审核或认证合同。

现场审核开始前，受审核方应按第三方要求提供质量管理体系文件，作为制订审核计划的依据，审核员应评审受审核方质量管理体系文件（如手册或同类文件）的充分性。如果文件审查合格，第三方（认证机构）应该编制审核计划、组织审核组并准备工作文件，以为下一步现场审查提供基础。

(2) 审核现场实施阶段。

首次会议是现场审核的开端，是由审核组全体成员与受审核方领导及有关人员共同参加的重要会议，会后即进入现场审核阶段。现场审核应执行计划安排，具体的审核内容按检查表进行。现场审核阶段需重点关注审核中的沟通、向导及观察员的作用和职责、收集并验证信息、形成审核发现、准备审核结论等。在审核过程中，当发现有重大不符合项，明显不能通过时，审核组长应及时告知受审核方，并停止审核。如受审核方要求继续审核，可视情况进行。实施现场审核以末次会议结束。

(3) 审核报告与审核完成阶段。

向委托审核方或受审核方提交审核报告后，审核即告结束。

(4) 审核后续活动的实施阶段。

若审核结果为纠正措施有效实施后推荐注册，应对不符合项进行纠正措施跟踪，确认纠正结果符合要求，整个跟踪过程一般在正式审核后一个月内完成，并需提交跟踪审核报告。

3. 监督审核

监督审核是在受审核方取得认证证书直至认证证书失效的期限内进行的活动，认证证书有效期通常为三年。监督审核以抽查方式进行。在正常情况下，可在三年内将受审核方质量管理体系的有关方面审查一遍，一般每半年或一年进行一次。当在检查中发现的问题较多时，认证机构可增加监督审核的次数和增大检查面。有的认证机构还规定每次监督审核必查的标准条款。

4. 复评审核

复评审核对质量管理体系在上一个认证周期的绩效进行评价，以验证获证方质量管理体系的全面持续有效性。复评过程应考虑监督审核的结果，而且至少应包括一次对质量管理体系文件的审核和一次现场审核（可以替代或扩大为一次常规的监督审核），一般在初次审核（换证）后的三年内进行，复评审核时间约为初次审核的 2/3。如果复评时发现不符合项，应在审核组审核委托方同意的期限内（期限应与不符合项严重程度一致）得到有效的纠正，否则应缩小、暂缓或不推荐认证。复评审核的报告和结论应与初次审核相同。

需要注意的是，在质量管理体系外部审核中，不管是顾客对供方进行的第二方质量管理体系审核，还是由第三方进行的质量管理体系认证审核，其确定审核、计划审核、执行审核和报告审核的原则与方法都是基本相同的。

接下来的内容将详细介绍审核的各阶段，以第三方外部初次审核作为质量管理体系外部审核的代表，系统介绍质量管理体系外部审核的审核方案管理阶段、审核策划与准备阶段、审核现场实施阶段、审核报告与审核完成阶段与审核后续活动的实施阶段。

二、质量管理体系外部审核方案管理

（一）外部审核方案的管理流程

审核方案（audit program）是针对特定时间段所策划并具有特定目的的一组（一次或多次）审核，是对一次或多次审核的长期策划，包括适宜的策划、提供资源并建立程序，实施在方案中确定的审核。审核方案不是若干审核活动的简单累加。

对第二方审核而言，审核方案可能是对候选供方和已有供方的重新评价审核，也可能是对同一供方的一次或多次的审核安排。

对第三方审核而言，审核方案可能是认证机构对某一申请认证组织进行初次审核、监督审核、复评审核的安排，也可能是某认证机构对某一公司同时进行质量管理体系、环境管理体系与职业健康安全管理体系审核的审核方案。一般来说，外部第三方审核方案中的内容需要形成文件，并符合国家认证机构认可委员会（CNAB）和中国认证人员与培训机构国家认可委员会（CNAT）的有关要求。

质量管理体系外部审核方案管理流程如图 6－7 所示。

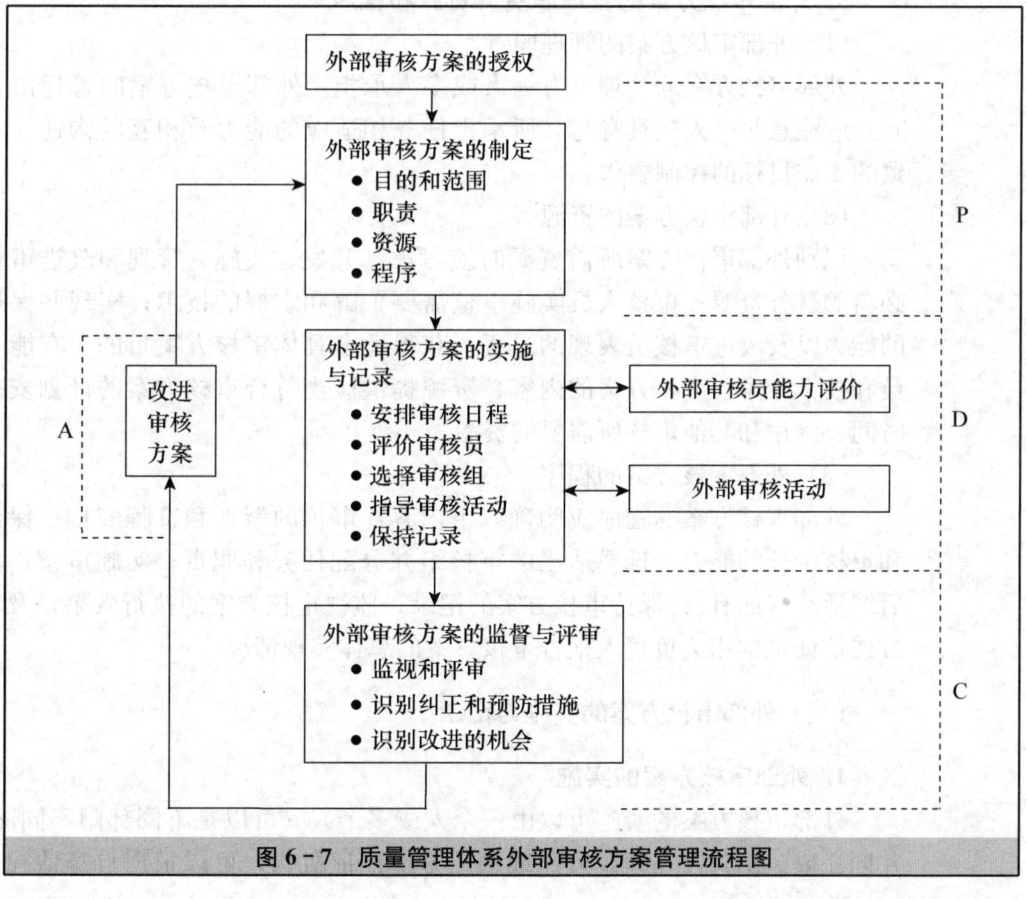

图 6－7　质量管理体系外部审核方案管理流程图

(二)外部审核方案的制定

1. 外部审核方案的目的

外部审核方案的目的是指第二方(顾客方)或第三方(认证机构)通过实施审核方案中所确定的一组审核所要达到的目的,它为外部审核的策划、组织和实施明确了目标和方向。外部审核组应针对外部审核方案的目的给出结论性建议或意见。

例如,认证机构在一个合同规定的周期内对组织的认证审核,其审核方案的目的是评价受审核方是否满足认证要求或持续满足认证要求;顾客方对组织质量管理体系进行审核,其审核方案的目的是验证组织对购销合同要求的符合性,获得并保持对供方能力的信任。

2. 外部审核方案的范围与程度

对于外部审核方案的范围与程度,应当根据受审核方的具体情况进行确定,并随情况的变化而变化。外部审核范围与程度主要受被审核单位的审核数量、审核员的能力要求、每次审核需要开展的活动、需要的资源、采取的审核技术、执行的程序等因素的影响,尤其应关注标准、法律法规和合同的要求以及认可/认证/注册的需要。

3. 外部审核方案的管理职责、资源和程序

(1)外部审核方案的管理职责。

外部审核方案的管理可由一人或多人承担。外部审核方案的管理由多人承担时,应注意每个人应具有与其所承担任务相适应的能力及相互的沟通、协调和一致的工作目标的控制要求。

(2)外部审核方案的资源。

识别外部审核方案所需资源时应考虑:开发、实施、管理和改进审核活动所必需的财务资源;审核人员实施审核需要了解和掌握的技术;实现并保持审核员的能力以及改进审核员表现的过程;获得适合具体审核方案目的、有能力的审核员和技术专家;审核方案的内容、资源提供应当符合审核方案的计划安排;路途时间、食宿和其他审核所需要的资源。

(3)外部审核方案的程序。

外部审核方案的程序应明确以下内容:审核的策划和日程安排;保证审核员和审核组长的能力;选择适当的审核组并分配任务和职责;实施审核;实施审核后续活动(如有);保持审核方案的记录;监视审核方案的执行效果;及时向顾客方或认证机构相关负责人报告审核方案的总体实现情况。

(三)外部审核方案的实施与记录

1. 外部审核方案的实施

外部审核方案的实施可以由一个人或多个人(可以是不同部门不同岗位的人)共同完成。第二方(顾客方)或第三方(认证机构)可以根据自身情况,采用分头进行、相互交叉进行、按前后顺序进行或在同一时间不同地点进行等方式实施方案，以确保审核效果和效率。

外部审核方案的管理人员不一定负责活动的具体实施，但需要采取措施保证审核活动实施的有效性。

2. 外部审核方案的记录

外部审核方应保持与审核方案有关的记录以证实审核方案的实施，实现可追溯性，为审核方案的改进提供信息。外部审核方应以适宜的方式保存与每次审核有关的记录、审核方案评审的结果以及与审核人员有关的记录。

（四）外部审核方案的监督与评审

第三方（认证机构）应指派专人监督外部审核方案的实施，并按适当的时间间隔进行评审，以评定审核方案是否达到目的，并识别改进的机会。外部审核方案评审的结果可能会导致采取纠正或预防措施以改进审核方案。

在监督和评审的过程中，当发现方案不满足要求，某些特性或业绩指标有不良变化趋势时，应及时地进行调整，采取纠正或预防措施。在外部审核方案实施过程中，若组织出现重大不符合项，明显不能通过，审核组长应及时告知受审核方，并停止审核。

三、质量管理体系外部审核策划与准备

（一）审核启动

1. 指定审核组长

在外部审核中，审核方案管理人员为特定的审核指定审核组长。审核组长应具备领导审核方面的知识和技能，以便高效地进行审核。

2. 确定审核目的、审核准则和审核范围

一次具体的审核应当依据明确的审核目的、范围和准则进行。对于审核目的、范围和准则，需要形成文件，例如审核任务书、审核计划、审核报告。审核目的应当由审核委托方确定，审核范围和准则应当由审核委托方和审核组长根据审核方案程序确定。审核目的、范围、准则的任何变更需征得原各方的同意。

3. 确定审核的可行性

在正式组成审核组实施审核之前，确定审核的可行性对确保审核能够得以实施是很有必要的。审核方案管理人员应充分考虑策划审核所需的充分和适当的信息的可获得性、受审核方的配合程度、时间和资源的限制等因素的影响，确定审核的可行性。

对于第三方认证审核，在受审核方同意的前提下，可以采用初访的方式确定审核的可行性。初访不是审核的必备环节，所用的时间也不计入审核人日。

4. 组建审核组

如审核可行，应组建审核组以确保实现审核目的，还应考虑审核组应具备的

整体能力。确定审核组组成时，应识别达到审核目的所需要的知识和技能，目的、范围、准则，以及预计的审核时间及人日数，确保审核组的整体能力和专业能力，充分考虑法律法规、合同和认证/认可的要求，明确审核组成员的构成与职责、陪同人员和观察员的职责，满足外部审核的独立性要求。

5. 与受审核方建立初步联系

在决定实施审核后，由审核方案管理人员或审核组长与受审核方建立初步联系，与受审核方的代表建立沟通渠道，对审核日期、日程、路线、顺序等作出安排，索取有关文件和资料、记录，就陪同人员的需求达成协议。

（二）文件评审和初访

1. 文件评审

在现场审核前，审核组应评审受审核方的质量管理体系文件，确定文件所述的体系与审核准则的一致性（符合性）。所评审文件包括受审核方的质量管理体系相关文件、记录及以前的审核报告等。

现场审核前对受审核方体系文件的评审，实际上是对文件的初步审核，主要是审核文件的符合性，是现场审核的基础和先行步骤。在文件初审的问题解决之前，不应在审核上投入更多资源。

2. 初访（必要时）

初访是第三方（认证机构）的主动行为，是认证机构或审核组为了掌握更多的受审核方总体、现场信息所做的审核准备工作，是经受审核方同意对受审核方进行的一次工作访问。初访一般由审核组长进行，需要1～2个人日，只能进行一次，并非审核程序所必需的活动。

（三）现场审核准备

1. 编制审核计划

在现场审核前，审核组长应编制审核计划，对本次审核活动和安排进行详细描述，报经审核委托方评审和批准，提交受审核方获得认可（一般提前一周交给受审核方），以之作为实施现场审核的依据。计划内容及详略程度应反映审核目的、审核范围及受审核方活动的复杂性。若受审核方不同意审核计划，审核组长应与其协商解决不同意见，对计划进行适当的修改，修改后的计划在现场审核前得到审核委托方、受审核方的认可后，方可实施。

2. 分配审核任务

审核组长与审核组成员协商，将审核的过程、职能、场所、区域或活动分配给审核组的每个成员，使每位成员了解自己的具体任务，组长应做好任务分配的协商沟通工作。

审核员领到审核任务后，应着手研究受审核方的质量手册、程序文件等信息，编制针对各自任务的检查表。

3. 准备审核工作文件

审核组应根据审核目的、任务具体要求准备相应的工作文件，以提高审核过程的有效性与效率。审核工作文件包括用于审核过程记录和指导的参考文件，如检查清单、抽样方案、检查表、会议签到表格、审核记录表格、不符合报告表格、会议记录表格、审核报告表格、指导审核员工作的文件等。通常，各认证机构有适合自身管理要求的审核工作文件包。

四、质量管理体系外部审核现场实施

（一）审核沟通与会议

通常情况下，审核过程的沟通是以会议形式进行的。外部审核现场实施阶段的沟通及会议类型主要包括：

（1）审核组准备阶段的沟通：专业培训、任务分工、审核准备、信息沟通。

（2）首次会议（与受审核方的一次正式会议）：确认和介绍。

（3）审核组内沟通：交流、统一认识、协商、评审。

（4）与受审核方沟通：报告审核结果。

（5）末次会议（现场审核结束前的正式会议）：报告审核结果。

上述沟通和会议均应由审核组长主持，审核组长应妥善安排沟通和会议，明确沟通和会议程序，确定参加人员、地点和时间、内容及对策，营造良好的会议气氛。

（二）审核证据获取

1. 信息的收集和验证

在现场审核时，审核员应采用适当的审核方法，收集与审核目的、范围和准则有关的信息，并以已验证的信息记录为审核证据，包括与职能、活动和过程接口有关的信息等；将审核证据与审核准则进行对比评价，对此得出符合或不符合审核准则的审核发现；对多个审核发现进行汇总分析，综合评审，得出审核结论。

从信息收集和验证到得出审核结论的流程如图6-8所示。

需要注意的是，由于审核证据来源于可获得的信息样本，抽样方法的使用使得审核存在风险（不确定因素）。审核员应意识到依据审核结论而采取措施的风险（不确定性）。

2. 现场审核的记录

为了为认证决定提供充分适当的信息，应记录具体的符合性审核发现及其支持性证据。审核记录的内容应包括：

（1）审核覆盖的区域，如场所、职能或过程。

（2）具体的审核发现，包括正面和负面的以及支持的审核证据，如时间、地点、人员、见到的事实等。

（3）有关的报告。

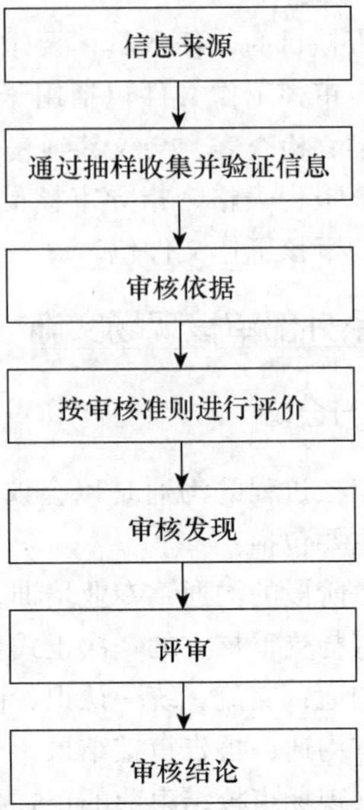

图 6-8　审核结论形成流程图

上述内容可以直接作为审核报告的一部分，并记录在相关的审核记录中。

3. 审核过程的控制

（1）审核活动控制。

审核员应明确总体范围，科学高效抽样，确保样本选取合理，将审核工作的重点放在对受审核方的现场活动控制的有效性上，准确识别影响产品质量和体系运行的关键过程，注意受审核方体系中过程、活动的相互作用所产生的影响，及时向受审核方及审核委托方通报审核的进程和重大问题。

（2）审核期间的组织协调活动。

审核组长应对沟通协调活动进行组织，根据审核的范围和程序合理安排审核组内部及与受审核方的沟通。当审核证据涉及重大的风险问题（如重大的质量隐患、大批产品质量的不合格趋势等）时，应立即报告受审核方，必要时报告审核委托方。

（三）审核发现及审核结论

1. 审核发现

审核组应对照审核准则评价审核证据，形成审核发现，汇总与审核准则相符合的情况，用以表明对审核范围涉及的场所、职能和过程进行了审核。

审核组应当与受审核方一起评审不符合项，以确认审核证据的准确性，并使受审核方理解不符合项。审核组应努力解决对审核证据或审核发现产生分歧的问题，并记录没有解决的问题。

2. 不符合报告

不符合报告的核心内容包括不符合事实描述、判定不符合的理由、不符合审核准则的条款及不符合严重程度。根据不符合严重程度，一般将不符合项分为两类：（1）严重不符合项——系统性失效，区域性失效，后果严重；（2）一般不符合项——偶发，孤立，后果不严重，易于纠正。

3. 审核结论

（1）准备审核结论。

在末次会议之前，审核组应对审核发现及收集到的信息综合开展一次汇总分析，目的是针对当前收集到的信息，对受审核方质量管理体系的有效性进行评价，并作出审核结论。

考虑到审核自身的不确定性，审核组应当对审核结论达成一致意见。为了降低审核风险，审核员应做到随机、独立、分层抽样，保证一定的样本数量，维持样本分布的均衡，在审核中以事实为根据，充分掌握可追溯、可重查的审核证据。

（2）形成审核结论。

审核结论应恰当表达受审核方质量管理体系运行的真实状态，主要包括：质量管理体系与审核准则符合的程度；质量管理体系的有效实施、保持和改进；确保质量管理体系持续适宜性、充分性和有效性的能力。

对第二方审核而言，审核结论可能会导致组织与顾客建立业务关系。对第三方审核而言，审核结论主要包括推荐通过认证、有条件推荐通过认证、不推荐通过认证三种类型。若推荐通过认证，组织将会顺利认证或注册；若有条件推荐通过认证，组织可能将面临未来的审核活动，如复评审核、监督审核等。

五、质量管理体系外部审核报告与审核完成

（一）编制审核报告

审核组长负责组织编写审核报告，对审核报告内容负责。审核报告主要内容一般包括：审核的目的、范围、准则；现场审核的日期和地点；审核委托方、审核组长和成员、受审核方的基本情况；审核发现、审核综述、审核结论。

审核报告归审核委托方所有，审核组成员和报告所有者需妥善保存，并保持其机密性。

（二）审核报告的批准和分发

审核报告由审核委托方授权人批准，批准后应按期分发给审核委托方及审核委托方指定的接收者。如不能按期分发，审核组需说明理由并商定新的完成日期。审核报告是审核委托方的财产，审核组成员及审核报告接收者应当保密。

（三）审核完成

审核组长应带领全体组员整理审核过程中的所有文件、记录和程序要求等工

作资料，与审核有关的文件和审核记录应整理归档，按合同、法规、审核方案或程序规定保存或销毁。

除非法律要求，未经审核委托方及受审核方批准，审核组不应向任何其他方泄露文件内容、审核信息及审核报告。审核组应向审核委托方汇报审核工作的完成情况。

六、质量管理体系外部审核后续活动的实施

（一）纠正措施的跟踪验证

当审核结论为有条件推荐通过认证时，审核组可以指出采取纠正、预防和改进措施的需要，并由受审核方在商定时间内实施，受审核方应将这些措施状态告知审核委托方，对纠正措施的完成情况及有效性进行验证。

跟踪验证方式主要取决于不符合项的性质、整改的难易程度以及被验证信息的可信程度，可以采用现场验证、办公室（书面证据）验证、下次审核验证等方式。对于严重不符合项，一般要求2～3个月内完成纠正，对于一般不符合项，一般要求1个月内完成纠正。不同认证机构的验证期限要求也会有所差异。

（二）审核方案对后续活动的规定

审核方案可规定由审核组成员进行审核后续活动，在保持随后审核活动独立性的前提下，通过发挥审核员的专长实现增值。

本章小结

质量管理体系审核是一项系统、独立的评价活动，主要目标是获得审核证据，并对质量管理体系进行客观评价。根据审核主体的不同，质量管理体系审核可以分为内部审核和外部审核两大类。其中，内部审核即第一方质量管理体系审核，是一个组织自己提出的对自己的质量管理体系进行的审核，主要目标是保持质量管理体系正常实施和改进，也可以作为外部审核前的准备；外部审核包括第二方质量管理体系审核和第三方质量管理体系审核，第二方审核是由顾客或以顾客的名义对组织进行的审核，审核结果通常作为顾客购买的决策依据；第三方审核是由独立于顾客和组织之外的第三方认证机构或独立审核机构对组织进行的审核，通常是质量管理体系认证的手段。质量管理体系审核过程一般包括审核方案管理、审核策划与准备、审核现场实施、审核报告与审核完成、跟踪或后续审核。

复习思考题

1. 什么是质量管理体系审核？国际标准化组织（ISO）如何界定它？

2. 质量管理体系审核有几种类型？它们的区别是什么？
3. 质量管理体系审核与质量管理体系认证的关系是什么？
4. 质量管理体系内部审核员与外部审核员的区别是什么？
5. 质量管理体系审核的方法和技巧有哪些？
6. 质量管理体系内部审核的一般过程是什么？
7. 第二方质量管理体系审核的一般过程是什么？
8. 第三方质量管理体系审核的一般过程是什么？
9. 质量管理体系内外部审核的审核目标与审核结论有哪些区别？

第7章

环境管理体系审核

学习目标

1. 掌握环境管理体系认证的概念
2. 掌握环境管理体系的主要内容、建设的基本步骤和运行模式
3. 掌握环境管理体系审核的程序和内容
4. 掌握环境管理体系审核的基本方法

引导案例

企业环境污染事件导致巨额赔偿

● 松花江重大水污染事件

2005年11月13日，中国石油吉林石化公司双苯厂苯胺车间发生爆炸事故，造成5人死亡、1人失踪，近70人受伤。爆炸发生后，约100吨苯、苯胺和硝基苯等有机污染物流入松花江，导致江水严重污染，沿岸数百万居民的生活受到影响，吉林省松原市、黑龙江省哈尔滨市停水多日。顺流而下的污染带甚至威胁到俄罗斯哈巴罗夫斯克边疆区，造成严重的国际负面影响。事后，国务院调查组认定这是一起特别重大水污染责任事故，对12名事故责任人作出党纪政纪处理，时任国家环境保护总局局长解振华为此辞职。五年间，国家为松花江流域水污染防治累计投入治污资金78.4亿元。

● 紫金矿业铜酸水渗漏事故

2010年7月3日，福建省紫金矿业集团股份有限公司（简称紫金矿业）紫金山铜矿湿法厂发生铜酸水渗漏，9 100立方米的污水顺着排洪涵洞流入汀江，导致汀江部分河段严重污染，数百万公斤网箱养殖鱼死亡，直接经济损失达3 187.71万元。紫金矿业将这起污染

事故隐瞒9天后才进行公告，并因应急处置不力，导致7月16日再次发生污水渗漏。9月21日，位于广东省茂名市的信宜紫金矿业有限公司银岩锡矿高旗岭尾矿库发生溃坝，造成重大人员伤亡和财产损失。事发后，当地多名官员被停职检查或责令辞职，相关企业负责人被刑事拘留。10月8日，福建省环保局对紫金矿业作出罚款956.313万元的行政处罚决定，创下当时对污染企业的最高罚款纪录。

● 渤海蓬莱油田溢油事故

2011年6月4日，中国海洋石油集团有限公司（简称中海油）与美国康菲国际石油有限公司（简称康菲公司）合作的蓬莱19-3油田发生漏油事故，截至当年12月29日，这起事故已造成渤海6 200平方公里海水受污染，相当于渤海面积的7%，其中大部分海域水质由原一类沦为四类，所波及地区的生态环境遭到严重破坏，河北省、辽宁省两地大批渔民和养殖户损失惨重。事故发生后，中海油和康菲公司因信息披露不全、推诿卸责、处置不力等而饱受舆论批评，索赔工作进展艰难，直到次年才有所突破，其中，国家海洋局于2012年4月27日宣布，康菲公司和中海油将支付总计16.83亿元的赔偿款，此数额创下了我国生态索赔的最高纪录。

● 广西龙江镉污染事件

2012年1月15日，因广西金河矿业股份有限公司、河池市金城江河区鸿泉立德粉材料厂违法排放工业污水，广西龙江河突发严重镉污染，水中的镉含量约20吨，污染团顺江而下，污染河段长约300公里，并于1月26日进入下游的柳州市，引发举国关注的“柳州保卫战”。这起污染事件对龙江河沿岸众多渔民和柳州市300多万市民的生活造成严重影响。事发后，肇事企业的10名责任人因涉嫌污染环境罪被逮捕。

思考问题：（1）上述企业在污染事件中均受到严厉处罚，付出巨额赔偿，这些污染事件中的企业的共同特点是什么？是否对企业的环境风险有足够的认识？（2）案例中的环境污染事故是否可以通过环境管理体系进行有效控制？如何才能通过环境管理体系消除事故隐患，避免巨额赔付？

ISO 14000环境管理系列标准是国际标准化组织的环境管理标准化技术委员会（ISO/TC 207）负责起草的一份国际标准。ISO 14000是一个系列的环境管理标准，它包括了环境管理体系、环境审核、环境标志、生命周期评估等国际环境管理领域内的许多焦点问题，旨在指导各类组织（企业、公司）取得和表现正确的环境行为。我国工业企业长期以来管理水平低，操作粗放，能源、资源浪费严重，仅靠加大末端治理的资金投入力度来控制污染源，导致近年来环境污染事件频发，给企业和社会造成巨大损失。只有通过推行先进管理技术，完善“以预防为主的全过程自我管理”模式，形成良好的环境管理系统，才能实现企业环境治理的目标，实现企业与社会的共赢。同时，随着我国国际经济地位的不断提高，由环境因素导致的贸易摩擦不断升级，推行ISO 14000系列标准成为企业拓展国际业务的基础条件。本章将介绍企业的环境管理体系认证，主要内容包括：环境管理体系认证概述、环境管理体系、环境管理体系审核。

第 1 节　环境管理体系认证概述

伴随着 20 世纪中期爆发于一些发达国家的公害事件，人类开始认识到环境问题及其严重性。环境污染与公害事件的产生使人们从治理污染的过程中逐步认识到，要有效地保护环境，人类社会必须对自身的经济发展行为加强管理。因此，世界各国纷纷制定法律法规和环境标准，并试图通过诸如发放许可证等手段强制企业执行这些法律法规和标准来改善环境。

正是在这种国际环境管理大趋势下，考虑到各国、各地区、各组织采用的环境管理手段工具及相应的标准要求不一致，这可能会为一些国家制造新的“保护主义”和技术壁垒提供条件，从而对国际贸易产生影响，国际标准化组织（ISO）认识到自己的责任和机会，同时为响应联合国实现可持续发展目标的号召，于 1993 年 6 月成立了环境管理标准化技术委员会，正式开展环境管理标准的制定工作，期望通过环境管理工具的标准化工作，规范企业和社会团体等组织的自愿环境管理活动，促进组织环境绩效的改进，支持全球的可持续发展和环境保护工作。

一、环境管理体系认证的产生与发展

1. 环境管理体系认证的产生

1972 年，联合国在瑞典斯德哥尔摩召开人类环境会议。大会成立了一个独立的委员会，即世界环境与发展委员会。该委员会承担重新评估环境与发展关系的调查研究任务，在考证大量基础资料后，于 1987 年出版了名为《我们共同的未来》的报告，这份报告首次引入了“持续发展”的观念，敦促工业界建立有效的环境管理体系。这份报告一经颁布即得到了 50 多个国家领导人的支持，他们联合呼吁召开世界性会议专题讨论和制定行动纲领。

从 20 世纪 80 年代起，美国和西欧的一些公司为了响应持续发展的号召，减少污染，提高在公众心目中的形象以获得商品经营支持，开始委托外部的环境咨询公司来调查它们的环境绩效，并对外公布调查结果（这可以被看作环境审核的前身），建立各自的环境管理方式，以此证明它们优良的环境管理和引以为豪的环境绩效，这是环境管理体系的雏形。这种做法得到了公众对公司的理解，并赢得了广泛认可，公司也相应地获得了经济与环境效益。1985 年，荷兰率先提出建立企业环境管理体系的概念，于 1988 年试行实施，于 1990 年进入标准化和许可证制度阶段。1990 年，欧共体在慕尼黑的环境圆桌会议上专门讨论了环境审核问题。到 20 世纪 90 年代末，欧洲制订了两个有关计划，为公司提供环境管理的方法，使其不必为证明信誉而各自采取行动。第一个计划为制定环境管理体系（BS7750），该体系是英国在质量体系标准（BS750）基础上制定的；第二个计划是建立欧盟的环境管理系统，该系统称为生态管理和审核体系（Eco-Management and Audit Scheme，EMAS），大部分内容来源于 BS7750。很多公司在试用这些标准后，取得了较好的环境效益和经济效益。英国的 BS7750 和欧盟的 EMAS 实施后，欧洲的许多国家纷纷开展认证活动，由第三方证明企业的环境绩效。同时，世界上的其他国家也开始按照 BS7750 和 EMAS 的条款，并参照本国的法规和标准，建立环境管理体系。

另一项具有基础性意义的行动则是 1987 年国际标准化组织颁发的世界上第一套管理系列标准——ISO 9000 质量管理体系标准取得了成功。许多国家和地区对 ISO 9000 系列标准极为重视，积极建立企业质量管理体系并获得第三方认证，以此作为开展国际贸易、进入国际市场的优势条件之一。ISO 9000 的成功经验证明在国际标准中设立管理系列标准的可行性和巨大进步意义。国际标准化组织在成功制定 ISO 9000 系列标准的基础上，开始着手制定标准序号为“14000”的系列环境管理标准。可以说欧洲发达国家积极推行的 BS7750、EMAS 以及 ISO 9000 的成功经验是 ISO 14000 系列标准的基础。

1992 年，联合国在巴西里约热内卢召开环境与发展会议，183 个国家的代表和 70 多个国际组织的代表出席会议，通过了《21 世纪议程》等文件。这次大会的召开，标志全球谋求可持续发展的时代开始了。各国政府领导、科学家和公众认识到要实现可持续发展的目标，必须改变工业污染控制的战略，从加强环境管理入手，建立污染预防（清洁生产）的新观念。通过企业的“自我决策、自我管理”方式，把环境管理融入企业全面管理。

为此，国际标准化组织于 1993 年 6 月成立了环境管理标准化技术委员会（ISO/TC 207），正式开展环境管理系列标准的制定工作，规范企业和社会团体等所有组织的活动、产品和服务相关环境行为，支持全球的环境保护工作。

2. 环境管理认证的发展

ISO 14000 系列标准发布后得到各国的重视及广泛应用。据报道，ISO 140001、ISO 14010～14014 可能被列入现有的美国环境法规条文，由此，美国一些大的跨国公司迅速制定 ISO 14000 认证计划，澳大利亚、瑞士和土耳其已经采用 ISO 14000 标准，日本通产省也要求本土的公司做好实施 ISO 14000 系列标准的准备工作，据报道，日本已有 200 多个企业通过认证。欧盟可能会制定一个中间性文件，以解释 ISO 14000 系列标准与欧盟的 EMAS 间的联系，它还可能将 ISO 14000 系列标准确认为欧盟标准。加拿大的每一个城市都成立了推行 ISO 14000 系列标准办公室，已有一批公司通过了 ISO 14001 认证。在亚洲，ISO 14000 系列标准也得到了足够的重视。许多国家政府官员认为，ISO 14000 系列标准是解决亚洲环境执法问题的良药。

目前，许多国家在制定有效的环保法律方面或者在执行法律方面存在令人头痛的问题，ISO 14000 系列标准要求组织内部建立环境管理体系，而且要求组织必须符合所在国的环境法律法规，这就为组织提供了一种合适的方法。菲律宾委托欧盟的一些咨询公司开展培训，举办 ISO 14000 系列标准的审核员培训。英国环境审核员注册协会已受理大批经过培训的技术人员的申请，有数百人获得审核员与助理审核员的资格证书，这部分人将活跃于世界各国，积极从事 ISO 14000 系列标准的审核工作。

二、环境管理标准化技术委员会

环境管理标准化技术委员会（ISO/TC 207）是国际标准化组织于1993年6月成立的一个技术委员会，专门负责制定环境管理方面的国际标准，即ISO 14000系列标准，其编号为TC 207，包括六个分委员会（SC）和一个特别工作组（WG1），各分委员会秘书处和工作组的所在国如下：

- SC1：环境管理体系分委员会，英国为分委员会秘书处所在国。
- SC2：环境审核分委员会，荷兰为分委员会秘书处所在国。
- SC3：环境标志分委员会，澳大利亚为分委员会秘书处所在国。
- SC4：环境行为评价分委员会，美国为分委员会秘书处所在国。
- SC5：生命周期评估分委员会，法国为分委员会秘书处所在国。
- SC6：术语和定义分委员会，挪威为分委员会秘书处所在国。
- WG1：产品标准中的环境指标特别工作组，德国为特别工作组所在国。

ISO/TC 207的工作分为三个阶段。近期工作焦点：术语、定义；环境管理体系；环境审核；环境标志；环境行为评价；生命周期分析；产品标准中的环境指标。中期工作焦点：环境风险评估；紧急计划和准备；现场补救；环境影响评估；环境行为报告；环境设计。远期工作焦点：产品中的环境指标；废弃物管理；资源管理；保护管理。另外，ISO/TC 207的工作不包括污染物测试方法与污染物排放限值、环境和质量标准等标准的制定。

ISO/TC 207的成立一方面表现出世界关注环境保护的倾向，另一方面也预示着环境管理逐步走向标准化、规范化和国际化。

三、ISO 14000系列标准

1. ISO 14000系列标准的组成

ISO 14000系列标准是国际标准化组织ISO/TC 207负责起草的一份国际标准。ISO 14000是一个系列的环境管理标准，它包括了环境管理体系、环境审核、环境标志、生命周期评估等国际环境管理领域内的许多焦点问题，旨在指导各类组织（如企业、公司）取得和表现正确的环境行为。ISO 14000系列标准共预留100个标准号。该系列标准共分7个系列，其编号为ISO 14001～14100（见表7-1）。

表7-1　　ISO 14000系列标准标准号分配表

系列	名称	标准号
SC1	环境管理体系（EMS）	14001～14009
SC2	环境审核（EA）	14010～14019
SC3	环境标志（EL）	14020～14029
SC4	环境行为评价（EPE）	14030～14039
SC5	生命周期评估（LCA）	14040～14049
SC6	术语和定义（T&D）	14050～14059
WG1	产品标准中的环境指标	14060
	备用	14061～14100

ISO 14000 系列标准中的 ISO 14001 居于核心地位，它规定了组织建立环境管理体系的要求，明确了环境管理体系的诸要素，根据组织确定的环境方针目标、活动性质和运行条件，把该标准的所有要求纳入组织的环境管理体系。ISO 14000 标准体系中各标准的结构如图 7－1 所示。

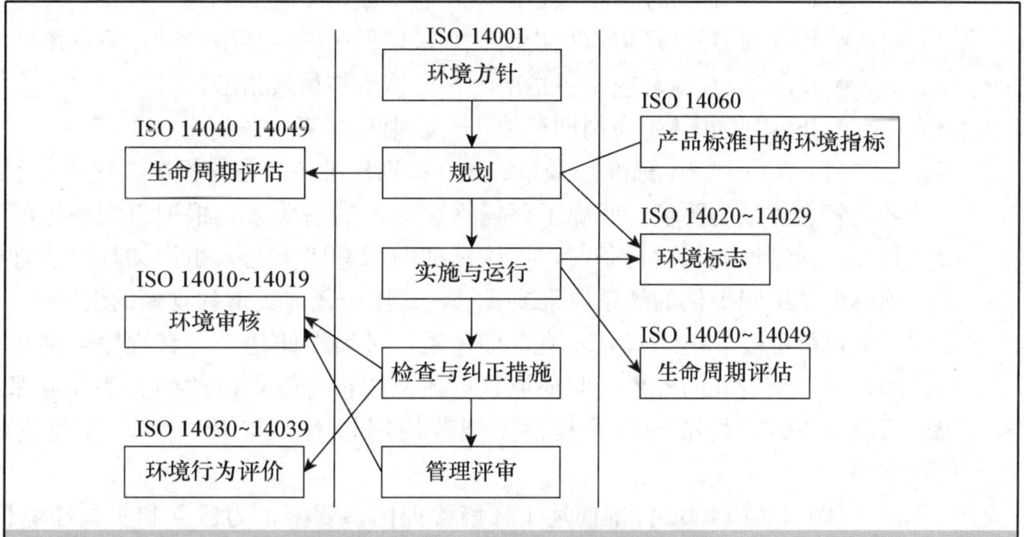

图 7－1　ISO 14000 标准体系结构图

2. ISO 14000 系列标准的分类

ISO 14000 系列标准作为一个多标准组合系统，按标准性质分为三类：第一类是基础标准——术语标准；第二类是基本标准——环境管理体系、规范、原理、应用指南；第三类是支持技术类标准（工具），包括环境审核、环境标志、环境行为评价、生命周期评估等。

按标准的功能，可以分为两类：第一类为评价组织，包括环境管理体系、环境行为评价、环境审核等；第二类为评价产品，包括生命周期评估、环境标志、产品标准中的环境指标等。各标准之间的关系如图 7－2 所示。

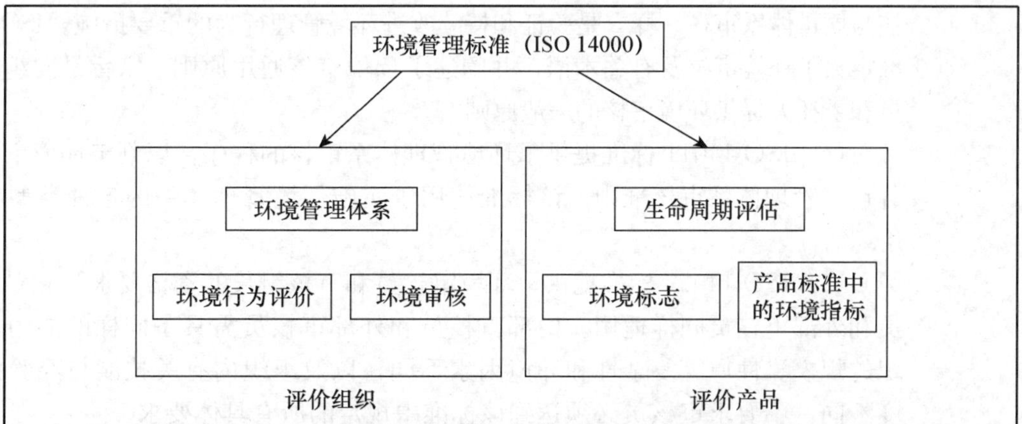

图 7－2　按功能分类的 ISO 14000 标准体系

3. 已颁布的标准及其关系

目前，已颁布的环境管理标准有：

- ISO 14001《环境管理体系——规范及使用指南》
- ISO 14004《环境管理体系——原则、体系和支持技术通用指南》
- ISO 14010《环境审核指南——通用原则》
- ISO 14011《环境审核指南——审核程序——环境管理体系审核》
- ISO 14012《环境审核指南——环境审核员资格准则》
- ISO 14040《生命周期评估——原则和框架》

（1）ISO 14001 标准是 ISO 14000 系列标准中的主体标准。它规定了组织建立环境管理体系的要求，明确了环境管理体系的诸要素，根据组织确定的环境方针目标、活动性质和运行条件，把该标准的所有要求纳入组织的环境管理体系。该项标准向组织提供的体系要素或要求，适用于任何类型和规模的组织。

该标准要求组织建立环境管理体系，必须据此建立一套程序来确立环境方针和目标，实现并向外界证明环境管理体系的符合性，以达到支持环境保护和预防污染的目的。标准的附录提供了规范使用指南和与 ISO 9001 质量保证体系的联系。

（2）ISO 14004 标准简述了环境管理体系要素，为建立和实施环境管理体系、加强环境管理体系与其他管理体系的协调提供可操作的建议和指导。它同时向组织提供了如何有效地改进或保持的建议，使组织通过资源配置、职责分配以及对操作惯例、程序和过程的不断评价（评审或审核）来有序统一地处理环境事务，从而确保组织确定并实现环境目标，具备持续满足国家或国际要求的能力。

指南不是一项规范标准，而是内部管理工具，不适用于环境管理体系认证和注册。需要说明的是，环境管理体系是组织全部管理体系的必要组成部分，环境方针、目标和指标的组织结构、职责、操作惯例、程序、过程及资源应与其他管理领域（包括质量、职业卫生和安全）的现行工作协调一致。环境管理体系的建立始终是一个不断发展、不断完善的过程，它采用系统的方法，坚持持续改进。

（3）ISO 14010 标准是 ISO 14000 系列标准中的一个环境审核通用标准。环境审核与质量体系审核一样，是验证和持续改进环境管理行为的重要措施。ISO 14010 标准定义了环境审核及有关术语，并阐述了环境审核通用原则，宗旨是向组织、审核员和委托方提供环境审核的一般原则。

（4）ISO 14011 标准提供了环境管理体系审核的程序，以判定环境审核是否符合环境管理体系审核准则。该标准适用于实施环境管理体系的各种类型和规模的组织。

（5）ISO 14012 标准提供了环境审核员和审核组长的资格要求，它对内部审核员和外部审核员同样适用。内部审核员和外部审核员需具备同样的能力，由于组织的规模、性质、复杂性和环境因素不同，以及组织内有关技能与经验的发展速度不同，不要求审核员必须达到该标准中规定的所有具体要求。

（6）ISO 14040 标准提供了环境审核的方法，生命周期评估可以更加全面地评价企业在产品生产的各个环节产生的环境影响，借以提出改进和防范措施。

四、中国实施 ISO 14000 系列标准的原则

1. 符合国际标准基本要求

为与国际接轨，便于国际相互认可，中国要实施 ISO 14000 系列标准，应当符合国际标准的基本要求，按国际标准规范操作程序。

2. 结合中国环境保护实际工作

中国环境保护工作与其他国家的环境保护工作有共通之处，也有自己的特点。只有把中国现行的环境管理制度与国际标准相结合，才能有效地促进中国的环境保护工作。

3. 实行统一管理

环境保护工作涉及社会、经济的方方面面，政策性较强，对 ISO 14000 系列标准的实施必须实行国家统一管理，以促进我国 ISO 14000 认证工作有序发展，保证我国认证工作的质量。

4. 坚持积极、稳妥、适时、分步到位

实施 ISO 14000 系列标准有利于加强企业的环境管理，在实施过程中，既要采取积极的态度，又要考虑到中国企业管理、技术和发展水平不同，不能“一刀切”“一哄而上”。因此，要根据实际情况，提出不同的目标要求，适时、分步到位。

五、实施 ISO 14000 系列标准对我国环境保护的作用

ISO 14000 系列标准对我国的环境保护工作将起到积极的推动作用，主要体现在以下四个方面。

1. 有利于实现环境与经济的协调发展

ISO 14000 系列标准的实施，强调全过程的环境管理与控制。实施这一标准，可以加速产业结构的调整，鼓励企业积极开发无毒、无污染的产品，推广节约原材料和能源的新工艺，为实施全过程控制污染和清洁生产提供程序上的保障。实施 ISO 14000 系列标准，不仅可以促进企业节能、降耗、降低成本，同时还可以降低污染物的排放量，减少污染事件的发生，降低环境风险和减少环境费用开支，为企业主动保护环境创造了条件。

2. 有利于加强政府对企业环境管理的指导，提高企业的环境管理水平

我国的环境管理都是以环境保护相关法律法规、标准为依据的。目前，环境污染问题较多的原因是管理不善，要有效地控制和解决这些问题，有赖于政府的干预作用、法制的规范作用和标准的引导作用。ISO 14000 系列标准是指导组织（如企业）建立和完善环境管理体系的行动大纲，是规范企业达到法律法规、标准要求的管理工具。实施 ISO 14000 系列标准，建立环境管理体系，企业（最高领导层）要在遵守国家环境法律法规和其他要求方面作出承诺。达到国家法律法规、标准的要求，有利于规范企业的环境行为，改进环境保护工作，提高企业的环境

管理水平。

3. 有利于提高企业及其产品在市场上的竞争力，促进国际贸易

ISO 9000 质量认证作为一种市场行为，仅向消费者表明了企业产品的质量，而 ISO 14000 系列标准的实施向消费者提供了这样一种信息——谁取得了 ISO 14001 认证，谁就为环境保护作出了贡献，能对环境负责的企业所生产的产品一定能对消费者负责。企业实施 ISO 14000 系列标准，势必会提高产品的环境价值，有助于改善企业的环保形象，提高企业产品在国内外的环境效益与经济效益。ISO 14000 系列标准把消除国际贸易壁垒作为一项基本原则，它的普遍实施在一定程度上消除了地区间、国家间的贸易壁垒。相反，对于暂时没有条件取得 ISO 14000 系列标准认证的企业，它可能会构成新的技术贸易壁垒。

4. 有利于提高全民的环境保护意识

环境保护工作需要民众的共同参与，因此，提高全民的环境保护意识就显得十分重要。实施 ISO 14000 系列标准，建立环境管理体系，要求对企业全体员工进行环境方面的系统培训，并要求员工在观念、行为方式和思考过程等方面有所改变，还需要知道企业面临的环境问题，以及怎样做才能影响企业的环境行为。如果众多的企业都能够实施 ISO 14000 系列标准，建立环境管理体系，就会有相当多的企业员工和管理者了解环境保护工作，重视环境保护工作，使全民的环境保护意识有一个大的提高。

第 2 节　环境管理体系

环境管理体系可以帮助组织建立良好的环境方针和环境管理基础，找出并控制重大的环境因素和影响，识别有关的环境法规要求与现行状况的差距，以减少由污染事故或违反法律法规所造成的环境影响，建立组织内污染防治优先序列，提高监测环境的能力和评价该体系的效率，促进体系的改进和调整，以适应新的和不断变化的情况和要求，为实现污染预防目标而努力，创造重要的商业、环境机会。总之，环境管理体系有助于组织系统化地处理环境问题，并将环境保护和企业经营结合起来，使之成为企业日常运行和经营策略的一部分。本节将结合 ISO 14001 标准（规定了建立、实施、保持和持续改进环境管理体系，满足环境管理体系认证规范应达到的要求）和 ISO 14004 标准（为环境管理体系的建立、实施、保持和持续改进提供了重要的参考性指南）的具体规定，对环境管理体系的相关内容作简要介绍。

一、环境管理体系的定义

根据 ISO 14001：1996 的定义，环境管理体系是一个组织内全面管理体系的组成部分，它包括制定、实施、实现、评审和保持环境方针所需的组织机构、规划活动、机构职责、惯例、程序、过程和资源，还包括组织的环境方针、目标和指标等管理方面的内容。

根据 ISO 14001：2015 的定义，环境管理体系是管理体系的一部分，用来管理环境因素，履行合规义务，并应对风险和机遇。定义中的管理体系是指组织制定方针、目标以及实现这些目标的过程所需的一系列相互关联或相互作用的要素。一个管理体系可关注一个领域或多个领域（例如质量、环境、职业健康和安全、能源、财务管理）。体系要素包括组织的结构、岗位和职责、策划和运行、绩效评价和改进。管理体系的范围可能包括整个组织、特定的职能、特定的部门、跨组织的一个或多个职能。定义中的环境因素是指一个组织的活动、产品和服务中能与环境发生相互作用的要素，一项环境因素可能产生一种或多种环境影响。重要环境因素是指具有或能够产生一种或多种重大环境影响的环境因素，重要环境因素是组织运用一个或多个准则确定的。定义中的合规义务是组织必须遵守的法律法规要求，以及组织必须遵守或选择遵守的其他要求。合规义务与环境管理体系相关。合规义务可能来自强制性要求，例如适用的法律和法规，或来自自愿性承诺，例如组织和行业的标准、合同规定、操作规程、与社团或非政府组织间的协议。定义中的风险和机遇是指潜在的有害影响（威胁）和潜在的有益影响（机会）。

可以这样描述环境管理体系：环境管理体系是一个组织有计划且协调运作的管理活动，其中有规范的运作程序、文件化的控制机制。环境管理体系通过有明确职责、义务的组织结构来贯彻落实，目的在于防止对环境的不利影响。环境管理体系是一项内部管理工具，旨在帮助组织实现自身设定的环境表现水平，并不断地改进环境行为，不断达到更新、更佳的高度。

ISO 14001 环境管理体系标准强调法律法规的符合性，要求实施这一标准的组织的最高管理者必须承诺符合有关环境法律法规和其他要求。标准的基本指导思想是污染预防，从源头考虑如何预防和减少污染的产生，而不是末端治理。标准强调持续改进，没有规定绝对的行为标准，在符合法律法规的基础上，企业要自我比较，进行持续改进，即今天做的要比昨天好，明天做的要比今天好。标准强调系统化、程序化的管理和必要的文件支持，同时也尊重企业的自愿行为，ISO 14001 环境管理体系标准不是强制性标准，企业可根据自身需要自主选择是否实施。如果企业选择实施，那么 ISO 14001 环境管理体系标准具有可认证性，标准可作为第三方审核认证的依据，企业可通过建立和实施环境管理体系获得第三方审核认证证书。另外，就标准而言，ISO 14001 环境管理体系标准不仅适用于企业，同时也适用于事业单位、政府机构、民间机构等任何类型的组织。

二、环境管理体系构建的基础

环境管理体系是以企业传统管理模式“德明模式”为基础的，这个模式也称为“PDCA 模式”，即计划（Plan）、执行（Do）、检查（Check）、行动（Act）等四个关联的环节。

PDCA 模式在 ISO 9000 质量管理体系中得到充分的运用并取得了成功。德明模式将企业活动分为四个阶段：计划，即策划阶段，建立企业的总体目标以及制定实现目标的具体措施；执行，即行动阶段，为实现企业目标而执行计划和采取措施；检查，即评估阶段，检查按计划执行的有效性和效率，并将结果与原计划进行比较；行动，即纠正措施阶段，改进识别出来的缺点和不足，修改计划使之适应变化，必要时对程序予以加强或重新确定。这是一个动态循环的管理过程框架，以持续改进的思想指导组织系统地实现目标，环境管理体系成功地运用了这一著名传统模式并给予它新的内涵和应用范围，使环境管理体系与企业传统管理相融合。

该模式可应用于环境管理体系及其每个独立要素。在 ISO1 4001 环境管理体系标准中，该模式可具体表述为：

（1）策划：建立所需的环境目标和过程，以得到与组织的环境方针相一致的结果。

（2）实施：实施所策划的过程。

（3）检查：根据环境方针（包括承诺、环境目标和运行准则），对过程进行监视和测量，并报告结果。

（4）改进：采取措施以持续改进。

PDCA 模式与环境管理体系的关系如图 7-3 所示。

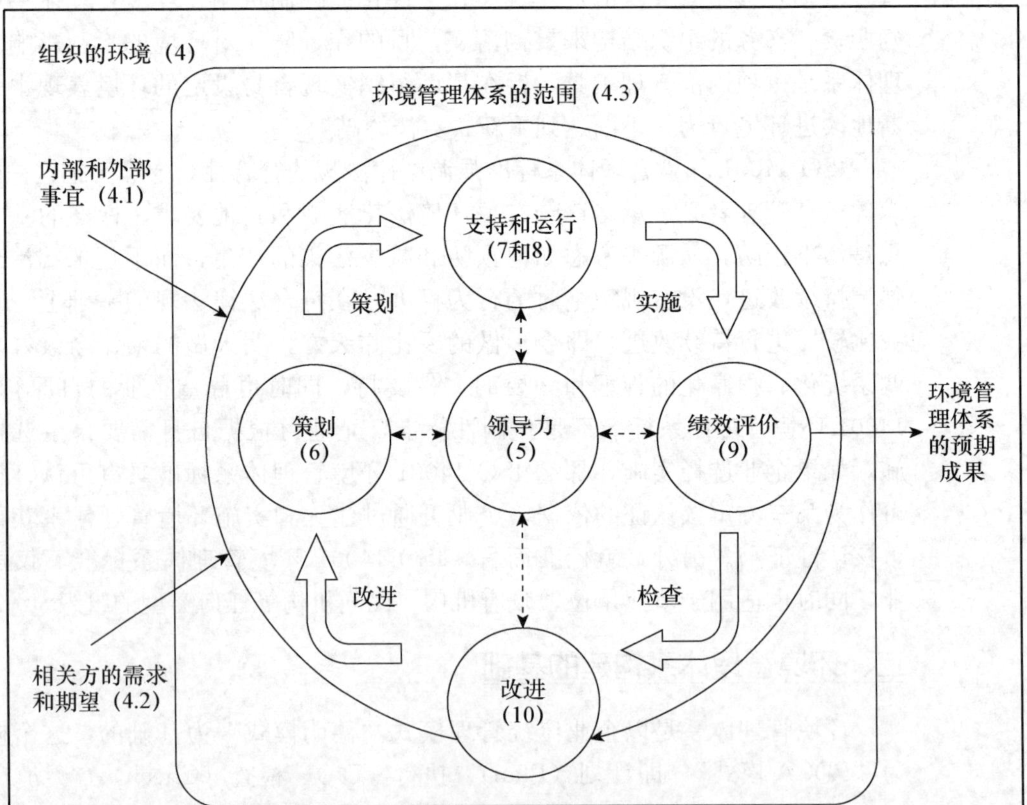

图 7-3　ISO 14001：2015 国际标准中的环境管理体系 PDCA 模式

注：括号内的数字表示 ISO 14001：2015 国际标准的章节号。

三、环境管理体系的主要内容

ISO 14001（环境管理体系标准）将环境管理体系分为 5 个一级要素和 17 个二级要素（见表 7－2），其中的 5 个一级要素包括：环境方针、规划（策划）、实施与运行、检查与纠正措施、管理评审。这 5 个一级要素包含了环境管理体系的建立过程和建立后有计划地评审及持续改进的循环，以保证组织内部环境管理体系的不断完善。17 个二级要素包括：环境方针；环境因素；法律与其他要求；目标和指标；环境管理方案；机构和职责；培训、意识与能力；信息交流；环境管理体系文件编制；文件管理；运行控制；应急准备和响应；监测和测量；不一致纠正与预防措施；记录；环境管理体系审核；管理评审。

表 7－2　环境管理体系一、二级要素对应关系

一级要素	二级要素
环境方针	环境方针
规划（策划）	环境因素
	法律与其他要求
	目标和指标
	环境管理方案
实施与运行	机构和职责
	培训、意识与能力
	信息交流
	环境管理体系文件编制
	文件管理
	运行控制
	应急准备和响应
检查与纠正措施	监测和测量
	不一致纠正与预防措施
	记录
	环境管理体系审核
管理评审	管理评审

四、建立环境管理体系的基本步骤

环境管理体系的建立是一个复杂的过程，需要通过准备、初始环境评审、环境管理体系设计（包括环境方针、环境行动计划、组织结构、资源支持、执行程序、监测信息系统和应急计划纠正措施等要素）、环境管理体系文件编制、环境管理体系运行、环境管理体系评审与改进等六个环节才能建立起来，基本步骤如图 7－4 所示。

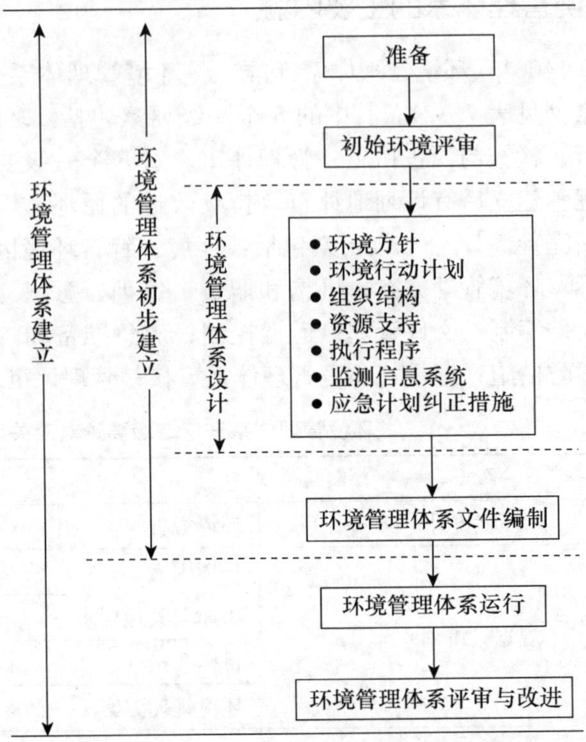

图 7-4 环境管理体系建立的基本步骤

1. 准备

建立环境管理体系的准备工作非常重要。首先，要取得高层管理者的承诺与支持，这是建立环境管理体系的前提条件。其次，要进行基本策划和组织，如成立领导小组、工作小组，明确建立环境管理体系的目的和范围、时间、进度和资源配置计划等。最后，要做好宣传和培训工作，分层次开展宣传、培训，使得全体员工能了解建立环境管理体系的目的、意义，克服认识上的障碍。

2. 初始环境评审

初始环境评审是建立环境管理体系的基础，可以说是“策划阶段”的准备性程序，对尚无环境管理体系但需要建立的企业来说显得尤为重要。通过汇总企业的环境管理和企业实际情况，发现薄弱环节和问题所在，分析有关的环境因素和差距，为确立改进计划奠定基础。尽管初始环境评审并不是 ISO 14001 标准的规定要求，但它是建立和实施环境管理的一项基础性工作。组织现有的管理体系往往与 ISO 14000 标准的要求不一致，甚至相去甚远，需要以初始评审作为起点对环境管理体系进行修正、调整与完善。一般来说，组织在建立环境管理体系之前，应当进行初始评审，体系建成后的运行、保持及复审则不必进行初始评审。

初始环境评审是通过一系列信息收集、调查，对组织当前活动、产品或服务中已有或可能存在的全部环境因素、环境影响及其控制、管理现状进行全面分析和系统评价的一项工作。目的在于识别组织当前总的环境状况，分析组织环境管理的良好之处和存在的问题与薄弱环节，从而确定组织环境表现中尚待改进的领域和机会，为组织建立环境管理体系提供背景条件和奠定基础。

初始环境评审应特别注意以下几个方面问题的信息收集和分析评价：适用于组织的法律法规、标准是如何要求的，有无严格的管理手段，现状与规定之间有哪些差距；识别现行和潜在的环境问题（如企业产生的哪些废弃物对人体和环境有害），也是确定重大环境影响因素的基础；现有管理、运行程序（如谁负责废弃物处置、现场如何管理工艺生产）以及是否有需改进之处；已发生的环境事故分析以及是否建立了处罚和预防措施。

初始环境评审过程如图 7－5 所示。

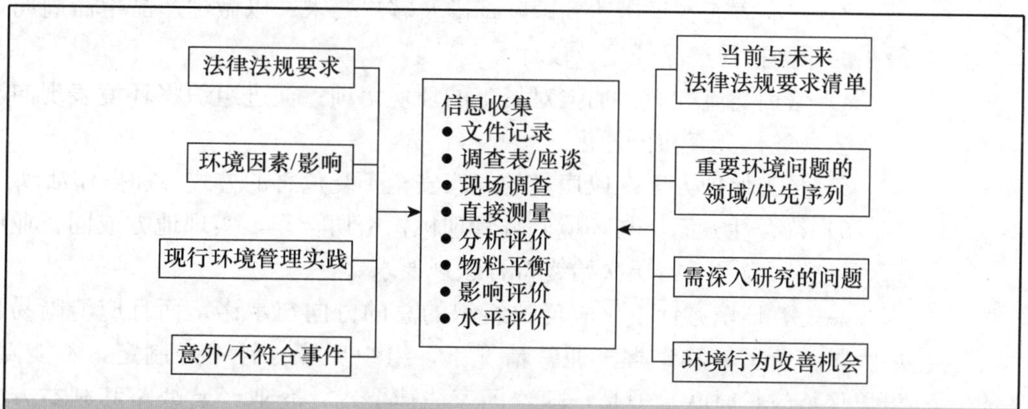

图 7－5　初始环境评审过程

初始评审是组织建立环境管理体系的准备阶段，组织可以请咨询部门、专家承担指导工作，作为环境管理体系咨询工作的组成部分，也可以由组织内部审核员承担，涉及组织内部多部门、多岗位的，应协同配合，共同完成。

初始评审应就组织现行环境行为与当前（未来）的法律法规要求的差距、存在严重环境问题的领域及优先排序、需要进一步研究的潜在问题、环境行为改善的可能等方面发表意见，并应将重要的、有价值的数据加以整理汇编，形成初始评审报告。

3. 环境管理体系设计

（1）环境方针。

在 ISO 14001：2015 标准中，环境方针是领导作用的重要组成部分，环境方针是由最高管理者就组织的环境绩效正式表述的意图和方向。环境方针应保持文件化信息，在组织内得到沟通，且可被相关方获取。环境方针适合于组织的宗旨和组织所处的环境，包括活动、产品和服务的性质、规模和环境影响，为制定环境目标提供框架。环境方针必须具备三项基本承诺及目标、指标的框架。三项基本承诺为：保护环境的承诺，其中包含污染预防及其他与组织所处环境有关的特定承诺，保护环境的其他特定承诺可包括资源的可持续利用、减缓和适应气候变化、保护生物多样性和生态系统；履行合规义务的承诺；持续改进环境管理体系以提高环境绩效的承诺。

可以说，环境方针是一个组织在环境保护方面总的指导方向和行动原则，也反映最高管理者对环境行为的一个总承诺，可以说它是组织关于加强管理、改进环境表现的态度和行动的声明书。

组织的环境方针一般在环境管理体系建立的早期阶段确定，由组织最高管理者制定，主要涉及以下方面：

1）长远规划方面：一般原则，如承诺预防污染、建立行为评价程序、符合法规要求；战略或计划，如在投资政策及实施方面承诺考虑环境问题。

2）特定目标方面：承诺实现清洁生产目标；承诺减少某种污染物排放，节约资源（如水、电）；优先考虑废弃物在组织内的循环使用。

3）产品方面：承诺达到国际标准及客户要求；以做到产品生命周期环境影响最小的原则指导产品开发、设计。

4）培训交流方面：加强对员工的环境培训；促进组织将环境表现向客户、员工及公众进行交流和公开化。

5）员工保护方面：以雇员的健康安全不受危害的方式参加操作活动。

6）符合性方面：与环境监督管理机构密切合作，实现地方或同行业中的最佳管理标准，确保运行层次始终符合法规要求。

总之，环境方针不仅应反映组织的总的方向与承诺，而且应清晰易懂，能为广大员工所了解和掌握。通常情况下，组织环境方针一经制定，不能随意改动，可以保持较长时间。但是，随着国家法律要求、企业经营战略和利益方要求等可能发生的变化和持续改进，也需作及时调整。

（2）环境因素。

环境因素是指一个组织的活动、产品和服务中能与环境发生相互作用的要素。一项环境因素可能产生一种或多种环境影响。重要环境因素是指具有或能够产生一种或多种重大环境影响的环境因素。重要环境因素是组织运用一个或多个准则确定的。

环境因素在环境管理体系策划环节的应对风险和机遇措施中提出，ISO 14001：2015标准要求组织应在所界定的环境管理体系范围内，确定活动、产品和服务中能够控制和能够施加影响的环境因素及其相关的环境影响。在环境因素确定时，可结合生命周期评估的方法，且必须考虑以下几个方面：

1）变更，包括已纳入计划或新的开发，以及新的或修改的活动、产品和服务。

2）异常状况和可合理预见的紧急情况。

组织应运用所建立的准则，确定那些已经具有或可能具有重大环境影响的环境因素，即重要环境因素。适当时，组织应在其各层次和职能间沟通重要环境因素。组织应保持以下内容的文件化信息：环境因素及相关环境影响；用于确定重要环境因素的准则；重要环境因素，这里的重要环境因素是可能导致与有害环境影响（威胁）或有益环境影响（机会）相关的风险和机遇。

对于不同组织类型、不同生产工艺和不同规模，环境因素可能千差万别。环境因素和环境影响之间存在因果关系。分析环境因素和评价其环境影响可以分为四步：第一步，选择活动或过程（如生产工艺、产品使用与服务、原辅材料采购、设备更新）；第二步，识别其中的环境因素（污染排放状况、废弃物管理、土地污染、对社区的影响）；第三步，确定环境影响；第四步，确定环境影响的重要程度。

环境因素的分析一般应考虑三种时态（过去、现在、未来）、三种状态（正常、异常、紧急）、对多种类型环境领域的影响，如水环境、大气环境、噪声环境、自然景观、社区环境、资源利用等。

（3）环境目标和实现目标的策划。

环境目标应当在组织的顶层以及其他层次和职能上建立，这些层次和职能的活动对实现环境方针承诺和组织的整体目标而言非常重要。环境目标应当与环境方针和对环境保护的承诺相一致，包括污染预防、履行合规义务和持续改进。环境目标可以直接表现为一个具体的绩效水平，也可以表现为一个总的目标和进一步规定一个或多个指标，即实现环境目标应当满足的细化的绩效要求。当设定指标时，它们应当是可度量的。指标可能需要包括一个明确的时间表。组织建立的环境目标应当作为总体管理目标的一部分予以考虑。这样的整合不仅可以提高环境管理体系的价值，而且可提高被整合的业务过程的价值。

环境目标可以是适用于整个组织、仅适用于某个特定场所或单独的活动，例如，一个制造设施可以有一个整体的节能目标，该目标可由一个单独部门的节能活动实现。然而，在其他情况下，组织的所有部门都应当以不同方式为实现组织的总体目标作出贡献。另外，可能存在这种情况：组织的不同部门为了追求同一个整体目标，可能需要通过实施不同的行动来实现它们的部门目标。组织应当识别其不同层次和职能对实现目标的贡献，并使各成员意识到他们的职责。环境目标的文件化及其沟通提高了组织实现环境目标的能力。组织应当保持其环境目标的文件化信息，有关环境目标的信息应当提供给那些负责实现这些目标的人员和需要这些信息以执行有关职能（如运行控制）的其他人员。

在制定环境目标时，组织应当考虑输入的信息，包括：环境方针中的原则和承诺；重要环境因素以及在确定它们时形成的信息；合规义务；与影响环境管理体系的其他问题和要求有关的需要应对的风险和机遇。组织还应当考虑实现环境目标对其他活动或过程的影响、对组织公众形象的可能影响、环境评审的结果和组织的其他目标。

必须根据法律法规的要求，针对重大环境因素，通过考虑技术可行的能力、财政经营情况、相关方的要求等诸多因素来设立有关层次的环境目标和指标，使环境方针与目标、指标一起形成组织在实施环境管理行动中具有联系的目标体系（见图7-6）。

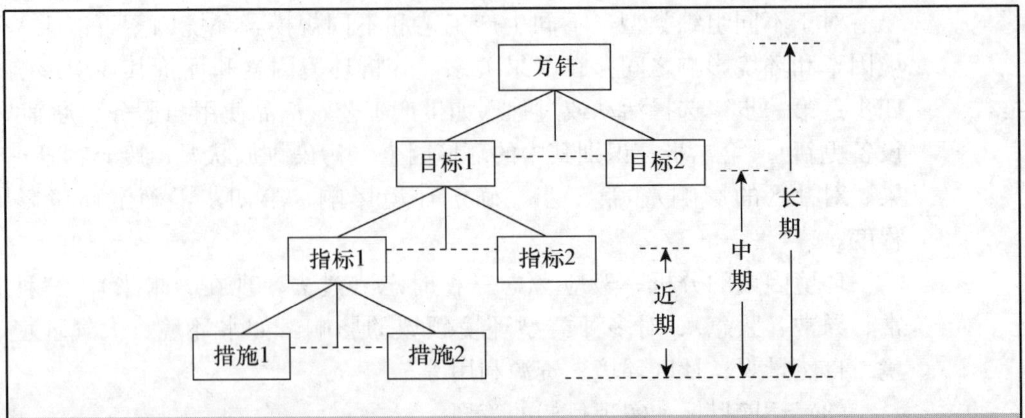

图 7-6 环境管理的目标体系

实现环境目标的措施的策划过程中的一部分内容可以包括一个或多个实现组织环境目标的方案。方案应当包括角色、职责、过程、资源、时间表、优先顺序以及实现环境目标所需的措施，这些措施可以涉及单独的过程、项目、产品、服务、场所或一个场所内的设施。组织可以将实现环境目标的方案与战略策划过程中的其他方案进行整合，实现环境目标的方案有助于组织提高环境绩效。方案应当是动态的，当环境管理体系范围内的过程、活动、服务和产品发生变化时，组织应当根据需要对环境目标和有关方案进行修订。

(4) 环境管理方案。

制定环境管理方案就是制定每个有关职能和层次实现环境目标、指标应具有的职责及达标时间表，以使环境方针应用于实践。它包括：规定每一个有关职能机构在实现目标和指标中的责任、实现目标和指标的方法和时间表。这个环节在“策划”模块中很重要，起着承上启下的作用，由制定的方案导出“实施”模块。

在制定环境管理方案时，第一，要根据初始评审的结论，确定制定目标和指标的优先项并进行排序，优先项可以分为亟待解决、高度优先和低度优先；第二，确定目标和指标；第三，制定一个短期行动计划并提出具体措施；第四，分析成本效益以决定能否采纳列出的方案；第五，将上述结果文件化，可以列出一个综合表给承担行动的部门。

环境管理方案的制定过程可以从表 7-3 的实例中具体了解。

表 7-3 环境管理方案的制定过程

第一步	确立方针：承诺循环和再利用以减少浪费
第二步	进行初始环境评审
	确认大量木制模板被当作普通混合垃圾处置（中度优先——可能的节约）
第三步	提出对目标、指标的建议：在××年××月前，分离所有木制废弃物
	制定短期行动方案：由××岗位采用划定储存场所的方式将木制模板单独存放

（5）资源支持。

组织应当确定建立、实施、保持和改进环境管理体系所需的资源，当确定所需的资源时，组织应当考虑：基础设施；外部提供的资源；信息系统；能力；技术；财力、人力资源和运行、产品和服务所需的其他特定资源。

资源应当以及时和有效的方式提供，资源的分配应当考虑组织当前和未来的需求。在资源配置上，组织可以跟踪其环境或相关活动的资本和运营成本的收益，如污染控制设备的成本（资金的花费）和在组织控制下工作的人员花在使环境管理体系有效上的时间（运行的花费）等都可以包括在内。资源和它们的分配应当定期评审，与管理评审相结合以确保充分性。在评价资源的充分性时，应当考虑计划的变更、新的项目或运行。

资源支持除考虑自身资源整合外，还可以借助外部资源。例如，小型企业的资源基础和组织结构可能在环境管理体系的实施上表现出某种局限性，对于人力、物力和财力资源支持需要克服这些局限性，组织可以考虑合作策略。合作选项可包括：与较大的客户和供应商组织合作，分享技术和知识；与供应链或当地的其他组织合作，以确定并解决共同的问题、分享经验、促进技术发展、联合使用设施，以及共同使用外部资源；与标准化组织、协会或商会合作，开展培训和提高环保意识；与大学及其他研究中心合作，以支持绩效改进、生命周期观点的应用以及创新。

（6）信息交流。

信息交流使组织能够提供并获得与其环境管理体系相关的信息，包括与其重要环境因素、环境绩效、合规义务和持续改进建议相关的信息。信息交流是一个双向的过程，存在于组织的内部和外部。组织在建立信息交流过程时，应当考虑内部组织结构，以确保与最适当的职能和层次进行信息交流。采用一种方式可能可以满足多个不同相关方的需求，而对于个别相关方提出的特殊需求，可能需要多种信息交流方式。

在确定如何实施信息交流时，组织应当考虑不同的信息交流方法，这些方法应当能够促进对组织环境管理行动的理解和接受，并能促进与相关方的对话。信息交流借助的客体包括非正式讨论、组织的开放日、焦点问题讨论组、社区对话、社区活动、网站和电子邮件、新闻稿、广告和定期简报、年度或其他定期的报告以及电话热线等。组织应当对与其环境管理体系有关的质询、受关注的问题或来自交流活动的其他信息给予考虑，并作出响应。建立用于接收和响应上述内外部信息的程序是非常有益的。

在组织内的各层次和职能间进行内部信息交流，对环境管理体系的有效性至关重要。例如，对于问题的解决、活动的协调、行动计划的跟进以及环境管理体系的进一步改进，信息交流都非常重要。向在组织控制下工作的人员提供适当的信息，有助于激励他们认同组织为改进环境绩效而付出的努力。这将有助于组织的员工和在组织控制下工作的外部供方履行职责，并能帮助组织实现环境目标。组织应当建立一个过程，使来自组织各层次的信息得以交流。这将有利于意见和建议的提出，以改进组织的环境管理体系和环境绩效。组织应在其内部与适合的人员交流有关环境管理体系监督、审核和管理评审结果的信息。

与外部相关方交流信息是环境管理的重要且有效的工具。组织应当按照其合规义务的要求及其信息交流过程，就环境管理体系的相关信息进行外部信息交流。组织也可以考虑是否就其环境因素与相关方进行外部信息交流，包括与产品的交付、使用和处置有关的环境因素。

4. 环境管理体系文件编制

环境管理体系文件一般分为四类：原始记录、岗位操作指导书、环境管理程序规定、环境管理手册，其层次结构如图 7－7 所示。

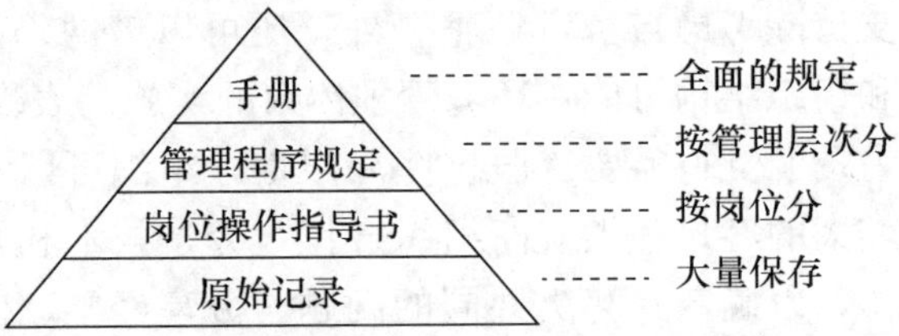

图 7－7　环境管理体系文件层次结构

环境管理体系文件类似于质量体系文件，属于企业内部受控文件。根据 ISO 14004 标准，环境管理体系文件管理应特别注意：所有文件应注明日期（修订日期），以便于识别和管理，并在规定期限内保存；按部门职能、活动、联系人标识文件；文件应定期评审，必要时予以修订，并在发布前由主管部门人员批准；文件的现行版本应发送至多个有关场所；及时从发送和使用的场所撤回作废文件。

5. 环境管理体系运行

运行控制的类型和程度取决于运行的性质、风险和机遇、重要环境因素及合规义务。组织可灵活选择确保过程有效和实现预期结果所需的运行控制方法的类型，可以以单一或组合的方式。此类方法可能包括：设计一个或多个防止错误并确保一致性结果的过程；运用技术来控制一个或多个过程并预防负面结果（即工程控制）；起用能胜任的人员，确保获得预期结果；按规定的方式实施一个或多个过程；监视或测量一个或多个过程，以检查结果；确定所需使用的文件化信息及其数量。

为对外包过程或产品和服务的供方实施控制或施加影响，组织可基于对下列因素的考虑，决定其自身在业务过程（如采购过程）中所需的控制程度。这些因素如知识、能力和资源，包括：外部供方满足组织环境管理体系要求的能力和组织确定适当控制或评价控制充分性的技术能力；产品和服务针对组织实现其环境管理体系预期结果的能力所具有的重要性和潜在影响；对过程控制进行共享的程度；通过采用一般的采购过程实现所需的控制的能力；可获得的改进机会。

当一个过程被外包或产品和服务由外部供方提供时，组织实施控制或施加影响的能力可能由直接控制向有限控制或不能施加影响转变。某些情况下，发生在组织现场的外包过程可能直接受控；而另一些情况下，组织影响外包过程或外部供方的能力可能是有限的。

在确定与外部供方（包括合同方）有关的运行控制的程度和类型时，组织可考虑以下因素：环境因素和相关的环境影响；与组织制造产品或提供服务相关的风险和机遇；组织的合规义务。

6. 环境管理体系评审与改进

为使环境管理体系处于一个持续改进的过程，使组织的环境行为、水平和效果不断得到改善，必须设置评审与改进的环节。此环节是环境管理体系建立的第六个部分，由此产生持续改进的效果，并确保体系的持续适用性、充分性和有效性。

五、环境管理体系的运行模式

通过上述步骤，环境管理体系可以逐步建立起来，环境管理体系运行是一个长期的动态优化过程，其运行模式如图7-8所示。

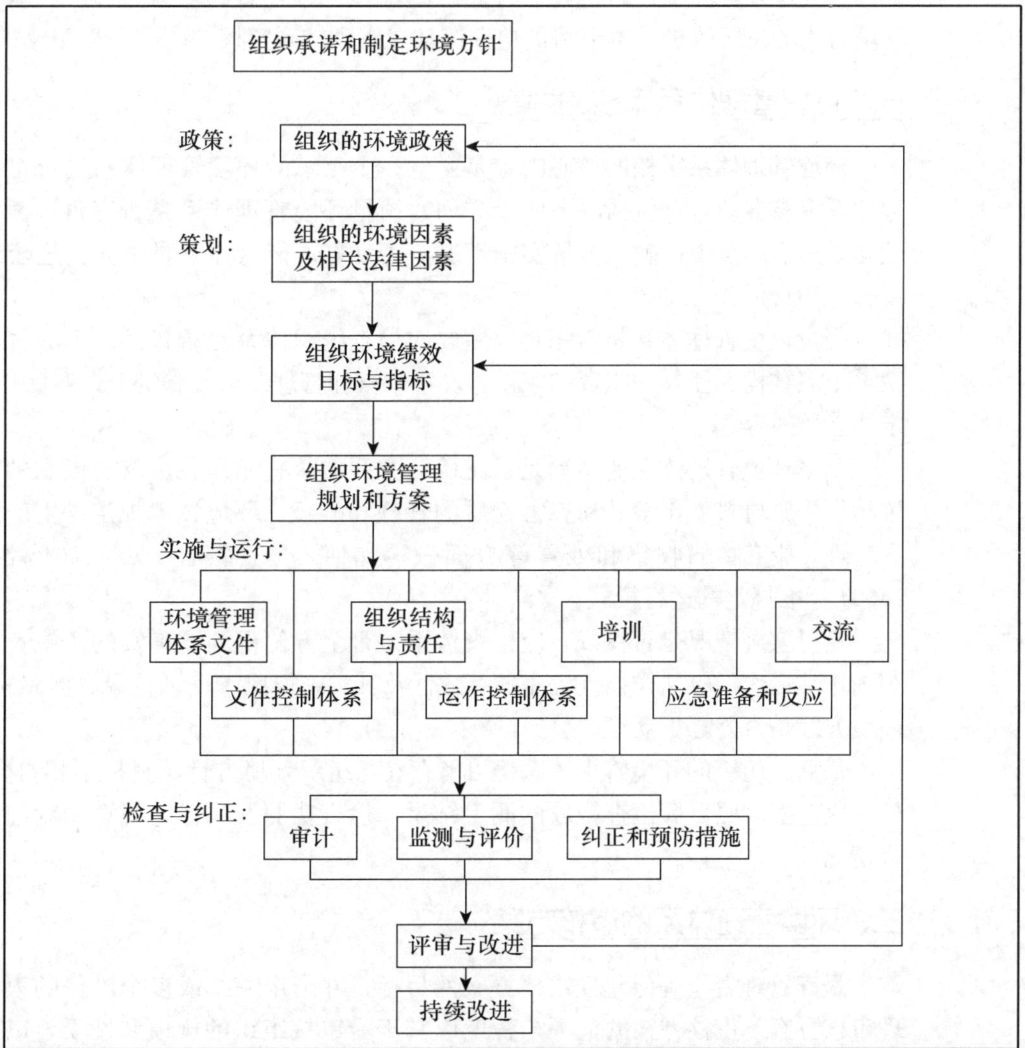

图7-8 环境管理体系运行模式

第3节 环境管理体系审核

环境审核是客观地获取审核证据并予以评价，以判断特定的环境活动、事件、状况、管理体系或有关上述事项的信息是否符合审核准则的一个系统化、文件化的验证过程，将这一过程的结果呈报委托方，是验证和帮助一个组织改进环境行为的重要手段，也是环境审核范畴中的一个分支。

环境管理体系审核的目的在于对照环境管理体系审核准则中的要求来衡量受审核方环境管理体系的运行及符合情况，确定环境管理体系是否得到了妥善的实施和保持，发现体系中可进一步改善的因素，评价组织内部管理评审是否能够保证环境管理体系的持续有效和适用。通过环境管理体系审核使提出审核要求的组织加强内部的环境管理，环境行为符合自身提出的环境方针，做到节能、降耗、减污，实现环境行为的持续改进。本节将简单介绍环境管理体系审核的内容、程序及相关知识。

一、环境管理体系审核的内容

环境管理体系审核的核心内容是衡量一个组织的环境管理体系是否符合环境管理体系审核准则，它包括以下四个方面：衡量环境管理体系是否完善；衡量环境管理体系的活动是否正确；衡量实施情况是否良好；衡量体系是否充分适合组织的环境方针和目标。

衡量环境管理体系是否完善，主要应检查组织体系是否包括环境方针、环境方案、组织结构、任务、职责和职权、环境审核和管理评审步骤等ISO 14001标准中规定的必要内容。

衡量环境管理体系的活动是否正确，主要应检查组织在废气、废水的排放，土壤污染，原材料、化学品和有害物质的管理和贮藏，环境技术规定，生产过程行为和管理，废弃物的收集和处置等方面做得如何，是否符合ISO 14001标准和ISO 14004标准规定的运行模式。

衡量实施情况是否良好，应检查体系是否全方位得到了确实的实施及是否在组织内正常运作，应抽样检查程序的有效性及其实施情况、培训记录、测量报告记录、环境方针是否公之于众等。

最后，组织的环境管理体系仍可能存在与组织环境方针、目标不相符合的地方，检查应包括对照目标检查排放的测量结果，检查执照及法律、规章的专门条款的符合情况。

二、环境管理体系的审核方案

最高管理者应确保建立审核方案的目标，并指定一个或多个胜任的人员负责管理审核方案。审核方案的范围与程度应基于受审核组织的规模和性质，以及受审核管理体系的性质、功能、复杂程度及成熟度水平。应优先配置审核方案所确定的资源，以审核环境管理体系中的重大环境影响及其控制。

审核方案的内容应包括在规定的期限内高效地组织和实施审核所需的信息和资源，通常包括：审核方案和每次审核的目标；审核的范围与程度、数量、类型、持续时间、地点、日程安排；审核方案的程序；审核准则；审核方法；审核组的选择；所需的资源，包括交通和食宿；处理保密性、信息安全、健康和安全，以及其他类似事宜的过程。审核方案的管理流程如图 7－9 所示。

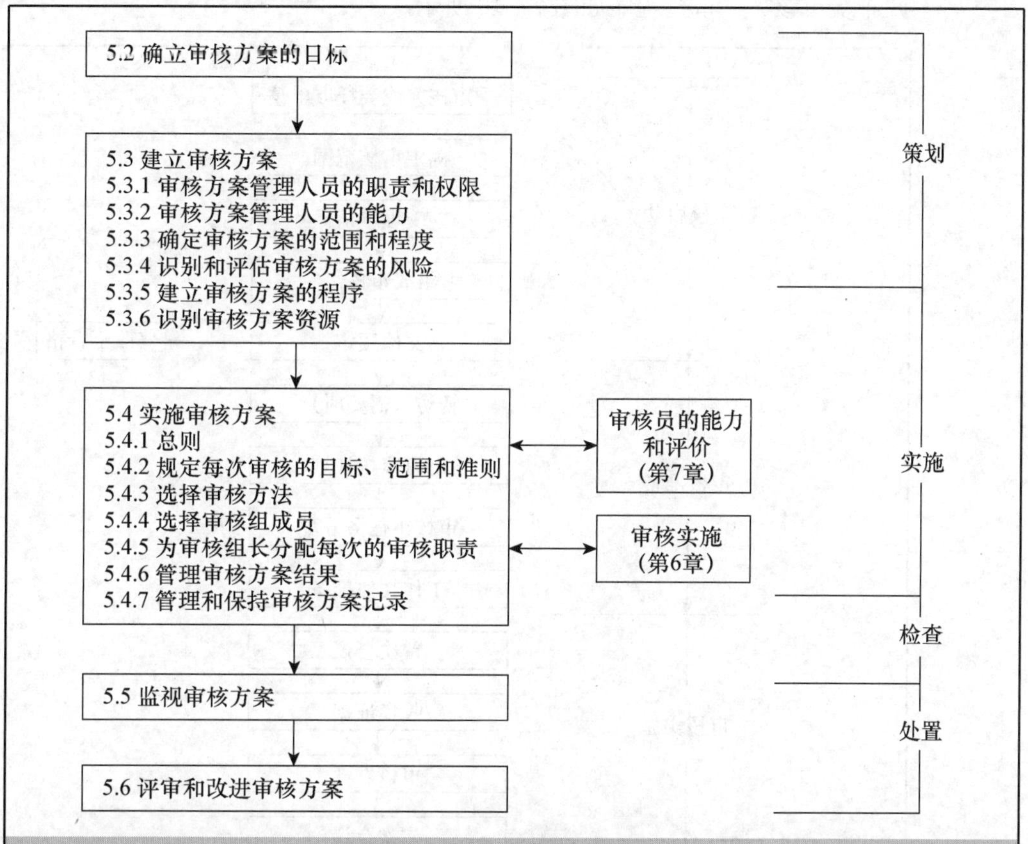

图 7－9　审核方案的管理流程

注：图中表示了 PDCA 循环在 ISO 19011：2011 标准中的应用，图中数字表示 ISO 19011：2011 标准中的条款和分条款一致。

三、环境管理体系审核的程序

环境管理体系审核的程序按顺序大体分为三个部分，即准备审核、实施审核、审核报告，此外一般还需一个跟踪复审的过程。

准备审核中需确定审核的范围、资源，对文件进行预审，确定出组织的危险区域及有关环境因素的信息，并将其纳入审核计划，审核组再进行分工，将审核任务分配给每个审核员去完成，并在审核过程中形成工作文件。

实施审核时，与受审核方举行正式的首次会议，介绍审核组成员，讨论审核范围、目的、计划，介绍审核方法，了解必要的信息等。此后，开始收集证据满足审核目的的要求，记录审核发现。与受审核方进行末次会议时，将审核发现提供给受审核方，使双方就发现达成共识。

在审核报告阶段，按照审核报告内容及编写要求提交一份审核报告，按要求进行分发。

审核结束后，针对不符合项，委托方应准备行动计划，解决不符合项，行动计划的实施通常称作后续行动，它并不是审核的一部分。行动计划和后续行动的责任归于受审核方。审核程序如图 7-10 所示。

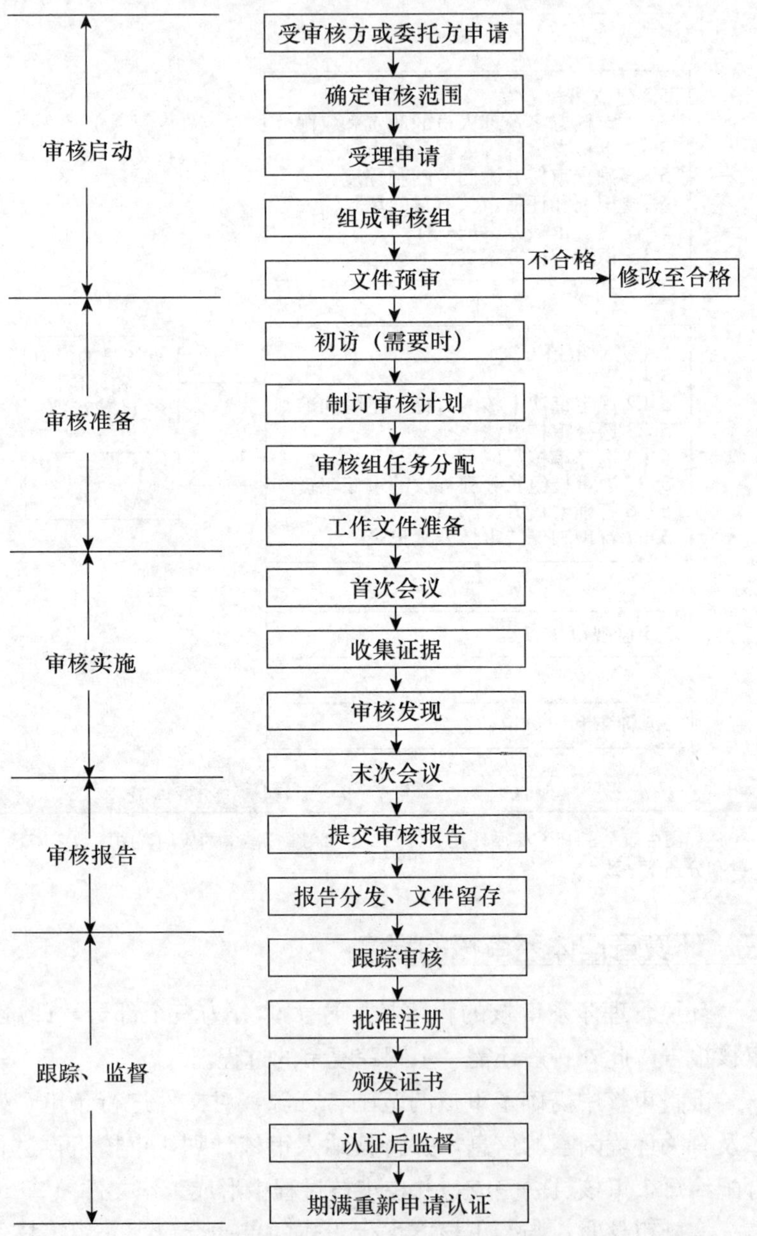

图 7-10 环境管理体系审核程序

1. 审核启动

环境管理体系审核的启动有两项工作。首先是与受审核方建立初步联系，审核组长应与受审核方就审核的实施进行初步联系，联系可以是正式的，也可以是非正式的。然后是确定审核的可行性，应该围绕策划和实施审核所需的信息是否充分和适当、受审核方是否充分合作、实施审核所需的时间和资源是否足够等因素确定审核的可行性，以确信能够实现审核目标，若审核不可行，应向审核委托方提出替代建议并与受审核方协商一致。

2. 审核准备

首先，应评审受审核方的相关管理体系文件。收集信息，了解体系文件范围和程度的概况以发现可能存在的差距，文件评审应考虑受审核方管理体系和组织的规模、性质和复杂程度以及审核的目标和范围。

其次，编制审核计划。审核组长应根据审核方案和受审核方提供的文件包含的信息编制审核计划。审核计划应考虑审核活动对受审核方的过程的影响，并为审核委托方、审核组和受审核方之间就审核的实施达成一致提供依据。审核计划应便于审核活动的日程安排和协调，以有效地达到目标。对于初次审核和随后的审核、内部审核和外部审核，审核计划的内容和详略程度可以有所不同。审核计划应具有充分的灵活性，以允许随着审核活动的进展进行必要的调整。审核计划应包括：审核目标；审核范围，包括受审核的组织单元、职能单元以及过程；审核准则和引用文件；实施审核活动的地点、日期、预期的时间和期限，包括与受审核方管理者的会议；使用的审核方法，包括所需的审核抽样的范围，以获得足够的审核证据，适用时还包括抽样方案的设计；审核组成员、向导和观察员的作用和职责；为审核的关键区域配置适当的资源。

再次，审核组工作分配。审核组长可在审核组内协商，将具体的过程、活动、职能或场所的审核职责分配给审核组的每位成员。分配审核组职责时，应考虑审核员的独立性和能力、资源的有效利用以及审核员、实习审核员和技术专家的不同作用和职责。适当时，审核组长应适时召开审核组会议，以落实工作分配并决定可能的改变。为确保实现审核目标，可随着审核的进展调整所分配的工作。

最后，准备工作文件。审核组成员应收集和评审与其承担的审核工作有关的信息，并准备必要的工作文件，用于审核过程的参考和记录审核证据。这些工作文件可包括：检查表、审核抽样计划、记录信息（如支持性证据、审核发现和会议记录）的表格。检查表和表格的使用不应限制审核活动的范围和程度，审核活动的范围和程度可随着审核中收集信息的结果发生变化。工作文件包括其使用后形成的记录，应至少保存到审核完成或审核计划规定的时限。审核组成员应在任何时候妥善保管涉及保密或知识产权信息的工作文件。

3. 审核实施

第一，举行首次会议。首次会议是为了确认所有有关方（例如受审核方、审核组）对审核计划的安排达成一致，介绍审核组成员，同时确保所策划的审核活动能够实施。应与受审核方管理者及适当的受审核的职能、过程的负责人一起召开首次会议。在会议期间，应提供询问的机会。会议的详略程度应与受审核方对审核过程的熟悉程度相一致。在许多情况下，例如小型组织的内部审核，首次会议可简单地包括对即将实施的审核的沟通和对审核性质的解释。对于其他审核情况，会议应当是正式的，并保存出席人员的记录。会议应由审核组长主持。

第二，审核实施阶段的文件评审。文件评审的目的是确定文件所述的体系与审核准则的符合性，收集信息以支持审核活动。

第三，审核中的沟通。在审核期间，可能有必要对审核组内部以及审核组与受审核方、审核委托方、可能的外部机构（例如监管机构）之间的沟通作出正式安排，尤其是法律要求强制性报告不符合的情况。审核组应定期讨论以交换信息，评定审核进展情况，以及在需要时重新分配审核组成员的工作。在审核中，适当时审核组长应定期向受审核方、审核委托方通报审核进展及相关情况。如果收集的证据显示受审核方存在紧急和重大的风险，应及时报告受审核方，适当时向审核委托方报告。对于超出审核范围的引起关注的问题，应予以记录并向审核组长报告，以便可能时向审核委托方和受审核方通报。当获得的审核证据表明不能达到审核目标时，审核组长应向审核委托方和受审核方报告理由以确定适当的措施。这些措施可以包括重新确认或修改审核计划，改变审核目标、审核范围或终止审核。随着审核活动的进行，出现的任何变更审核计划的需求都应经评审，适当时经审核方案管理人员和受审核方批准。

第四，信息的收集和验证。在审核中，应通过适当的抽样收集并验证与审核目标、范围和准则有关的信息，包括与职能、活动和过程间接相关的信息。只有能够验证的信息方可作为审核证据。在收集证据的过程中，审核组如果发现了新的、变化的情况或风险，应予以关注。从收集信息到得出审核结论的过程如图 7－11 所示。

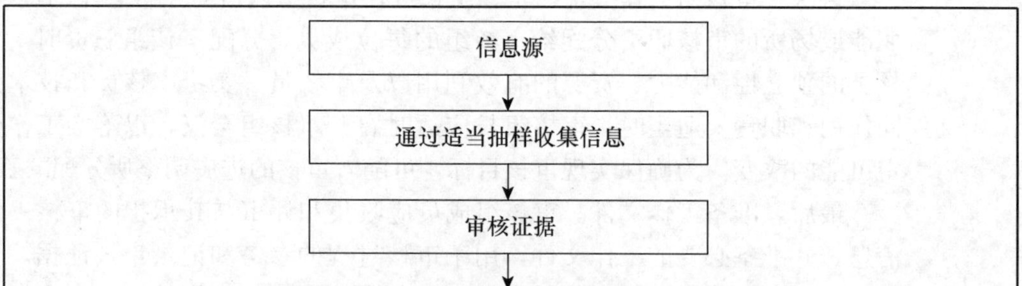

图 7－11　从收集信息到得出审核结论的过程

第五，形成审核发现。在环境管理体系审核过程中，应对照审核准则评价审核证据以形成审核发现，审核发现能表明符合或不符合审核准则。当审核计划有规定时，具体的审核发现应包括具有证据支持的符合事项和良好实践、改进机会以及对受审核方的建议。应记录不符合项及支持不符合项的审核证据，可以对不符合项进行分级。应与受审核方一起评审不符合项，以获得承认，并确认审核证据的准确性，使受审核方理解不符合项。应努力解决对审核证据或审核发现存在分歧的问题，并记录尚未解决的问题。审核组应根据需要在审核的适当阶段评审审核发现。

第六，准备审核结论。审核结论可陈述：管理体系与审核准则的符合程度和稳健程度，包括管理体系满足所声称的目标的有效性；管理体系的有效实施、保持和改进；管理评审过程在确保管理体系持续的适宜性、充分性、有效性和改进方面的能力；审核目标的完成情况、审核范围的覆盖情况，以及审核准则的履行情况；审核发现的根本原因（如果审核计划中有要求）；为识别趋势从其他受审核领域获得的相似的审核发现。如果审核计划中有规定，审核结论可提出改进的建议或对今后审核活动的建议。

第七，举行末次会议。审核组长应主持末次会议，提出审核发现和审核结论。参加末次会议的人员包括受审核方管理者和适当的受审核的职能、过程的负责人以及审核委托方和其他有关方面。适用时，审核组长应告知受审核方在审核过程中遇到的可能降低审核结论可信程度的情况。如果管理体系有规定或与审核委托方达成协议，与会者应就针对审核发现而制定的行动计划的时限达成一致。会议的详略程度应与受审核方对审核过程的熟悉程度相一致。在一些情况下，会议应是正式的，并保存会议纪要，包括出席人员的记录。对于另一些情况，例如内部审核，末次会议可以不太正式，可以只沟通审核发现和审核结论。末次会议应阐明下列内容：告知受审核方所收集的审核证据是基于已有的信息样本的；报告的方法；处理审核发现的过程和可能出现的后果；以受审核方理解和承认的方式提出审核发现和审核结论；任何相关的审核后续活动（例如纠正措施的实施、审核投诉的处理、申诉过程）。应讨论审核组与受审核方之间关于审核发现或审核结论的分歧，并尽可能予以解决。如果不能解决，应记录所有观点。如果审核目标有规定，可以提出改进建议，并强调该建议没有约束性。

4. 审核报告

审核组长应根据审核方案程序报告审核结果。审核报告应提供完整、准确、简明和清晰的审核记录，并包括或引用以下内容：审核目标；审核范围，尤其是应明确受审核的组织单元和职能单元或过程及审核所覆盖的时期；明确审核委托方；明确审核组和受审核方在审核中的参与人员；进行审核活动的日期和地点；审核准则；审核发现和相关证据；审核结论；关于对审核准则遵守程度的陈述。

审核报告应在商定的时间期限内提交。如果延迟，应向受审核方和审核方案的管理人员通告原因。审核报告应按审核方案程序的规定注明日期，并经评审和批准。审核报告应分发至审核程序规定的接收人。

四、审核员

对审核过程的信心和达到目标的能力取决于参与策划和实施审核的人员（包括审核员和审核组长）的能力。应通过一个过程对人员能力进行评价，该评价过程应考虑个人行为表现以及应用知识和技能的能力。这些知识和技能是通过教育、工作经验、审核员培训和审核经历获得的。评价过程应考虑审核方案及其目标的需要。

关于环境审核员的资格，ISO 14012 标准作出了具体规定，规定对内部和外部审核员同样适用。标准定义了环境审核员和环境审核组长，规定了作为审核员应受过何等教育、有过哪些工作经历、具备哪些个人素质和能力，需接受的正式培训和在岗培训，对审核组长还作了特殊的要求。ISO 14012 标准对环境审核员资格的要求涉及：教育与工作经历、审核员培训、个人素质与技能、能力的保持。

环境审核员是指具备从事环境审核资格的人员。环境审核组长是具备主持与从事环境审核资格的人员，审核组长应是对保证有效管理与领导审核过程所需的个人素质与技能有透彻理解并能加以应用的审核员。审核员至少应接受过中等教育或具有同等学力。审核员应具备必要的工作经历，这些经历应有助于发展部分或全部的技能和学识，包括：环境科学与技术；设施运行的技术因素与环境因素；环境法律法规及相关文件的有关要求；进行审核所依据的环境管理体系与标准；审核程序、过程与技术。

审核员应具备的个人素质与能力包括：口头与书面表达能力，能够清楚地表达概念和意见；有效开展审核工作所需的人际交往能力，如交际能力、变通能力、倾听能力等；履行审核员职责所需的保持充分独立性与客观性的能力；有效开展审核工作所需的个人组织能力；根据客观证据作出正确判断的能力；针对开展审核的国家和地区的习俗和文化的灵活反应能力。

审核员分为内部审核员和外部审核员，外部审核员一般承担第三方认证的环境审核工作，其作用是为受审核方运行的环境管理体系给出一个客观、公正和独立的评价，这对受审核方能否通过认证起着决定性的作用，认证机构将根据外部审核员的审核结果，决定是否对受审方颁发认证证书和标志。外部审核员可以接受组织的聘请，承担建立环境管理体系的咨询工作，按照 ISO 14004 标准帮助组织建立环境管理体系，但是同一名外部审核员不可以同时承担一个组织的咨询和审核认证工作。

五、审核方法

环境管理体系审核可以采用一系列的审核方法。选择何种审核方法取决于所规定的审核目标、范围和准则以及持续的时间和地点。应考虑审核员的能力和应用审核方法时出现的不确定性。灵活运用不同的审核方法及其组合，可以使得审核过程及其结果的效率和有效性实现最佳化。可以单独或者组合运用表 7－4 提供的审核方法以实现审核目标。如果一次审核涉及使用多名成员组成的审核组，可以同时使用现场和远程的方法。

在策划阶段，审核方案管理人员和审核组长应对具体审核中有效运用审核方法负责，审核组长负责实施审核活动。远程审核活动的可行性取决于审核员和受审核方人员之间的信任程度。在审核方案中，应确保适宜和平衡地应用远程和现场审核方法，以确保圆满实现审核方案的目标。环境管理体系审核运用的审核方法如表 7-4 所示。

表 7-4 环境管理体系审核适用的审核方法

审核员与受审核方之间的相互作用程度	审核员的位置	
	现场	远程
有人员互动	进行访谈；在受审核方参与的情况下完成检查表和问卷表；在受审核方参与的情况下进行文件评审；抽样	借助交互式的通信手段进行交谈；完成检查表和问卷；在受审核方参与的情况下进行文件评审
无人员互动	进行文件审阅（例如记录、数据分析）；观察工作情况；进行现场访问；完成检查表；抽样（例如产品抽样）	进行文件审阅（例如记录、数据分析）；在考虑社会和法律要求的前提下，通过监视手段来观察工作情况；分析数据
现场审核活动在受审核方的现场进行；远程审核活动在受审核方现场以外的地方进行，不论距离远近。 互动的审核活动包括受审核方人员和审核组之间的相互交流；非互动的审核活动不存在与受审核方代表的交流，但涉及与设备、设施和文件的相互作用。		

1. 文件审阅

文件审阅主要是判断审核方管理体系文件控制的有效性。在环境管理体系审核中，审核员应该考虑文件所提供的信息是否完整、正确、一致和现行有效；所评审的文件是否覆盖审核的范围并提供足够的信息来支持审核目标；依据审核方法确定的对信息和通信技术的利用，是否有助于审核的高效实施，应依据适用的数据保护法规对信息（特别是包含在文件中，但在审核范围之外的信息）安全予以特别关注。

文件信息的完整是指文件包含所有期望的内容。文件信息的正确是指文件内容符合标准和法规等可靠的来源。文件信息一致是指文件本身以及与之相关的文件是一致的。文件信息现行有效是指文件内容是最新的。

2. 抽样

在审核过程中，如果检查出所有可获得的信息不实际或不经济，则需进行审核抽样，例如记录太过庞大或地域分布太过分散，以至于无法对总体中的每个项目进行检查。审核抽样的目的是提供信息，以使审核员确信能够实现审核目标。为了对总体形成结论，对大的总体进行审核抽样，就是在全部数据批（总体）中选择小于 100%数量的项目，以获取并评价总体某些特征的证据。

抽样的风险是指从总体中抽取的样本也许不具有代表性，从而可能导致审核员的结论出现偏差，与对总体进行全面检查的结果不一致。其他的风险可能源于抽样总体的变异和所选择的抽样方法。

抽样时应考虑可用数据的质量，因为抽样数量不足或数据不准确将不能提供有用的结果。应根据抽样方法和所要求的数据类型（如为了推断出特定行为模式或得出对总体的推论）选择适当的样本。对样本形成的报告应考虑样本量、选择的方法以及基于这些样本和一定置信水平作出的估计。

抽样分为判断抽样和统计抽样。判断抽样依赖于审核组的知识、技能和经验，优点是抽样效率高，缺点是可能无法对审核发现和审核结论的不确定性进行统计估计。统计抽样设计使用一种基于概率论的样本选择过程。当每个样本只有两种可能的结果（例如正确或错误、通过或不通过）时，使用计数抽样。当样本的结果是连续值时，使用计量抽样。统计抽样方案应当考虑检查的结果是计数的还是计量的。例如，当评价完成的表格与程序规定的要求的符合性时，可以使用计数抽样。

3. 现场访谈

访谈是一种重要的收集信息的方法，应以适于当时情境和受访人员的方式进行，访谈可以面对面进行，也可以通过其他沟通方法进行。

访谈法在应用时，审核员应考虑：受访人员应来自承担审核范围涉及的活动或任务的适当的层次和职能部门；通常在受访人员正常的工作时间和工作地点（可行时）进行；在面谈之前和面谈期间，应尽量使受访人员放松；解释面谈和做笔记的原因；面谈可以从请受访人员描述其工作开始；注意选择提问的方式（例如开放式、封闭式、引导式提问）；与受访人员总结和评审面谈结果；感谢受访人员的参与和合作。

环境管理体系审核方法应根据项目、审核对象、审核员状况等条件适当选择，在审核过程中，基本审核方法交叉使用，不能拘泥于方法本身的应用，只要有助于审核目标的实现，有利于审核证据的取得，就可以使用。

本章小结

开展环境管理体系的建立、实施和认证工作，对于组织提升企业形象、强化和提高环境管理水平、增强国际竞争力、实现污染预防、实现成本降低和持续改进等方面都具有十分重要的意义。环境管理体系认证最早由美国和西欧的一些公司自发发起，目的是响应持续发展的号召，减少污染，提高公司在公众心目中的形象以获得商品经营支持。1985 年，荷兰率先提出建立企业环境管理体系的概念，英国的 BS7750 和欧盟的 EMAS 实施后，欧洲的许多国家纷纷开展认证活动，国际标准化组织（ISO）认识到自己的责任和机会，同时为响应联合国实现可持续发展目标的号召，于 1993 年 6 月成立了环境管理标准化技术委员会（ISO/TC 207），并于 1996 年正式发布了 ISO 14001：1996《环境管理体系——规范及使用指南》，

ISO 14000 标准体系由此产生。环境管理体系以企业传统管理模式“德明模式”（PDCA 模式）为基础，将体系分解为 5 个一级要素和 17 个二级要素，通过准备、初始环境评审、环境管理体系设计（包括环境方针、环境行动计划、组织结构、资源支持、执行程序、监测信息系统和应急计划纠正措施等要素）、环境管理体系文件编制、环境管理体系运行、环境管理体系评审与改进等 6 个环节逐步建立。环境管理体系建立和运行后，需要通过环境管理体系审核，对照环境管理体系审核准则中的要求来衡量受审核方环境管理体系的运行及符合情况，确定环境管理体系是否得到了妥善的实施和保持，发现体系中可进一步改善的因素，评价组织内部管理评审是否能够保证环境管理体系的持续有效和适用。这个审核需要具有胜任能力的审核员采取必要的审核方法进行评审，审核的方法主要包括文件审阅、抽样和现场访谈等。

复习思考题

1. 什么样的企业需要建立环境管理体系？
2. 环境管理体系认证是否可以有效防范企业环境风险？以紫金矿业为例说明。
3. 环境管理体系包括哪些内容？
4. ISO 14000 系列标准由哪些部分组成？它们之间是什么关系？
5. 环境管理体系构建的基础是什么？
6. 初始环境评审包括哪些内容？这个评审是否可以由审计人员独立完成？
7. 环境管理体系的运行模式是怎样的？
8. 环境管理体系的审核方案如何制定？
9. 环境管理体系审核有哪些主要程序？
10. 环境管理体系审核员应具备哪些能力？审计人员是否具备这些能力？
11. 环境管理体系审核有哪些基本方法？如何应用？

第8章

职业健康安全管理体系审核

学习目标

1. 掌握职业健康安全管理体系审核的类型与目的、原则和特点
2. 掌握职业健康安全管理体系内部审核的步骤和方法
3. 掌握职业健康安全管理体系外部审核的步骤和方法

引导案例

A煤矿特别重大瓦斯爆炸事故

2016年10月31日，重庆市永川区A煤业有限责任公司（以下简称A煤矿）发生特别重大瓦斯爆炸事故，党中央、国务院高度重视，多位领导同志作出重要批示，要求千方百计搜救被困人员，科学制定施救方案，严防次生灾害，同时尽快查明事故原因，及时准确发布信息，依法依规严肃追责，督促地方切实加强煤矿安全各项工作，严防重特大事故发生。

A煤矿属于低瓦斯矿井，采矿许可证载明开采煤层为大石炭煤层和二连子煤层，有主、副、回风三个平硐。该矿井下有两套生产系统：一套布置在大石炭煤层，是合法生产系统，2014年12月之后停止采掘活动；另一套布置在超层越界开采的K13煤层（位于大石炭煤层下部），是违法生产系统。

事故发生在违法生产系统，该系统采用平峒、斜井开拓，分别从+93米南一运输平巷和+93米北一运输平巷沿煤层走向方向布置采煤眼，采用国家明令禁止使用的“巷道式采煤”工艺进行采煤作业。事故发生前，在+93米南一运输平巷距+93米下部车场约30米处，往南沿煤层走向方向每隔12米布置一个采煤眼，其中，1#～7#采煤眼已停止开采，

8#～11#采煤眼正在开采；在+93米北一运输平巷距+93米下部车场约91米处，往北沿煤层走向方向每隔12米布置一个采煤眼，其中，1#～6#、10#采煤眼正在开采，7#～9#、11#、12#采煤眼作开采准备。采煤眼为宽约2米、高约1.2米的矩形断面，采煤眼和采煤工作面均采用木点柱支护。每个采煤眼口以里，沿倾斜方向利用矸石堆垛保护采煤眼，回采过程中采用爆破落煤，自制小矿车运输，局部通风机通风。

2016年10月31日7时30分，A煤矿常务副矿长邹某组织安全副矿长曾某、生产副矿长谢某、机电副矿长周某、掘进队长章某、采煤队长凌某召开煤矿管理人员井下作业会。约8时，曾某和谢某组织召开早班人员班前会，安排布置井下当班工作。事故当班出勤38人，其中，33人在超层越界开采的K13煤层区域作业（其中，采煤和掘进工28人，辅助工3人，曾某和谢某两人带班）；邹某和电工王某在主平硐巡查；运输工杨某和魏某负责主平硐上部车场至地面的平巷运输；绞车司机刘某负责在井口绞车。11时24分，采煤工作面在实施爆破落煤时发生爆炸。监控视频显示，位于主平硐口的配电柜被冲击波冲倒，刘某被冲击波冲出井口外4～5米；邹某和王某未受伤，出井后安排人员将受伤的刘某送往医院救治；杨某和魏某未受伤，井下其余33名作业人员被困。事故共造成33人死亡、1人受伤，依据《企业职工伤亡事故经济损失统计标准》（GB6721-1986）和有关规定统计，事故直接经济损失为3 682.22万元。

此次事故的直接原因是A煤矿在超层越界违法开采区采用国家明令禁止的“巷道式采煤”工艺，不能形成全风压通风系统，使用一台局部通风机违规同时向多个作业地点通风，风量不足造成瓦斯积聚；违章“裸眼”爆破产生的火焰引爆瓦斯，煤尘参与了爆炸。A煤矿是事故主体责任单位，存在的主要问题包括：

（1）长期超层越界违法开采。A煤矿未取得探矿权，自2013年5月以来，擅自组织K13煤层钻井勘查地质工作，且在超过采矿许可证许可范围的K13煤层长期超层越界违法开采；与未取得相应地质勘查资质的个人签订钻井地质勘查合同；掘进、采煤作业均未编制施工组织设计和作业规程；采用国家明令禁止的“巷道式采煤”工艺；采煤工作面未实现全风压通风，采用局部通风机通风，采煤工作面之间串联通风；未实现双回路供电（无备用电源）；未按要求装备安全监控系统、人员位置监测系统、消防防尘供水系统；未执行瓦斯检查和监控报表审签制，无瓦斯检查、安全监控日报表。

（2）违规使用民用爆炸物品。A煤矿未组织爆破作业人员进行专业技术培训，实施爆破作业的人员未取得爆破作业人员许可证；未如实记载爆炸物品领取、发放的情况，且井下使用剩余的雷管、炸药存放在井下各采掘作业地点，未清退回库；未执行“一炮三检”和“三人连锁爆破”制度，未使用水炮泥和炮泥封堵炮眼。

（3）安全管理规定和制度不落实。A煤矿安全管理机构不健全，未配备矿长及专职安全生产管理人员，技术负责人空岗；未执行入井检身、测风、瓦斯检查等安全管理制度；井下爆破员、机车司机、绞车司机等特种作业人员未经培训、无证上岗，且井下没有专职安全检查、瓦斯检查人员，未组织职工参加安全教育培训。

（4）拒不执行安全监管监察指令。A煤矿向安全监管监察等部门提供的资料和图纸不全面、不真实，隐瞒了超层越界区域情况。拒不执行国土资源管理部门要求退出越界区域的指令，擅自启封已经验收的封闭墙，继续违法施工、生产，拒不执行煤矿安全监管部门下达的停产整改、煤矿安全监察机构下达的停止一切采掘作业等指令。

思考问题： 从体系持续可靠的角度思考这个事故为什么会发生？

企业规模的扩大和生产集约化程度的提高，对质量管理和经营模式提出了更高的要求，企业必须采用现代管理模式，使包括安全生产管理在内的所有生产经营活动科学化、规范化和法制化。职业健康安全管理体系（Occupation Health Safety Management System，OHSMS）应运而生，为企业提高职业健康安全绩效提供了科学、有效的管理手段，推动了职业健康安全法规和制度的贯彻执行，使组织的职业健康安全管理由被动强制行为转变为主动自愿行为，提高了职业健康安全管理水平，帮助企业在社会上树立良好的形象。本章介绍职业健康安全管理体系审核，主要内容包括：职业健康安全管理体系认证概述、职业健康安全管理体系内部审核、职业健康安全管理体系外部审核。

第 1 节　职业健康安全管理体系认证概述

职业健康安全管理体系是 20 世纪 80 年代后期在国际上兴起的现代安全生产管理模式，它与 ISO 9000 和 ISO 14000 等标准体系一并称为“后工业化时代的管理方法”。

一、职业健康安全管理体系审核的类型与目的

按审核方与受审核方的关系，可以将职业健康安全管理体系审核分为内部审核和外部审核，内部审核又称第一方审核，外部审核又分为第二方审核和第三方审核。

（一）第一方审核

第一方审核又称内部审核，一般由组织内部人员（需要时也可由组织全部或部分委托外部人员）以组织的名义进行。内部审核的目的是：

（1）依据管理体系标准评价自身的管理体系，以此为目的进行的审核常常发生在体系初步建成且试运行了一段时间之后。

（2）验证组织自身的管理体系是否持续满足规定的需求并且正在运行，以此为目的进行的审核常常发生在体系早已建成且已正常运行之后，通过经常性的内部审核来验证体系是否持续有效运行。

（3）作为一种重要的管理手段和自我改进机制，及时发现问题，采取纠正措施或预防措施，使体系不断完善、不断改进。

（4）作为管理评审的输入之一。第一方审核为组织提供了自我检查和纠正、预防或改进措施的信息，主要以管理体系标准、组织的管理体系文件、适用的法律法规及其他要求和组织的预定安排为审核准则。

（二）第二方审核

第二方审核是在某种合同要求的情况下，由与组织（受审核方）有某种利益关系的相关方（审核委托方）或其他人员以相关方的名义进行的审核，如某组织的采购方或组织的总部组建或委托审核组对该组织管理体系的审核，其目的是：

（1）当有建立合同关系的意向时，对供方或承包方进行初步评价，这是需求方为了寻找合格的供方或承包方而对候选单位进行的审核。

（2）在有合同关系的情况下，验证供方或承包方的职业健康安全管理体系是否持续满足规定的要求并且正在进行。

（3）作为确定和调整合格供方或承包方的依据之一。

因此，第二方审核的作用是为确定和调整合格供方和承包方提供依据，主要以合同或法定的要求为审核准则。

（三）第三方审核

第三方审核是由独立于受审核方且不受其经济利益制约的第三方机构依据特定审核准则，按规定的程序和方法对受审核方进行的审核。这种第三方审核公开、公正、公平，出具的证明能获得第一方和第二方的双方信任，这样的活动又称认证，其目的是：

（1）确定受审核方的职业健康安全管理体系是否符合职业健康安全管理体系标准的要求。

（2）确定现行的管理体系实现规定目标的有效性。

（3）确定受审核方的管理体系是否能被认证或注册，这也是第三方审核最直接的目的。

（4）为受审核方提供改进其管理体系的机会，通过审核发现一些不符合项，并要求受审核方采取纠正与预防措施，这就为受审核方提供了一个改进的机会。

（5）避免许多重复的第二方审核。

二、职业健康安全管理体系审核的原则

（一）独立性

职业健康安全管理体系审核要求审核员不得与审核结果有利害关系，审核组成员不得对个别组织、个人或设施带有任何情感倾向。

（二）客观性和公正性

职业健康安全管理体系审核要以客观事实为依据，所谓客观事实是可以追溯和重查的，不能掺杂个人的主观感情色彩，不能凭空推理、假设或是想当然，不能带有偏见或掺有水分，否则无法维护审核的信誉。职业健康安全管理体系审核需要充分收集证据并以充分的证据为基础进行评价和判断。为了保证审核过程、

审核发现和审核结论的客观准确，审核员应具备一定的审核工作知识、技能与经验，掌握职业健康安全科学与技术，了解设备运行中的技术因素、危险源和风险因素，了解职业健康安全与环境法律法规和相关文件的要求，并遵守一定的执业纪律。

（三）系统化、规范化和文件化

职业健康安全管理体系审核要求审核在一套规范化、文件化的程序和计划指导下完成。从审核开始直到结束，都是依据规范化的审核准则进行的，都要求正规和系统。无论是审核计划、审核发现、对审核发现的评估，还是任何行动计划，都需形成文件化的记录。

三、职业健康安全管理体系审核的特点

（一）被审核的职业健康安全管理体系必须是正规的

一个用人单位为加强职业健康安全管理工作，应对单位的活动、产品或服务的全过程实施有效控制，最重要的是依据职业健康安全管理体系标准，采用文件化的形式建立一套职业健康安全管理体系。通过职业健康安全管理体系文件规范用人单位的安全生产管理行为。职业健康安全管理体系审核的目的就是依据标准定期评价用人单位：所建立的职业健康安全管理体系是否符合标准条款的要求；是否认真实施了职业健康安全管理体系；职业健康安全管理体系实施是否有效，是否规范了用人单位的安全生产管理行为，是否改善了安全生产绩效，是否实现了职业健康安全方针和目标要求。因此，职业健康安全管理体系审核必须建立在以文件化支持的职业健康安全管理体系的基础上。

（二）职业健康安全管理体系审核必须是系统化的验证活动

职业健康安全管理体系审核活动是系统的，是依据标准规定的审核程序和方法，其中包括审核策划和准备、召开首次会议、现场审核取证、召开末次会议、编制审核报告、纠正措施跟踪等，并制定审核程序以实施审核。

（三）审核人员必须经过专门培训且具有资质

第一方审核、第二方审核或第三方审核都只能由经过培训、获取相应资格，且与被审核单位无直接责任关系的人员进行。其中，第三方审核只能由审核机构派遣，并经资格认可的国家注册审核员实施审核。

（四）职业健康安全管理体系审核是一种抽样验证过程

由于时间和人员的限制，职业健康安全管理体系审核工作要求在较短的时间内完成，多采取抽样的方法，包括抽取一定数量的体系文件、质量记录，询问一定数量的人员，抽查若干台生产设备及监测与测量设备，查证若干生产现场等。

任何抽样都会有风险，为了降低抽样风险，在抽样过程中应采取随机抽样，保持客观、公正，避免倾向性。

第 2 节　职业健康安全管理体系内部审核

用人单位依据职业健康安全管理体系标准的要求结合单位活动、产品或服务的特点建立了文件化的职业健康安全管理体系，按计划定期对其进行内部审核，其目的是持续改善用人单位职业健康安全管理水平，为实施第二方审核或第三方审核做好管理体系上的准备。

一、职业健康安全管理体系内部审核的基本要求

内部审核是用人单位自身的安全生产管理行为，是依据职业健康安全管理体系的基本要求实施的审核活动，若要有效实施首先要做好以下工作。

（一）最高管理者重视是实施内部审核的关键

在建立职业健康安全管理体系、制定职业健康安全方针时，用人单位的最高管理者已向社会作了遵守职业健康安全法律法规及其他要求的承诺、控制风险和持续改进的承诺。为有效实施，除按标准条款的要求不断规范用人单位的安全生产管理行为、认真依照程序文件的要求实施各项管理活动之外，定期进行对职业健康安全管理体系的内部审核是不断发现用人单位安全生产问题和职业健康安全管理问题的重要手段，也是有效改进用人单位职业健康安全管理体系的有效机制。做好这项工作的关键是最高管理者的重视和支持，为了定期实施，需要把职业健康安全管理体系的内部审核列入用人单位的年度计划，还需任命一名职业健康安全管理者代表负责内部审核的领导工作，指定一个专门的职能部门组织好内部审核的管理工作，培训具有一定数量人员的内部审核员队伍，实施职业健康安全管理内部审核工作。

（二）职业健康安全管理者认真领导是实施内部审核的保证

依据职业健康安全管理体系的规定，用人单位的最高管理者应指定专门的管理者代表，无论他们是否负有其他方面的责任，都应明确规定其作用、职责和权限，以便确保按照标准的规定建立、实施与保持职业健康安全管理体系要求，并向最高管理者汇报职业健康安全管理体系的运行情况以供评审，为职业健康安全管理体系的改进提供证据。

标准中明确了职业健康安全管理者代表无论承担什么行政和技术领导责任，在职业健康安全管理体系运行中均负有主要领导责任。他们要关心管理体系是否有效实施、对实施中不符合事实的发现如何进行调整，使职业健康安全管理和职业健康安全管理体系不断改进和完善。职业健康安全管理体系内部审核是用人单

位职业健康安全管理工作的重要环节，也是关键要素，要通过有计划、有目的的自查和评审来保证职业健康安全管理体系的适宜性、充分性和有效性。

（三）设置专门的职能部门负责内部审核的管理工作

职业健康安全管理体系内部审核是用人单位一项正规的职业健康安全管理工作，为了有效实施，需要有一个常设机构来负责实施中的监督和管理工作，协助职业健康安全管理者代表做好职业健康安全管理体系的日常管理及内部审核工作。一般可由企管办、安检处等相关部门管理。为了协调用人单位的内部管理，实施一体化管理，建议负责质量管理体系的职能部门、负责环境管理体系的职能部门和负责职业健康安全管理体系的职能部门互相结合，因为它们的主要职能均是负责用人单位管理体系的运行、监督、管理以及定期的内部审核工作，不断汇报管理体系的运行情况和审核发现以供管理评审。

（四）组建合格的职业健康安全管理体系内部审核员队伍

职业健康安全管理体系内部审核要有一批具有一定的专业技能、较好的文化素质、较强的分析问题能力，并经过专门培训的内部审核员，这是实施职业健康安全管理体系内部审核的基本条件。审核应客观地获取证据并予以评价，以判断用人单位的职业健康安全管理体系是否符合所规定的体系审核准则。因此，要对内部审核员进行培训和考核，安排符合以下条件的人员担任审核员：

（1）熟悉职业健康安全管理体系标准的内涵。

（2）掌握职业健康安全管理体系审核的方法和步骤。

（3）具备用人单位活动、产品或服务特点的专业技术和专业技能知识，熟悉生产工艺流程。

（4）掌握一定的职业健康安全知识，熟悉在本用人单位活动、产品或服务过程中产生事故的危险源，能识别出危险源及其所带来的风险。

（五）制定适合用人单位活动、产品或服务特点的内部审核程序

用人单位应依据职业健康安全管理体系审核的要求编制内部审核程序。

二、职业健康安全管理体系内部审核的准备

（一）界定内部审核的范围

实施审核必须首先界定审核的范围，所谓界定审核的范围是指在规定的时间内，确定对哪些职业健康安全管理体系的管理要素、产品、活动和场所进行审核。审核范围的确定也是用人单位申请第三方审核与签订审核合同的依据。

1. 管理要素的审核

用人单位依据职业健康安全管理体系标准中管理要素的管理要求，结合用人单位活动、产品或服务的特点，建立职业健康安全管理体系，并编制体系文件。

这套文件是实施职业健康安全管理工作的法规性文件，也是实施审核的依据。无论是第一方审核还是第三方审核，都要对标准中规定的管理要素进行审核，一个也不能少。但是，对于为第二方合同审核做准备而实施的内部审核，应针对合同条款对管理要素的要求进行审核。目前，用人单位实施的内部审核基本上都是为实施第三方审核做准备，为改进用人单位的职业健康安全管理体系而实施。因此，内部审核应覆盖职业健康安全管理体系标准中的全部要素，但用人单位有时为加强职业健康安全管理，采用严于标准条款的管理要求，即在原有体系标准的基础上增加若干相关要素。

2. 产品的范围

审核产品的范围可以是变化的。一个以产品生产为主的用人单位，其产品的类型及所涉及的生产工艺流程差别很大，生产现场也可能分散在不同的场所中。因此，只要产品生产的场所能界定，危险源所造成的风险能界定，审核范围就可以依据产品来确定。

3. 场所的范围

场所一般涉及两个概念，一个是部门，一个是地区。凡是审核的职业健康安全管理体系所覆盖的产品和管理要素中的活动所涉及的部门和地区，均应列在审核范围之内。任何一个产品的生产，依据其生产工艺流程的特点有可能分散在不同的生产场所中，切忌为了有利于获取第三方审核认证，把生产工艺流程中具有危险源的生产过程排除在外。

4. 活动的范围

凡与安全生产有关，易产生安全事故及职业伤害的活动，都应界定在审核范围之内。

（二）组成审核组

组成审核组的关键是确定审核组长，审核组成员一般可通过以下几种方式组成：

（1）由用人单位内部聘用并经过专门培训，符合审核员资格要求的员工为内部审核员。

（2）由咨询机构聘请熟悉职业健康安全管理体系标准要求，并具有实际审核经验的人员（最好是国家注册审核员）作为内部审核人员。

（3）聘请与用人单位活动、产品或服务特点相关的，并已实施了职业健康安全管理体系的用人单位的内部审核员，协助实施本单位的内部审核。

对审核组及其成员的要求概括为以下几个方面：

1. 对审核组的要求

审核组通常由审核组长及审核员组成，审核组的组建应保证审核组具备实施审核的全面经验与技术，组建审核组应考虑以下几点要求：

（1）对审核组成员应有一定的资格要求，审核组成员应满足所规定的教育与工作经历、个人素质与能力、职业戒律等要求，并经过正规培训和在岗培训。

（2）审核组成员应具备熟悉受审核方产品、活动与服务类型的职能。

（3）审核组成员与受审核方不存在利害关系。

（4）审核组成员经委托方或受审核方认可，有矛盾时双方应协商解决。

2. 对审核组长的要求

审核组长的职责是确保审核能根据已确定的审核范围和计划有效实施并完成，其职责与活动应包括：

（1）与职业健康安全管理者代表及内部审核主管部门共同商定审核准则和范围；获取达到审核目的所需的背景资料，如受审核方的活动、产品、服务、工作现场及周围环境的具体情况，以前审核的详情等。

（2）组建审核组，在人员的选用上，应对可能存在的利害关系予以考虑，最后组成经职业健康安全管理者代表批准的审核组。

（3）根据职业健康安全管理体系的要求指导审核组的活动；制订审核计划，必要时与职业健康安全管理者代表及内部审核主管部门、受审核方和审核组成员进行磋商。

（4）将最终审核计划传达给审核组、职业健康安全管理者代表、内部审核主管部门和受审核方；协调工作文件和实施程序的准备工作，并下达给审核组成员。

（5）设法解决审核中出现的问题。

（6）当审核目的无法达到时予以确认，并向职业健康安全管理者代表及内部审核主管部门、受审核方通报原因。

（7）在审核期及其前后代表审核组与受审核方进行商谈。

（8）及时向受审核方通知有关严重不符合的审核发现。

（9）在审核计划规定的时间内向职业健康安全管理者代表及内部审核主管部门清晰明确地通报审核情况。

（10）在审核范围内，依据情况可对受审核方的职业健康安全管理体系的改进提出建议。

3. 对审核员的要求

审核员的职责和活动应包括：

（1）根据审核组长的指导，支持审核组长开展工作。

（2）在审核范围内客观、高效、富有成果地计划与开展指定的工作。

（3）充分收集与分析有关的审核证据以确定审核发现，进而做出关于职业健康安全管理体系的审核结论。

（4）在审核组长的指导下准备工作文件。

（5）将个人审核发现形成文件。

（6）保管好与审核有关的文件，如有要求应予归还。

（7）协助审核组长编写审核报告。

（三）编制审核计划

审核计划是指确定现场审核人员的时间安排和审核路线，审核计划应于不少于 5 个工作日前交给审核部门，如受审核方有异议，可以通过双方协商调整。

1. 审核计划的内容

(1) 审核目的。对用人单位职业健康安全管理体系实施中不符合标准要求的事实进行纠正，改进管理，为第三方审核认证作准备。

(2) 审核范围。界定职业健康安全管理体系所覆盖的活动、产品、部门及场所的范围。

(3) 审核依据。选定职业健康安全管理体系标准及受审核方的职业健康安全管理体系文件。

(4) 审核组成员。确定审核组组长和组员的名单及分工，需要时列出观察员名单。

(5) 审核日期。确定现场审核的起止日期。

(6) 审核日程。安排审核时间，一般以小时或上下午为单位安排审核日程。

(7) 保密承诺。审核组所有成员应签署保密承诺，包括用人单位的产品、技术、管理及审核信息，在没有征得受审核方同意的情况下不得透露给第三方。

(8) 其他需要说明的问题。

2. 职业健康安全管理体系内部审核计划

职业健康安全管理体系的内部审核是用人单位职业健康安全管理体系的自查过程，审核计划原则上依据上述内容编制，但由于审核组及受审核方均是用人单位内部人员，因此内部审核的审核计划可以适当简化。

职业健康安全管理体系内部审核一般已列入用人单位的年度工作计划，规定了实施的时间和方法。内部审核按体系标准条款的要求每年定期实施，其审核方法主要有以下两种：

(1) 滚动式审核。

依据管理要素的要求及部门情况编制年度滚动式内部审核计划，即每个月对一个或几个部门、管理要素进行审核，逐月展开，在一年内把所有部门、所有要素都至少覆盖一次，最好是覆盖两次。对重点部门或是重要因素的审核频次可适当增加。这种年度滚动式审核计划可跨年度连续进行，这样可以体现出审核的连续性。年初编制的年度滚动式内部审核计划应请用人单位的最高管理者批准实施，修改时要按一定的程序进行，修改后的计划仍需用人单位最高管理者批准。审核组成立后，可以根据年度滚动式内部审核计划逐月编制具体的实施计划。

(2) 集中式审核。

目前，较多的用人单位仿效第三方审核的做法，采用一年 1～2 次集中式的内部审核方式，即每次集中几天对整个用人单位的全部管理要素和所有部门进行一次审核。这种审核的效率比较高，对于审核中发现的问题也便于集中整改。

(四) 文件审查

开始文件审查就意味着已进入职业健康安全管理体系的正式审核阶段，即依据体系标准的要求对受审核方的职业健康安全管理体系文件进行审查和评价的阶段。

1. 文件审查的目的

（1）评价受审核方职业健康安全管理体系文件是否符合体系标准条款的要求，即“标准要求的，文件是否写到”。如果不符合标准要求，审核方有权要求受审核方修改，直至重新编写并试运行，有时会因为文件严重不符合而中止审核。

（2）通过文件审查可以初步了解受审核方职业健康安全管理体系的管理特点和运行情况，为审核方编制审核计划和检查表提供借鉴。

2. 文件审查的要求

（1）审查职业健康安全管理手册中对管理要素的描述是否覆盖了体系标准的全部要素；审查职业健康安全管理体系文件内容是否符合体系标准的要求。如果受审核方职业健康安全管理体系文件的规定超出了标准的要求，而又未指明该部分不作为认证依据时，一旦审核出该超出部分不符合职业健康安全管理体系文件的相应规定，会构成不符合。

（2）职业健康安全管理手册和程序文件分属两个不同层次的文件，管理手册是用人单位贯彻体系标准要求的概要描述，而程序文件是实施体系要求的管理制度。文件审查时应注意两者的关联性和一致性，接口要明确，职责要清楚。

（3）用人单位的职业健康安全管理方针应由最高管理者批准并发布实施。职业健康安全管理方针应反映用人单位活动、产品或服务的特点，对遵守法律法规及风险控制、持续改善作出承诺，职业健康安全目标应有针对性，指标可量化，职业健康安全管理方案应具有可操作性。

（4）对于危险源辨识中发现的危险源，应按其优先顺序采取相应措施或制定相应的程序文件以实施控制。

（5）应对受审核方的某些部门（如监测和测量部门）引用的国家、地方及用人单位内部的相关标准的有效性进行审查。

对于职业健康安全管理体系的其他文件（如作业指导书、操作规程、工艺卡或其他有关规程），一般在现场审核时审查，如果是特别重要的过程作业指导书，也可在审核准备阶段调阅，熟悉过程控制内容，以备现场审核。

3. 文件审查报告或文件审查检查表

文件审查最终应得出文件审查结论，结论一般有三种情况：合格、合格但尚需进行修改、不合格。目前，实务中出现较多的是第二种结论即合格但尚需进行修改，需修改职业健康安全管理手册及程序文件的不足之处，通常要求受审核方在规定的期限内完成。

（五）编制审核工作文件

审核工作文件一般包括以下几个方面：

1. 审核检查表

（1）审核检查表的作用。

审核检查表是审核员的工作文件、审核提纲或审核工作指导书，有如下作用：

1）保持审核目标的清晰和明确。审核员可以依据审核检查表的内容进行审核，不至于偏离目标和审核主题，审核检查表还可起到提示作用。

2）保持审核内容的周密和完整。审核过程是为达到审核目的而事先经过周密设计的抽样过程，包括抽样方法及抽样数量的确定。因此，审核检查表是审核员的工作提纲，使审核内容周密且完整，不至于遗漏。

3）保持审核工作的节奏和连续性。审核过程实际上是一次紧张而有节奏的活动，审核检查表详细写明了审核计划和审核程序，用以指导审核员有目的、有针对性地提出问题，抽样具有代表性，严格按照审核程序办事，会给受审核方树立一个熟练且专业的审核员形象。

4）作为审核记录存档。审核结束后，审核检查表、审核计划与审核报告均作为审核记录存档备查。审核机构也可以利用相关审核检查表建立数据库，以备今后为同类型的审核编制审查表提供参考。

（2）审核检查表的内容。

1）查什么。列出审核项目的审核要点，确保覆盖面的完整性。

2）怎么查。确定该审核项目的审核步骤和方法，对抽样方法和抽样量进行设计。

（3）审核检查表设计中的注意事项。

1）以职业健康安全管理体系标准及受审核方职业健康安全管理体系文件为依据。

2）审核项目可以以部门审核为主，列出该部门涉及的要素的审核内容、步骤和方法；也可以以要素为主进行审核，列出要查哪些部门、如何查。

3）注意逻辑顺序，明确审核步骤。

4）抓住重点，抽样应具有代表性。在初次进行职业健康安全管理体系审核时，多采用以部门为主的方式编制审核检查表，其特点是工作量较少，覆盖面较广。

（4）审核检查表使用中的注意事项。

审核检查表是审核员的工作文件，不能披露给受审核方，更不能事前通报给受审核方，使其能有针对性地做好准备。

1）审核检查表最好由审核员默记，并以巧妙的方式进行提问，审核检查表仅起备忘录的作用，切忌在审核方面前照本宣科、生硬提问。

2）审核检查表仅起备忘录和提示的作用，使审核员在审核过程中不至于偏离目标和主题。在审核过程中可能会有新的情况和发现，审核员可以在不偏离目标和主题的前提下，对查什么和怎么查进行适时、巧妙的调整，不要过于拘泥，但也不能抛开审核检查表进行随机审核。

2. 不符合报告表

为了方便审核工作，应编制审核检查表指导现场查证工作，按照预先设定的审核目标有序实施审查工作，当在审核工作中发现体系实施不符合标准要求时，应填写不符合报告表，内容包括：

1）对不符合事实的描述。

2）不符合职业健康安全管理体系标准某一条款的要求。

3）不符合性质。

审核检查表和不符合报告表没有统一的格式要求，各审核认证机构可以结合在审核工作中的经验自行设计，其目的是引用这些工作文件协助审核员有效实施现场审核，这些工作文件仅是审核员的工具之一。

三、实施现场审核

审核准备阶段结束后进入现场实施审核阶段，第一方审核（内部审核）和第三方审核（外部审核）在审核程序上均依照职业健康安全管理体系审核标准规定的程序实施。

（一）现场审核的目的

现场审核的目的是查证职业健康安全管理体系标准和职业健康安全管理体系文件实施的情况，主要查证：职业健康安全管理体系文件是否符合体系标准的规定和要求；职业健康安全管理体系是否有效实施；职业健康安全管理体系实施后的有效性和需改进的领域。依据上述几点作出判断，并据此对受审核方的职业健康安全管理体系作出评价结论。职业健康安全管理体系是一种符合性审核，用以证实受审核方在双方确定的审核范围内是否实施并保持了有效的职业健康安全管理体系。

（二）现场审核的内容

1. 初次审核应覆盖职业健康安全管理体系文件中的全部要素

在审核中，不论是以要素为主进行审核，还是以部门为主进行审核，均应覆盖标准中的全部要素，不可遗漏，并查阅运行记录以验证职业健康安全管理体系是否有效实施。

2. 应重点审核职业健康安全目标、指标及职业健康安全管理方案

审核内容包括：职业健康安全管理目标是否结合了用人单位的特点；目标是否明确、具体；指标是否量化；职业健康安全管理方案中的技术方案及技术措施是否有设计书、是否可行；实施经费是否落实到位；是否确定了责任部门和责任人；是否制订了职业健康安全管理方案的实施计划。

3. 评价识别出的危险源是否加强了控制

评价用人单位识别出的危险源，特别是重要危险源是否加强了控制；对于安全生产控制点，是否编制了运行程序、作业指导书或操作规程，是否落实了责任人；对于可能产生意外事故、造成重大风险的关键安全控制点，是否做好了应急准备和相应的控制程序、作业指导书。

4. 评价是否结合法律法规、标准及其他要求及时更新体系文件

评价用人单位是否结合本单位的活动、产品或服务的特点及识别出的重要危险源，收集国家及地方相关职业健康安全法律法规、标准及其他要求的文件并列出清单；用人单位主管部门及人员是否熟悉职业健康安全法律法规、标准适用于本单位的具体要求；是否对本单位相关员工进行了职业健康安全法律法规、标准及其他要求的宣传教育。

5. 重点查阅安全生产监测记录

重点查阅体系运行后的安全生产监测记录、是否发生过事故以及用人单位采取了什么措施。

6. 实施现场观察

现场观察是现场审核中的重要环节，通过观察可以发现体系及体系运行中的问题；可以观察出用人单位是否遗留未识别出的危险源，特别是重要的危险源；确定安全生产控制点是否有相应的控制程序、作业指导书或操作规程；现场管理人员及操作人员是否明确自己的职责、是否经过培训、是否熟悉本岗位的专业技术及安全生产知识；可能产生事故并造成重大风险的岗位的人员是否掌握应急措施；对某些特殊岗位是否实行了上岗制度。

现场观察的重点是用人单位活动、产品或服务过程中的现场，如生产流水线，动力房及锅炉房，储藏有毒、有害、危险品的仓库及其他有关危险源的现场。

7. 查看内部审核及管理评审记录

查看用人单位的内部审核及管理评审记录，了解用人单位对现行职业健康安全管理体系的自我评价；对在职业健康安全管理体系运行中发现的不符合事项是否采取了有效措施，管理评审是否体现了持续改进的思想；是否建立了自我约束、自我调节、自我完善的运行机制。

（三）现场审核的程序

现场审核除实施现场查证外，还包括一系列会议，如首次会议、审核组内部会议、审核组与受审核方的信息沟通会议、末次会议。

1. 首次会议

（1）首次会议的目的。

向受审核方领导介绍审核组成员；重申并确认审核的范围和目的；简要介绍审核组实施审核的审核计划、审核方法和审核程序；确定审核组和受审核方之间的联系；确认审核组所需资源和设施，如复印机、电话、办公室等；确认审核组和受审核方之间的信息沟通会议和末次会议的日期及主题；确认审核工作中的其他问题。

（2）首次会议的程序。

首次会议一般由审核组长主持，会议程序如下（根据情况可归并或简化）：

1）参加会议者签到。

2）人员介绍。审核组长介绍审核组成员，出示能识别身份的证明，并适当介绍所属认证机构的情况，以表明其权威性、公正性，受审核方介绍与会管理层成员、各部门负责人或代表。

3）重申审核目的和范围。审核组长重申审核目的，说明为什么要进行审核，审核要涉及哪些部门和产品，界定审核的产品范围、场所范围以及活动范围。

4）介绍审核计划。介绍审核组分组情况、审核日程安排及审核路线，并得到受审核方的确认。

5）介绍审核方法。介绍审核的基本方法是抽样，说明审核结果有一定的局限性。

6）确认审核程序和说明。确认审核组内部交流、审核组与受审核方信息沟通的安排，说明不符合项的记录与确认方法，重点说明如何正确对待审核发现中的不符合项。

7）重申审核的客观性和独立性。审核的关键是客观、独立，以客观事实为依据，以标准和体系文件为准绳，不受外界干扰，独立进行审核。

8）确定联络及陪同人员。在首次会议上，应确定陪同人员，陪同人员的主要任务是联络向导和见证，同时协助审核组落实办公、交通及食宿安排。

9）重申保密承诺。审核组长重申审核人员的保密守则，保守受审核方的技术秘密、管理秘密及审核信息。

10）确认限制条件。根据受审核方用人单位的类型和特点，共同确认某些区域的约束条件和要求，确认哪些区域为限制区、保密区和危险区。如果在约定审核范围内，应确定审核方法，受审核方应给审核组创造必要的审核条件。如果上述区域不是双方共同界定的审核范围，审核组成员不应进入该区域。

内部审核是用人单位内部的自查过程，用人单位内部相互之间比较了解，审核组成员对用人单位比较熟悉，可酌情简化首次会议，但不能取消，这是职业健康安全管理体系审核程序的要求。

2. 审核组内部会议

随着受审核方工艺复杂程度的提高、规模的增大，审核组的现场查证往往需要分组进行，各组均有自己的审核计划、审核路线和日程安排。无论是以部门为主进行的审核，还是以要素为主进行的审核，均有局限性和不连续性，为了使审核工作更具完整性，需要经常举行审核组内部会议以交流信息、协调任务。

审核组内部会议研究的内容主要包括：各审核小组完成审核计划的情况，出现的问题、新情况和好的经验；如何评价在审核中发现的不符合事实，特别是较难确认的事实；工作内容有交叉的小组如何协调合作。

3. 审核组与受审核方的信息沟通会议

为了有效实施现场审核，在审核过程中，审核组长与受审核方的职业健康安全管理者代表须加强信息沟通，特别是当审核组在现场查证中发现不符合项时，除审核组内部须认真核实客观事实、对照标准检验外，在开出不符合项报告之前，应得到受审核方的确认和签字，以免在末次会议上发生分歧。

4. 末次会议

末次会议是现场审核的结论性会议，是审核组报告审核结果和审核结论的会议，由审核组长主持。

（1）末次会议的目的。

审核组向受审核方的最高管理者说明审核情况，以使其清楚理解审核结果；宣布审核结果和审核结论；提出纠正措施的追踪审核要求；宣布结束现场审核。

（2）末次会议的程序。

1）参加会议者签到。

2）审核组长致辞感谢，感谢在审核过程中得到受审核方领导及员工的配合和支持。

3）重申审核范围和审核目的。尽管在首次会议上已经申明了审核范围和审核目的，但是参加末次会议的人员未必都参加了首次会议。此外，末次会议是总结性会议，应宣布审核结果，且有必要重申审核范围和目的。

4）宣布审核结果。主要宣布在现场审核中发现的不符合项，可以由审核组成员分别介绍，也可以由审核组长集中宣布。如果宣布过程中受审核方有异议，可待不符合项报告宣读完毕后提问，以使参与会议的所有人员对不符合项有全面认识。

5）宣布审核结论。依据不符合项报告的内容、性质，分别按照部门分布或者要素分布进行统计和分析，对受审核方的职业健康安全管理体系的有效性作出基本评价，应特别指明职业健康安全管理体系运行中的薄弱环节和重点问题。

6）提出纠正措施要求。审核组应就发现的不符合项，特别是职业健康安全管理体系运行中的薄弱环节和重点问题，向用人单位提出纠正措施要求，包括改进时间、追踪验证和监督审核的要求。

7）受审核方领导表态。这点至关重要，表明此次审核双方是否达成共识。此项工作的关键在于在末次会议之前开好审核组与受审核方的信息沟通会议，使各方对审核工作、审核结果和审核结论充分达成共识。

（四）现场审核的实施

审核的基本方法是抽样，对于如何抽样、查证记录、发现问题并获取客观证据，需要掌握审核技巧和方法。

1. 审核方式

（1）顺向审核。

顺向审核即按照职业健康安全管理体系运行的顺序进行审核，有两种方式：其一，从体系文件审查追踪到体系运行；其二，按用人单位活动、产品或服务过程的流程，从过程开始到过程结束（并不是逐个过程查证，而是抽样），从产生事故风险的危险源查到安全生产的控制，直到事故风险得到有效应对。这种方式的优点是可以系统了解职业健康安全管理体系运行的整个过程，查证要素之间的衔接，思路较清晰，也容易发现问题，缺点是费时间。

（2）逆向审核。

逆向审核始于体系运行的现场，从体系实施情况查到文件，从用人单位活动、产品或服务过程的最终工序查证到最初工序，也就是从事故风险的应对查证到危险源的控制。这种方式的优点是以职业健康安全管理体系运行的结果来查证，有较强的针对性。此方式适用于职业健康安全管理体系较简单的情况，若体系运行较复杂、问题比较多且审核时间有限，此方式不容易达到预期目的。

（3）部门审核。

用人单位的一个部门往往在职业健康安全管理体系运行中承担若干要素的职能，因此可以以该部门为中心进行审核。在进行部门审核时，以该部门主管要素为主线进行审核，兼顾其他相关要素，但不可能查到该部门所有的相关要素。这种方式的特点是审核效率高、不容易遗漏，审核内容比较分散，要求审核员思路清晰、具备综合分析能力。此方式一般在初次审核时采用。

（4）要素审核。

要素审核以要素为中心进行审核，职业健康安全管理体系中的一个要素往往涉及两个以上的部门，一个要素的审核除需审核该要素之外，还需审核要素所涉及的相关部门，才能达到该要素的审核要求。这种方式的特点是目标集中，容易查证体系标准与体系文件的符合性。该方式的缺点是效率低，体系的 17 个要素若都要覆盖到，就需要合理的审核分工及审核路线，各组之间要相互配合，没有审核经验的审核员常采用这种方法。

2. 审核方法

现场审核通常通过查阅文件和记录、提问和交谈、现场观察和实际测定等方法来取证，归纳起来需要注意以下几点：

（1）注意倾听。

审核员要认真听取谈话对象的回答，不要随意打断和插话，并要适时作出反应。对谈话对象的回答应表现出热情、感兴趣，保持目光接触。谈话时不要东张西望，要用适当的口头表达来表明自己的理解。谈话时应注意观察对方的表情，当谈话对象误解了问题或答非所问时，审核员应适当加以引导，而非粗暴打断。

（2）善于提问。

审核员与谈话对象交谈的主要依据是事先设计的审核检查表，因此审核检查表的设计非常重要。同时，提问方式也不可忽视，提问应自然和谐，表情应放松或面带微笑，这样有助于谈话对象克服胆怯和紧张心理。

（3）仔细观察。

审核员在现场检查时要仔细查看现场环境、设备、产品、标记和有关记录，当发现问题时，要进行深入检查以核实、收集客观证据。所谓客观证据是指在通过观察、测量、试验或其他手段所获事实的基础上，证明是真实的信息。

（4）做好记录。

审核员在现场调查时要做好记录，包括调查时间、地点、人员、事实描述、相关证据（如文件名称、编号、设备标识等）。记录应字迹清晰、准确具体、便于查找，切忌以无事实依据的内容作为证据。

（5）分析比较。

审核员在获取一定信息后，对来自不同信息源、针对同一问题的信息，要进一步查证、分析和比较以判断体系运行的状况。

（6）跟踪验证。

审核员应根据在现场检查中发现的疑点，跟踪查证记录与文件以及文件现状的符合情况，取得证据并进行判断，以得出正确的结论。

四、不符合项和不符合报告

现场审核主要依据职业健康安全管理体系文件和职业健康安全管理体系运行现状，对照标准条款的要求，查证其符合性和有效性，发现不符合项，开具不符合项报告。

（一）不符合项

不符合项指某一客观事实不满足职业健康安全管理体系标准所规定要素的基本要求，其判定一般有以下几种情况：

（1）职业健康安全管理体系文件的内容不满足标准的要求，标准要求了但未写到或写到了但内容不符合标准条款的要求，即符合性不符合。

（2）职业健康安全管理体系文件的内容符合标准条款的要求，但在实施过程中未按体系文件实施，文件写到了但未做到，即实施性不符合。

（3）职业健康安全管理体系文件完全符合标准条款的要求，也按体系文件实施了，但实施后未达到预定的目标，文件实施了但无效，即有效性不符合。

（二）不符合项性质的判定

不符合项性质分类的原则是依据不符合项情节的严重程度和不纠正可能造成的后果，以及不符合性是系统性、全局性的过失还是个别、局部的问题。一般分为两类：

1. 严重不符合项

（1）体系运行出现系统性失效。

系统性失效指某一要素在多个关键过程重复出现失效的情况。例如，在多个部门或多个活动现场均发现不同版本的文件被同时使用，说明文件管理失控，且在体系运行过程中未加以纠正。

（2）体系运行出现区域性失效。

区域性失效指一个部门或活动现场有程序文件或作业指导书，但在运行过程中未按照规定要求实施，以致多次出现安全生产事故，且未能加以纠正。

（3）不明原因的失效。

体系运行按照规定要求实施，但仍多次出现安全事故，未查明原因也未采取有效措施。

2. 轻微不符合项

在审核中发现的轻微不符合项，对满足职业健康安全管理体系要素、体系文件或体系实施有效性而言是个别的、偶然的、孤立的问题，如缺少一次培训记录等，而对保证所审核区域的体系有效实施而言是次要问题。

（三）不符合项报告

对于审核员在审核过程中发现的不符合项，应按规定要求编写不符合项报告，包括如下内容：不符合项事实的描述、不符合条款的要求、不符合性质的判定、审核员签名、受审核方代表确认签字。

五、审核报告

审核员在结束现场审核时，要做以下几方面工作：汇总整理审核记录；确定不符合项并得到受审核方的确认；不符合项的统计和分析；评价职业健康安全管理体系的符合性和有效性，起草审核报告。上述工作主要是为末次会议做准备，有些工作随着审核的进程已逐步落实，以下几个问题需要注意：

1. 不符合项的统计和分析

不符合项的统计和分析包括不符合项数量统计、不符合项性质统计和不符合项分布统计。

2. 审核评价

审核员根据在审核过程中所获取的查证记录和不符合项统计与分析结果，可从以下几方面来评价受审核方的职业健康安全管理体系：

（1）对照标准评价职业健康安全管理体系文件的符合程度。

（2）评价职业健康安全管理体系文件的实施程度。

（3）评价职业健康安全管理体系实施的有效程度。

（4）评价职业健康安全管理体系在建立与实施过程中存在的问题。

（5）评价管理体系是否保证了职业健康安全管理工作的持续改进。

3. 审核报告

完成上述工作后，审核组组长可以着手编写审核报告。审核报告的内容包括：

（1）审核方、委托方和受审核方的名称。

（2）商定的审核目的、审核范围和审核计划。

（3）商定的审核准则，包括审核中引用文件的清单。

（4）审核持续的时间和进行审核的日期。

（5）参与审核的受审核方代表名单。

（6）审核组成员名单。

（7）关于审核过程的简要说明，如遇到的障碍。

（8）审核结论，内容包括职业健康安全管理体系对照审核准则的符合情况，职业健康安全管理体系是否得到了正确的实施和保持，职业健康安全管理体系实施过程中存在的问题，职业健康安全管理体系进一步整改的内容、方法和步骤，其他需要说明的问题。

审核报告内容可在末次会议上宣布，正式报告需提供给受审核单位职业健康安全管理者代表及负责内部审核的主管部门，以供用人单位的管理评审和各部门的学习、讨论和整改。

六、纠正措施及跟踪检查

审核组应针对在现场审核中发现的不符合项提出纠正措施和要求，由受审核方制订纠正措施计划并加以实施，审核组应对纠正措施的实施情况进行跟踪检查。

（一）双方职责

1. 审核组长的责任

（1）确认不符合项并提出纠正措施要求。

（2）审查受审核方提出的纠正措施计划。

（3）跟踪评价纠正措施。

2. 受审核方的责任

（1）分析不符合项产生的原因。

（2）制订纠正措施计划。

（3）实施纠正措施。

（4）接受审核组现场验证。

（二）跟踪检查的方式

根据不符合项的性质和严重程度，可采用不同的纠正措施跟踪检查方式：

（1）围绕受审核方不符合项所涉及的某些要素或部门组织一次现场审核，此方式一般适用于严重不符合项或只有到现场才能验证的轻微不符合项。

（2）受审核方按要求提供纠正措施的实时记录。审核员根据实施记录验证其是否已完成纠正措施，此方式一般适用于轻微不符合项且不需要去现场验证的情况。

（三）纠正措施期限

对于性质非常轻微且便于纠正的不符合项，可在现场审核期间由受审核方立即完成纠正措施，审核员可及时进行纠正措施的跟踪审核；对于轻微不符合项，一般要求在一个月内完成整改；对于严重不符合项，一般要求在三个月内完成整改，根据整改完成情况，审核组再派审核人员进行现场审核。

第 3 节　职业健康安全管理体系外部审核

一、职业健康安全管理体系外部审核的依据

（一）职业健康安全管理体系规范试行标准

该标准是用人单位建立职业健康安全管理体系的依据，同时也是审核的依据，

利用该标准的要求来评价用人单位职业健康安全管理体系的符合性。

（二）国家职业健康安全法律法规及其他要求

用人单位在建立职业健康安全管理体系时，应对遵守国家职业健康安全法律法规及其他要求进行承诺，这也是实施职业健康安全管理体系最基本的要求。

（三）用人单位编制的职业健康安全管理手册、程序文件及体系文件

职业健康安全管理体系文件是依据体系标准编制的一套管理文件，对用人单位来说是加强职业健康安全管理的管理制度，是法规性的文件。

二、职业健康安全管理体系外部审核的过程

职业健康安全管理体系外部审核的过程分为四个阶段：审核提出阶段、审核准备阶段、现场审核与审核报告阶段、纠正措施的跟踪与证后监督阶段。

（一）审核提出阶段

1．第二方审核提出阶段

第二方审核一般是指为满足供需双方的合同需求，双方依据供需关系，共同商定合同条款或选用职业健康安全管理体系试行标准全部或部分条款的要求作为合同条款的基础，由供方实施职业健康安全管理体系要求，需方依据合同条款的要求，定期或不定期对供方的职业健康安全管理体系进行审核。第二方审核一般由需方提出，双方共同商定审核时间和审核计划。

2．第三方审核提出阶段

第三方审核是为用人单位的职业健康安全管理体系获取认证注册进行的审核，一般由委托方或受审核方有资格的审核认证机构提出申请，此时双方的职责如下：

（1）委托方或受审核方申请。

委托方或受审核方拟申请第三方审核认证时，应已做好以下几项工作：

1）职业健康安全管理体系按标准要求已建立，文件已编制，并已由用人单位最高管理者颁布执行，现场均为现行有效版本。

2）职业健康安全管理体系已进行3～6个月的试运行，并对在试运行中发现的问题进行了解决。

3）完成了职业健康安全管理体系内部审核，对在体系试运行阶段发现的不符合项实施了纠正措施，对体系的符合性及有效性进行了评价。

4）进行了管理评审，全面评价了职业健康安全管理体系的适宜性、充分性和有效性。

（2）评审及受理申请。

审核方对委托方或受审核方的申请报告及其他相关文件进行初步评审，确定是否受理申请，凡不符合下列几种情况之一，则不受理或暂时不受理申请，并以书面形式通知委托方或受审核方：

1）受审核方的职业健康安全管理体系从最高管理者正式宣布运行之日起，必须全过程运行3～6个月，并经过内部审核、管理评审确认体系运行有效。

2）自职业健康安全管理体系建立以来，没有发生较大的安全生产事故，没有因安全问题受到行政或刑事处罚。

3）受审核方条件已具备或不存在其他问题。

初步评审后，决定是否受理审核申请。

（二）审核准备阶段

审核机构初步评审并确定受理申请后，即进入审核准备阶段，这个阶段主要有以下活动：签订认证合同，在合同中应明确审核目的，界定审核范围，商定审核依据及双方的责任和义务；委托方或受审核方向审核方提交职业健康安全管理手册及必要的相关文件；任命审核组长，组成审核组。

（三）现场审核与审核报告阶段

一个认证机构在用人单位现场对其职业健康安全管理体系进行的外部审核，特别是认证审核，至少包括两个阶段，这两个阶段的目的和内容各有不同。

1. 第一阶段审核

这一阶段审核的目的主要是：考察受审核方组织职业健康安全管理体系的总体策划情况是否合理有效，了解认证范围所涉及的职业健康安全管理控制的重点所在；考察受审核方组织职业健康安全管理体系自我监督保障机制的建立和实施是否完善；确定进行第二阶段审核的可行性、条件以及将要关注的重点；在审核现场对受审核方组织的管理权限、活动领域和现场区域等各个方面加以确认。

2. 第二阶段审核

这一阶段审核的目的主要是：证实受审核方组织实施了职业健康安全管理方针、目标和指标，并遵守了体系的各项运行程序；证实受审核方组织有能力确保其职业健康安全管理体系的建立与实施，稳定地满足法律法规及相关要求；证实受审核方组织的职业健康安全管理体系符合认证准则的所有要求，并能够落实和实现职业健康安全管理方针和目标；决定受审核方组织的职业健康安全管理体系是否通过认证并取得注册。

（四）纠正措施的跟踪与证后监督阶段

1. 纠正措施的跟踪

对于在审核中发现的不符合项，要求受审核方采取切实的纠正措施，审核组对纠正措施的实施情况进行跟踪，并加以验证。

2. 批准注册

当受审核方的所有不符合项均已完成整改，认证机构据此可批准注册。

3. 颁发证书

当批准注册后，认证机构据此颁发职业健康安全管理体系认证证书，并注明证书注册编码。

4. 证后监督审核

证后监督审核是指职业健康安全管理体系认证机构对已获准认证的受审核方在证书有效期内定期实施监督和复审，以验证其是否持续满足认证标准的要求、前一次审核发现的不符合项是否得到了有效的纠正、所确定的职业健康安全目标及职业健康安全管理方案是否得到有效实施，以及职业健康安全管理体系运行的结果是否有效等。

本章小结

本章介绍职业健康安全管理体系审核，主要内容包括：职业健康安全管理体系认证概述、职业健康安全管理体系内部审核、职业健康安全管理体系外部审核。职业健康安全管理体系认证概述介绍了职业健康安全管理体系审核的类型与目的、职业健康安全管理体系审核的原则、职业健康安全管理体系审核的特点；职业健康安全管理体系内部审核介绍了职业健康安全管理体系内部审核的基本要求及准备工作、实施现场审核、不符合项和不符合报告的确定、纠正措施及跟踪检查；职业健康安全管理体系外部审核介绍了职业健康安全管理体系外部审核的依据和过程。

复习思考题

1. 职业健康安全管理体系审核的类型有哪些？其目的是什么？
2. 职业健康安全管理体系审核的原则有哪些？
3. 职业健康安全管理体系审核的特点有哪些？
4. 职业健康安全管理体系内部审核的基本要求有哪些？
5. 职业健康安全管理体系内部审核的准备工作如何做？
6. 职业健康安全管理体系内部审核的现场审核如何实施？
7. 职业健康安全管理体系内部审核的不符合项和不符合报告如何确定？
8. 职业健康安全管理体系内部审核的纠正措施及跟踪检查如何进行？
9. 职业健康安全管理体系外部审核的依据有哪些？
10. 职业健康安全管理体系外部审核的过程有哪些阶段？

第9章

信息系统审计

学习目标

1. 了解信息系统审计的发展过程
2. 掌握信息系统审计的定义与目标
3. 掌握信息系统审计的内容
4. 掌握信息系统审计的技术方法
5. 理解大数据时代信息系统审计的挑战与机遇

引导案例

德勤会计师事务所服务器遭到网络攻击

2017年9月26日，英国《卫报》报道称，身为全球四大会计师事务所之一的德勤会计师事务所（以下简称德勤）的服务器遭到网络袭击，一些蓝筹客户的机密电子邮件和计划被泄露。德勤于2017年3月发现黑客入侵其信息系统服务器，攻击者可能在2016年10月或11月就已经进入该系统。这名黑客通过“管理员账户”对德勤的全球电子邮件服务器进行了攻击。从理论上讲，这个账户拥有超级特权，可以不受限制地“进入所有领域”。消息人士称，该账户只需要一个密码，而且没有“双重”验证。

一位发言人说：“为了应对网络事件，德勤执行了全面的安全协议，并调动德勤内部和外部的一个网络安全和保密专家团队进行密集而彻底的审查。作为审查的一部分，德勤与极少数客户进行接触，并通知了政府部门和监管机构。审查使我们能够了解哪些信息存在风险，以及黑客究竟做了什么，并证明客户业务没有发生任何中断，德勤能够继续为客户或消费者提供服务。我们在保护机密信息、不断审查和加强网络安全方面投入大量资金，仍然致力于确保我们的网络安全防御在领域内是最好的。我们将继续评估这个问题，并根据需要采取更多措施。我们的审查使我们能够确定黑客做了什么，以及哪些信息存在风险。数量只是被提及数额中的很小一部分。”

尽管所有的重要公司都是黑客攻击的目标，但这一漏洞对德勤来说是一件非常尴尬的事情，它引发大家进一步正视并思考网络环境下的信息安全风险，以及如何采取有效控制措施并加强审计。

思考问题：（1）德勤遭到网络攻击的原因是什么？其信息系统存在哪些问题？（2）针对上述问题，有哪些可行的控制措施？（3）如何对这些信息系统控制措施进行审计？

在当前的信息社会，人们的工作生活、企业的经营运作、政府的施政等，都离不开各种信息系统。信息系统的普遍、深入应用提高了组织效率和效益，也使得组织对信息系统日益依赖。因此，对信息系统的可靠性、安全性、有效性进行监督、检查与评价显得异常重要。信息系统审计随之产生和发展，并日趋重要。本章结合国内外案例，着重介绍信息系统审计的定义、准则、内容、方法等，并思考大数据时代信息系统审计的挑战与机遇。

第1节 信息系统审计概述

一、信息系统审计的产生与发展

1954年，美国通用电气公司开始利用计算机进行工资计算，开启了企业利用计算机进行日常管理的时代。到20世纪60年代，使用计算机系统进行企业财务数据处理和会计核算开始逐步取代人工劳动。1968年，美国注册会计师协会出版了《电子数据处理系统与审计》一书，第二年在洛杉矶成立了电子数据处理审计师协会（Electronic Data Processing Auditor Association，EDPAA），负责研究审计人员从事电子数据审计所需具备的知识类型及水平等。

20世纪70年代，计算机系统继续发展，计算机在企业中得到了更广泛的应用，随之而来的是利用计算机进行欺诈舞弊的犯罪事件不断增加。随着网络和通信技术的迅速发展，电子商务彻底改变了企业信息系统的“孤岛”现象。随着社会对信息系统的依赖程度普遍提高，利用计算机犯罪的案件不断增多。在给企业带来高速、便捷、低成本的运营模式的同时，激增的互联网风险引发了人们更多的思考，越来越多的人认识到了信息系统审计的重要性。1981年，电子数据处理审计师协会开始举办注册信息系统审计师（CISA）考试，1994年，电子数据处理审计师协会更名为信息系统审计与控制协会（Information System Audit and Control Association，ISACA），制定和颁布信息系统审计准则、实务指南等专业标准来规范和指导信息系统审计师的工作，还设立了信息系统审计与控制基金会，从事相关领域的研究工作。

我国于1996年12月颁布了《审计机关计算机辅助审计办法》，它是我国最早的关于计算机辅助审计的准则文件，随后又出台了《独立审计具体准则第 20 号——计算机信息系统环境下的审计》《审计署关于检查信息系统相关审计事项的指导意见》《内部审计具体准则第 2203 号——信息系统审计》等。随着我国信息化水平的提高，信息系统的有效控制与审计逐渐成为热点。

二、信息系统审计的概念

（一）信息系统审计的定义

信息系统审计产生时间较短，仍在不断发展之中，目前不同的国家和组织对它的定义不尽相同。信息系统审计与控制协会给出的定义为："信息系统审计是一个获取并评价证据，以判断计算机系统是否能够保证资产的安全、数据的完整以及有效利用组织的资源并有效地实现组织目标的过程。"信息系统审计领域的著名专家威伯（Ron Weber，1992）则认为："信息系统审计收集并评估证据，以判断一个计算机系统（信息系统）是否有效做到保护资产、维护数据完整、实现组织目标，同时最经济地使用资源。"自 2014 年 1 月起实施的我国《内部审计具体准则第 2203 号——信息系统审计》认为，信息系统审计是指内部审计机构和内部审计人员对组织的信息系统及其相关的信息技术内部控制和流程所进行的审查与评价活动。

总的来说，可以将信息系统审计理解为根据公认的标准和指导规范，从计划、研发、实施到运行维护各个环节对信息系统进行审查评价，对信息系统及其业务应用的完整、效能、效率、安全性进行监测、评估和控制，以确认预定的业务目标得以实现，并提出一系列改进建议的管理活动。

（二）相关概念的分析

除了信息系统审计这一概念，审计理论界和实务界还有一系列相关的术语。

1. 计算机审计

计算机审计是与传统审计相对的概念，它是随着计算机技术的发展而产生的一种新的审计方式，其内容包括利用计算机进行审计和对计算机系统进行审计，即计算机审计的含义包括计算机系统作为审计的对象和作为审计的工具。由此可见，计算机审计的内涵和信息系统审计的内涵相似。

2. 计算机辅助审计

计算机辅助审计基于计算机的技术，能帮助审计人员提高工作效率，并能借助计算机的能力和速度增强收集审计证据的审计功能。计算机辅助审计技术（Computer Assisted Audit Technique，CAAT）就是指能用来帮助以更高效的、及时的方式进行审计的技术。综上所述，计算机辅助审计可以概括为：为了满足信息化环境下审计的需要，基于计算机的用来对信息系统或被信息系统处理的数据进行审计的技术。

三、信息系统审计的目标

1. 准确性

准确性是指数据能够满足规定的条件，防止错误信息的输入和输出。当前，信息环境下的各种业务均对数据的准确、真实提出了更高的要求，若出现输入数据错误导致输出数据错误、系统存在缺陷导致输出数据错误等数据失真的情况，会对企业的运营造成严重影响。

2. 完整性

完整性是指信息系统中的数据不被蓄意或无意地删除、修改、乱序、插入等破坏和丢失的特性。由于重要的系统文档、软件、数据文件等资产经常集中在信息系统中存放，信息系统的运行出现故障（如由于地震、火灾、停电等），或有人蓄意篡改系统内数据（如黑客入侵、制造病毒等），会对组织的资产保护造成巨大威胁，因此保证数据的完整性成为许多组织信息系统的重要目标。

3. 有效性

有效性分为两个方面：一是指系统能够实现预期目标，对系统有效性的审计一般发生在系统运行一段时间之后，管理者评估系统是否能够达到预期要求；二是系统具有预定目标所要消耗的资源，一个效率高的信息系统能够用尽量少的资源实现目标，能够达到提高工作效率、降低劳务成本等效果。

第2节　信息系统审计的准则与规范

一、信息系统审计的制度准则

信息系统审计准则是审计人员执行信息系统审计所必须遵循的标准。信息系统审计准则一般由行业内专门的职业团体制定和发布，是职业团体的全体成员共同遵循的行为准则。

（一）国外信息系统审计准则

国际信息系统审计准则是由信息系统审计与控制协会颁布和实施的。信息系统审计与控制协会是国际上唯一的信息系统审计专业组织，它推出了一系列关于信息系统审计准则、职业道德准则等的规范文件，其中最重要的是信息系统审计（Information Systems Audit，ISA）准则和信息及相关技术的控制目标（Controlled Objectives for Information and Related Technology，COBIT）。

目前，ISA准则体系包括16个信息系统审计标准（standard）、42个方针（guideline）和11个工具与技术程序（tools and technique），是一个系统的体系。COBIT由信息系统审计与控制协会的IT治理协会开发，2012年4月发布了最新版本COBIT5。基于10多年的研究与应用，COBIT5上升到全组织范围内与IT有关的治理，包含原则、实践、分析工具和模型，而且整合了业内主要的框架、标准和资源，包括信息系统审计与控制协会发布的其他框架以及其他组织发布的相关标准等，通过有效的治理与管理以实现组织目标并交付价值。COBIT 把 IT 业内的活动组织成为普遍接受的过程参考模型和过程能力成熟度模型，是目前国际公认的最权威的安全与信息技术治理与管理标准。

国际内部审计师协会（Institute of Internal Auditors，IIA）发布的全球技术审计指南（Global Technology Audit Guideline，GTAG）和基于风险的信息系统控制评价指南（Guide to the Assessment of IT General Controls Scope Based on Risk，GAIT）都是国际内部审计师协会强烈推荐的信息系统审计指南。GTAG 用于指导首席审计执行官（CAE）、审计委员会和审计主管等审计高级管理层解决有关 IT 管理、控制和安全方面的问题。从 2005 年 3 月到 2012 年 3 月，国际内部审计师协会陆续发布了 IT 风险与控制、变更和补丁管理控制、信息安全治理、数据分析技术等 16 个信息系统审计指南，并更新了最早的 2 个指南。GAIT 是国际内部审计师协会于 2006 年 11 月 29 日审议通过的一套基于风险的 IT 一般控制评价的原则和方法，它采用基于风险的 IT 一般控制评估方法论，关注业务与 IT 风险，识别信息系统一般控制中的关键因素和关键控制点，帮助评价企业信息系统控制的成本收益以及效率与效果，以满足《萨班斯-奥克斯利法案》第 404 节条款的要求。

其他组织也发布了相关规范，如英国政府商务办公室（OGC）于 2007 年 5 月发布的新版信息技术基础构架库（ITIL）、英国标准协会（BSI）制定的信息安全管理标准（BS7799）、美国审计总署（GAO）于 2009 年 2 月发布的联邦信息系统控制审计手册（FISCAM）、美国卡内基-梅隆大学的软件工程研究所（SEI）于 2010 年 11 月发布的能力成熟度模型集成（CMMI）1.3 版、欧洲质量管理基金会（EFQM）建立的业务卓越模型。除此之外，还有 COSO 及 ISO 9000 标准等（见表 9-1）。

（二）我国信息系统审计准则

我国的信息系统审计与西方发达国家相比，起步晚、技术水平相对落后，在制度和规范建设方面也相对落后。现有的规范体系主要是针对一般性的计算机审计方面的规定，专门用于信息系统审计的规范比较少。

1993 年 9 月 1 日，审计署发布的《审计署关于计算机审计的暂行规定》第二条指出，“凡使用计算机管理财政、财务收支及其有关经济活动的被审计单位，审计机关有权采用计算机技术，依法独立对其计算机财务系统进行审计监督”。

1999 年，中国注册会计师协会发布了《独立审计具体准则第 20 号——计算机信息系统环境下的审计》，对注册会计师在信息系统环境条件下的审计进行了规范。

表 9-1　　国外典型信息系统审计规范的概况

规范	发布国家与机构	类别	目标用户	适用组织	侧重面	认知度	职业道德	过程	范例与工具	披露/保密	工作关系/环境
ISA 准则	美国，ISACA	准则	IT 审计师、IT 经理、审计主管	应用 IT 的组织	IT 审计与鉴证	较广泛	√	√	√	√	√
COBIT	美国，ISACA	框架	高级业务经理、高级 IT 经理、信息系统审计师	应用 IT 的组织	与 IT 有关的治理	广泛		√	√	√	
GTAG	美国，IIA	指南	首席审计执行官（CAE）、审计委员会、审计主管、内部审计人员	应用 IT 的组织	IT 管理与控制	较广泛		√	√		
GAIT	美国，IIA	指南	管理层、审计主管、信息系统审计师、风险管理人员	应用 IT 的组织	一般控制	较广泛		√	√		
ITIL	英国，OGC，已纳入 ISO	框架	IT 服务经理	IT 服务管理与运营组织	IT 服务管理	较广泛		√	√	√	√
BS7799	英国，BSI，已纳入 ISO	标准	组织内负责信息安全的人员	应用 IT 的组织	信息安全管理	较广泛	√	√		√	
FISCAM	美国，GAO	指南	政府审计人员、首席信息官（CIO）、信息系统审计师、政府官员	政府组织	信息系统控制	较广泛		√	√	√	
CMMI	美国，SEI	框架	首席技术官（CTO）、开发高层领导、项目管理人员、评价供应商的人员	从事较大型复杂软件和系统工程项目的开发与维护的组织	系统获取、开发、服务	较广泛	√	√			
EFQM	欧洲质量管理基金会	框架	高级管理层、质量经理、项目经理	一般的生产/服务组织	质量管理	较广泛			√		√
COSO	美国，COSO	标准	管理层、独立公共会计师、立法者和监管部门	几乎任何组织	内部控制	广泛	√			√	
ISO 9000	国际标准化组织（ISO）	标准	高级管理层、项目经理、审计主管、审计师	一般的生产/服务组织	质量管理	广泛	√	√			√

√表示有这种情形。

2001年，国务院办公厅颁布了《关于利用计算机信息系统开展审计工作有关问题的通知》，这是审计机关利用信息系统开展审计工作的重要法规依据。

2006年，新修订的《中华人民共和国审计法》首次在法律层面规定审计机关有权检查被审计单位运用电子计算机管理财政财务收支电子数据的系统。

2010年，修订的《中华人民共和国国家审计准则》发布，旨在规范和指导审计机关和审计人员执行审计业务的行为，保证审计质量，防范审计风险，发挥审计保障国家经济和社会健康运行的“免疫系统”功能。

2013年，中国内部审计协会制定了《内部审计具体准则第2203号——信息系统审计》，自2014年1月1日起施行。该准则规定了信息系统审计的一般原则、信息系统审计计划、信息技术风险评估、信息系统审计的内容、信息系统审计的方法等。

二、信息系统审计的道德规范

信息系统审计师是一个特殊的职业，审计的质量与审计师主体高度相关，特别是审计人员的独立性、职业道德、专业能力等因素将对审计质量产生决定性的影响。这方面的规定比较多，信息系统审计师必须牢牢掌握，在审计过程中严格执行。

（一）独立性

独立性是审计主题的根本，有独立性才会有客观性，有客观性才会有审计质量的保证。信息系统审计与控制协会的审计准则对独立性的阐述，包含职业独立性、组织独立性、态度和形式上的独立性等方面。信息系统审计师应当在组织上独立于被审计的范围，在审计过程中随时保持态度和形式上的独立性，定期对独立性进行评估。

（二）职业道德

职业道德就是与人们的职业活动紧密联系而符合职业特点所要求的道德准则、道德情操与道德品德的总和。职业道德不仅是从业人员在职业活动中的行为标准和要求，而且是本行业对社会所承担的道德责任和义务，是社会道德在职业生活中的具体化。信息系统审计师应当遵守相关职业道德要求，遵循法律法规，正确履行审计职责，妥善处理所有利益关系。

（三）专业能力

信息系统审计师要提供高质量的专业服务，除必须具备良好的职业道德外，还须具有较强的业务能力和具备高水平的职业判断能力。因此，专业能力要求是信息系统审计师职务道德的一项重要内容。信息系统审计师不得从事不能胜任的业务，而且要接受继续教育。

第3节 信息系统审计的内容

审计的具体目标与要求不同，信息系统审计的内容也有所不同，但总的来说，信息系统审计主要包括IT治理、信息系统内部控制审计、信息系统生命周期审计等。其中，信息系统内部控制审计是当前信息系统审计中的核心内容。信息系统内部控制是一个组织在信息系统环境下，为了保证业务活动的有效进行，保护资产的安全与完整，防止、发现、纠正错误与舞弊，确保信息系统所提供信息的真实、合法、完整而制定和实施的一系列政策与程序，分为一般控制和应用控制。本节将主要介绍IT治理、信息系统一般控制审计和信息系统应用控制审计。

一、IT治理

（一）IT治理的定义

IT治理是信息系统控制和审计领域中一个较新的概念。美国南加利福尼亚大学教授罗伯特·S. 鲁塞（Robert S. Roussey）认为IT治理用于描述被委托治理实体的人员在监督、检查、控制和指导实体的过程中如何看待信息技术；德勤认为IT治理是一个广泛的概念，包括信息系统、技术、通信、商业、所有利益相关者、合法性和其他问题，其主要任务是保持IT与业务目标一致，推动业务发展，促使收益最大化，合理利用IT资源，IT相关风险的适当管理；信息系统审计与控制协会认为IT治理是一个由关系和过程所构成的体制，用于指导和控制企业，通过平衡信息技术与过程的风险、增加价值来确保实现企业目标。ITGov中国IT治理研究中心在综合上述三种看法后对IT治理的定义为：IT治理用于描述企业或政府是否采用有效的机制使得IT的应用能够完成组织赋予它的使命，同时平衡信息技术与过程的风险，确保实现组织的战略目标。

（二）IT治理的目标和内容

1. IT治理的目标

IT治理的目标将帮助管理层建立以组织战略为导向、以外界环境为依据、以业务与IT整合为中心的观念，正确定位IT部门在整个组织中的作用，最终能够针对不同业务发展要求，整合信息资源，制定并执行推动组织发展的IT战略。

（1）与业务目标一致。

IT治理要能体现未来信息技术与未来企业发展的战略集成，要尽可能保证开放性和长远性，确保系统的稳定性和延续性。董事会应树立和强化IT战略地位，建立企业战略与IT战略的互动观念，阐明IT应担当的角色，制定IT战略。

（2）提升 IT 价值。

有效利用信息资源可以极大地提升 IT 价值，为企业的发展战略服务。例如，电子商务技术的产生和发展改变了交易的时间和空间特性，导致定点处理流程的改变，彻底革新了发展和维护全球客户关系的方式。

（3）降低 IT 风险。

由于企业对信息技术和网络的依赖性越来越大，网络风险不断增加，IT 治理强调风险导向，通过制定信息资源的保护级别，强调关键的信息技术资源，有效实施监控，进行事故处理。

2. IT 治理的内容

IT 治理和 IT 管理是两个不同的概念，区别在于 IT 治理侧重决策，而 IT 管理强调制定和执行这些决策。

IT 治理的主要职能是证实 IT 战略与企业战略一致，证实企业通过明确的期望和衡量手段交付，指导 IT 战略，平衡支持企业和使企业成长的投资，恰当决策信息资源应着重使用的地方。

IT 治理和其他治理活动一样，集中在最高管理层和执行管理层。由于 IT 治理的复杂性和专业性，治理层必须强烈依赖企业的下层来提供决策和评估所需要的信息。为保证有效的 IT 治理，设立 IT 治理委员会和内部信息系统审计师是 IT 治理最重要的环节。

二、信息系统一般控制审计

信息系统一般控制是应用于一个单位信息系统全部或较大范围的内部控制，其基本目标是保证数据安全、保护计算机应用程序、防止系统被非法侵入、保证在意外中断情况下的继续运行等。有效的一般控制是保证应用控制有效的一个重要因素，它提供应用系统运行和应用控制实施的环境。如果一般控制薄弱，将会严重削弱相关的具体应用控制的可靠性。因此，对一般控制的评价通常在应用控制评价之前。对一般控制的测评的内容包括单位整体范围安全计划和管理、访问控制、应用软件开发和变更控制、系统软件控制、职能分离控制、服务持续性控制。

（一）安全管理控制及其审计

信息安全管理是指导组织的安全实践活动，主要目标是实现职责分离和人员的管理。信息安全管理一般包括制定合理的信息安全方针与策略、风险评估、控制目标与方式选择、制定规范的操作流程、对员工进行安全意识培训等一系列工作，通过在安全方针策略、组织安全、资产分类与控制、人员安全、物理与环境安全、通信与运营安全、访问控制、系统开发与维护、业务持续性管理、符合法律法规要求等领域内建立管理控制措施，来保证住址信息资产的安全与业务的连续性。

安全管理控制审计通常包括：审计书面策略、流程与标准、审计逻辑访问安全策略、审计安全意识培训、审查数据所有权、数据所有人和数据使用者、审查数据保管员、审查安全管理员、审查书面授权、审查离职员工的访问控制、审查访问标准。一般可采用检查控制文档、问卷调查、会谈、观察等手段进行，并完成控制测试矩阵。

（二）系统基础设施控制及其审计

1. 系统环境控制

环境风险可能来自自然灾害，如闪电、地震、暴雨、台风、洪水等，也可能来自电力故障、设备故障、温度或湿度超出安全范围、恐怖袭击等。

为了有效控制信息处理设施的环境风险，对于信息处理设施的物理位置，需要进行认真的考虑，通常采用的控制设施和控制技术包括安装与使用报警控制面板、水灾探测器、火灾控制设施、电力供应相关风险的控制设施和其他相关控制设施。

2. 系统硬件控制与审计

硬件基础设施是信息系统的重要组成部分，是系统运行的重要保障。对信息系统硬件设施的控制是保证信息系统安全的重要措施，对硬件基础设施的内部控制及其审计主要考虑硬件设施的接口、运行、维护、监控和能力管理等方面，主要涉及硬件基础设施采购控制、硬件基础设施维护与控制、硬件基础设施能力管理、对硬件基础设施控制的审计等。

3. 系统软件控制与审计

操作系统是系统软件最重要的部件，它包含用户、处理器和应用程序间的接口，是计算机中各种用户共享资源的管理者和控制者。对于一个完整的信息系统而言，系统软件还包括数据库管理系统、通信软件、数据管理软件、作业调度软件、程序库管理系统和系统工具等，这些系统软件为业务系统的正常运行提供系统保障，是信息系统控制与审计需要关注的关键领域。

系统软件控制与审计主要涉及：系统软件的获取与实施、系统软件的变更控制、系统软件的版权与许可、操作系统软件控制参数、数据库安全控制、计算机病毒及其控制、对系统软件控制的审计。

（三）系统访问控制及其审计

系统访问就是利用计算机资源达到一定目的的能力，访问控制是防御信息系统资源被越权使用的措施。对计算机化的信息资源的访问可以基于逻辑方式，也可以基于物理方式。对计算机信息的物理访问与逻辑访问应当建立在“知所必需”的基础上，按照最小授权原则和职责分离原则来分配系统访问权限，并把这些访问规则与访问授权通过正式书面文件记录下来，作为信息安全的重要文件妥善管理。

1. 逻辑访问控制

逻辑访问控制是基于角色的访问控制，是组织要采取的主要控制措施之一。它通过一定的技术方法控制用户可以利用什么样的信息、可以运行什么样的程序与事务、可以修改什么样的信息与数据，把安全风险降到组织可接受的范围内。这些控制可以内置在操作系统中，可以通过单独的访问控制软件调用，也可以内置在应用系统、数据库系统和网络控制设施中。

不充分的逻辑访问控制增加了暴露风险带来的潜在损失，这些暴露风险包括技术性暴露风险和计算机犯罪，它们都可以有意或无意地利用逻辑访问控制的漏洞，对信息系统造成损害。

逻辑访问控制主要包括以下几个方面：

（1）逻辑访问路径。

进入系统的逻辑访问可以通过不同路径，常用的系统访问模式有网络连接和远程访问两种。网络连接是指终端设备或个人计算机通过通信网络与主计算机物理相连并获得访问能力，这些访问即使在最低限度下，也要求通过域控制服务器进行用户身份的识别与验证；远程访问是指利用电话线拨号、远程终端设备或计算机进入信息系统，这种访问路径的安全控制一般通过确认远程用户的个人账号和密码实现。

（2）身份识别与验证。

身份识别与验证是实现计算机安全的重要基础，是绝大多数类型的访问控制为建立用户责任的可确认性而采用的方法。它是一种提供用户身份证明的过程，用户向系统提交有效的身份证明，系统验证后向用户授予访问系统的能力。

身份识别与验证技术可以分为三类：账号与口令、令牌设备、生物测定技术与行为测定技术。

（3）逻辑访问授权。

逻辑访问控制在正确识别用户身份后，要通过授权过程赋予用户对系统逻辑访问的能力，决定什么人能访问什么资源，并把授权内容正式记录在案，以便于在系统中执行及日后的检查审核。一般情况下，逻辑访问控制基于最小授权原则，只对因工作需要访问信息系统的人员进行必要的授权。

（4）远程访问控制。

互联网的飞速发展使得当今组织需要为不同类型的用户建立远程访问连接，以便于他们访问组织的信息资源，远程用户一般采用与组织 IT 环境相同的技术与协议来实现远程连接，基于 TCP/IP 协议的互联网访问被大量使用，远程通信设施由互联网服务提供商（ISP）负责提供与维护。

（5）便携式存储设备控制。

常用的控制措施主要有：在组织的安全政策中禁用所有可移动设备的使用、通过用户登录脚本设置禁止使用 USB 端口（除非经特别授权可以使用）、对所有可能被复制的数据进行加密等。

2. 物理访问

物理访问控制可以限制人员进出敏感区域，如机房设备区、存储介质区、数据中心、办公区等。系统用户或者相关人员出入系统的关键区域，需要采用适当的物理访问控制。物理访问的风险可能导致组织的财务损失、法律诉讼、信誉受损或者丧失竞争优势；自然灾害或人为破坏可能使企业的业务资源面临非授权访问和方式可用性的风险。

物理访问控制是用来保护组织免受未授权访问的一种措施，在物理访问控制的限制下，只有经过管理层授权的人员才能进行访问。通用的物理访问控制包括门锁、摄像监控、出入陪同、访问日志登记、自动报警系统等。

(四) 系统网络架构控制及其审计

信息系统网络的发展源于对信息资源的共享需求，资源共享可以使组织改进业务流程并极大地提高生产率。局域网为组织的业务处理提供更有效率的计算模式，互联网的飞速发展和广泛应用改变了组织的业务处理模式，更多地基于 Web 环境的信息系统，特别是企业资源计划（ERP）和更多电子商务的应用，使得企业信息系统越来越依赖网络技术，并适应网络技术的发展而产生各种新的应用模式。

1. 局域网控制与审计

局域网安全依赖局域网软件，由于网络软件的管理和控制功能有限，局域网使用存在诸多风险，如未授权的局域网变更会导致数据和程序的完整性受损、局域网软件版本控制缺乏对现有数据的保护、局域网用户身份验证缺乏有效控制导致内部网络暴露给外部访问者等。

对信息系统审计来说，最重要的是获得对局域网的全面了解，并记录相关事项，包括但不限于局域网拓扑结构及网络设计、网络管理员及局域网所有者的职责和执行的功能、用户及用户组、使用的各种系统、相关工作程序及标准等。

2. 客户机/服务器架构风险与控制

20 世纪 90 年代以来，客户机/服务器（C/S）架构技术逐渐成为中小型甚至大型组织的首选，客户机/服务器架构技术有时可以使企业以较低的成本、更方便的部署方式、更快的速度，处理数据、开发制造产品和服务。同时，由于客户机/服务器架构采用技术的复杂性、访问路径的多样性，客户机/服务器架构比传统的主机应用模式更难控制，给企业的信息安全提出了新的挑战。

客户机/服务器架构风险主要包括网络组件老化、不能及时更新、未经授权使用调制解调器连接其他网络、未经授权访问及修改机密数据等。针对上述风险，可采取的应对措施包括禁止使用软驱、安装网络监控装置、采用数据加密技术、使用逻辑访问控制等。

3. 互联网风险与控制

互联网是一个基于 TCP/IP 协议的全球网络，它可以使公共或私有的各种异构网络互联在一起。如今，大量基于互联网的业务处理要求组织的业务系统适应互联网的发展，同时给企业的安全带来极大的风险。

建立一个有效的互联网安全控制需要一个有效的信息系统安全管理框架，在框架内开发具有可操作性的控制措施并建立相关规则，为组织的信息资产建立敏感性及重要性分类标准。组织应当制订特定的操作指南，以指导用户定义与互联网上信息资产的机密性、完整性及可用性相关的控制级别。

4. 网络安全控制技术

先进的安全控制技术是安全的根本保障，不同组织或单位的用户应针对自身面临的威胁进行风险评估，决定需要的安全服务种类。常采用的网络安全控制技术有：网络防火墙、入侵监测系统、加密技术等。

（五）灾难恢复控制及其审计

灾难可能是自然灾害或人为破坏，例如洪水、地震、火灾、恐怖袭击、网络攻击等。

信息系统的灾难恢复和业务持续性计划是组织中总的业务持续性计划和灾难后恢复计划的重要组成部分，企业需要建立恢复设施来保证灾难发生时信息系统仍然能够正常运行。

信息系统审计针对的是灾难恢复与业务连续性计划，其主要任务是理解与评价组织的业务连续性策略及其对组织业务目标的符合性。当审核业务持续性计划时，信息系统审计师应当验证一个好的计划所应具备的基本要素是否存在，并评估测试结果在实现这些目标过程中的完备性与准确性。信息系统审计师应当对异地存储设施进行评价，以检查重要的介质和文档是否存在，并保持与原始介质的同步。信息系统审计师还应访问业务持续性计划的重要参与人员，了解他们的职责，并且检查详细描述其职责的最新文件，在审核灾难恢复计划中的保险事务时判断保险费用的合理性。

三、信息系统应用控制审计

信息系统一般控制影响被审计环境中所有的系统软硬件、数据和人员，而应用控制与交易有关，是确保特定业务流程正常运转的重要措施。应用控制审计需要结合具体应用系统业务流程和后台数据库数据，适应各种数据处理的特殊控制要求，保证数据处理完整、准确地完成，主要包括：输入控制、处理控制、输出控制。

输入控制是指正式确认为进行电子数据处理（EDP）所可接受的数据，能将其转换为机器能够感知的形态，并能为机器所识别，而且要合理地保证数据（包括经通信线路传送的数据）没有丢失、删除、外加、重复或不应有的变更。输入控制包括对不正确的初始数据予以拒绝，或者给予修正后重新提供这方面的控制。要做好输入控制，首先应当制定操作制度以对输入进行适当的授权，严禁未经授权的人员输入文件资料；接着应做好输入的数据文件的审批工作，这种审批控制应独立于信息系统部门之外，以遵守一定的职责分工；然后数据一经输入就应当对其进行各种测试，比如有效特征测试、有效信号测试、冗余数据测试、结果测试、限制性/合理性测试等；最后纠正在测试中出现问题的输入，并删除重复的无用的输入，添加必要的输入，以保证输入的完整性与正确性。

处理控制就是对计算机系统进行的内部数据处理活动的控制措施。处理控制用以保证经济业务由计算机作出正确的处理，保证经济业务不被泄露、非法添加、重复或不适当地更换，并能够实行限制性/合理性测试，对处理过程中的错误加以识别和改正。计算机处理过程是应用系统当中最关键的一环，要做好应用程序的控制，必须加强处理控制。

输出控制是为了保证处理结果（诸如会计科目一览表或账户余额显示、报告书、磁性文件、发货票、付款支票等）的正确性，以及为保证只由指定的人员接收输出而进行的控制。输出部分通常包括输出显示器或更新的文件以及打印结果。输出控制这一步经常被人们所忽略，实际上，不对输出结果进行适当的控制会产生极大的危害。审计人员可以利用输出数据的即刻形成技术来保证输出信息的安全可靠以控制报告文件的生成；也可以将输出数据与输入、处理的数据进行核对，进行数据的合理性检查，及时将输出报告传递给用户，利用反馈信息做好输出控制；还应当对输出介质进行安全管理，输出数据不管是存放在纸介质上还是磁介质上，都应实行登记，妥善保管，防止被破坏以及被盗，定期检查介质的性能，保证介质上数据的完整性与使用效能。

对业务流程层面应用控制的审计应考虑以下与数据输入、数据处理以及数据输出环节相关的控制活动：

（1）授权与批准。

（2）系统配置控制。

（3）异常情况报告和差错报告。

（4）接口/转换控制。

（5）一致性核对。

（6）职责分离。

（7）系统访问权限。

（8）系统计算。

（9）其他控制活动。

信息系统审计包含上述常规的审计内容，审计人员可以根据组织当前面临的特殊风险或需求，设计专项审计以满足审计战略需求，具体包括但不限于下列领域：

（1）信息系统开发实施项目的专项审计。

（2）信息系统安全专项审计。

（3）信息技术投资专项审计。

（4）业务连续性计划的专项审计。

（5）外包条件下的专项审计。

（6）法律法规、行业规范要求的内部控制的合规性的专项审计。

（7）其他专项审计。

第 4 节 信息系统审计的技术方法

信息系统审计项目的实施过程就是审计师综合应用多种审计技术方法以实现审计目标的过程。

一、信息系统审计常用技术方法

2013 年发布的《内部审计具体准则第 2203 号——信息系统审计》第六章第二十三条指出，审计人员在开展信息系统审计过程中，可以单独或综合应用下列审计技术方法：

（1）询问相关控制人员。

（2）观察特定控制的运用。

（3）审阅文件和报告及计算机文档或者日志。

（4）根据信息系统的特性进行穿行测试，追踪交易在信息系统中的处理过程。

（5）验证系统控制和计算逻辑。

（6）登录信息系统进行系统查询。

（7）利用计算机辅助审计工具和技术。

（8）在保证独立性、客观性及职业技能的质量控制前提下，利用其他专业机构的审计结果或组织对信息技术内部控制的自我评估结果等。

信息系统审计人员可以根据实际需要，利用计算机辅助审计工具和技术进行数据的验证、关键系统控制/计算的逻辑验证、审计样本的选取等；在充分考虑安全的前提下，可以利用可靠的信息安全侦测工具进行渗透性测试等。

2011 年，审计署审计科研所“审计机关审计技术创新情况”课题组收集了自 2006 年以来的创新型审计技术。在众多创新型审计技术中，计算机类审计技术占很大的比重，主要包括：各类审计软件、数据采集/转换技术、数据查询和分析技术、联网审计技术、信息系统审计技术、多维分析技术、数据库技术、Office 系列软件、商业智能（BI）技术、消息摘要算法第五版（MD5）码技术、数据挖掘技术、数据恢复技术、实时通信技术等。

综上，可将信息系统审计技术方法整理为如图 9－1 所示的体系。

（1）常规审计方法，主要用于对信息系统的了解和描述，包括系统文档审阅法、观察法、文字描述法、表格描述法、图形描述法等。

（2）计算机辅助审计技术，又可进一步分为面向系统的计算机辅助审计技术和面向数据的计算机辅助审计技术。面向系统的计算机辅助审计技术用于验证程序系统，包括测试数据法、集成测试法、平行模拟法和程序跟踪法等；面向数据的计算机辅助审计技术主要用于对信息系统中的电子数据进行审计，包括数据采集、数据处理、数据分析等环节，采用的数据分析技术方法主要有账表分析法、数据查询法、审计抽样法、统计分析法、数值分析法、账龄分析法等。

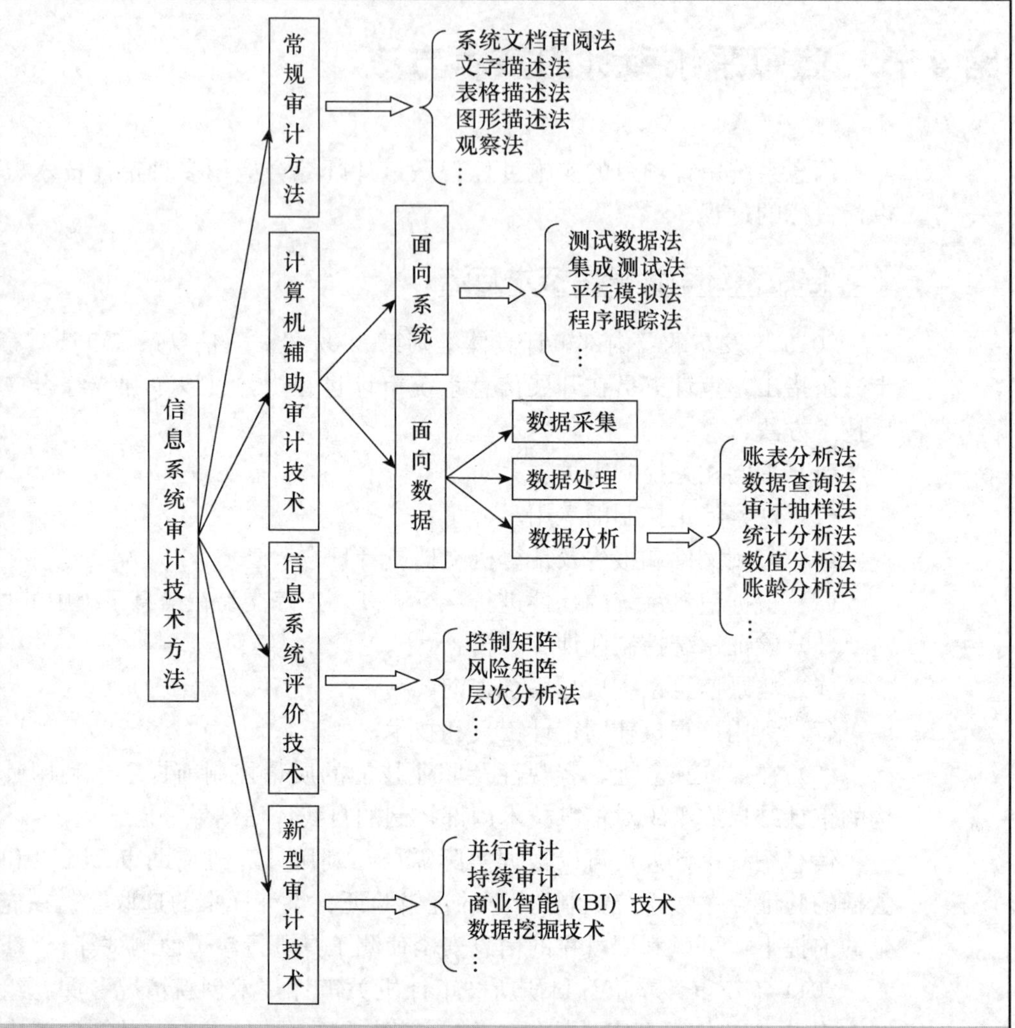

图 9-1 信息系统审计常用技术方法体系

（3）信息系统评价技术，主要用于信息系统的控制、风险和整体性评价，如控制矩阵、风险矩阵、层次分析法等。

（4）新型审计技术，主要有并行审计、持续审计、商业智能（BI）技术、数据挖掘技术等。

审计人员可以在充分考虑信息安全的前提下，结合成本效益原则，根据信息系统审计业务类型，灵活选用恰当的审计技术方法。

二、信息系统审计技术方法在审计过程中的应用

在审计计划阶段，首先，要通过访谈、调查问卷等方式不断深入了解、分析业务流程，熟悉信息系统的运行和控制情况，寻找内部控制薄弱环节，确定审计

重点，例如通过对信息系统操作者、维护者的访谈或者问卷调查，了解信息系统运行情况，分析控制是否有效；然后，进行穿行测试（审计人员可以模拟或者监督被审计单位人员，就某一业务数据在信息系统中进行录入，并查看最终结果），评估信息系统控制的实施情况，根据评估结果适时调整审计重点；最后，编制切实可行的审计工作方案，进行合理的人员分工。

在实施阶段，首先，从报表开始追溯原始数据，抽样核对原始数据的准确性，加强对信息系统中原始数据录入的准确性、完整性的抽查。在信息系统中，所用数据都是从终端业务环节开始，财务与生产、采购、销售、库存等环节紧密关联。在审计过程中，审计人员对系统原始数据的准确性审核，成为信息化环境下审计工作的重要基础之一，可从源头上控制错误和舞弊的发生。接着，对集成部分数据形成的报表进行对比分析，包括与上期、计划、上年同期、同业平均水平进行比较，准确地运用计算或分析性程序等确认审计证据，而且数据分析不能单一停留在某一环节，必须同时对通过物流、资金流、信息流的数据进行分析，通过大量的数字勾稽关系以及业务逻辑关系寻找异常，进行确认验证；对于非集成数据，从系统中导出相关凭证，抽样查阅原始凭证。然后，利用信息化环境提供审计线索的功能，查阅相关修改记录并进行追查。企业资源计划软件适应现代审计的要求，具有充分的保留和提供审计线索的功能。在初始录入凭证时，有一条记录记载，在改动、删除时，并不是在原记录上变动，而是另有记录反映。这样，在查询时，对于同一笔业务有哪些改动、何时改动、谁操作、在哪项功能中变动，每一笔处理留下的痕迹为审计工作提供了线索和方便，应注重对保证信息系统稳定运行的数据资料的查验。之后，查阅信息系统运行前期调研报告、开工报告、业务流程图、重要业务的流程说明以及试运行阶段的工作记录，保证系统的设计缺陷最少。最后，根据审计结果，形成审计工作底稿。

在报告阶段，首先，完成审计工作底稿的三级复核；然后，根据相关业务统计数据、审计结果，分析企业经营、管理方面存在的不足，编写审计报告，提出管理建议。

第5节 信息系统审计案例

某大型国际组织是高度依赖计算机信息系统完成财务管理和业务管理的被审计单位，对该国际组织某分支机构实施2011—2012财年审计，审计领域包括成果预算制与财务、采购、资产管理和信息系统等。由于所有的财务管理和业务管理都由计算机信息系统实现，这给审计人员提出了很大的挑战。它要求审计人员不仅需要开展数据审计，还需要对记录电子数据的信息系统开展信息系统审计。

本次信息系统审计进行了有益的尝试，从一般控制审计和应用控制审计的角度，对该分支机构的财务系统、采购系统、资产管理系统进行了测试，发现了一些信息系统控制存在的问题，为下一步更加全面的某大型国际组织信息系统审计奠定了一定的基础。

一、审计概况

在开展审计的过程中，应该在充分了解被审计单位信息系统各方面情况的基础上，确定审计重点，选择适当的审计方法来发现审计线索、获取审计证据、完成审计任务。

（一）信息系统基本情况

1. 信息化建设和管理情况

该分支机构的计算机信息系统有 20 多个，其中主要有：财务系统、采购系统、资产系统等。本次该分支机构信息系统审计的重点是对财务系统、采购系统和资产系统进行审计。

该分支机构有专门的通信与计算机服务处，负责对分支机构所有的通信和计算机设施进行安装和维护，并接受该国际组织后勤支持部的业务指导。该处有正式职员 120 多人，另外，聘请了近 100 位外包技术人员为整个分支机构提供通信与技术服务。2011—2012 财年，该处预算为 3 104 万美元。

该分支机构在总部设有 1 个主机房、1 个镜像机房和 1 个备份机房，3 个机房均有摄像头进行实时监控。信息系统的数据在 A 地和 B 地分别进行异地备份。

2. 财务、采购和资产管理系统的总体情况

该分支机构的财务系统 SUN 是客户机/服务器（C/S）体系结构的应用软件，数据库为微软公司的 Microsoft SQL Server 2000。该分支机构主要使用了该系统的总账会计和订单发票两个模块，具有总账会计核算、订单录入、发票录入等功能。

该分支机构的采购系统和资产管理系统都是由该国际组织自行开发的浏览器/服务器（B/S）体系结构的应用软件。软件部署于 B 地，实现了统一维护。

3. 财务、采购和资产管理的组织管理、系统运行、业务流程和电子数据等情况

该分支机构分别设有财务、采购和资产管理机构，专司相关业务。三大信息系统由通信与计算机服务处负责运行维护，数据录入和处理则由用户部门自行负责。

货物和服务的采购由各用户部门发起，按照采购授权额度交由各级主管审批。采购部门负责采购计划、进行招投标及发出订单；财务部门负责进行相应的记账和支付；资产管理部门负责资产收发和盘点。各业务流程均实现电子化管理；各部门各司其职，完成信息系统的数据录入和管理维护工作。

4. 信息系统控制情况

该分支机构位于该国际组织安全评估等级为三级（安全风险高）的 C 国境内，总部位于 C 国首都。各个地区高度依赖信息系统来完成办公及业务处理，本地的信息系统服务器主要部署于分支机构总部，各区和后勤基地通过卫星实现与分支机构总部的网络连接。网络设备主要使用的是思科公司系列设备，服务器主要使用的是惠普公司的产品，终端用户使用联想公司的笔记本和台式机。

该分支机构总部的主机房位于主办公楼1层，没有专门的门禁系统，但配有视频监控系统，任何人出入机房均会留有影像记录，机房配有空调和灭火器。

该分支机构信息系统的日常用户为各业务机构的工作人员，系统运行维护归通信与计算机服务处。该处下属的服务器支持部门负责监控机房的物理访问控制和服务器的逻辑访问控制，网络支持部门负责监控网络的逻辑访问控制。

该分支机构有统一的灾难恢复和数据备份环境，可以完成工作日增量备份和周末完全备份的任务。除本地的镜像机房和备份机房外，该分支机构还在异地实现了远程数据备份。

（二）审计重点

在该分支机构的20多个计算机信息系统中，财务系统、采购系统和资产系统是最核心、应用最广泛的系统，因此，本次该分支机构信息系统审计的重点是对财务系统、采购系统和资产系统进行应用控制审计。在审计过程中，将结合业务流程，对财务系统、采购系统和资产系统的数据输入控制、处理控制、输出控制进行审计。

二、审计过程

（一）对财务系统的审计——以交易数据输入控制审计为例

1. 具体审计目标

确定财务系统能满足分支机构的业务需求，能真实、准确、完整地反映财务处理过程，控制财务风险。

2. 审计测试过程

通过访谈和文档检查的方法，了解分支机构财务系统的总体情况、操作流程和会计核算方法。通过数据分析的方法，进行财务数据与年末分支机构财务报告的一致性检查，以及到期未清偿债务的检查。

3. 数据分析步骤

（1）检查财务系统的输入控制环节，经检查未发现系统存在供应商账户唯一性控制。

（2）利用数据备份，检索供应商对应多个应付账款科目代码，发现82个应付账款科目代码存在一个会计主体对应多个不同应付账款科目的情况。

（3）将这些存疑的科目代码与凭证表关联，按财年末的应付账款科目的发生额进行排序，筛选出金额较大的部分以进一步核实。

（4）在选取金额最大的“VGA Energy”进行进一步的检查时发现，分支机构在财年末采用新增应付账款科目“311VGA0111”的方式，由原应付账款科目“311VGA0082”向新应付账款科目转移728万美元资金，违规截留预算资金。

（二）对采购系统的审计——以交易数据处理控制审计为例

1. 具体审计目标

确定采购系统能满足分支机构的采购业务需求，能真实、正确、完整地反映采购处理过程，控制采购风险。

2. 审计测试过程

通过座谈和文档检查的方法，了解分支机构采购系统的总体情况和操作流程。通过访谈和实地观察的方法，了解分支机构采购与资产管理系统库存记录之间的关系。通过数据分析的方法，核实采购系统与资产管理系统脱节的现状。

3. 数据分析步骤

（1）查看采购系统功能，检查是否存在采购时检索库存资产的系统控制环节，经检查没有发现此类控制。

（2）从资产管理系统中抽取资产库存比例较高的资产数据，形成中间表。

（3）将采购系统的请购数据与资产库存中间表关联，检索已有冗余库存或同类资产在其他分支机构已有闲置库存仍继续申请采购的情形。

（三）对资产管理系统的审计——以交易数据输出控制审计为例

1. 具体审计目标

确定资产管理系统满足分支机构的资产管理需求，能真实、正确、完整地反映资产管理过程，控制资产管理风险。

2. 审计测试过程

通过访谈和文档检查的方法，了解该分支机构资产管理系统的总体情况和操作流程。通过访谈和实地观察的方法，抽样了解该分支机构资产的发放程序和控制环节。通过数据分析的方法，核实资产发放的效率现状。

3. 数据分析步骤

（1）检查资产系统是否存在依据采购时间发放资产的控制环节，经检查没有强制性控制环节。

（2）检索有效期较短的资产类别，抽选电子数据处理设备和通信设备，其有效期分别是4年和7年。

（3）将设备库存情况与采购订单号（反映采购批次）关联，检查是否存在分多次采购但发放时没有采取先进先出的资产。

三、审计结果

在本次审计中所发现的问题和提出的建议主要有：

（一）财务系统审计发现的问题和建议

该分支机构通过钻财务系统缺乏供应商账户唯一性控制的漏洞来增设账户，将一笔728万美元的到期未清偿债务在没有实际到货和收到采购发票的情况下转为应付账款，违规截留预算资金。该组织的财务规定要求，如果到第二年年底没有实际的采购发票和验收入库单，上年形成的到期未清偿债务就应予以核销，预算收回，不得擅自转为应付账款。

因此，审计组建议：该分支机构在财务系统中应规范供应商账户管理，按照财务规定及时处置到期未清偿债务，控制预算和支出规模。

（二）采购系统审计发现的问题和建议

采购部门在采购系统的数据处理逻辑环节，缺乏联动比较分析采购请求和资产库存的功能，导致在库存较高情况下仍继续采购，使资产闲置浪费。采购系统请购模块的数据处理逻辑不利于采购部门验证采购请求是否经过科学决策。审计组评估采购系统数据处理逻辑控制风险为中等。

因此，审计组建议：该分支机构应增加检查控制，作采购决定时应分析冗余库存和调用其他分支机构库存情况。

（三）资产管理系统审计发现的问题和建议

资产管理部门在信息通信类资产发放环节缺乏数据输出控制模块，无法做到“先进先出”，使得资产管理人员没有按照资产的时效性控制设备发放，导致信息通信类资产的利用存在效率问题。审计组评估资产管理系统数据输出逻辑控制风险为中等。

因此，审计组建议：该分支机构应采取措施，在发放时效性较短的信息通信技术资产时，采取“先进先出”的存货管理政策，确保这类资产的有效使用。

第6节　大数据时代信息系统审计的挑战与机遇

一、大数据

美国国家科学基金会（NSF）指出，大数据是由多种数据源生成的大规模、多元化、长期、复杂的分布式数据集。国际商业机器公司（IBM）指出，大数据的特点是4个“V”：数据规模大（volume，已经从GB、TB发展到PB，甚至用EB、ZB来计数）、数据种类多（variety，包括结构化数据、半结构化数据和非结构化数据，2012年末，非结构化数据达75%以上[①]，成为大数据的主流形式）、数据处理速度快（velocity）、数据价值密度低（value）（还有一说是veracity，即真实）。它提供了在新的和正在出现的数据和内容中洞悉事物的机会，使业务更加灵活，并回答了以往没有考虑到的问题。高德纳咨询公司的报告也提出，大数据需要新的处理方式，以提高决策能力、洞察力和实现流程优化。

---

① 王元卓，靳小龙，程学旗．网络大数据：现状与展望．计算机学报，2013（6）：1125-1136．

大数据改变着人们的生活与工作方式、企业的运作模式，甚至还引起科学研究模式的根本性改变，是下一个创新力、竞争力、生产力提高的前沿领域，也是政府进行宏观调控、国家治理的信息基础，引起了各国政府、企业的多方关注，大数据及其分析将会是未来几乎每一个行业的业务功能。自2012年以来，各国对大数据的关注度日益提高。美国政府于2012年3月发布《大数据研究与发展计划》(Big Data Research and Development Initiative)，投资2亿多美元，以提升大数据收集、存储、挖掘、共享能力为目标，这是继1993年宣布“信息高速公路计划”之后又一个重大科技部署。日本于2012年7月推出“新信息和通信技术(ICT)战略研究计划”，将大数据应用作为研究重点。2013年，英国、法国、韩国等也纷纷公布大数据发展计划。2013年5月，某大型国际组织发布报告《发展大数据——挑战与机遇》(Big Data for Development：Challenges & Opportunities)，主要阐述大数据时代各国，特别是发展中国家所面临的机遇与挑战，以及大数据的初步应用。

二、大数据环境下信息系统审计面临的挑战

在大数据时代开展信息系统审计，将广泛应用数据、使用统计与量化分析方法、使用描述性与预测性模型以及基于事实的管理方法以影响决策和行动，用大数据思维去发掘潜在问题与规律。信息系统审计将面临一系列挑战，主要表现在如下几个方面。

(一) 大数据分析势在必行

大数据时代的审计人员面对被审计单位海量增长的庞杂、异构的数据，如果不开展大数据分析，审计工作将寸步难行。如江苏省公安机关通过各种警务综合系统收集执法办案数据、人口数据、车辆数据、监控图像数据、财务数据和固定资产数据等海量数据。

(二) 审计大数据的真实性风险

大数据环境下，影响数据真实性的因素很多。为了能得到正确、可靠的审计证据，防止大数据环境下的“假账真审”，必须保证被审计的数据是真实的，防范与控制大数据环境带来的审计风险非常重要，其中，审计大数据质量控制是关键问题。

(三) 审计大数据的控制和保护风险

大数据环境下，为了获得全面、可靠的审计证据，需要从众多的被审计单位采集大量敏感和重要的数据来进行分析，这些审计大数据常常会含有一些详细、潜在的能够反映被审计单位机密的信息，如银行客户的用户名、密码等。这些采集来的数据一般以分布的方式集中存储在审计单位的数据中心，如采用云计算平台方式存储。来自网络的攻击会影响审计大数据的安全，一些对审计数据中心的

恶意进攻会造成更严重的后果，这就需要审计大数据拥有合适的贯穿审计数据采集、审计数据传输、审计数据存储、审计数据维护、审计数据分析等整个数据生命周期的控制和保护，以降低审计风险。

（四）审计大数据的分析风险

审计大数据的复杂性给数据分析带来了一定的困难。大数据环境下，数据信息全面，隐藏或未知的信息较多，采集到的大量数据为审计数据分析提供了基础。为了能做到事中审计或者实时审计，需要强大、高效、实时的审计数据分析方法。另外，大数据环境下，数据复杂性急剧增强，多样性（多源、异构、多模态、不连贯语法或语义等）、低价值密度（存在大量不相关信息、知识“提纯”难度高）、实时性（数据需实时生成、存储、处理和分析）等复杂特征日益显著。审计单位现有的计算机系统和审计软件不能应对急剧增长、种类众多的被审计数据，审计大数据的复杂性给数据分析带来了一定的困难，造成了审计数据分析风险。因此，大数据环境下，如果不采用大数据技术实现从传统的审计数据分析向审计大数据分析的过渡，必将影响审计数据分析结果和分析效率，造成一定的审计风险。

（五）大数据分析平台的选择风险

大数据环境下，开展审计大数据分析需要借助大数据分析平台与工具。目前，大数据分析平台供应商的数量较多，因此，审计单位在采用大数据技术开展信息系统审计时选择合适的大数据分析平台显得非常重要，审计单位和被审计单位应该根据自己的需求，尝试使用多个大数据分析平台来测试应用程序，以选择最佳的大数据分析平台。如果选择的大数据平台不合适，则会造成一定的审计风险。

（六）审计大数据的全面性风险

大数据环境下，审计单位需要访问第三方数据来源并将自己的信息与外部信息进行集成，以充分发挥大数据的潜力。然而，目前尚未建立起数据访问与数据共享机制，这为充分获得大数据的价值带来了障碍，影响了审计取证，造成了一定的审计风险。

（七）审计大数据的存储风险

大数据环境下，已有的审计数据存储技术将不能完全满足大数据环境的需要，被审计单位的大数据对审计数据的存储提出了挑战。研究适合大数据环境的审计数据存储技术成为开展信息系统审计的一项重要任务。

三、大数据环境下信息系统审计的发展机遇

大数据时代的到来赋予审计师洞察过去、预测未来的能力，为信息系统审计提供了机遇，主要表现在以下几个方面。

（一）审计取证更充分

随着被审计单位财务和业务数据的电子化，获取被审计单位的电子数据进行审计已经成为审计的重要方式，联网审计技术使得审计单位获取被审计单位电子数据的范围和频率大大增加。大数据环境下，被审计单位提供更多、更全面的数据，审计单位可以充分利用采集来的各方面数据建立集中统一的被审计单位数据中心。在此基础上，借助不同于传统结构化查询语言（SQL）关系数据库的新的大数据分析技术，构建审计大数据分析平台和使用更智能的大数据分析技术，通过分析“从数据入口到数据库平台”的更大范围的数据来源，对被审计单位的电子数据进行系统、全面以及跨部门的综合分析，从而弥补目前数据分析局限于查找单个问题的缺陷，获得更充分的审计证据，更大地发挥审计的威力。

（二）更多的数据分析技术可供选择

传统的数据分析技术，如关联规则挖掘、分类、数据聚类、遗传算法、机器学习、自然语言处理、神经网络、预测模型等，可用于目前的大数据分析。但在大数据环境下，开展大数据审计需要更多的智能技术，比如能够针对不同数据类型进行交叉分析的智能技术、语义分析技术、图文转换技术、模式识别技术、地理信息技术、多媒体数据（如图像、音频、视频等）处理技术、社交关系数据处理技术等。目前，为了满足大数据环境下数据分析的需要，出现了专门用于处理大数据的关键技术，如 Big Table、云计算、分布式系统、Hadoop、HBase、Map Reduce、可视化技术等，这为开展信息系统审计提供了机遇。因此，在大数据环境下开展信息系统审计时，可以尝试采用这些技术来完成审计数据分析。

（三）大数据的可视化技术更有助于审计数据的分析

可视化技术是大数据应用的重点之一。目前，针对可视化分析的需要，已成功推出一些可视化数据分析软件，如 tableau、IBM Many Eyes 等。可视化审计分析方式能够帮助审计人员快速有效地交互分析大量数据，所提供的信息有助于审计人员更快、更准确地从复杂的被审计数据中发现审计线索。

（四）审计大数据的实时和快速分析将得以实现

随着云计算、流处理等技术的应用，以及采用粒计算、量子计算等来解决大数据的大计算量技术的研究不断发展，审计大数据的实时处理和快速决策将得以实现。另外，大数据环境下的审计数据实时分析能够使联网审计更好地实现实时审计，真正达到持续审计的目的。

（五）审计结论更科学

大数据环境下，审计证据的获取、审计报告的形成、审计意见的决策等都可以基于对审计大数据的分析，只要数据可靠，审计结论必然可靠，这使得审计结果更科学。

（六）云计算与审计大数据存储和分析

如前所述，大数据时代为信息系统审计提供了机遇和挑战。其中，被审计单位的大数据向审计数据存储和分析提出了挑战，已有的审计数据存储和分析技术将不能满足大数据环境的需要，而云计算则为应对大数据时代的电子数据审计面临的挑战提供了一种有效的解决办法。

云计算是一种数据分析技术。云计算三个层次的服务模式包括：软件服务（Software as a Service，SaaS）、平台服务（Platform as a Service，PaaS）和设施服务（Infrastructure as a Service，IaaS）。云计算能够充分利用物理设施的弹性来处理快速增长的数据，被认为是解决大数据问题最有效的技术。大数据本身是一个问题集，云计算则为大数据提供存储、访问和计算的平台。大数据必须以云计算作为基础架构，才能顺畅运营。云计算提供了基础架构平台，审计大数据分析等应用运行于该平台。没有云计算，就没有数据集中采集和存储的商业基础，云计算为大数据提供了存储空间和访问渠道，大数据是云计算的灵魂和必然的升级方向。因此，如何利用云计算技术开展审计大数据存储和分析、获得审计证据、支撑审计报告，是大数据环境下开展信息系统审计将要面临的重要问题。

本章小结

在各种类型的组织都普遍高度依赖信息系统的情况下，信息系统审计越来越重要。信息系统审计是一个获取并评价证据，以判断计算机系统是否能够保证资产的安全、数据的完整以及有效利用组织的资源并实现组织目标的过程。很多国家和机构陆续发布了信息系统审计指南或规范，其中最知名的是信息系统审计与控制协会（ISACA）发布的信息系统审计准则和信息及相关技术的控制目标（COBIT）。信息系统审计主要包括IT治理、信息系统一般控制审计、信息系统应用控制审计等。在审计过程中可以采用多种传统或新兴的审计技术方法。大数据的迅猛发展给信息系统审计带来了挑战和机遇。

复习思考题

1. 什么是信息系统审计？信息系统审计与控制协会如何定义它？
2. 信息系统审计的目标有哪些？
3. 信息系统审计的主要内容有哪些？
4. 什么是IT治理？其目标是什么？
5. 什么是信息系统一般控制？信息系统一般控制审计主要从哪些方面开展？

6. 什么是信息系统应用控制？信息系统应用控制审计主要从哪些方面开展？
7. 信息系统审计的主要技术方法有哪些？
8. 第五节案例中主要应用了哪些审计技术方法？
9. 第五节案例中主要对哪些事项进行了审计？
10. 大数据时代信息系统审计面临哪些挑战与机遇？

第10章

宏观制度审计

学习目标

1. 了解法律法规存在缺陷的原因及应对机制
2. 掌握政府审计机关评估法律法规缺陷的路径
3. 了解公共政策存在缺陷的原因及应对机制
4. 掌握政府审计机关评估公共政策缺陷的路径

引导案例一

年末突击花钱

每到岁末，各级政府部门在这个时候面临的一件“大事”就凸显出来——突击花钱。财政部的统计数据显示，2007年，各级政府在最后一个月花掉了近1.2万亿元，超过全年财政支出金额的1/4；2008年12月，政府的财政支出金额超过1.5万亿元，2009年为2万亿元。2011年，按照统计数据，财政部门不得不在余下的近两个月中确定超过3.5万亿元财政资金的去向——这相当于瑞士2010年的国内生产总值。

年底突击花钱的原因很多，许多情形是年底照着预算突击花钱，其中的一些钱本来不需要花，但是预算上还有钱，不花白不花。同时，今年花的多，明年的基数就大，今年不花，明年的预算可能会减少。从本质上来说，这是花不该花、不必花的钱，是挥霍浪费。由于这种花费是有预算的，是按预算要求支出的，符合《中华人民共和国预算法》，所以并不违规。

思考问题：年底突击花钱是否表明《中华人民共和国预算法》存在缺陷？政府审计机关如何应对这类问题？

引导案例二

紧缺药品大部分为廉价药

除了环磷酰胺，在上海儿童医学中心的药库中，放线菌素D、氨甲喋啶5毫升、长效青霉素、6-MP等都面临紧缺。相关人士透露，放线菌素D已经不再生产；氨甲喋啶5毫升必须从外地进货，这些药品正是白血病治疗方案中不可或缺的组成药品，无可替代。

“这些药物都很重要。”相关人士打了个很简单的比方，如果每年有100名白血病患儿，其中70名患有急性淋巴细胞性白血病，就必须靠以上药品进行治疗。

记者还获悉，近些年，药品紧缺情况在医院中时常出现。2004年6月，预防破伤风的TAT、抢救心脏骤停的异丙肾上腺素、用于癫痫发作的苯妥英钠等药物就曾紧缺过，2004年7月，治疗心脏房颤的硫酸奎尼丁等药物也曾短缺过。

业内人士告诉记者，大部分紧缺的药物是廉价药物。很多廉价的传统药物使用了十几年，仍然是十几年前的定价，随着原料提价、生产成本的提高，为何药价依然不动？业内人士告诉记者，药品涨价必须进行再次核价，而核价是需要有特殊原因的，另外，核价要经过很多程序。为避免烦琐的程序，药商索性放弃生产。

另外，对于医院使用的药品，必须按照规定的步骤进行药品招标。被招标的药商会由于廉价药品的低利润而拒绝生产此类药品，医院就得不到所需用药，病人也得不到有效的治疗。国家发展改革委下发的药品降价令施行后，许多已经使用多年并被证实确有实效的廉价药品在经历降价战役后销声匿迹，这使医院和老百姓都面临着“用药难”的困境。

一名药厂负责人直言，调价极大地降低了代理商的利润，大型药厂有很多代理商，药厂不得不考虑代理商的利益。在利润大幅下降的时候，在流通渠道方面，一个惯用手法就是停止供货，逼着制药企业生产档次更高、价格更贵、利润更大的产品。当然，厂家如果觉得产品利润接近“底线”后，也会自动进行“药品重生行动”，这就是许多廉价药品销声匿迹的原因。

“生产药品就像生产手机，手机价格一直在降，但总有高价新产品推出。你降低我这种药的价格，我现在就推出一种新药。”一位长期在医药界摸爬滚打者告诉记者，药品出厂后，要经过医药销售公司、医药销售代表、医院或药店，最后才到达患者手中。这本是一个正常的程序，我国绝大部分药品都是通过这个渠道流通的，问题在于各个环节雁过拔毛、层层剥皮。因此，一换包装、一改名称，摇身一变，价格就又上去了。一种药品原来只卖5角钱，一改包装、一换名称，便堂而皇之卖到10元钱。

廉价药物紧缺加重了病人的负担，甚至威胁病人的生命。事实上，如果不从根本上解决以药养医、定价虚高、层层加价等体制问题，即使价格一降再降，也会出现连续降价或改头换面成新药等换汤不换药的事情。

思考问题：大部分紧缺药品为廉价药物这个现象，是否显现公共医疗政策存在缺陷？政府审计机关如何有所作为？

制度是人们必须遵守的秩序和规则，由一定的国家机关制定且适用于许多微观组织的制度就是宏观制度。本章阐述由政府审计机关实施的两类宏观制度审计：一是法律法规缺陷评估；二是公共政策缺陷评估。

第 1 节　法律法规缺陷评估

法律法规是人们必须遵守的强制性制度，在审计工作中，大量的审计判断将法律法规作为判断依据或标准。然而，由于各种原因，法律法规可能存在缺陷，所以必须有纠错机制，立法后评估及审计机关对法律法规缺陷的评估是重要的纠错机制，本节介绍这些纠错机制的相关内容。

一、法律法规的缺陷及其应对机制

法律法规是人们基于实践经验并经过理性思考的结果，虽然如此，法律法规仍然可能存在缺陷，原因有三个方面：

（1）立法技术方面的原因导致法律法规存在缺陷。一方面，尽管立法者作了大量的调查研究，进行了深入的理性思考，但是由于人是有限理性的，难免存在一些疏忽，不能预见日后事物的发展进程，不能考虑到事物的每一方面，致使法律法规存在漏洞，从这种意义上说，法律法规存在缺陷是固有的，不会随着法律制度的完善而消失。另一方面，尽管有关法律对立法权限的划分、立法程序、法律解释等问题作了原则规定，但这些法律对立法权限的划分不够具体、不够明确，导致有些法规、规章与法律相抵触或者法规、规章之间相互矛盾、冲突。

（2）利益驱动导致法律法规存在缺陷。有些法规、规章的质量不高，在起草和制订过程中片面强化、扩大部门的权力，为本部门、本系统带来不应当有的审批权、发证权、收费权、处罚权；有的部门还超越职权，擅自解释法律法规或者各搞各的规章。这些问题在一定程度上导致法律法规存在缺陷。

（3）环境的变化导致法律法规存在缺陷。法律法规是基于一定的环境条件制定的，当环境条件发生变化时，原来适用的法律法规可能变得不适用，当业已确定的法律法规同一些易变且重要的社会发展力量相冲突时，法律法规的权威下降。

由于法律法规可能存在缺陷，人们提出了应对策略，大体来说有四类策略：一是在立法中设置自由裁量权；二是在执法过程中对规则悖反的处理；三是法律法规修改；四是立法后评估。

自由裁量权是指执法人员在法律事实要件确定的情况下，在法律授权范围内，依据立法目的和公正、合理原则，自行判断行为条件、自行选择行为方式和自由作出行政决定的权力，其实质是执行人员依据一定的制度标准和价值取向进行行为选择的一个过程。在立法中设置自由裁量权是避免法律法规缺陷的一种立法技术，由于法律只能作出普遍性规定，考虑的是一般性情况，而现实世界是极为复杂的，立法者难以考虑周全，为此，设置自由裁量权由执行者在执行过程中根据具体情形来作出裁量，可以在一定程度上避免统一规定可能带来的缺陷。

在执法过程中对规则悖反的处理是指在执行过程中，如果机械地套用法律条文，可能带来规则悖反，所以执法者需要判断是否存在规则悖反，处理好规则悖反的问题。一般来说，法是集体理性思考的结果，法本身应该是合理的，但是由于立法者的有限理性及环境的变化，法本身可能存在缺陷，正是法本身存在的缺陷导致适用法条之后产生合理不合法或者不合理反而合法，合法与合理的背离绝对不可能体现立法宗旨，而会表现为极不公正以至于无法让人接受，甚至走向立法宗旨的反面，这就是规则悖反。当规则悖反出现时，适用某法条会导致该法条所属的法的立法宗旨不能实现。针对不同的规则悖反，需要不同的救助机制，对于合法但不合理，实行目的性扩张；对于合理但不合法，实行目的性限缩。目的性扩张是一种法律漏洞补充方法，相较于立法意旨而言，法律文义所涵盖的案型显然过于狭窄，以至于立法意旨不能完全贯彻。所以，应将法律适用的范围扩张到原法律规定文义不包括的案型。目的性扩张所要处理的案型与法律的明文规定不相同，它针对立法者立法时思虑不周以致对符合立法意旨的部分案型未予规定的情形。目的性扩张以立法宗旨为判断依据，为贯彻该立法宗旨而放松法条的案型涵盖范围，使其适用范围扩大到该立法目的所应内含的案型。目的性限缩也是一种法律漏洞补救方法，是指基于法律法规规定的立法意旨，将依法律文义已被涵盖的嫌疑行为排除在适用范围外。目的性限缩以立法意旨作为考量的标准，针对包含在文义范围内的嫌疑行为，由于该嫌疑行为与立法意旨不相符，将该嫌疑行为排除在该法条的适用范围之外。通过目的性限缩，能在一定程度上解决合理不合法的问题。

法律法规修改是指国家立法机关依照法定程序对现行法律法规的某些部分加以变更、删除或补充的立法活动，其直接目的是适应经济社会发展的需要而不断完善现有法律法规。一般来说，立法权与修改权是一致的，谁立法谁修改。

立法后评估也称立法回头看，一般是指在法律法规制定出来以后，由立法部门、执法部门及社会公众、专家学者及其他相关主体等，采用社会调查、定量分析、成本与效益计算等多种方式，对法律法规在实施中的效果及其缺陷进行分析评价，以发现法律法规的缺陷，以利于及时对其加以矫正和修缮。从某种意义上说，立法后评估是一种广义的制度审计。

通常情形下，上述四种措施需要综合运用。从宏观制度审计的视角出发，最为相关的是政府审计机关参与立法后评估，并且在依法审计时对法律法规缺陷保持应有的职业警觉。

二、立法后评估

（一）立法后评估的概念和特征

立法后评估是指法律法规在颁布实施一段时间后，按照一定的标准和程序，对法律法规的内容、表述及实施成效、存在问题和社会反应进行评价，以便更好地实施、修改、完善法律法规，并为法律法规制定工作提供借鉴和指导。

立法后评估有如下特征：一是立法后评估对象的特定性。立法后评估的对象都是已经颁布并且实施达到一定期限的有效法律法规。二是立法后评估方法的专业性。开展立法后评估的方法是综合、多元的，具有较强的专业性，需要根据法律法规的内容、制定目的及经济社会发展实际来展开。三是立法后评估内容的全面性。立法后评估既要评估法律法规本身的合法性、合理性、操作性，又要评估法律法规的实施效果、缺陷及存在问题。四是立法后评估过程的公开性。立法后评估要遵循公开、参与的原则，评估过程是公开的，要吸收社会公众、专业机构和行政管理相对人参与。五是立法后评估结论的实用性。立法后评估的结论应当作为法律法规继续实施、修改、废止的重要依据，执法机关应当根据评估反映出来的问题，对执法行为进行相应的调整。

（二）立法后评估的评估主体

立法后评估的评估主体表明谁来进行立法后评估。评估主体包括四种模式：一是由制定者负责评估；二是由执行者负责评估；三是由制定者、执行者等有关方面共同负责评估；四是委托第三方负责评估。在这四种模式当中，前三种属于自我评估，自我评估和第三方评估都有各自的优势和劣势。所以，开展立法后评估，必须将制定机关、实施机关与第三方的评估结合起来，以制定机关为主组织评估，同时发挥实施机关和第三方机构的积极作用。

（三）立法后评估的评估方法

（1）成本效益分析法。这种方法评估法律法规的相关成本及效益，优点在于定量分析，结论准确、有说服力。不过，法律法规的成本和效益大多是社会成本和效益，进行量化计算比较复杂。

（2）对比分析法。这种方法将法律法规实施前后的情况进行对比，分析实施效果。

（3）系统分析法。系统分析法是一种解决问题的方法，具体到法律法规评估，需要综合考虑上位法、法律法规本身、社会环境、当事人乃至偶然性等因素的共同作用，及时发现和解决法律法规存在的问题。

（四）立法后评估的评估内容

具体来说，立法后评估的评估内容应当包括法律法规的立法成本、法规存在的问题及缺陷、责任主体的责任落实情况、立法时争议的焦点问题及其解决方案的公正性与可行性、法律法规的实施效果、重要制度落实情况、实施绩效等。

从评估范围来说，立法后评估可以分为整体评估和部分评估。整体评估是法律法规文本质量评估、法律法规所有条款的设置和实施评估。部分评估或重点评估是对法律法规中的某种制度、某些条款的实施效果作评估。整体评估和部分评估各有所长，如何选择取决于评估的目标，以及对评估的人力、物力、时间、经验等诸因素的综合考量。

（五）立法后评估的评估原则

（1）客观性。该原则要求在评估过程中应当实事求是，以真实的信息作为评估依据，克服主观臆断，克服部门利益、地方利益倾向。

（2）中立性。评估主体易受自身利益的左右，具有一定的局限性和主观性。因此，立法后评估主体制度的设计必须贯彻中立性原则，努力消除先入为主的观念或者主观偏见。

（3）公开性。要及时公开评估信息，包括评估主体是谁、评估对象有哪些、评估标准是什么、评估程序怎样、采取哪些评估方法，以及联系信箱、电子邮箱、电话等。

（4）科学性。评估内容、标准的设计要科学合理、实事求是，避免顾此失彼，不搞烦琐哲学。

（5）规范性。规范性是指评估内容、标准的制定和表述要规范化，统一、准确、简明；评估程序要规范，不能随意更改。

（6）权威性。评估主体和评估结果应有适当的权威性。

（六）立法后评估的评估标准

（1）合法性标准。合法性评价是指在立法后评估过程中，评估主体针对立法的原则、精神和规范所作的合乎法律性的衡量和判断，以发现立法的整体或部分规范可能存在的违法性因素。例如，判断法规的各项规定是否与上位法一致，没有上位法的，是否符合立法精神和原则，保障国家法制的统一性。

（2）合理性标准。立法后评估内容的合理性主要表现为合规律性和合利益性。例如，评估法律法规是否适应经济社会的发展需要；各项规定是否符合公平、公正原则，是否符合立法目的，所规定的措施和手段是否适当、必要；可以采用多种方式达到立法目的的，是否采用对当事人权益损害最小的方式；有关法律责任设定是否适当。

（3）协调性标准。评估本法与同位阶的立法是否存在冲突，本法规定的制度之间是否衔接，配套规定是否完备。

（4）实效性标准。评估法律法规规定的执法体制、机制、措施是否明确、具体、高效、便捷，是否具有可操作性；法律法规是否得到普遍遵守和执行、是否实现立法预期的效果；法律法规的实施成本及其是否达到预期的立法效益和社会效益。

（5）技术性标准。主要从狭义的立法技术角度，考察法律法规的协调性、完备性和可操作性。例如，考察立法技术是否规范、逻辑结构是否严密、文字表述是否准确。

三、政府审计机关对法律法规缺陷的评估

从制度审计的视角出发，政府审计机关有两种路径来评估法律法规的缺陷：

（1）政府审计机关作为立法后评估主体。立法后评估包括自我评估和第三方评估，政府审计机关的立法后评估在一定程度上具有自我评估的属性。但是，政府审计机关是一种特殊的国家机关，它本身不参与立法，对法律法规具有独立性，所以由政府审计机关实施的立法后评估具有高度的独立性，这种独立性为立法后评估的科学性、客观性、中立性及权威性奠定了基础。另外，政府审计机关在审计业务中，大量使用法律法规，通过这个过程掌握了法律法规是否存在缺陷的大量证据，其实施的立法后评估能真正发现问题，从而为立法后评估的科学性、权威性奠定基础。

就具体组织方式来说，政府审计机关作为立法后评估的主体有两种方式。一是政府审计机关独立对特定的法律法规作出立法后评估。在这种情形下，法律法规评估是独立的审计项目，法律法规是审计对象，在评估内容、评估方法、评估步骤、评估原则等方面，需要结合政府审计准则及立法机关关于立法后评估的要求来实施这种评估，这种情形下的立法后评估就其内容来说，不只关注法律法规是否存在缺陷，还关注法律法规的效果等，所以它并不只是制度审计，还包括法律法规的绩效评估，类似于综合性审计，是法律法规绩效审计与制度审计的结合。二是政府审计机关作为评估主体之一，参与多部门实施的立法后评估。这种情形下，主要遵守立法机关关于立法后评估的要求来实施这种评估，并发挥政府审计机关的专业优势和独立性优势。

（2）在依法审计时对法律法规缺陷保持应有的职业警觉。根据依法审计的要求，政府审计机关在审计业务中大量使用法律法规，对于法律法规是否存在缺陷，要保持应有的职业谨慎。通俗地说，就是在实施各类审计时，对法律法规是否存在缺陷保持警觉，如果发现法律法规有存在缺陷的疑点，则需要判断是否有必要实施追加程序以确认这些疑点是否属于法律法规缺陷。由于只是对法律法规缺陷保持应有的职业关注，在各类审计业务中并未系统地收集关于法律法规是否存在缺陷的审计证据，所以不支持对法律法规是否存在缺陷发表审计意见。

第 2 节　公共政策缺陷评估

公共政策是公共权力机关经由政治过程所选择和制定的为解决公共问题、达成公共目标以实现公共利益的方案。由于各种原因，公共政策可能存在缺陷，所以必须有纠错机制，公共政策后评估是重要的纠错机制，政府审计机关也可以发挥纠错功能。本节介绍这些纠错机制的相关内容。

一、公共政策的缺陷及其应对机制

公共政策本来是用来解决公共问题、实现公共利益的，但是由于各种原因，公共政策可能存在缺陷，其旨在实现的目标可能不能实现。一般来说，公共政策缺陷有以下情形：

（1）目标冲突型公共政策。主要有两种情形：一种是不同的公共政策目标之间有冲突，当这种目标冲突存在时，发生目标冲突的公共政策中至少有一个政策属于有缺陷的公共政策；另一种冲突是同一个公共政策有两个或两个以上的目标，这些目标之间有冲突，这种公共政策就是有缺陷的公共政策。

（2）利益短视型公共政策。在这种公共政策下，公共政策制定者仅仅重视当前利益，而忽视甚至牺牲全局利益、长远利益。

（3）操作困难型公共政策。这类公共政策是指虽在正确动机的指导下制定出来，但由于在制定时没有考虑到社会发展情况、相关主体的利益诉求以及实际的可操作性而难以执行的公共政策。

（4）自私自利型公共政策。这类公共政策是公共政策制定者从自身利益的最大化出发，制定出不符合大多数公众利益（特别是弱势群体利益）的公共政策。

（5）闭门造车型公共政策。这种类型的公共政策是政策制定者从良好的愿望出发，但是没有经过充分的调查研究和论证，由于一时冲动而制定的公共政策。在条件不成熟或者缺少必要的执行资源的情况下，很难平衡各方利益，无法达到预期的政策目标。

公共政策缺陷的类型多样，究其原因主要有三个方面：一是技术原因；二是利益驱动原因；三是环境原因。技术原因是指公共政策的制定是一个技术过程，由于有限理性，有些技术问题可能难以预料，因此造成公共政策缺陷；利益驱动原因是指公共政策制定是一个政治过程，利益相关者为了自身的利益，在这个过程中会尽量针对公共政策的制定发挥影响力，为自己谋取利益；环境原因是指公共政策的相关环境因素会发生变化，使得公共政策失去适宜性。

既然公共政策可能存在缺陷，那么如何应对这些缺陷呢？一般来说，有两个路径。一是在公共政策制定过程中，通过一些手段及措施，尽量做到政策问题的透明化、政策目标的清晰化、方案设计的科学化、决策参与的民主化，使得制定出的公共政策缺陷较少。二是实行各种类型的公共政策评估。以评估组织活动的形式为标准，有正式评估和非正式评估；以评估机构的地位为标准，有内部评估和外部评估；以在政策过程中所处的阶段为标准，有事前评估、执行评估和事后评估，政府审计机关的公共政策审计主要属于公共政策事后评估的一种。

二、公共政策后评估

（一）公共政策后评估的概念

关于公共政策评估的概念有不同的认识，有的学者认为公共政策评估主要是对公共政策方案的评估，持这种观点的学者将公共政策评估视为一种分析过程，其目的在于分析、比较各种不同的公共政策方案的可行性及优缺点；有的学者认为公共政策评估是对公共政策全过程的评估，既包括对公共政策方案的评估，也包括对公共政策执行、公共政策监控、公共政策终结以及公共政策结果的评估；有的学者认为公共政策评估的着眼点应是公共政策效果，公共政策评估的主要目的是鉴定人们所执行的公共政策在达成目标上的效果，确认公共政策实施对于公共政策问题的解决程度和影响程度。

基于上述对公共政策评估的认识，公共政策后评估属于公共政策评估的一种，是在公共政策执行之后，由一定的主体依照一定的标准，运用特定的方法，对政策的科学性、可行性及实施效果、效益或者效率所进行的综合认定、分析，这种评估的目的是发现公共政策缺陷，完善公共政策。

（二）公共政策后评估的评估主体

公共政策后评估的主体应该多元化，将政府机关、党的组织、权力机关、第三方评估组织等多元评估主体结合，实现评估主体的多元化。其中，要特别重视第三方面评估组织的作用，第三方参与公共政策评估能够增强公共政策评估的客观性和全面性，更能够提高公共政策评估结论的公信力。同时，一些第三方评估组织聚集了大批专门从事公共政策分析研究和实践活动的人士，有利于增强公共政策评估的科学性，其观点和看法不受政府利益和本位主义的影响，能更好地保证评估结论的客观真实性。

（三）公共政策后评估的评估方法

公共政策后评估要选择恰当的评估方法和技术，以提高评估结论的可信度。目前常见的评估方法有前后对比法、对象评定法、专家判断法、自我评定法等；政策评估的技术主要有计划评估技术、重要路径法、成本利益分析法、成本效能分析法等。每种方法与技术都有优缺点和适用范围，评估者要能够根据具体情况灵活地加以选择和运用，必要时可以综合运用各种方法和技术，以提高评估结论的可信度。

（四）公共政策后评估的主要标准

公共政策后评估需要从以下几个方面来建立评估标准：（1）政策投入，在整个政策过程中需要投入各种资源，包括人员、资金、物资、信息等；（2）政策效益，即政策实施所实现的政策预定目标的程度以及给社会带来的影响，也就是政策实施达到的效果；（3）政策效率，包括两个方面的含义，一是指相对于所投入的成本，一项政策取得的收益水平（或相对于取得的收益，一项政策所需投入成本的水平），二是指成本转化为收益的速度；（4）政策的公平性，指一项政策的收益和成本在相关群体中分配的合理程度，主要考察成本在量上的分担和收益在量上的分配两个方面；（5）政策回应度，指一项政策通过实施作用于目标群体之后，政府获得的目标群体对政策的反应，与政策效益、效率和公平性等标准有密切的联系。

三、政府审计机关对公共政策缺陷的评估

由于公共政策是公共权力机关经由政治过程所选择和制定的为解决公共问题、

达成公共目标以实现公共利益的方案，通常表现为纲领、决议、方针、指示、宣言、命令、声明、领导人的讲话或报告，具有指导性、原则性、号召性，所以对于政府审计机关来说，公共政策的性质类似于法律法规。在审计过程中，通常需要将公共政策作为审计依据，判断特定的事项是否符合公共政策的要求。从制度审计的视角出发，政府审计机关在发现公共政策缺陷方面是可以有所作为的，具体来说有两种路径：

（1）政府审计机关作为公共政策后评估的主体。公共政策后评估的主体是多元化的，政府审计机关可以作为一种后评估主体，虽然政府审计机关不属于第三方，但是由于政府审计机关不参与公共政策的制定和执行，所以它具有较强的独立性，由于其独立性，政府审计机关实施的后评估在性质上类同于第三方评估，具有较强的客观性和公信力。另外，政府审计机关所从事的审计业务在性质上与公共政策后评估有很大的相似性，因此，政府审计机关在公共政策后评估方面具有专业胜任能力，其实施的后评估具有科学性。

就具体组织方式来说，政府审计机关作为公共政策后评估的主体有两种方式。一是政府审计机关独立对特定的公共政策作出立法后评估。在这种情形下，公共政策评估是独立的审计项目，已经实施的公共政策是审计对象，在评估内容、评估方法、评估步骤、评估原则等方面，需要结合政府审计准则及公共政策制定机构关于公共政策后评估的要求来实施这种评估。这种情形下的公共政策后评估就其内容来说，不只关注公共政策是否存在缺陷，还关注公共政策的效果等内容，所以它并不只是单纯的制度审计，还包括公共政策的绩效评估，类似于综合性审计，是公共政策绩效审计与制度审计的结合。二是政府审计机关作为公共政策后评估参与主体之一，参加多部门实施的公共政策后评估。这种情形下，主要遵守公共政策制定机构关于公共政策后评估的要求来实施这种评估，并发挥政府审计机关的专业优势和独立性优势。

（2）在其他审计业务中对公共政策缺陷保持应有的职业警觉。前已叙及，对于政府审计机关来说，公共政策的性质类似于法律法规，在审计过程中，通常需要将公共政策作为审计依据，判断特定的事项是否符合公共政策的要求。所以，政府审计机关在审计业务中，大量使用公共政策作为判断依据，在这个过程中，对于公共政策是否存在缺陷，要保持应有的职业谨慎。通俗地说，就是在实施各类审计时，对公共政策是否存在缺陷保持警觉，如果发现公共政策有存在缺陷的疑点，则需要判断是否有必要实施追加程序以确认这些疑点是否属于公共政策缺陷。由于只是对公共政策缺陷保持应有的职业关注，在各类审计业务中并未系统地收集关于公共政策是否存在缺陷的审计证据，所以不支持对公共政策是否存在缺陷发表审计意见。例如，政策落实跟踪审计，主要是对各地区、各部门单位贯彻落实国家重大政策措施的具体部署、执行进度和实际效果进行审计，及时发现和纠正有令不行、有禁不止行为，促进政令畅通，在这个过程中，如果对政策缺陷保持应有的职业警觉，可能会发现一些政策缺陷，这更加有利于政策的完善；又如，政策绩效审计评估政策目标达成情况，根据政策结果来追踪、发现政策缺陷。

本章小结

本章阐述由政府审计机关实施的两类宏观制度审计：一是法律法规缺陷评估；二是公共政策缺陷评估。法律法规是人们基于实践经验并经过理性思考的结果，但是，法律法规仍然可能存在缺陷，应对法律法规缺陷的策略有四类：一是在立法中设置自由裁量权；二是在执法过程中对规则悖反的处理；三是法律法规修改；四是立法后评估。立法后评估是指法律法规在颁布实施一段时间后，按照一定的标准和程序，对法律法规的内容、表述及实施成效、存在问题和社会反应进行评价，以便更好地实施、修改、完善法律法规，并为法律法规制定工作提供借鉴和指导。政府审计机关有两种路径来评估法律法规缺陷：一是政府审计机关作为立法后评估的主体；二是在依法审计时对法律法规缺陷保持应有的职业警觉。

公共政策是公共权力机关经由政治过程所选择和制定的为解决公共问题、达成公共目标以实现公共利益的方案。公共政策可能存在缺陷，有两个路径可以弥补缺陷：一是在公共政策制定过程中，通过一些手段及措施，尽量做到政策问题的透明化、政策目标的清晰化、方案设计的科学化、决策参与的民主化，使得制定出的公共政策缺陷较少；二是实行各种类型的公共政策评估。

公共政策后评估属于政策评估的一种，是在公共政策执行之后，由一定的主体依照一定的标准，运用特定的方法，对政策的科学性、可行性及实施效果、效益或者效率所进行的综合认定、分析，这种评估的目的是发现公共政策缺陷，以及完善公共政策。政府审计机关弥补公共政策缺陷有两种路径：一是政府审计机关作为公共政策后评估的主体；二是在其他审计业务中对公共政策缺陷保持应有的职业警觉。

复习思考题

1. 法律法规为什么会存在缺陷？
2. 法律法规缺陷的应对机制有哪些？
3. 什么是立法后评估？评估主体有哪些？评估方法有哪些？评估内容是什么？评估标准有哪些？
4. 政府审计机关通过哪两种路径来评估法律法规缺陷？
5. 公共政策为什么会存在缺陷？
6. 公共政策缺陷的应对机制有哪些？
7. 什么是公共政策后评估？评估主体有哪些？评估方法有哪些？评估标准有哪些？
8. 政府审计机关通过哪两种路径来评估公共政策缺陷？

参考文献

1. 韦德，等．控制自我评估理论及应用．北京：中国财政经济出版社，2008.

2. 瞿特，泽特南，德哈斯．控制自我评价：经验、现状思考和最佳实践．大连：东北财经大学出版社，2010.

3. 郑石桥，杨婧，赵珊，等．内部控制学．北京：中国时代经济出版社，2013.

4. 方红星，池国华．内部控制．2 版．大连：东北财经大学出版社，2014.

5. 财政部会计司．企业内部控制规范讲解．北京：经济科学出版社，2010.

6. 吴寿元．企业内部控制审计研究——基于整合审计的视角．北京：中国财政经济出版社，2016.

7. 姚刚．内部控制审计论．北京：中国财政经济出版社，2013.

8. 国际内部控制协会．国际注册内部控制师通用知识与技能指南．北京：中国财政经济出版社，2009.

9. 日本注册会计师协会．日本内部控制监督实务．大连：东北财经大学出版社，2010.

10. 日本企业会计审议会．日本内部控制评价与审计准则．大连：东北财经大学出版社，2007.

11. 杨雄胜，夏俊．内部控制评价——理论·实务·案例．大连：大连出版社，2009.

12. 王士民，高立法，阎莹．内部控制评价指引手册．北京：经济管理出版社，2016.

13. 中审网校（http://www.iaudit.cn）介绍内部控制自我评估的系列资料.

14. 中国内部审计协会出版的内部控制自我评估系列资料.

15. 中国注册会计师协会．企业内部控制审计工作底稿编制指南．北京：中国财政经济出版社，2011.

16. 美国公众公司会计监督委员会．第 5 号审计准则——与财务报表审计相结合的财务报告内部控制审计．大连：东北财经大学出版社，2008.

17.《企业内部控制审计政策解读与操作指引》课题组．企业内部控制审计政策解读与操作指引．大连：东北财经大学出版社，2011.

18. 刘作翔，冉井富．立法后评估的理论与实践．北京：社会科学文献出版社，2013.

19. 李志军．重大公共政策评估：理论、方法与实践．北京：中国发展出版社，2013.

20. 严强，王强．公共政策学．南京：南京大学出版社，2002.

图书在版编目（CIP）数据

制度审计/郑石桥主编. —北京：中国人民大学出版社，2018.9
教育部经济管理类主干课程教材·审计系列
ISBN 978-7-300-25941-3

Ⅰ.①内… Ⅱ.①郑… Ⅲ.①内部审计-教材 Ⅳ.①F239.45

中国版本图书馆 CIP 数据核字（2018）第 139751 号

教育部经济管理类主干课程教材·审计系列
制度审计
主编　郑石桥
Zhidu Shenji

出版发行	中国人民大学出版社		
社　　址	北京中关村大街 31 号	**邮政编码**	100080
电　　话	010－62511242（总编室）		010－62511770（质管部）
	010－82501766（邮购部）		010－62514148（门市部）
	010－62515195（发行公司）		010－62515275（盗版举报）
网　　址	http://www.crup.com.cn		
	http://www.ttrnet.com（人大教研网）		
经　　销	新华书店		
印　　刷	天津中印联印务有限公司		
规　　格	185mm×260mm　16 开本	**版　　次**	2018 年 9 月第 1 版
印　　张	19.25 插页 1	**印　　次**	2018 年 9 月第 1 次印刷
字　　数	400 000	**定　　价**	39.00 元

教师教学服务说明

中国人民大学出版社工商管理分社以出版经典、高品质的工商管理、财务会计、统计、市场营销、人力资源管理、运营管理、物流管理、旅游管理等领域的各层次教材为宗旨。

为了更好地为一线教师服务，近年来工商管理分社着力建设了一批数字化、立体化的网络教学资源。教师可以通过以下方式获得免费下载教学资源的权限：

在中国人民大学出版社网站 www. crup. com. cn 进行注册，注册后进入“会员中心”，在左侧点击“我的教师认证”，填写相关信息，提交后等待审核。我们将在一个工作日内为您开通相关资源的下载权限。

如您急需教学资源或需要其他帮助，请在工作时间与我们联络：

中国人民大学出版社　工商管理分社

联系电话：010-62515735，82501048，62515782，62515987

电子邮箱：rdcbsjg@crup. com. cn

通讯地址：北京市海淀区中关村大街甲 59 号文化大厦 1501 室（100872）

主编简介

郑石桥　南京审计大学教授，博士生导师（兼职），主要从事审计理论与内部控制研究，先后主持国家自然科学基金项目、国家社会科学基金项目各1项，教育部、财政部及审计署等部级课题5项，在《会计研究》《中国工业经济》等学术期刊发表论文270余篇，出版《审计理论研究：审计主题视角》《内部控制实证研究》等专著10余部。

策划编辑　李文重
责任编辑　胡志敏　刘　璐
封面设计　三众工作室 / 耿中虎
版式设计　赵星华

制度审计

System Auditing

相关图书

审计学（第9版） 配学习指导书 （“十二五”普通高等教育本科国家级规划教材）	秦荣生 等
审计学（第8版） （“十二五”普通高等教育本科国家级规划教材）	宋 常
审计学（第5版） （“十二五”普通高等教育本科国家级规划教材）	耿建新 等
审计（第2版） 配学习指导书 （“十二五”普通高等教育本科国家级规划教材）	陈汉文
审计学：原理与案例（第2版）	李晓慧
审计学：实务与案例（第4版） 配学习指导书 （“十二五”普通高等教育本科国家级规划教材）	李晓慧
审计	马春静
审计学：一种整合方法（第14版）	阿尔文·A.阿伦斯
审计学：一种整合方法（英文版·第15版）	阿尔文·A.阿伦斯
审计学原理（第19版）	O.雷·惠廷顿
审计学原理（英文版·第19版）	O.雷·惠廷顿
政府审计学	张庆龙
内部审计学	张庆龙
绩效审计	郑石桥
合规审计	郑石桥
▶▶ 制度审计	郑石桥
计算机审计	陈 伟
审计案例与实训（第2版）	李晓慧
审计模拟实训教程（第3版）	马春静
实证审计理论	陈汉文

中国人民大学出版社 www.crup.com.cn
了解图书出版信息 下载教学辅助资料

ISBN 978-7-300-25941-3

定价：39.00 元